U0670584

"十四五"

高等教育管理科学与工程类专业

GAODENG JIAOYU GUANLI KEXUE
YU GONGCHENG LEI ZHUANYE

系列教材

工程经济学（第5版）

GONGCHENG JINGJIXUE

主编 / 王贵春

主审 / 傅鸿源

重庆大学出版社

PROJECT

内容提要

本书全面、系统地介绍了工程经济学的基本原理、方法及其在工程项目投资决策中的应用。主要内容包括工程项目投资及资金来源、资金时间价值及等值计算、工程项目经济评价方法、不确定性分析方法、工程项目财务评价、工程项目国民经济评价、价值工程、工程项目可行性研究、设备更新分析、工程项目后评价等。

本书在适度的基础知识与鲜明的结构体系覆盖下,注意了各部分知识的联系,重点突出,难度适中。本书还对各章例题、习题作了精选。

本书适合作为高等院校工程管理、工程造价、经济管理专业的教材,也可作为从事工程项目投资决策、规划、设计、施工、咨询等工作的工程管理人员、技术人员、经济专业人员及其他自学者的参考书。

图书在版编目(CIP)数据

工程经济学 / 王贵春主编. -- 5 版. -- 重庆:重庆大学出版社,2022.7(2024.12 重印)
高等教育管理科学与工程类专业系列教材
ISBN 978-7-5624-9659-5

Ⅰ.①工… Ⅱ.①王… Ⅲ.①工程经济学—高等学校—教材 Ⅳ.①F062.4

中国版本图书馆 CIP 数据核字(2022)第 125975 号

工程经济学

(第 5 版)

主　编　王贵春
主　审　傅鸿源
策划编辑:林青山

责任编辑:肖乾泉　　版式设计:肖乾泉
责任校对:邹　忌　　责任印制:赵　晟

*

重庆大学出版社出版发行
出版人:陈晓阳
社址:重庆市沙坪坝区大学城西路 21 号
邮编:401331
电话:(023) 88617190　88617185(中小学)
传真:(023) 88617186　88617166
网址:http://www.cqup.com.cn
邮箱:fxk@ cqup.com.cn(营销中心)
全国新华书店经销
重庆正光印务股份有限公司印刷

*

开本:787mm×1092mm　1/16　印张:18.5　字数:463 千
2016 年 2 月第 1 版　2022 年 7 月第 5 版　2024 年 12 月第 13 次印刷
印数:42 001—46 000
ISBN 978-7-5624-9659-5　定价:48.00 元

前　言

　　《工程经济学》以普通高等学校工程管理和工程造价专业教学指导委员会讨论通过的工程经济学课程教学大纲为依据，坚持立德树人，融入课程思政，以培养应用型人才为目标，是编者总结多年的教学实践经验，为高等院校工程管理、工程造价等专业编写的专业基础课程教材。

　　本书包括绪论、工程项目投资及资金来源、资金时间价值及等值计算、工程项目经济评价方法、不确定性分析方法、工程项目财务评价、工程项目国民经济评价、价值工程、工程项目可行性研究、设备更新分析、工程项目后评价等11章内容，主要介绍工程经济学中常用的基本原理、方法和实际应用。

　　本书在编写过程中力求突出以下几个方面的特点：

　　(1)采用顶层设计思路，坚持立德树人，在遵循工程经济学原理的基础上强化课程思政目标，为党育人，为国育才。

　　(2)在章节编排体系上先理论，后方法，再运用，逻辑清晰。

　　(3)选择的语言力求通俗易懂，精练准确，术语的引入节奏合理，不让读者产生晦涩难懂的感觉。

　　(4)在取材上吸收国外有用成果和先进经验，并使之与我国现行法规及实际情况结合。

　　(5)将一些实际应用有机渗透到工程项目的技术经济评价的学习中，将实用性和适用性体现在教材中的实例、例题和习题中，并突出新意。

　　(6)各章在编排时分学习目标、基本概念、章节内容、章节小节、习题几个部分，有助于教学和学生自学。

本书建议授课时数为 40～60 学时,不同专业在使用时,可根据自身的特点和需要加以取舍。

本书由重庆大学管理科学与房地产学院、重庆城市科技学院具有丰富教学经验的教授、专家编写。全书由王贵春任主编,傅鸿源任主审,龚洁、段国凡参与编写。书中第 1、2、3、5、7、9、10 章由王贵春撰写,第 4、6 章由龚洁撰写,第 8 章由段国凡撰写,第 11 章由王贵春、段国凡撰写。

由于编者水平所限,书中难免有不足之处,敬请使用本书的师生与读者批评指正,以便修订时改进。如读者在使用本书的过程中有其他意见或建议,恳请向编者(wgcwhc@126.com)提出宝贵意见。

编　者

2022 年 6 月

目　录

1

绪 论

[学习目标]

理解工程、技术、经济的概念及其相互关系；掌握工程经济学的基本原理；掌握工程经济分析的基本思路；了解工程经济分析人员技能与相关的执业资格考试。

[基本概念]

工程，经济，技术，工程经济活动，经济效果

任何一门新兴学科的产生与发展，无不是来自客观现实的某种特定需要。正是这种需要决定了它与其他学科有所区别的特定研究对象，规定了该学科的研究内容，并以其为核心展开了对有关问题的研究。本章在阐述工程经济学的产生与发展过程的基础上，着重阐述了工程经济学的基本原理，提出了工程经济分析的基本思路。

1.1 工程经济学的产生与发展

▶ 1.1.1 工程、技术、经济的概念及其相互关系

在工程经济学中，工程、技术、经济是非常重要的 3 个基本概念，贯穿始终。

1)工程

工程(Engineering)是科学的某种应用。这一应用使得自然界的物质和能源的特性能够

通过各种结构、机器、产品、系统和过程,以最短的时间和精而少的人力做出高效、可靠且对人类有用的东西。

工程是将自然科学的理论应用到具体工农业生产部门中形成的各学科的总称,如水利工程、化学工程、土木建筑工程、遗传工程、系统工程、生物工程、海洋工程、环境微生物工程。工程是一项较多的人力、物力来进行较大而复杂的工作,需要一个较长时间周期内来完成,如城市改建工程、京九铁路工程、三峡工程、都江堰工程等。

2)技术

技术(Technology)有狭义与广义之分。狭义的技术,一般是指劳动工具的总称,或者是指人们从事某种活动的技能。广义的技术,是指人类认识和改造客观世界的能力。它的具体内容包括劳动工具、劳动对象以及具有一定经验、知识和技能的劳动者,即生产力三要素。但是技术并非三要素的简单相加,而是三者的相互渗透和有机结合的整体。比如,由掌握先进经验、知识和技能的劳动者,使用先进的劳动工具作用于相应的劳动对象,才能成为先进的技术,并转化为先进的生产力。因此,技术是指一定时期、一定范围的劳动工具、劳动对象和劳动者经验、知识、技能有机结合的总称。

技术是多种多样的,工程经济活动中的技术大致可分为两类:一类是硬技术,是指劳动资料,体现为机器、设备、厂房、建筑物、原材料、燃料与动力等物质形态技术;另一类是软技术,体现为设计工艺、方法、配方、程序、信息、经验、技能等管理能力的非物质形态的技术。

3)经济

经济(Economic),其解释是随着现代社会的发展其所含内容也在不断发展。经济可理解为生产关系的总和,如经济基础、经济关系;还可以理解为物质的生产—流通—分配—消费等环节的经济活动,如"国民经济""经济建设"中的经济;还可理解为"节约、节省"。

4)技术与经济的关系

技术与经济是人类一切生产活动中的两个最基本因素,二者相互联系、相互促进、相互制约。正确处理技术与经济的关系,是研究工程经济的出发点。

①经济的发展是推动技术进步的动力。任何一项新技术的产生,总是由经济的需要引起的,经济上的需要是技术发展的前提和动力,否则技术活动就失去了方向。技术进步同时又是推动经济发展的重要条件。

技术是达到经济目的的手段和方法。我国市场经济的建设是以科学技术现代化为先导。一切新技术的开发与应用,要为国民经济的发展服务。在生产过程中,如果生产成本过高,材料消耗过大、产品质量低劣将直接影响产品的市场竞争力,提高经济效果的愿望会成为技术进步的动力。

②技术的发展要受到经济条件的制约。技术进步不仅取决于经济上的需要,还要考虑采用某项技术的相应的物质条件和经济条件。任何新技术的应用都要从实际出发,因地制宜,技术先进但经济性太差在生产中是难以推广的。新技术的推广又要以传统技术为依托,离开了对传统技术的改造,新技术的应用也就失去了生命力。经济性差的技术通过改造和创新,可转变为经济性好的技术;经济性好的技术如果停滞不前,随着时间推移也会逐渐变为并不

经济的落后技术。要想解决好技术与经济的相互对立又相互制约的矛盾,就要把技术上的先进性与经济上的合理性结合起来。

③技术与经济的统一。任何生产项目从设计到成品都要应用科学技术,同时也要耗费人力、物力、资金。技术与经济统一于生产项目的全过程。过去人们常常将技术和经济的统一关系割裂开来,管技术的不考虑经济,管经济的不过问技术,或是认为技术上先进的经济上也是合理的。这种片面性的认识,既影响技术进步,又影响经济发展。任何方案的取舍,应以技术先进、经济合理为决策的标准。在技术先进的条件下经济合理,在经济合理的基础上技术先进,技术先进性和经济合理性的统一要贯穿于工程经济分析的始终。

▶ **1.1.2　工程经济活动及要素**

工程经济活动就是把科学研究、生产实践、经验积累中所得到的科学知识有选择地、创造性地应用到最有效地利用自然资源、人力资源和其他资源的经济活动和社会活动中,以满足人们需要的过程。

在工程经济活动中,工程技术人员的作用是把科学知识用于特定的系统,最有效地为社会提供商品和劳务;而对于从事工程经济活动的工程师来说,掌握知识本身并不是目的,知识只是构建各种运动系统时所需要各种要素的一种,关键是要在解决特定问题中把知识、能力和物质手段有效地融为一个有机整体来更好地满足人们的需要。

当今社会经济的发展和人类文明的进步都是工程经济活动直接或间接的成果。反过来,人类物质文化生活水平的改善、社会经济和生态环境可持续发展的要求又对工程经济活动提出了更为明确的目标。

工程经济活动一般涉及4大要素:活动主体、活动目标、实施活动的环境及活动的效果。

①活动主体是指垫付活动资本、承担活动风险、享受活动收益的个人或组织。现代社会经济活动的主体可大致分为3类:企业,政府以及包括文、教、卫、体、科研和宗教等组织在内的事业单位或社会团体。

②人类一切工程经济活动都有明确的目标,都是为了直接或间接地满足人类自身的需要,而且不同活动主体目标的性质和数量等存在着明显的差异。如政府的目标一般是多目标系统,包括社会经济可持续性发展、就业水平的提高、法制的健全、收入分配公平等;企业的目标以利润为主,包括利润最大化、市场占有率、品牌效应等。

③工程经济活动常常面临两个彼此相关且至关重要的双重环境:一个是自然环境,另一个是经济环境。自然环境提供工程经济活动的客观物质基础,经济环境显示工程经济活动成果的价值。

④所谓工程经济活动的效果,是指活动实施后对活动主体目标产生的影响。由于目标的多样性,通常一项工程经济活动会同时表现出多方面的效果,甚至各种效果之间还是冲突和对立的。例如:对一个经济欠发达地区进行开发和建设,消耗类生产就有可能在提高当地人民收入水平的同时,造成严重的环境污染和生态平衡的破坏。

人类社会的一个基本任务,就是要根据对客观世界运动变化规律的认识,对自身的活动进行有效的规划、组织、协调和控制,最大限度地提高工程经济活动的价值,降低或消除负面影响,而这正是工程经济学的主要任务。

▶ 1.1.3 工程经济学的产生和发展

工程经济学是一门研究如何根据既定的活动目标,分析活动的代价及其对目标实现之贡献,并在此基础上设计、评价、选择以最低的代价可靠地实现目标的最佳或满意活动方案的学科。工程经济学的核心内容是一套工程经济分析的思想和方法,是人类提高工程经济活动效率的基本工具。

工程经济学是介于自然科学和社会科学之间的边缘学科,是根据现代科学技术和社会经济发展的需要,在自然科学和社会科学的发展过程中,各学科互相渗透,互相促进,互动交叉,逐渐形成和发展起来的。在这门学科中,经济学处于支配地位,因此,工程经济学属于应用经济学的一个分支。

工程经济学的产生至今有100多年,其标志是1887年美国土木工程师亚瑟·M.惠灵顿出版的著作《铁路布局的经济理论》。铁路工程师惠灵顿首次将成本分析方法应用于铁路的最佳长度和路线的曲率选择问题,并提出了工程利息的概念,开创了工程领域中经济评价的先河。1920年,美国的戈尔德曼(O.B.Goldman)教授研究了工程结构的投资问题,并在其著作《财务工程》中提出了用复利法来分析各个方案的比较值的方法,并提到"有一种奇怪而遗憾的现象,就是许多作者在他们的工程学书籍中,没有或很少考虑成本问题。实际上,工程师的最基本的责任是分析成本,以达到真正的经济性,即赢得最大可能数量的货币,获得最佳财务效益"。1930年,美国斯坦福大学土木工程学系的格兰特(E.L.Grant)教授出版了《工程经济学原理》教科书,从而奠定了经典工程经济学的基础。在《工程经济学原理》中,作者指出了古典工程经济学的局限性,以复利计算为基础,讨论了判别因子和短期投资评价的重要性,以及长期资本投资的一般比较。格兰特教授的许多贡献获得社会承认,他被称为"工程经济学之父"。20世纪50年代之后,数学和计算技术的迅速发展,运筹学、概率论、数理统计等方法以及系统工程、计量经济学、最优化技术在生产建设领域的大量应用,促使工程经济学获得了长足的发展。20世纪末,计算机技术和信息技术的迅速普及,使得分析和评价工程经济活动及选择技术方案的方法又有了新的突破,直接引入工程经济分析的因素和变量既多又全,许多以往无法定量表示的经济因素得以计量,使工程经济学理论和方法的研究进入了一个崭新的时期。

在我国,把技术与经济结合起来对工程项目进行经济分析,始于20世纪50年代中期,当时称为"技术经济论证"。其分析方法虽然略显粗糙、简单,但在"一五"时期,对我国社会主义经济建设曾起到过一定的推动与促进作用。其后,工程经济分析方法在总结实践的基础上不断发展与完善,并吸收国外"工程经济"等学科的一些方法,形成了今天的工程经济学。现在,在项目投资决策分析、项目评估和管理中,已经广泛地应用工程经济学的原理和方法。

1.2 工程经济学的基本原理

▶ 1.2.1 工程经济分析的目的是提高工程经济活动的经济效果

工程经济活动,无论主体是个人还是机构,都具有明确的目标,都是为了直接或间接地满足人类的自身需要。例如,人类的生产性工程经济活动是通过新材料、新能源和新的制造技术的使用为人类生存和发展提供了更多更好的所需物品和服务;教学工程经活动就是通过更先进的信息技术和手段将知识技能传播给更多的人,以便更充分地利用这些知识与技能;医疗工程经济活动就是利用生物工程、遗传学和生命科学的成果更好地防病治病,救死扶伤,造福人类。

工程经济活动的目标是通过生产活动的效果来实现的。根据活动对具体目标的不同影响,效果可分为有用的、所期望的和无用的或不想要的。前者通常称为效益,后者通常称为损失。

由于各种工程经济活动的性质不同,因而会取得不同性质的效果,如环境效益、艺术效果、军事效果、政治效果、医疗效果等。但无论哪种技术经济效果,都要涉及资源的消耗,都有浪费或节约的问题。由于在特定的时期和一定的地域范围内,人们能够支配的经济资源总是稀缺的,因此,工程经济分析的目的是,在有限的资源约束条件下对所采用的技术进行选择,对活动本身进行有效地计划、组织、协调和控制,以最大限度地提高工程经济活动的效益,降低损失或消除负面影响,最终提高工程经济活动的经济效果。

所谓经济效果就是人们在使用技术的社会实践中效益与费用及损失的比较。对于取得一定有用成果和所支付的资源代价及损失的对比分析,就是经济效果评价。

当效益与费用及损失为不同度量单位时,经济效果可用下式表示:

$$经济效果 = 效益/(费用+损失)$$

当效益与费用及损失为相同单位时,经济效果可用下式表示:

$$经济效果 = 效益-(费用+损失)$$

提高工程技术经济活动的经济效果是工程经济学分析的出发点和归宿点。一般来说,提高经济效果有以下两种途径:

①用最低的生命周期成本实现产品、作业、服务或系统的必要功能。例如,世界上第一辆汽车是 19 世纪 80 年代由戴姆勒和本茨制造的,由于生产成本太高,在相当一段时间内汽车仅是贵族的一种玩物。后来,经过亨利·福特的努力,每辆车的售价降至 1 000~1 500 美元,进而又降至 850 美元,到 1916 年甚至降至 360 美元,同时,汽车的使用成本也有所降低。这为汽车在全世界范围内的广泛使用创造了条件。

②在费用一定的前提下,不断改善产品、作业、服务或系统的质量,提高其功能。电子计算机自问世以来,存储空间不断扩大,运算速度不断提高,兼容性日益改善,而价格不断降低的事实,使其应用领域大大地扩展,以至于人们的生活方式和生产方式都为之改变。

▶ 1.2.2　技术与经济之间是对立统一的辩证关系

经济是技术进步的目的,技术是达到经济目的的手段,是推动经济发展的强大动力。马克思说:"火药、指南针、印刷术,这是预告资产阶级社会到来的三大发明。因为火药把骑士阶级炸得粉碎,指南针打开了世界市场而且建立了殖民地,而印刷术,则变成新教的工具。总的来说,它们变成科学复兴的手段,变成对精神发展创造必要前提的最强大的杠杆。"目前,我国的手工业、传统工业、高技术产业的劳动生产率之比,大概是1:10:100。在新的世纪里,人类更加强调资源、环境、经济的可持续发展,而要想不以牺牲环境和资源为代价来发展经济,技术进步是必由之路。

但是,技术与经济之间还存在着相互制约和相互矛盾的一面。有些先进的技术,需要有相应的工程经济条件起支撑作用,需要相应的资源结构相配合。对于不具备相应条件的国家和地区,这样的技术就很难发挥应有的效果。这正是为什么在相同的生产力发展阶段,不同的社会形态创造出极为悬殊的劳动生产率的原因之一。以我国高能物理所的电子对撞机这项高技术为例,工作中经常出现的并非调速管等高技术方面的问题,而毛病大多数出现在诸如螺栓紧固处漏气,某个零部件失效等。正是这些传统的零部件使我们的科学家大伤脑筋。

我国是一个发展中国家,必须根据国情确定技术选择的原则,既要防止固步自封,又要防止生搬硬套。既要考虑技术的先进性,缩短与世界水平的差距,又要兼顾技术的适用性,充分发挥技术的效果。我国同时又是一个发展中的大国,各地区资源条件和经济发展水平很不均衡,这就决定了我国现阶段的技术体系应该同时包容多种层次的技术,既要有新技术、高技术,也要有中间技术和传统技术。当然,随着我国经济的发展和科学技术的提高,在整个技术体系中,高新技术的比率会不断提高,而传统技术的比率会不断减少。

▶ 1.2.3　工程经济分析的重点是科学预见活动的结果

人们对客观世界运动变化规律的认识,使得人们可以对自身活动的结果做出一定的科学预见。根据活动结果的预见,可以判断一项活动目标的实现程度,并相应地选择、修正所采取的方法。如果人缺乏这种预见性,就不可能了解一项活动能否实现既定的目标、是否值得去做,因而也就不可能做到有目的地从事各种经济活动。以三峡工程为例,如果我们不了解三峡工程建成后可以获得多少电力,能在多大程度上改进长江航运和提高防洪能力等结果的话,那么建设三峡工程就成为一种盲目的活动。因此,为了有目的地展开各种经济活动,就必须对活动的效果进行慎重的估计和评价。

工程经济分析正是对前无古人、后无来者的一次性工程经济活动方案付诸实施之前或之中的各种结果进行估计和评价的过程,属于事前或事中主动地控制,即信息搜集→资料分析→制定对策→防止偏差,事后的总结和评价仍然是为了在新项目中汲取经验教训。对工程经济活动的预见要求人们面对未来,对可能发生的后果进行合理的预测。只有提高预测的准确性,客观地把握未来的不确定性,才能提高决策的科学性。工程经济活动可行性研究的主要内容之一就是要进行周密的市场调查,准确地估计项目的效益、费用及损失。可行性研究工作方式的提出,使工程经济分析的预见性提高到一个新的水平。

当然,由于人的理性有限,不可能做到对所有活动效果的估计都准确无误,总会产生一定的偏差,特别是对具有创新性的项目而言。正是因为如此,人们才会不断地在风险性分析和不确定性分析中进行大量的、旨在扩展人类知识范围、提高预见能力的工作。

▶ **1.2.4 工程经济分析是对工程经济活动的系统评价**

人类社会发展至今,由于分工的细化和合作的加强,各个利益主体(如政府、社团、企业)在国民经济中的职能、作用、权利和追求的目标存在着一定的差异,而且同一利益主体的目标在时间上也存在着可变性。如果一个国家的政府作为国家的公众代言人,需要站在宏观的层面考虑国民经济的可持续发展、社会的稳定、投资环境的改变、经济结构调整等全局性的问题,而那些从事商品生产和销售的企业,一般是站在微观的层面上自主经营、自我发展和开拓创新,其基本目标以经济效益即利润为主,相应地考虑企业信誉、产品和服务的质量和回馈等方面。

正因为不同利益主体追求的目标存在差异,因此,对同一工程经济活动进行工程经济评价的立场不同,出发点不同,评价指标不同,因而评价结果有可能不同。例如,很多地区的小造纸厂或小化工厂从企业自身的利益出发似乎经济效果显著,但生产活动却排除了大量废物,对河流、湖泊和附近的居民造成了直接或间接的损害,是国家相关法规所不容许的。因此,为了防止一项工程经济活动在对一个利益主体产生积极效果的同时有可能损害到另一些利益主体的目标,工程经济分析必须体现较强的系统性。系统性主要体现在以下3个方面:

①评价指标的多样性和多层性,构成一个指标体系;

②评价角度或立场的多样性。根据评价的立场或看问题的出发点不同,分为企业财务评价、国民经济评价以及社会评价等;

③评价方法的多样性。常用的评价方法有以下几大类:定量或定性评价、静态或动态评价、单指标或多指标综合评价等。

由于局部与整体、局部与局部之间客观上存在着一定的矛盾和利益摩擦,系统评价的结论总是各利益主体目标相互协调的均衡结果。

需要指出的是,对于特定的利益主体,由于多目标的存在,各个方案对各分目标的贡献有可能不一致,从而使得各方案在各分项效果方面表现为不一致。因此,在一定的时空和资源约束条件下,工程经济分析寻求的只能是令人满意的整体方案,而非各项效果都最佳的最优方案。

▶ **1.2.5 满足可比条件是技术方案比较的前提**

为了在对各项技术方案进行评价和选优时,能全面、正确地反映实际情况,必须使各个方案的条件等同化,这就是所谓的"可比性问题"。由于各个方案设计的因素极其复杂,加上难以定量的表达因素,所以不可能做到绝对的等同化。在实际工作中一般只能做到使方案经济效果影响较大的主要方面达到可比性要求,包括:产出成果使用价值的可比性;投入相关成本的可比性;时间因素的可比性;价格的可比性;定额标准的可比性;评价参数的可比性。其中,时间的可比性是经济效果计算中通常要考虑的一个重要因素。例如,有两个技术方案,产品种类、产量、投资、成本完全相同,但时间上有差别,其中一个投产早,另一个投产晚,这时很难直接对两个方案的经济效果大小下结论,必须将它们的效果和成本都换算到同一个时间点后,才能进行经济效果的评价和比较。

在实际工作中,工程经济活动很多是以工程项目形式出现的,因此本书对工程经济原理及方法的应用主要针对工程项目开展。

1.3　工程经济分析的基本思路

▶　**1.3.1　工程经济的研究对象与内容**

工程经济的研究对象十分广泛,大致可以分为宏观、中观和微观 3 个层次。本教材主要是以微观层次以及各类工程项目和科技项目作为研究对象,其主要研究内容有:

①投资必要性。
②市场前景或应用前景。
③项目的规模。
④建设地址的选择。
⑤技术设计方案的选定。
⑥原材料与能源供应的分析。
⑦专业化水平与协作条件分析。
⑧劳动力资源分析。
⑨投资估算与资金筹措。
⑩工程项目的财务评价。
⑪国民经济评价。
⑫不确定性分析。
⑬社会评价。
⑭综合评价。

▶　**1.3.2　工程经济分析的基本步骤**

一个工程项目从提出意向到达到预期目标,一般都需要经过多个工作阶段。在工程项目前期决策阶段往往也需要分为机会研究、项目建议书、初步可行性研究、详细可行性研究等阶段进行,逐步深入。

工程经济分析可大致概括为以下 5 个步骤:确定目标;寻找关键要素;穷举方案;评价方案;决策。5 个步骤的关系如图 1.1 所示。

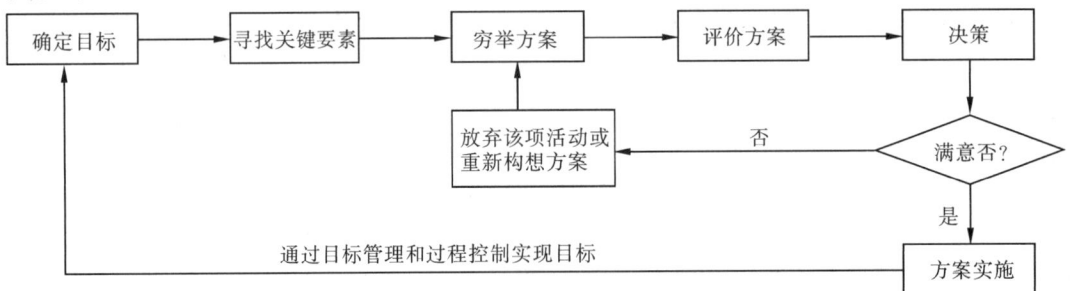

图 1.1　工程经济分析的基本思路

（1）确定目标

工程经济分析的第一步就是通过调查研究寻找经济环境中显在和潜在的需求,确立工作目标。无数事实说明,工程项目的成功与否,不但取决于系统本身效率的高低,也与系统是否能满足人们的需要有密切的关系,因此,只有通过市场调查,明确了目标,才能谈得上技术可行性和经济合理性。

（2）寻找关键要素

关键要素也就是实现目标的制约因素,确定关键要素是工程经济分析的重要一环。只有找出了主要矛盾,确定了系统的各种关键要素,才能集中力量,采取最有效的措施,为目标的实现扫清道路。

寻找关键要素,实际上是一个系统分析的过程,需要树立系统思想方法,综合地运用各种相关学科的知识和技能。

例如,美国20世纪30年代开发田纳西河流域时,就采用了系统分析的方法来确定项目的关键要素。1933年以前的田纳西河不仅不能给两岸人民造福,而且经常泛滥成灾,洪水淹没大片农田,卷走牲畜,毁坏家园,造成水土流失,瘟疫流行,人民生活水平远比其他地区低。1933年成立了管委会对田纳西河进行开发。如果仅建设治洪系统,那么被洪水冲下山的泥沙很快会堵塞系统;如果两岸人民收入低到连电都用不起,那么水力发电的效果就无法体现;如果生产不发展,没有货物可运,航运就无法发挥效益。因此,管委会决定运用系统工程的分析方法,对整个流域进行治理。他们经过论证确定了整个开发系统的6个关键要素:控制水患;改善通航条件;发展水电;通过绿化进行水土保持;改变沿岸的耕作方式;不断提高两岸人民生产和生活水平。

（3）穷举方案

关键要素找到后,紧接着要做的工作就是制订各种备选方案。很显然,一个问题可采用多种方法来解决,因而采用简化操作的方法;降低产品废品率,可通过更新设备实现,也可通过质量控制方法实现。工程经济分析过程本身就是要尽可能多地提出潜在方案,包括什么都不做的方案,也就是维持现状的方案。实际工作中往往有这样的情况,虽然在分析时考虑了若干方案,然而,由于恰恰没有考虑更为合理的某个方案,导致了不明智的决策结果。很明显,一个较差的方案比一个更差的方案自然会变得有吸引力。

工程技术人员不应仅凭自己的直觉提出方案,因为最合理的方案不一定是工程技术人员认为最好的方案,因此,穷举方案需要多专业交叉配合。分析人员也不应轻率地淘汰方案,有时经仔细地定量研究后会发现,开始已凭感觉拒绝的方案其实就是解决问题的最好方案。

（4）评价方案

从工程技术的角度提出的方案往往都是技术上可行的,但效果一定时,只有费用最低的方案才能成为最佳方案,这就需要对备选方案进行经济效果评价。

评价方案,首先必须将参与分析的各种因素定量化,一般将方案的投入和产出转化为用货币表示的收益和费用,即确定各种对比方案的现金流量,并估计现金流量发生的时点,然后运用数学的手段进行综合运算、分析对比,从中选出最优的方案。

（5）决策

决策即从若干行动方案中选择令人满意的实施方案，它对工程项目建设的效果有决定性的影响。决策时，工程技术人员、经济分析人员和决策人员应特别注重信息交流和沟通，减少由于信息的不对称所产生的分歧，确保各方人员充分了解各方案的工程经济特点和各方面的效果，提高决策的科学性和有效性。

▶ 1.3.3 工程经济分析方法

（1）定性分析法

定性分析是对问题作质的判断或规定，其常用方法主要有德尔菲法、专家会议法、逻辑推理或相关分析法、综合评价法等。

在工程经济活动中有很多指标和项目内容都是不可计量的，而且具有一定的模糊性，同时，由于问题的高度综合性、复杂性使得评价的数学模型不可能包括各个方面，所以在技术经济分析中，定性分析方法是绝对不可少的，而且是常用的方法。即使做定量分析也要与定性分析相结合，定量分析是在定性分析基础上进行的。

（2）定量分析法

工程经济评价方法中定量分析方法非常多，有静态和动态的，有确定性和非确定性的，有的采用普通计量经济模型，也有的运用系统工程理论来进行评价，有微观的工程项目的财务评价，也有宏观的工程项目的国民经济评价以及工程项目的价值工程分析和敏感性分析。对项目进行投资的时间价值评价时，就分别采用了静态评价方法和动态评价方法。

1.4 工程经济分析人员技能与职业资格考试

▶ 1.4.1 工程经济分析人员具备的知识和技能

工程经济学是一门与自然科学、社会科学密切相关的边缘学科，与生产建设、经济发展有着直接联系的应用学科。工程经济学的理论与方法具有很强的综合性、系统性和应用性。为有效进行工程项目的经济分析，工程经济分析人员应具备一定知识和能力。

①首先应转变思想观念，树立经济意识、可持续发展意识和技术创新意识。

②具备扎实的专业基础知识，具有经济学、社会学、统计学、市场调查和营销学、法律、运筹学等知识，还应具有计算机技术知识，如 EXCEL 报表、统计分析软件等。

③具有实事求是的工作作风。工程经济分析人员应实事求是，遵守诚实、信用、客观、公正的原则，保证评价结果经得起时间和实践的检验。

④科学预测的能力。工程经济分析具有很强的预见性，这就要求工程经济分析人员要有很强的洞察力，为此，应掌握科学的预测方法，尽可能对未来的发展情况做出准确的估计和推测，提高决策科学化水平。

▶ 1.4.2 与工程经济相关的职业资格考试

随着我国市场经济的进一步完善和国家对相关行业管理的规范化,我国职业资格制度得到了长足的发展。工程经济学知识应用的广泛性,使得在很多的职业资格考试中都要进行考核。涉及工程经济学相关知识考核的职业资格主要有一级造价工程师、二级造价工程师、监理工程师、一级建造师、咨询工程师、房地产估价师、注册设备监理师等多个职业资格制度,我国基本上形成了具有中国特色的工程管理职业资格体系。

1)与工程经济相关执业资格的新变化

在大众创业、万众创新的发展背景下,执业资格不能成为就业、创业的门槛。国务院决定取消一批执业资格许可和认定事项,简政放权,以改革释放创业、创新活力。2014 年 7 月 22 日国务院印发《关于取消和调整一批行政审批项目等事项的决定(第一批)》(国发〔2014〕27 号),决定取消"注册资产评估师、房地产经纪人、建筑业企业项目经理"等执业资格许可和认定事项;2014 年 10 月 23 日,国务院印发《关于取消和调整一批行政审批项目等事项的决定(第二批)》(国发〔2014〕50 号),决定取消"土地估价师"等执业资格许可和认定事项;2016 年 1 月 20 日,国务院印发《关于取消一批职业资格许可和认定事项的决定(第五批)》(国发〔2016〕5 号),决定取消"全国建设工程造价员资格"等执业资格许可和认定事项;2016 年 12 月 8 日,国务院印发《关于取消一批职业资格许可和认定事项的决定(第六批)》(国发〔2016〕68 号),决定取消"投资建设项目管理师"等职业资格许可和认定事项。对于取消前取得的职业资格证书,可作为水平能力的证明。

对国务院部门设置实施的没有法律法规依据的准入类执业资格,以及国务院行业部门和全国性行业协会、学会自行设置的水平评价类职业资格将会一律取消;有法律法规依据,但与国家安全、公共安全、公民人身财产安全关系不密切或不宜采取执业资格方式管理的,按程序提请修订法律法规后予以取消。2017 年 9 月,人力资源和社会保障部向社会公布了《国家职业资格目录》(人社部发〔2017〕68 号),共包括 140 项职业资格。建立国家职业资格目录是转变政府职能、深化行政审批制度和人才发展体制机制改革的重要内容,是推动大众创业、万众创新的重要举措。减少、取消职业资格许可和认定事项,对解决职业资格过多过滥、降低就业创业门槛、激发市场主体创造活力等发挥了积极作用。2019 年 12 月 30 日,国务院决定深化职业资格领域"放管服"改革,水平评价类技能人员职业资格分批退出国家职业资格目录,推行社会化职业技能等级认定。《国家职业资格目录》(2021 年版)包含 72 项职业资格,其中,专业技术人员 59 项(准入类 33 项,水平评价类 26 项),技能人员 13 项。人力资源和社会保障部发布的《关于降低或取消部分准入类职业资格考试工作年限要求有关事项的通知》(人社部发〔2022〕8 号),降低或取消《国家职业资格目录》(2021 年版)中 13 项准入类职业资格考试工作年限要求。

与工程经济相关且仍由国家许可和认定的职业资格汇总见表 1.1。

表 1.1　与工程经济相关的职业资格

序号	名称	管理部门	承办单位	实施时间
1	监理工程师	住房和城乡建设部、交通运输部、水利部	中国建设监理协会	1992.07
2	一级造价工程师	住房和城乡建设部、交通运输部、水利部	中国建设工程造价管理协会	1996.08
3	二级造价工程师	住房城乡建设部、交通运输部、水利部	中国建设工程造价管理协会	2018.01
4	咨询工程师（投资）	国家发展和改革委员会	中国工程咨询协会	2001.12
5	一级建造师	住房和城乡建设部	住房和城乡建设部注册中心	2003.01
6	房地产估价师	住房和城乡建设部、自然资源部	住房和城乡建设部、自然资源部注册中心	1995.03
7	注册设备监理师	国家质量监督检验检疫总局	中国设备监理协会	2003.10

注：参见《国家职业资格目录》（2021年版）。

2）与工程经济相关职业资格制度的对比分析

（1）报考条件

报考条件是职业资格制度的基础，直接限制了资格考试的参与范围与从业人员的学历水平和从业经历。与工程经济相关的职业资格考试的报考条件对比见表 1.2。

表 1.2　与工程经济相关的职业资格考试的报考条件

序号	职业资格名称	报考条件
1	监理工程师	1.具有各工程大类专业大学专科学历（或高等职业教育），从事工程施工、监理、设计等业务工作满4年； 2.具有工学、管理科学与工程类专业大学本科学历或学位，从事工程施工、监理、设计等业务工作满3年； 3.具有工学、管理科学与工程一级学科硕士学位或专业学位，从事工程施工、监理、设计等业务工作满2年； 4.具有工学、管理科学与工程一级学科博士学位； 经批准同意开展试点的地区，申请参加监理工程师职业资格考试的，应当具有大学本科及以上学历或学位

续表

序号	职业资格名称	报考条件
2	一级造价工程师	1.具有工程造价专业大学专科(或高等职业教育)学历,从事工程造价、工程管理业务工作满4年;具有土木建筑、水利、装备制造、交通运输、电子信息、财经商贸大类大学专科(或高等职业教育)学历,从事工程造价、工程管理业务工作满5年; 2.具有工程造价、通过工程教育专业评估(认证)的工程管理专业大学本科学历或学位,从事工程造价、工程管理业务工作满3年;具有工学、管理学、经济学门类大学本科学历或学位,从事工程造价、工程管理业务工作满4年; 3.具有工学、管理学、经济学门类硕士学位或者第二学士学位,从事工程造价、工程管理业务工作满2年; 4.具有工学、管理学、经济学门类博士学位; 5.具有其他专业相应学历或者学位的人员,从事工程造 价、工程管理业务工作年限相应增加1年
3	二级造价工程师	1.具有工程造价专业大学专科(或高等职业教育)学历,从事工程造价、工程管理业务工作满1年;具有土木建筑、水利、装备制造、交通运输、电子信息、财经商贸大类大学专科(或高等职业教育)学历,从事工程造价、工程管理业务工作满2年; 2.具有工程造价专业大学本科及以上学历或学位;具有工学、管理学、经济学门类大学本科及以上学历或学位,从事工程造价、工程管理业务工作满1年; 3.具有其他专业相应学历或学位的人员,从事工程造价、工程管理业务工作年限相应增加1年
4	咨询工程师(投资)	1.取得工学学科门类专业,或者经济学类、管理科学与工程类专业大学专科学历,累计从事工程咨询业务满8年; 2.取得工学学科门类专业,或者经济学类、管理科学与工程类专业本科学历或者学位,累计从事工程咨询业务满6年; 3.取得工学学科门类专业,或者经济学类、管理科学与工程类专业在内的双学士学位,或者工学学科门类专业研究生班毕业,累计从事工程咨询业务满4年; 4.取得工学学科门类专业,或者经济学类、管理科学与工程类专业硕士学位,累计从事工程咨询业务满3年; 5.取得工学学科门类专业,或者经济学类、管理科学与工程类专业博士学位,累计从事工程咨询业务满2年; 6.取得经济学、管理学学科门类其他专业,或者其他学科门类各专业的上述学历或者学位人员,累计从事工程咨询业务年限相应增加2年

续表

序号	职业资格名称	报考条件
5	一级建造师	1.取得工程类或工程经济类专业大学专科学历,从事建设工程项目施工管理工作满 4 年; 2.取得工学门类、管理科学与工程类专业大学本科学历,从事建设工程项目施工管理工作满 3 年; 3.取得工学门类、管理科学与工程类专业硕士学位,从事建设工程项目施工管理工作满 2 年; 4.取得工学门类、管理科学与工程类专业博士学位,从事建设工程项目施工管理工作满 1 年
6	房地产估价师	1.拥护中国共产党领导和社会主义制度; 2.遵守中华人民共和国宪法、法律、法规,具有良好的业务素质和道德品行; 3.具有高等院校专科以上学历(已取得高等院校专科及以上学历人员)
7	注册设备监理师	按照《工程技术人员职务试行条例》规定评聘为工程师专业技术职务,并具备下列条件之一: 1.取得工程技术专业中专学历,累计从事设备工程专业工作满 20 年; 2.取得工程技术专业大学专科学历,累计从事设备工程专业工作满 15 年; 3.取得工程技术专业大学本科学历,累计从事设备工程专业工作满 10 年; 4.取得工程技术专业硕士以上学位,累计从事设备工程专业工作满 5 年
8	中级经济师 (建筑与房地产 经济专业)	1.高中毕业并取得初级经济专业技术资格,从事相关专业工作满 10 年; 2.具备大学专科学历,从事相关专业工作满 6 年; 3.具备大学本科学历或学士学位,从事相关专业工作满 4 年; 4.具备第二学士学位或研究生班毕业,从事相关专业工作满 2 年; 5.具备硕士学位,从事相关专业工作满 1 年; 6.具备博士学位
9	高级经济师 (建筑与房地产 经济专业)	1.具备大学专科学历,取得中级经济专业技术资格后,从事与经济师职责相关工作满 10 年; 2.具备硕士学位,或第二学士学位或研究生班毕业,或大学本科学历或学士学位,取得中级经济专业技术资格后,从事与经济师职责相关工作满 5 年; 3.具备博士学位,取得中级经济专业技术资格后,从事与经济师职责相关工作满 2 年

注:①表中有关学历的要求是指经国家教育行政主管部门承认的正规学历。

②从事相关工作年限要求是指取得规定学历前后从事本专业工作时间的总和,其截止日期为考试报名当年年底,详细信息以各地区具体规定为准。

(2)考试科目

考试科目直接反映职业资格的考核要求,决定了职业资格的特色与执业范围。成绩滚动年限是指考试成绩的有效年限。与工程经济相关职业资格考试的考试科目,有些是单独的学科,有些是融合在其他学科中,比如案例分析科目等,在表1.3中用粗体标注显示。

表1.3 与工程经济相关的职业资格考试的考试科目与成绩滚动年限

序号	名称	考试科目	成绩滚动年限
1	监理工程师	《建设工程监理基本理论和相关法规》《建设工程合同管理》《建设工程目标控制》(分为土木建筑工程、交通运输工程和水利工程三个专业)《建设工程监理案例分析》	4年
2	一级造价工程师	《建设工程造价管理》《建设工程计价》《建设工程技术与计量》《建设工程造价案例分析》	4年
3	二级造价工程师	《建设工程造价管理基础知识》《建设工程计量与计价实务》	2年
4	咨询工程师(投资)	《宏观经济政策与发展规划》《工程项目组织与管理》《项目决策分析与评价》《现代咨询方法与实务》	4年
5	一级建造师	《建设工程经济》《建设工程法规及相关知识》《建设工程项目管理》《专业工程管理与实务》	2年
6	房地产估价师	《房地产制度法规政策》《房地产估价原理与方法》《房地产估价基础与实务》《土地估价基础与实务》	4年
7	注册设备监理师	《设备工程监理基础及相关知识》《设备监理合同管理》、《质量、投资、进度控制》《设备监理综合实务与案例分析》	2年
8	经济师(建筑与房地产经济专业)	《经济基础知识》《建筑与房地产经济专业知识和实务》	2年
9	经济师(建筑与房地产经济专业)	《经济基础知识》《建筑与房地产经济专业知识和实务》	2年

(3)执业范围

执业范围是指相关职业资格所主要从事的工作活动内容与领域。与工程经济相关的职业资格执业范围的对比见表1.4。

表1.4 与工程经济相关的职业资格执业范围

序号	职业资格名称	执业范围
1	监理工程师	取得资格证书的人员,应当受聘于一个具有建设工程勘察、设计、施工、监理、招标代理、造价咨询等一项或者多项资质的单位,经注册后方可从事相应的执业活动。从事工程监理执业活动的,应当受聘并注册于一个具有工程监理资质的单位。 　　注册监理工程师可以从事工程监理、工程经济与技术咨询、工程招标与采购咨询、工程项目管理服务以及国务院有关部门规定的其他业务

续表

序号	职业资格名称	执业范围
2	一级造价工程师	一级注册造价工程师的执业范围包括建设项目全过程工程造价管理与咨询等,具体工作内容:项目建议书、可行性研究投资估算与审核,项目评价造价分析;建设工程设计、施工招投标工程计量与计价;建设工程合同价款,结算价款、竣工决算价款的编制与管理;建设工程审计、仲裁、诉讼、保险中的造价鉴定,工程造价纠纷调解;建设工程计价依据、造价指标的编制与管理;与工程造价管理有关的其他事项
3	二级造价工程师	二级注册造价工程师的执业范围是协助一级注册造价工程师开展相关工作,并可独立开展的具体工作内容:建设工程工料分析、计划、组织与成本管理,施工图预算、设计概算编制;建设工程量清单、招标控制价、投标报价编制;建设工程合同价款、结算和竣工决算价款的编制
4	咨询工程师(投资)	职业定位:以投资决策咨询为主,兼顾与投资相关的其他咨询业务和宏观经济建设决策咨询业务; 执业范围:经济社会发展规划、计划咨询;行业发展规划和产业政策咨询;经济建设专题咨询;投资机会研究;工程项目建议书的编制;工程项目可行性研究报告的编制;工程项目评估;工程项目融资咨询,绩效追踪评价,后评价及培训咨询服务;工程项目招投标技术咨询;国家发展和改革委员会规定的其他工程咨询业务
5	一级建造师	注册建造师有权利以建造师的名义担任建设工程项目施工的项目经理;从事其他施工活动的管理;从事法律法规或是国务院行政主管部门规定的其他业务
6	房地产估价师	从事房地产估价业务和土地估价业务,签署房地产估价报告和土地估价报告
7	注册设备监理师	对重要工程设备的设计、加工、制造、储运、材料采购、组装、测试等重要形成过程、关键部件的质量控制,进行见证、检验、审核,对项目进度、投资款项拨付情况进行监督和参与项目实施过程的管理
8	经济师(建筑与房地产经济专业)	取得中级"经济师"职称
9	经济师(建筑与房地产经济专业)	取得高级"经济师"职称

本章小结

1.技术与经济是人类一切生产活动中的两个最基本因素,二者是相互联系、相互促进、相互制约的。正确处理技术与经济的关系,是研究工程经济的出发点。

2.经济的发展是推动技术进步的动力,技术的发展要受到经济条件的制约,技术与经济既对立又统一。

3.工程经济活动一般涉及4大要素:活动主体、活动目标、实施活动的环境、活动的效果。

4.工程经济学的基本原理:工程经济分析的目的是提高工程经济活动的经济效果;技术与经济之间是对立统一的辩证关系;工程经济分析的重点是科学预见活动的结果;工程经济分析是对工程经济活动的系统评价;满足可比条件是技术方案比较的前提。

5.工程经济分析可大致概括为5个步骤:确定目标;寻找关键要素;穷举方案;评价方案;决策。

6.工程经济分析人员具备专门的知识和技能。学习工程经济学知识也有利于造价工程师、监理工程师、一级建造师、咨询工程师、房地产估价师等多个执业资格考试的顺利通过。

练习题

1.简述技术与经济的关系。

2.什么是工程经济学? 其研究对象与内容是什么?

3.简述工程经济学的基本原理。

4.简述工程经济的研究内容。

5.简述工程经济分析的基本步骤。

6.为什么在工程经济分析时要强调可比条件? 应注意哪些可比条件?

7.工程经济学知识与哪些执业资格考试有关?

2

工程项目投资及资金来源

[学习目标]

掌握工程项目投资的概念及构成;理解工程项目建设阶段与投资估算;掌握生产能力指数法,熟悉系数估算法、比例估算法、指标估算法等;理解项目资本金的含义及来源;理解债务资金的构成;掌握资金成本的概念及组成;熟悉资金成本的计算。

[基本概念]

工程项目投资,综合税率,工程项目融资主体,项目资本金,资金成本

2.1 工程项目投资及构成

▶ 2.1.1 工程项目投资的概念

建设工程项目投资是指经济主体为获得预期的投资效益进行新建或扩建,扩大再生产建设所花费的全部费用,包括形成的固定资产、流动资产、无形资产、其他资产和企业营运最低需要的流动资金(图 2.1)。其中,铺底流动资金为项目正常年所需营运流动资金的 30%。

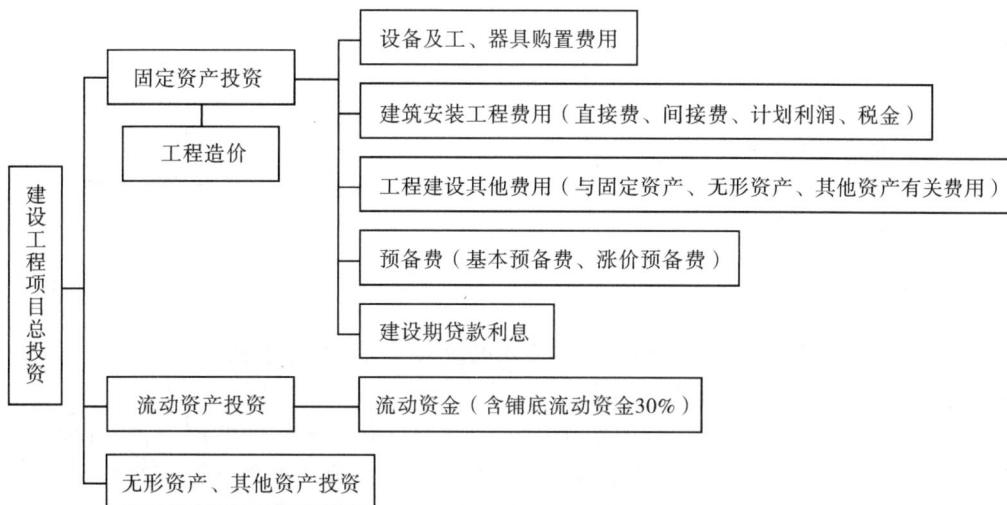

图 2.1　建设工程项目总投资构成

► 2.1.2　工程项目投资构成

建设工程项目总投资包含固定投资和流动资产投资。其中,固定资产投资与建设项目的工程造价在量上相等。工程项目投资主要由固定资产投资构成,即设备及工器具投资、建筑安装工程投资、工程建设其他投资、预备费、建设期贷款利息等。

1)设备及工、器具投资的构成

设备及工、器具投资由设备购置费和工、器具及生产家具购置费组成。

设备购置费是指为工程项目购置或自制达到固定资产标准的设备费用,但不包含构成永久工程一部分的工程设备的费用。

工、器具及生产家具购置费是指按照新建或扩建项目初步设计规定的,为保证初期正常生产必须购置的没有达到固定资产标准的设备、仪器、工卡模具、器具、生产家具和备品备件的费用。

工器具及生产家具购置费=设备购置费×定额费率

2)建筑安装工程投资的构成

根据住房城乡建设部、财政部《关于印发〈建筑安装工程费用项目组成〉的通知》(建标〔2013〕44 号),建筑安装工程费用项目按费用构成要素组成划分为人工费、材料(包含工程设备,下同)费、施工机具使用费、企业管理费、利润、规费和税金。

(1)人工费

人工费是指按工资总额构成规定,支付给从事建筑安装工程施工的生产工人和附属生产单位工人的各项费用,包括计时工资或计件工资、奖金、津贴补贴、加班加点工资、特殊情况下支付的工资(如按规定,因病、工伤、产假、计划生育假、婚丧假、事假、探亲假、定期休假、停工学习、执行国家或社会义务等原因按计时工资标准或计时工资标准的一定比例支付的工资)。

(2)材料费

材料费是指施工过程中耗费的原材料、辅助材料、构配件、零件、半成品或成品、工程设备的费用,包括材料(含工程设备)原价、运杂费、运输损耗费、采购及保管费。

工程设备是指构成或计划构成永久工程一部分的机电设备、金属结构设备、仪器装置及其他类似的设备和装置。

(3)施工机具使用费

施工机具使用费是指施工作业所发生的施工机械、仪器仪表使用费或其租赁费。

①施工机械使用费:以施工机械台班耗用量乘以施工机械台班单价表示。施工机械台班单价应由下列 7 项费用组成:折旧费、大修理费、经常修理费、安拆费及场外运费、人工费、燃料动力费、税费。

②仪器仪表使用费:是指工程施工所需使用的仪器仪表的摊销及维修费用。

(4)企业管理费

企业管理费是指建筑安装企业组织施工生产和经营管理所需的费用,包括管理人员工资、办公费、差旅交通费、固定资产使用费、工具用具使用费、劳动保险和职工福利费、劳动保护费、检验试验费、工会经费、职工教育经费、财产保险费、财务费、税金(房产税、车船使用税、土地使用税、印花税等)、其他(技术转让费、技术开发费、投标费、业务招待费、绿化费、广告费、公证费、法律顾问费、审计费、咨询费、保险费等)。

(5)利润

利润是指施工企业完成所承包工程获得的盈利。

(6)规费

规费是指按国家法律、法规规定,由省级政府和省级有关权力部门规定必须缴纳或计取的费用。包括:

①社会保险费:主要是指养老保险费、失业保险费、医疗保险费、生育保险费、工伤保险费。

②住房公积金:是指企业按规定标准为职工缴纳的住房公积金。

其他应列而未列入的规费,按实际发生计取。

(7)税金

税金是指国家税法规定的应计入建筑安装工程造价内的营业税、城市维护建设税、教育费附加、地方教育附加,以及环境保护税。

营业税按营业额乘以营业税税率(3%)确定。城市维护建设税按应纳营业税乘以适用税率确定。纳税人项目所在地为市区的,适用税率为7%;城镇的适用税率为5%;农村的适用税率为1%。教育费附加应按应纳营业税乘以3%确定。地方教育费附加应按应纳营业税的2%确定。在税金计算中,4 种税常常一并计算。

税金计算公式:

税金 = (人工费 + 材料费 + 施工机具使用费 + 企业管理费 + 利润 + 规费)× 综合税率(%)

综合税率的计算因项目所在地的不同而不同。

①纳税地点在市区的企业:

$$综合税率(\%) = \frac{1}{1 - 3\%(1 + 7\% + 3\% + 2\%)} - 1 = 3.476\ 8\%$$

②纳税地点在县城、镇的企业:

$$综合税率(\%) = \frac{1}{1 - 3\%(1 + 5\% + 3\% + 2\%)} - 1 = 3.412\ 6\%$$

③纳税地点不在市区、县城、镇的的企业：

$$综合税率(\%) = \frac{1}{1 - 3\%(1 + 1\% + 3\% + 2\%)} - 1 = 3.284\,4\%$$

但是自 2016 年 5 月 1 日起，我国全面推行"营改增"试点，将建筑业、房地产业、金融业、生活服务业全部纳入"营改增"试点，营业税退出历史舞台。根据国家税务总局《关于全面推开营业税改增值税试点的通知》（财税〔2016〕36 号）的相关规定，我国建筑业营业税改增值税后，一般纳税人征收 11% 的增值税；小规模纳税人可选择简易计税方法征收 3% 的增值税。根据财政部税务总局《关于调整增值税税率的通知》（财税〔2018〕32 号）的规定，建筑服务一般纳税人税率自 2018 年 5 月 1 日起由 11% 调整为 10%。根据《财政部税务总局海关总署关于深化增值税改革有关政策的公告》（财政部税务总局海关总署公告 2019 年第 39 号）的规定，工程造价计价依据中增值税税率自 2019 年 4 月 1 日起由 10% 调整为 9%。

遵循增值税"价税分离"的税制要求和维持"营改增"前后建设工程项目费用水平基本不变的思路，对包含在材料费、机械费、总价措施费和企业管理费中可抵扣的进项税额从含税造价中扣除。在扣除税价的基础上计算增值税（销项税额），进而形成增值税下的工程总造价｛工程总造价 = 税前工程总造价 × (1 + 10%)｝。考虑到增值税的价外税属性，将附加税（城市建设维护税、教育费附加、地方教育费附加）放入企业管理费中。

环境保护税是指按《环境保护法》规定工程施工现场向环境排放应税污染物而缴纳的税金。

$$工程增值税(销项税税额) = 含税工程款 \div (1 + 9\%) \times 9\%$$

3）工程建设其他投资的构成

工程建设其他投资包括固定资产其他费用、无形资产费用和其他资产费用。

（1）固定资产其他费用

固定资产其他费用包括建设管理费、建设用地费用、可行性研究费、研究试验费、勘察设计费、环境影响评价费、劳动安全卫生评价费等 13 项内容。

①建设管理费，是指建设单位从项目筹建开始至工程竣工验收合格或交付使用为止发生的项目建设管理费用。费用内容包括：建设单位管理费和工程监理费。

建设单位管理费，是指建设单位发生的管理性质的开支。包括工作人员工资、工资性补贴、施工现场津贴、职工福利费、住房基金、基本养老保险费、基本医疗保险费、失业保险费、工伤保险费、办公费、差旅交通费、劳动保护费、工具用具使用费、固定资产使用费、必要的办公及生活用品购置费、必要的通信设备及交通工具购置费、零星固定资产购置费、招募生产工人费用、技术图书资料费、业务招待费、设计审查费、工程招标费、合同契约公证费、法律顾问费、咨询费、完工清理费、竣工验收费、印花税和其他管理性质开支。

工程监理费，是指建设单位委托工程监理单位实施工程监理的费用。

②建设用地费用，是指按照《中华人民共和国土地管理法》等规定，建设项目征用地或租用土地应支付的费用。它包括土地征用及拆迁补偿费用、土地使用权出让金。

土地征用及拆迁补偿费用，是指建设项目通过划拨方式取得无限期的土地使用权，依照规定所支付的费用。它包括土地补偿费，安置补助费，青苗补偿费和被征用土地上的房屋、水井、树木等附着物补偿费，缴纳的耕地占用税或城镇土地使用税、土地登记费及征地管理费,征地动迁费和水利水电工程水库淹没处理补偿费等,并按被征用土地的原用途给予补偿。

土地使用权出让金,是指建设项目通过土地使用权出让方式,取得有限期的土地使用权,按照相应规定支付土地使用权出让金。这属于第一层次的范围,即政府将国有土地使用权出让给用地者。第二层次及以下层次的转让则发生在使用者之间。

③可行性研究费,是指在建设项目前期工作中,编制和评估项目建议书(或预可行性研究报告)、可行性研究报告所需的费用。

④研究试验费,是指为本建设项目提供或验证设计数据、资料等进行必要的研究试验及按照设计规定在建设过程中必须进行试验、验证所需的费用。

⑤勘察设计费,是指委托勘察设计单位进行工程水文地质勘察、工程设计所发生的各项费用。包括工程勘察费、初步设计费(基础设计费)、施工图设计费(详细设计费)、设计模型制作费。

⑥环境影响评价费,是指按照《中华人民共和国环境保护法》《中华人民共和国环境影响评价法》等规定,为全面、详细评价建设项目对环境可能产生的污染或造成的重大影响所需的费用。包括编制环境影响报告书(含大纲)、环境影响报告表和评估环境影响报告书(含大纲)、评估环境影响报告等所需的费用。

⑦劳动安全卫生评价费,是指按照劳动部《建设项目(工程)劳动安全卫生监察规定》《建设项目(工程)劳动安全卫生评价管理办法》的规定,为预测和分析建设项目存在的职业危险、危害因素的种类和危险危害程度,并提出先进、科学、合理可行的劳动安全卫生技术和管理对策所需的费用。包括编制建设项目劳动安全卫生预评价和劳动安全预评价报告书,以及为编制上述文件所进行的工程分析和环境现状调查所需的费用。

⑧场地准备及临时设施费,是指建设场地准备费和建设单位临时设施费。

场地准备费,是指建设项目为达到工程开工条件所发生的场地平整和对建设场地余留的有碍于施工建设的设施进行拆除清理的费用。

临时设施费,是指为满足施工建设需要而供到场地界区的、未列入工程费用的临时水、电、路、气等其他工程费用和建设单位的现场临时建(构)筑物的搭设、维修、拆除、摊销和建设期间租赁费用,以及施工期间专用公路养护费、维修费。

⑨引进技术和引进设备其他费,是指引进技术和设备发生的未计入设备费的费用。该费用内容有以下4项:

a.引进项目图纸资料翻译复制费、备品备件测绘费;

b.出国人员费用:买方人员出国设计联络、出国考察、联合设计、监造、培训等所发生的旅费、生活费等;

c.来华人员费用:卖方来华工程技术人员的现场办公费用、往返现场交通费用、接待费用等;

d.银行担保及承诺费:引进项目由国内外金融机构出面承担风险和责任担保所发生的费用,以及支付贷款机构的承诺费用。

⑩工程保险费,是指建设项目在建设期间根据需要对建筑工程、安装工程、机器设备和人身安全进行投保而发生的保险费用。包括建筑安装工程一切险、引进设备财产保险和人身意

外伤害险等。

⑪联合试运转费,是指新建项目或新增生产能力的工程,在交付生产前按照批准的设计文件所规定的工程质量标准和技术要求,对整个生产线或装置的负荷进行联合试运转或局部联动试车所发生的费用净支出(试运转支出大于收入的差额部分费用)。试运转支出包括试运转所需原材料、燃料及动力消耗、低值易耗品、其他材料消耗、工具用具使用费、机械使用费、保险金、施工单位参加试运转人员工资、专家指导费等;试运转收入包括试运转期间的产品销售收入和其他收入。

⑫特殊设备安全监督检验费,是指在施工现场组装的锅炉及压力容器、压力管道、消防设备、燃气设备、电梯等特殊设备和设施,由安全监察部门按照有关安全监察条例和实施细则以及设计技术要求进行安全检验,应由建设项目支付的、向安全监察部门缴纳的费用。

⑬市政公用设施费,是指使用市政公用设施的建设项目,按照项目所在地省一级人民政府有关规定,缴纳的市政公用设施建设配套费用和绿化工程补偿费用。

(2)无形资产费用

①专利及专有技术使用费的主要内容:

a.国外设计及技术资料费,引进有效专利、专有技术的使用费和技术保密费;

b.国内有效专利、专有技术使用费;

c.商标权、商誉和特许经营权费等。

②专利及专有技术使用费的计算方法:

a.按专利使用许可协议和专有技术使用合同的规定记列;

b.专有技术的界定应以省、部鉴定批准为依据;

c.项目投资中只计需在建设期支付的专利及专有技术使用费。协议或合同规定在生产期支付的使用费应在生产成本中核算。

d.一次性支付的商标权、商誉及特许经营权按协议或合同规定记列。协议或合同规定在生产期支付的商标权或特许经营权费应在生产成本中核算。

e.为项目配套的专用设施投资,包括专用铁路线、专用公路、专用通讯设施、变送电站、地下管道、专用码头等,如果由项目建设单位负责投资但产权不归属本单位的,应作无形资产处理。

(3)其他资产费用

生产准备及开办费,是指建设项目为保证正常生产(或营业、使用)而发生的人员培训费、提前进厂费以及投产使用必备的生产办公、生活家居用具及工器具等购置费用。

①人员培训费及提前进厂费,包括自行组织培训的人员工资、工资性补贴、职工福利费、差旅交通费、劳动保护费、学习资料费等。

②为保证初期正常生产(或营业、使用)必需的生产办公、生活家具购置费。

③为保证初期正常生产(或营业、使用)必需的第一套不够固定资产标准的生产工具、器具、用具购置费,不包括备品备件费。

生产准备及开办费计算按以下方法进行:

①新建项目按设计定员为基数计算,改扩建项目按新增设计定员为基数计算:

$$生产准备费 = 设计定员 \times 生产准备费指标(元／人)$$

②可采用综合的生产准备费指标进行计算,也可以按费用内容的分类指标计算。

4)预备费

预备费是指在建设期内因各种不可预见因素的变化而预留的可能增加的费用,包括基本预备费和涨价预备费。

(1)基本预备费

基本预备费,又称不可预见费,是指在项目实施中可能发生难以预料的支出,需要预先预留的费用。主要指设计变更及施工过程中可能增加工程量的费用;一般自然灾害造成的损失和预防自然灾害所采取的措施费用;竣工验收时为鉴定工程质量,对隐蔽安装工程进行必要的挖掘和修复的费用。

基本预备费=(设备及工器具购置费+建筑安装工程费用+工程建设其他费用)×基本预备费率

(2)涨价预备费

涨价预备费是指工程项目在建设期内由于物价上涨、汇率变化等因素影响而需要增加的费用。

$$PF = \sum_{t=1}^{n} I_t \left[(1+f)^m (1+f)^{0.5} (1+f)^{t-1} - 1 \right] \tag{2.1}$$

式中　　PF——涨价预备费;

　　　　n——建设期年数;

　　　　I_t——建设期中第 t 年的静态投资额,包括工程费用、工程建设其他费用及基本预备费;

　　　　f——年均价格上涨率;

　　　　m——建设前期年限。

5)建设期利息

建设期贷款利息是指工程项目在建设期间内发生并计入固定资产的利息。建设期贷款利息应按借款要求和条件计算。国内银行借款利息按现行贷款计算,国外贷款利息按协议书或贷款意向书确定的利率按复利计算。为了简化计算,在编制投资估算时通常假定借款均在每年的年中,借款第一年按半年计息,其余各年份按全年计息。

$$各年应计利息 = \left(年初借款本息累计 + \frac{本年借款额}{2} \right) \times 年利率$$

$$I_j = \left(P_{j-1} + \frac{A_j}{2} \right) \times i$$

【例2.1】某新建项目,建设期为3年,均衡进行贷款。第一年贷款300万元,第二年贷款600万元,第三年贷款400万元,设年利率为12%,试计算建设期贷款利息。

【解】建设期各年利息为:

$$第一年贷款利息 = \left(0 + \frac{300}{2} \right) \times 12\% = 18(万元)$$

$$第二年贷款利息 = \left(300 + 18 + \frac{600}{2} \right) \times 12\% = 74.16(万元)$$

$$第三年贷款利息 = \left(300 + 18 + 600 + 74.16 + \frac{400}{2} \right) \times 12\% = 143.06(万元)$$

所以,该项目建设期贷款利息 = 18 + 74.16 + 143.06 = 235.22(万元)。

注:根据住房和城乡建设部办公厅"关于征求《建设项目总投资费用项目组成》《建设项目工程总承包费用项目组成》意见的函"(建办标函〔2017〕621号),建设项目总投资费用项目由工程造价、增值税、资金筹措费、流动资金组成,详细内容可描右侧二维码了解。

▶ 2.1.3 项目投资的特征

我国目前已建立起投资主体由政府主体转向企业为主体,投资来源由政府一元化走向多元化投资,实行"谁投资,谁受益,谁承担风险""谁决策,谁负责"的投资机制。项目投资的特征表现在以下 4 个方面:

①投资项目具有一次性和特殊性,这是建设项目的最主要特征。投资项目没有完全相同的两项任务,其不同点表现在项目任务不同、规模不同、标准不同和最终成果不同。只有认识项目建设的特殊性,才能有针对性地根据项目的特殊性进行管理。

②项目投资有明确的目标。要实现预测的一系列的技术经济指标要求,如工程规模、质量、规格、工期、投资总额,要形成生产能力、产品质量、数量、效益指标等。

③项目作为管理对象是一个整体的系统工程。在配置生产要素时,要追求最佳的投资效益,做到数量、质量、结构的整体优化。

④项目与环境之间相互制约性。项目总是在一定的环境中立项、实施和交付使用,均受到周围环境的制约。项目在其使用寿命过程中,又对环境造成正负两方面的影响。

每个工程项目的开发、立项必须具备上述 4 个特征,缺一不可。例如,进行重复的成批的生产活动及其成果,不能称为"投资项目"。

2.2 工程项目投资估算

▶ 2.2.1 工程项目投资估算的含义和作用

投资估算是指在项目投资决策过程中,依据现有的资料和特定的方法,对建设工程项目的投资数额进行的估计。它是项目建设前期编制项目建议书和可行性研究报告的重要组成部分,是项目决策的依据之一。投资估算的准确与否,不仅影响到可行性研究工作的质量和经济评价结果,而且也直接关系到下一阶段的设计概算和施工图预算的编制,对建设项目资金筹措方案也有直接的影响。因此,全面准确地估算建设项目的投资额度,是可行性研究乃至整个决策阶段投资管理的重要任务。

投资估算在工程项目开发建设过程中的作用有以下几点:

①项目建议书阶段的投资估算,是项目主管部门审批项目建议书的依据之一,并对项目的规划、规模起参考作用。

②项目可行性研究阶段的投资估算,是项目投资决策的重要依据,也是研究、分析、计算项目投资经济效果的重要条件。当可行性研究报告被批准之后,其投资估算额就是作为设计

任务书中下达的投资限额,即作为建设项目投资的最高限额,不得随意突破。

③项目投资估算应对工程设计概算起控制作用,设计概算不得突破批准的投资估算额,并应控制在投资估算额以内。

④项目投资估算应作为项目资金筹措及制定建设贷款计划的依据,建设单位可根据批准的项目投资估算额,进行资金筹措和向银行申请贷款。

⑤项目投资估算是核算建设项目固定资产投资需要额和编制固定资产投资计划的重要依据。

▶ 2.2.2 工程项目建设阶段与估算

我国建设工程项目的投资估算分为以下 4 个阶段:

(1)项目规划阶段的投资估算

建设项目规划阶段是指有关部门根据国民经济发展规划、地区发展规划和行业发展规划的要求,编制一个建设项目的建设规划。此阶段是按项目规划的要求和内容,粗略地估算建设项目所需要的投资额。其对投资估算精度的要求为允许误差大于±30%。

(2)项目建议书阶段的投资估算

在项目建议书阶段,是按项目建议书中的产品方案、项目建设规模、产品主要生产工艺、企业车间组成、初选建厂地点等,估算建设项目所需要的投资额。其对投资估算精度的要求为误差控制在±30%以内。此阶段项目投资估算的意义是可据此判断一个项目是否需要进行下一阶段的工作。

(3)初步可行性研究阶段的投资估算

初步可行性研究阶段是在掌握了更详细、更深入的资料的条件下,估算建设项目所需的投资额。其对投资估算精度的要求为误差控制在±20%以内。此阶段投资估算的意义是据以确定是否进行详细可行性研究。

(4)详细可行性研究阶段的投资估算

详细可行性研究阶段的投资估算至关重要,因为这个阶段的投资估算经审批之后,便是工程设计任务书中规定的项目投资限额,并可据此列入项目年度基本建设计划。其对投资估算精度的要求为误差控制在±10%以内。

▶ 2.2.3 工程项目投资估算内容

根据国家规定,从满足建设项目投资设计和投资规模的角度,建设项目投资的估算包括固定资产投资估算和流动资金投资估算两部分。

(1)固定资产投资估算

固定资产投资估算的内容,按照费用的性质分为建筑安装工程费、设备及工器具购置费、工程建设其他费用、基本预备费、涨价预备费、建设期利息、固定资产投资方向调节税。其中,建筑工程费、设备及工器具购置费、安装工程费直接形成实体固定资产,称为工程费用;工程建设其他费用可分别形成固定资产、无形资产及其他资产;基本预备费、涨价预备费、建设期利息,在可行性研究阶段为简化计算,一并计入固定资产;固定资产投资方向调节税现已暂停征收。

（2）流动资金估算

流动资金是指生产经营性项目投产后,用于购买原材料、燃料、支付工资及其他经营费用等所需要的周转资金。这里所谈的流动资金,实际上就是财务中的营运资金。

（3）投资估算的依据

①建设标准和技术、设备、工程方案。

②专门机构发布的建设工程造价费用构成、估算指标、计算方法,以及其他有关计算工程造价的文件。

③专门机构发布的工程建设其他费用计算办法和费用标准,以及政府部门发布的物价指数。

④拟建项目各单项工程的建设内容及工程量。

⑤资金来源与建设工期。

（4）投资估算要求

①工程内容和费用构成齐全,计算合理,不重复计算,不提高或者降低估算标准,不漏项、不少算。

②选用指标与具体工程之间存在标准或者条件差异时,应进行必要的换算或调整。

③投资估算精度应能满足控制初步设计概算要求。

（5）投资估算的步骤

①分别估算各单项工程所需要的建筑工程费、设备及工器具购置费、安装工程费。

②在汇总各单项工程费用的基础上,估算工程建设其他费用和基本预备费。

③估算涨价预备费和建设期利息。

④估算流动资金。

▶ 2.2.4　工程项目投资估算方法

1）固定资产投资静态投资部分的估算

不同阶段的投资估算,其方法和允许误差都是不同的。项目规划和项目建议书阶段,投资估算的精度低,可采取简单的匡算法,如生产能力指数法、单位生产能力法、比例法、系数法等。在可行性研究阶段,尤其是详细可行性研究阶段,投资估算精度要求高,需采用相对详细的投资估算法,即指标估算法。

（1）单位生产能力估算法

单位生产能力估算法是依据调查的统计资料,利用相近规模的单位生产能力投资乘以建设规模,即得拟建项目投资。其计算公式为:

$$C_2 = \left(\frac{C_1}{Q_1} \right) Q_2 f \qquad (2.2)$$

式中　C_1——已建类似项目的静态投资;

C_2——拟建项目静态投资额;

Q_1——已建类似项目的生产能力;

Q_2——拟建项目的生产能力;

f——不同时期、不同地点的定额、单价、费用变更等的综合调整系数。

这种方法把项目的建设投资与其生产能力的关系视为简单的线性关系,估算结果精确度较差。由于在实际工作中不易找到与拟建项目完全类似的项目,通常是把项目按其下属的车间、设施和装置进行分解,分别套用类似车间、设施和装置的单位生产能力投资指标计算,然后加总求得项目总投资。或根据拟建项目的规模和建设条件,将投资进行适当调整后估算项目的投资额。这种方法主要用于新建项目或装置的估算,十分简便迅速,但要求估价人员掌握足够的典型工程的历史数据,而且这些数据均应与单位生产能力的投资有关,方可应用,同时必须是新建装置与所选取装置的历史资料相类似,仅存在规模大小和时间上的差异。

【例2.2】假定某地拟建一座200套客房的豪华宾馆,另有一座豪华宾馆最近在该地竣工,且掌握了以下资料:有250套客房,有门厅、餐厅、会议室、游泳池、网球场等设施,总造价为1 050万美元。试估算新建项目的总投资。

【解】根据以上资料,可首先推算出折算为每套客房的造价:

$$\frac{总造价}{客房总套数} = \frac{1\ 050}{250} = 4.2(万美元／套)$$

据此,即可很迅速地计算出在同一个地方,且各方面有可比性的具有200套客房的豪华宾馆的投资估算为:$4.2 \times 200 = 840$(万美元)。

单位生产能力估算法估算误差较大,可达±30%。此法只适用于粗略地快速估算,由于误差大,应用该估算法时需要小心。

(2)生产能力指数法

生产能力指数法,又称生产规模指数法或指数估算法。它是根据已建成的类似项目生产能力和投资额来粗略估算拟建项目投资额的方法,是对单位生产能力估算法的改进。其计算公式为:

$$C_2 = C_1 \times \left(\frac{Q_2}{Q_1}\right)^n \times f \tag{2.3}$$

式中　C_1——已建类似项目的静态投资;

　　　C_2——拟建项目静态投资额;

　　　Q_1——已建类似项目的生产能力;

　　　Q_2——拟建项目的生产能力;

　　　f——不同时期、不同地点的定额、单价、费用变更等的综合调整系数;

　　　n——生产能力指数。

上式表明投资与规模(或容量)呈非线性关系,且单位投资随工程规模(或容量)的增大而减小。正常情况下,$0 \leq n \leq 1$。

若已建类似项目的生产规模与拟建项目生产规模相差不大,Q_1与Q_2的比值为0.5~2,则指数n的取值近似为1。

若已建类似项目的生产规模与拟建项目生产规模相差不大于50倍,且拟建项目生产规模的扩大仅仅靠增大设备规模来达到时,则指数n的取值为0.6~0.7;若是靠增加相同规格设备的数量来达到时,n的取值为0.8~0.9。

不同生产率水平的国家和不同性质的项目中,n的取值是不相同的。如化工项目,美国取

$n=0.6$,英国取 $n=0.66$,日本取 $n=0.7$。

常见的化工和炼油装置的项目生产能力指数 n 值见表2.1。

表2.1 常见化工和炼油装置的项目生产能力指数 n 值

装置名称	n 值	装置名称	n 值	装置名称	n 值
常压蒸馏(汽化65%)	0.90	溶剂抽提	0.67	制氢装置	0.72
减压蒸馏(汽化65%)	0.70	硅铁法制镁	0.62	硫黄回收	0.64
流化催化裂化	0.70	乙烯(以炼厂气为原料)	0.83	合成甲醇(天然气蒸汽转化法)	0.60
加氢脱硫	0.65	乙烯(以油为原料)	0.72	甲醛	0.80
催化重整	0.60	苯乙烯	0.53	尿素	0.70
硫酸法烷基化	0.60	乙醛	0.70	聚乙烯(低压)	0.68
叠合	0.58	丁二烯	0.66	聚乙烯(高压)	0.81
热裂化	0.70	由乙烯制取丁二烯	1.02	苯	0.61
延迟焦化	0.38	聚丁二烯	0.67	苯酐	0.62
芳烃抽提	0.70	合成氨	0.80	三硝基甲苯	1.01
溶剂脱蜡	0.76	合成氨(蒸汽转化法)	0.53	铝锭	0.90

【例2.3】2008年在某地兴建一座30万t合成氨的化肥厂,总投资约为28 000万元。假如2020年在该地开工兴建一座45万t合成氨的工厂,合成氨的生产能力指数为0.8,则需静态投资为多少万元?(假定从2008年至2020年每年平均综合调整系数为1.15)

【解】由生产能力指数法计算公式,可得:

$$C_2 = C_1 \times \left(\frac{Q_2}{Q_1}\right)^n \times f = 28\ 000 \times \left(\frac{45}{30}\right)^{0.8} \times (1.15)^{12} = 207\ 207.33(万元)$$

生产能力指数法主要用于拟建装置或项目与用来参考的已知装置或项目的规模不同的场合。

生产能力指数法与单位生产能力估算法相比精确度略高,其误差可控制在±20%以内。尽管估算误差仍较大,但有它独特的好处:这种估算方法不需要详细的工程设计资料,只知道工艺流程及规模就可以。在总承包工程报价时,承包商大都采用这种方法估算。

(3)系数估算法

系数估算法也称为因子估算法,它是以拟建项目的主体工程费或主要设备费为基数,以其他工程费与主体工程费的百分比为系数估算项目总投资的方法。这种方法简单易行,但是精度较低,一般用于项目建议书阶段。系数估算法的种类很多,我国常用的方法有设备系数法和主体专业系数法。朗格系数法是世界银行项目投资估算常用的方法。

①设备系数法。以拟建项目的设备费为基数,根据已建成的同类项目的建筑安装费和其他工程费等与设备价值的百分比,求出拟建项目建筑安装工程费和其他工程费,进而求出建设项目总投资。其计算公式为:

$$C = E(1 + f_1P_1 + f_2P_2 + f_3P_3 + \cdots) + I \qquad (2.4)$$

式中　C——拟建项目投资额；

　　　E——拟建项目设备费；

　　　I——拟建项目的其他费用；

　　　$P_1, P_2, P_3\cdots$——已建项目中建筑安装费及其他工程费等与设备费的比例；

　　　$f_1, f_2, f_3\cdots$——由时间因素引起的定额、价格、费用标准等变化的综合调整系数。

②主体专业系数法。以拟建项目中投资比重较大，并与生产能力直接相关的工艺设备投资为基数，根据已建成同类项目的有关统计资料，计算出拟建项目各专业工程(总图、土建、采暖、给排水、管道、电气、自控等)与工艺设备投资的百分比，据以求出拟建项目各专业工程(总图、土建、采暖、给排水、管道、电气、自控等)与工艺设备投资的百分比，据以求出拟建项目各专业投资，然后加总即为项目总投资。其计算公式为：

$$C = E(1 + f_1P'_1 + f_2P'_2 + f_3P'_3 + \cdots) + I \qquad (2.5)$$

式中　C——拟建项目投资额；

　　　E——拟建项目设备费；

　　　I——拟建项目的其他费用；

　　　$P'_1, P'_2, P'_3\cdots$——已建项目中建筑安装费及其他工程费等与设备费的比例；

　　　$f_1, f_2, f_3\cdots$——由时间因素引起的定额、价格、费用标准等变化的综合调整系数。

③朗格系数法。这种方法是以设备费为基数，乘以适当系数来推算项目的建设费用。这种方法在国内不常见，是世界银行项目投资估算常采用的方法。该方法的基本原理是将总成本费中的直接成本和间接成本分别计算，再合为建设项目的总成本费用。其计算公式为：

$$C = E \cdot (1 + \sum K_i) \cdot K_c \qquad (2.6)$$

式中　C——总建设费用；

　　　E——主要设备费；

　　　K_i——管线、仪表、建筑物等项费用的估算系数；

　　　K_c——管理费、合同费、应急费等项费用的估算系数。

总建设费用与设备费用之比为朗格系数 K_L。即：

$$K_L = (1 + \sum K_i) \cdot K_c \qquad (2.7)$$

朗格系数包含的内容见表2.2。

表 2.2　朗格系数包含的内容

项目		固体流程	流体流程
朗格系数 K_L		3.1	4.74
内容	(a)包括基础、设备、绝热、油漆及设备安装费	$E×1.43$	
	(b)包括上述在内费用和配套工程费	(a)×1.1	(a)×1.6
	(c)装置直接费	(b)×1.5	
	(d)包括上述在内费用、间接费和总费用(C)	(c)×1.31	(c)×1.38

【例2.4】在北非某地建设一座年产30万套汽车轮胎的工厂,已知该工厂的设备到达工地的费用为2 200万美元。试估算该工厂的投资。

【解】轮胎厂的生产流程基本上属于固体流程,因此在采用朗格系数法时,全部数据应采用固体流程的数据。现计算如下:

①设备达到现场的费用 $E=2\ 200$ 万美元。

②根据表2.2计算费用(a)。

$$(a)=E\times1.43=2\ 200\times1.43=3\ 146(万美元)$$

则设备基础、绝热、刷油及安装费为:$3\ 146-2\ 200=946$ 万美元。

③计算费用(b)。

$$(b)=E\times1.43\times1.1=2\ 200\times1.43\times1.1=3\ 460.6(万美元)$$

则其中配管(管道工程)费用为:$3\ 460.6-3\ 146=314.6$ 万美元。

④计算费用(c),即装置直接费。

$$(c)=E\times1.43\times1.1\times1.5=2\ 200\times1.43\times1.1\times1.5=5\ 190.9(万美元)$$

则电气、仪表、建筑等工程费用为:$5\ 190.9-3\ 460.6=1\ 730.3$ 万美元。

⑤计算投资 C。

$$C=E\times1.43\times1.1\times1.5\times1.31=2\ 200\times1.43\times1.1\times1.5\times1.31=6\ 800.079(万美元)$$

则间接费用为:$6\ 800.079-5\ 190.9=1\ 609.179$ 万美元。

由此估算出该工厂的总投资为 $6\ 800.079$ 万美元,其中间接费用为 $1\ 609.179$ 万美元。

应用朗格系数法进行工程项目或装置估价的精度仍不是很高,其原因如下:

①装置规模大小发生变化的影响;

②不同地区自然地理条件的影响;

③不同地区经济地理条件的影响;

④不同地区气候条件的影响;

⑤主要设备材质发生变化时,设备费用变化较大而安装费变化不大产生的影响。

尽管如此,由于朗格系数法是以设备费为计算基础,而设备费用在一项工程中所占的比重对于石油、石化、化工工程而言,占 $45\%\sim55\%$,几乎占一半,同时一项工程中每台设备所含有的管道、电气、自控仪表、绝热、油漆等,都有一定的规律。所以,只要对各种不同类型工程的朗格系数掌握得准确,估算精度仍可较高。朗格系数法估算误差在 $10\%\sim15\%$ 。

(4)比例估算法

根据统计资料,先求出已有同类企业主要设备投资占全厂建设投资的比例,然后再估算出拟建项目的主要设备投资,即可按比例求出拟建项目的建设投资。其计算公式为:

$$I=\frac{1}{K}\sum_{i=1}^{n}Q_iP_i \qquad (2.8)$$

式中 I——拟建项目的静态投资;

K——已建项目主要设备投资占拟建项目投资的比例;

n——设备种类数;

Q_i——第 i 种设备的数量;

P_i——第 i 种设备的单价(到厂价格)。

（5）指标估算法

这种方法是把建设项目划分为建筑工程、设备安装工程、设备及工器具购置费用及其他工程建设费等费用项目或单位工程，再根据各种具体的投资估算指标，进行各项费用项目或单位工程投资的估算，在此基础上，可汇总成每一单项工程的投资。再估算工程建设其他费用及预备费，即求得建设项目总投资。

①建筑工程费用估算。建设工程费用是指为建造永久性建筑物和构筑物所需要的费用，一般采用单位建筑工程投资估算法、单位实物工程量投资估算法、概算指标投资估算法等进行估算。

a.单位建筑工程投资估算法，以单位建筑工程量投资乘以建筑工程总量计算。一般工业与民用建筑以单位建筑面积（m^2）的投资，工业窑炉砌筑以单位容积（m^3）的投资，水库以水坝单位长度（m）的投资，铁路路基以单位长度（km）的投资，矿上掘进以单位长度（m）的投资，乘以相应的建筑工程量计算建筑工程费。

b.单位实物工程量投资估算法，以单位实物工程量的投资乘以实物工程总量计算。土石方工程按每立方米投资，矿井巷道衬砌工程按每延米投资，路面铺设工程按每平方米投资，乘以相应的实物工程总量计算建筑工程费。

c.概算指标投资估算法，对于没有上述估算指标且建筑工程费占总投资比例较大的项目，可采用概算指标估算法。采用此种方法，应有较为详细的工程资料、建筑材料价格和工程费用指标，投入的时间和工作量大。

②设备及工、器具购置费估算。设备购置费根据项目主要设备表及价格、费用资料编制，工、器具购置费按设备费的一定比例计取。对于价值高的设备应按单台（套）估算购置费，价值较小的设备可按类估算，国内设备和进口设备应分别估算。

③安装工程费估算。安装工程费通常按行业或专门机构发布的安装工程定额、取费标准和指标估算投资。具体可按安装费率、每吨设备安装费或单位安装实物工程量的费用估算，即：

$$安装工程费＝设备原价×安装费率$$
$$安装工程费＝设备吨位×每吨安装费$$
$$安装工程费＝安装工程实物量×安装费用指标$$

④工程建设其他费用估算。工程建设其他费用按各项费用科目的费率或者取费标准估算。

⑤基本预备费估算。基本预备费在工程费用和工程建设其他费用基础之上乘以基本预备费率。

使用指标估算法，应注意以下事项：

a.使用估算指标法应根据不同地区、年代而进行调整。因为地区、年代不同，设备与材料的价格均有差异，调整方法可以按主要材料消耗量或"工程量"为计算依据；也可以按不同的工程项目的"万元工料消耗定额"而定不同的系数。在有关部门颁布有定额或材料价差系数（物价指数）时，可以据其调整。

b.使用估算指标法进行投资估算绝不能生搬硬套，必须对工艺流程、定额、价格及费用标准进行分析，经过实事求是的调整与换算后，才能提高其精确度。

2)建设投资动态部分的估算

建设投资动态部分主要包括价格变动可能增加的投资额(涨价预备费)、建设期利息两部分内容,如果是涉外项目,还应该计算汇率的影响。动态部分的估算应以基准年静态投资的资金使用计划为基础来计算,而不是以编制的年静态投资为基础计算。

3)流动资金估算方法

流动资金是指生产经营性项目投产后,为进行正常生产运营,用于购买原材料、燃料,支付工资及其他经营费用等所需的周转资金。流动资金估算一般采用分项详细估算法,个别情况或者小型项目可采用扩大指标法。

2.3 工程项目资金来源

▶ 2.3.1 工程项目融资主体与融资方式

项目融资主体是指进行融资活动并承担融资责任和风险的经济实体。为建立投资责任约束机制,规范项目法人的行为,明确其责权利,提高投资效益,依据《公司法》,原国家计委制定了《关于实行建设项目法人责任制的暂行规定》(计建设〔1996〕673 号)。实行项目法人责任制,由项目法人对项目的策划、资金筹措、建设实施、生产经营、债务偿还和资产的保值增值,实行全过程负责。项目融资主体应是项目法人。按是否依托于项目组建新的项目法人实体划分,项目的融资主体分为既有法人融资主体和新设法人融资主体两类。

(1)既有法人融资方式

既有法人融资是指以既有法人作为项目法人进行项目建设的融资活动。其特点有 3 个方面:

①拟建项目不组建新的项目法人,由既有法人统一组织融资活动并承担融资责任和风险;

②拟建项目一般是在既有法人资产和信用的基础上进行的,并形成增量资产;

③一般从既有法人的财务整体状况考察融资后的偿债能力。

采取既有法人融资方式,项目的融资方案需要与公司的总体财务安排相协调,将项目的融资方案作为公司财务的一部分进行考虑。所以,既有法人融资又称为公司融资或公司信用融资。

在这种方式下,由发起人公司——既有法人(包括企业、事业单位等)负责筹集资金,投资于新项目,不组建新的独立法人,负债由既有法人承担。

既有法人融资项目所需的资金来源于既有法人内部融资、新增资本金和新增债务资金。新增债务资金依靠既有法人整体的盈利能力来偿还,并以既有法人整体的资产和信用承担债务担保。既有法人项目总投资构成及资金来源见图 2.2。

①可用于项目建设的货币资金,包括既有法人现有的货币资金和未来经营活动中可能获得的盈余现金。现有的货币资金是指现有的库存现金和银行存款,这些资金扣除必要的日常经营

所需的货币资金后,可用于拟建项目。未来经营活动中可能获得的盈余现金,是指在拟建项目的建设期内,企业在经营活动中获得的净现金节余,这些资金可抽出一部分用于项目建设。

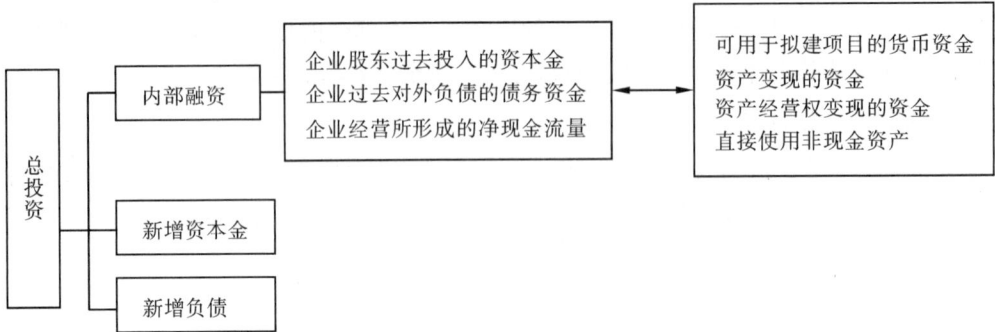

图2.2　既有法人项目总投资构成及资金来源

②资产变现的资金包括转让长期投资、提高流动资产使用效率、出售固定资产而获得的资金。企业的长期投资包括长期股权投资和长期债权投资,一般都可以通过转让而变现。存货和应收账款对流动资金需要量影响较大,企业可以通过加强财务管理,提高流动资产周转率,减少存货、应收账款等流动资产占用而取得现金,也可以出让有价证券而取得现金。企业的固定资产中,有些由于产品方案改变而被闲置,有些由于技术更新而被替换,都可以出售变现。

③资产经营权变现的资金,是指既有法人可以将其所属资产经营权的一部分或全部转让,取得现金用于项目建设。

④非现金资产包括实物、工业产权、非专利技术、土地使用权等,当这些资产适用于拟建项目时,经资产评估可直接用于项目建设。

(2)新设法人融资方式

新设法人融资是指组建新的项目法人并进行项目建设的融资活动。其特点有3个方面:

①项目投资由新设法人筹集的资本金和债务资金构成;

②由新设法人承担融资责任和风险;

③从项目投产后的经济效益情况考察偿债能力。

新设法人融资是由项目发起人(企业或政府)发起组建新的具有独立法人资格的项目公司,由新组建的项目公司承担融资责任和风险,依靠项目自身的盈利能力来偿还债务,以项目投资形成的资产、未来收益或权益作为融资担保的基础。建设项目所需资金来源可包括项目公司股东投资的资本金和项目公司承担的债务资金。

▶ 2.3.2　项目资本金来源及筹措

1)项目资本金

项目资本金是指在项目总投资中,由投资者认缴的出资额,这部分资金对项目的法人而言属于非债务资金,投资者可以转让其出资,但不能以任何方式抽回。我国除了主要由中央和地方政府用财政预算投资建设的公益性项目等部分特殊项目外,大部分投资项目都应实行资本金制度。

项目资本金是由项目权益投资人以获得项目财产权和控制权的方式投入的资金。投资人以资本金形式向项目或企业投入的资金称为权益投资。对于提供债务融资的债权人来说,项目的资本金可以视为负债融资的信用基础,项目的资本金后于负债受偿,可以降低债权人债权回收风险。

根据《国务院关于固定资产投资项目试行资本金制度的通知》(国发〔1996〕35号),各种经营性投资项目(包括国有单位的基本建设、技术改造、房地产开发项目和集体投资项目)试行资本金制度,投资项目必须首先落实资本金才能进行建设。个体和私营企业的经营性投资项目参照规定执行。公益性投资项目不实行资本金制度。外商投资项目(包括外商投资、中外合资、中外合作)按现行有关法规执行。

项目资本金可以用货币出资,也可以用实物、工业产权、非专利技术、土地使用权、资源开采权等作价出资。作价出资的实物、工业产权、非专利技术、土地使用权和资源开采权,必须经过有资格的资产评估机构依照法律法规评估作价。其中,以工业产权、非专利技术作价出资的比例不得超过资本金总额的20%,国家对采用高新技术成果有特别规定的除外。

(1)国内投资项目资本金比例

1996年《国务院关于固定资产投资项目试行资本金制度的通知》规定了各种经营性国内投资项目资本金占总投资比例。作为计算资本金比例基数的总投资,是指投资项目的固定资产投资(即建设投资和建设期利息之和)与铺底流动资金之和。经过2004年、2005年国务院对部分行业项目资本金比例调整后,国务院于2009年正式公布了《关于调整固定资产投资项目资本金比例的通知》(国发〔2009〕27号),细化了不同行业固定资产投资项目资本金比例。

各行业固定资产投资项目的最低资本金比例按以下规定执行:

①钢铁、电解铝项目,最低资本金比例为40%;

②水泥项目,最低资本金比例为35%;

③煤炭、电石、铁合金、烧碱、焦炭、黄磷、玉米深加工、机场、港口、沿海及内河航运项目,最低资本金比例为30%;

④铁路、公路、城市轨道交通、化肥(钾肥除外)项目,最低资本金比例为25%;

⑤保障性住房和普通商品住房项目的最低资本金比例为20%,其他房地产开发项目的最低资本金比例为30%;

⑥其他项目的最低资本金比例为20%。

项目资本金的具体比例,由项目审批单位根据投资项目的经济效益以及银行贷款意愿和评估意见等情况,在审批可行性研究报告时核定。经国务院批准,对个别情况特殊的国家重点建设项目,可以适当降低资本金比例。投资项目的资本金一次认缴,并根据批准的建设进度按比例逐年到位。

(2)外商投资项目注册资本比例

外商投资项目包括外商独资、中外合作、中外合资项目。按我国现行规定,其注册资本与投资总额的比例应满足以下规定:

①投资总额在300万美元以下(含300万美元)的,注册资本至少应占投资总额的70%;

②投资总额在 300 万美元以上至 1 000 万美元(含 1 000 万美元)的,其注册资本至少应占投资总额的 50%,其中投资总额在 420 万美元以下的,注册资本不得低于 210 万美元;

③投资总额在 1 000 万美元以上至 3 000 万美元(含 3 000 万美元)的,其注册资本至少应占投资总额的 40%,其中投资总额在 1 250 万美元以下的,注册资本不得低于 500 万美元;

④投资总额在 3 000 万美元以上的,其注册资本至少应占投资总额的 1/3,其中投资总额在 3 600 万美元以下的,注册资本不得低于 1 200 万美元。

企业增加投资的,其追加的注册资本与增加的投资总额的比例,应按上述规定执行。

另外,有些项目不允许国外资本控股,有些项目要求国有资本控股。例如,2005 年 1 月 1 日起施行的《外商投资产业指导目录》中明确规定,核电站、铁路干线路网、城市地铁及轻轨等项目,必须由中方控股。

2)项目资本金的来源

根据《国务院关于固定资产投资项目试行资本金制度的通知》规定,投资者以货币方式认缴的资本金,其资金来源有:

①各级人民政府的财政预算内资金、国家批准的各种专项建设基金、"拨改贷"和经营性基本建设基金回收的本息、土地批租收入、国有企业产权转让收入、地方人民政府按国家有关规定收取的各种规费及其他预算外资金。

②国家授权的投资机构以及企业法人的所有者权益(包括资本金、资本公积金、盈余公积金和未分配利润、股票上市收益资金等)、企业折旧资金以及投资者按照国家规定从资金市场上筹措的资金。

③社会个人合法所有的资金。

④国家规定的其他可以用作投资项目资本金的资金。

3)项目资本金的筹措

在项目的融资研究中,应根据项目融资目标的要求,在拟定的融资模式前提下,研究资本金筹措方案(表 2.3)。

表 2.3　项目资本金筹措

项　目	筹措资金来源	
既有法人项目	内部资金来源	1.企业的现金
		2.未来生产经营中获得的可用于项目的资金
		3.企业资产变现
		4.企业产权转让
	外部资金来源	1.企业增资扩股
		2.优先股
新设法人项目	1.在资本市场募集股本资本金	
	2.合资合作	

4)筹集项目资本金应注意的问题

(1)确定项目资本金的具体来源渠道

对于一个工程项目来讲,资本金是否落实,或者是否到位非常重要。因为资本金是否到位,不但决定项目能否开工,而且更重要的是决定其他资金提供者(如金融机构的资金)是否能够及时到位的重要因素。从上述内容可以看出,一个工程项目的资本金可能来自多种渠道,既可能有投资者自己的积累,也可能有政府的拨款、主管部门的投入或发行股票等。但作为一个具体的工程项目,其资本金的来源渠道可能是有限的一个或几个。项目的投资者,可根据自己所掌握的有关信息,确定资本金的具体的、可能的来源渠道。

(2)根据资本金的额度确定项目的投资额

不论是审批项目的政府职能部门,还是提供贷款的金融机构,都要求投资者投入一定比例的资本金,如果达不到要求,项目可能得不到审批,金融机构可能不会提供贷款。这就要求投资者根据自己所能筹集到的资本金确定一个工程项目的投资额。

(3)合理掌握资本金投入比例

无论从承担风险的角度看,还是从合理避税、提高投资回报率的角度看,投资者投入的资本金比例越低越好。所以,投资者在投入资本金时,除了满足政府有关职能部门和其他资金提供者的要求外,不宜过多地投入资本金。如果企业自有资金比较充足,可以多投一些在项目上,但不宜全部作为资本金。这样不但可以相应地减少企业的风险,而且可以提高投资收益水平。

(4)合理安排资本金到位的时间

实施一个工程项目,特别是大中型工程项目,往往需要比较长的时间,短则1~2年,长的可能超过两年。这就出现了一个项目资本金什么时间到位的问题。一般情况下,一个工程项目的资金供应是根据其实施进度进行安排的。如果资金到位的时间与工程进度不符,要么影响工程进度,要么形成资金的积压,增加了筹资成本。作为投资者投入的项目资本金,不一定要一次到位,可以根据工程进度和其他相关因素,安排资本金的到位时间。

► 2.3.3 债务资金筹资

1)信贷融资

(1)商业银行贷款

按照贷款期限,商业银行的贷款分为短期贷款、中期贷款和长期贷款。贷款期限在1年以内的为短期贷款,1~3年的为中期贷款,3年以上期限的为长期贷款。商业银行贷款通常不超过10年,超过10年期限商业银行需要特别报经人民银行备案。

按资金用途,商业银行贷款在银行内部管理中分为固定资产贷款、流动资产贷款、房地产开发贷款等。

商业银行贷款金额是银行就每笔贷款向借款人提供的最高授信额度,贷款金额由借款人在申请贷款时提出,银行核定。借款人在决定贷款金额时应考虑3个因素:

①某种贷款金额通常不能超过贷款政策所规定的该种贷款的最高限额;

②客观需要,根据项目建设、生产和经营过程中对资金的需要来确定;

③偿还能力、贷款金额应与自身的财务状况相适应,保证能按期还本付息。

商业银行贷款的特点表现在以下两个方面:

①筹资手续简单,速度较快。贷款的主要条款只需取得银行的同意,不必经过诸如国家金融管理机关、证券管理机构等部门的批准。

②筹资成本较低。借款人与银行可直接商定信贷条件,无须大量的文件制作,而且在经济形势发生变化的情况下,如果需要变更贷款协议的有关条款,借贷双方可采取灵活的方式,进行协商处理。

(2)政策性银行贷款

政策性银行是指由政府创立、参股或保证的,专门为贯彻和配合政府特定的社会经济政策或意图,直接或间接地从事某种特殊政策性融资活动的金融机构。政策性银行贷款的特点是贷款期限长、利率低,但对申请贷款的企业或项目有比较严格的要求。我国的政策性银行有国家开发银行、中国进出口信贷银行、中国农业发展银行。

国家开发银行重点向国家基础设施、基础产业和支柱产业投资项目以及重大技术支持和高新技术产业化项目发放贷款。中国进出口银行主要任务是,执行国家产业政策和外贸政策,为扩大我国机电产品和成套设备等资本性货物出口提供政策性金融支持。中国农业发展银行主要任务是,按照国家有关法律、法规和方针、政策,以国家信用为基础,筹集农业政策性信贷资金,承担国家规定的农业政策性金融业务,代理财政性支农资金的拨付。

(3)出口信贷

项目建设需要进口设备的,可以使用设备出口国的出口信贷。出口信贷分为买方信贷与卖方信贷。

买方信贷以设备进口商为借款人,取得贷款资金用于支付进口设备贷款,并向银行还本付息。买方信贷可以通过进口国的商业银行转贷款,也可以不通过本国商业银行转贷。通过本国商业银行转贷时,设备出口的贷款银行将贷款贷给进口国的一家转贷银行,再由进口国转贷银行将贷款贷给设备进口商。

卖方信贷以设备出口商为借款人,从设备出口国的银行取得贷款,设备出口商给予设备购买方以延期付款条件。

出口信贷通常不能对设备价款全额贷款,只能提供设备价款85%的贷款,其余的15%价款需要由进口商以现金支付。

出口信贷利率通常低于国际上商业银行的贷款利率,但需要支付一定的附加费用,如管理费、承诺费、信贷保险费等。

(4)外国政府贷款

项目使用外国政府贷款需要得到我国政府的安排和支持。外国政府贷款经常与出口信贷混合使用。外国政府贷款有时还伴有一部分赠款。

外国政府贷款在实际操作中通常由我国指定代理银行转贷款。我国各级财政部门可以为外国政府贷款提供担保。

外国政府贷款的利率通常很低,一般为2%~4%,甚至无息,期限较长,还款平均期限20~30年,有的甚至长达50年。使用外国政府贷款也要支付管理费,国内代理银行转贷需要收取转贷手续费。

外国政府贷款通常有限制性条件,如贷款必须用于采购贷款国的设备。由于贷款使用受到限制,设备进口只能在较小的范围内选择,设备价格可能较高。

（5）国际金融机构贷款

提供项目贷款的国际金融机构有世界银行、国际金融公司、欧洲复兴与开发银行、亚洲开发银行、美洲开发银行等。国际金融机构的贷款通常带有一定的优惠性,贷款利率低于商业银行贷款利率,但也有可能需要支付某些附加费用,如承诺费。贷款期限可以安排得很长。国际金融机构贷款通常要求设备采购进行国际招标。

（6）银团贷款

大型建设项目融资中,由于融资金额巨大,一家银行难于承担巨额贷款的风险,可以由多家甚至数十家银行组成银团贷款。组成银团贷款通常需要有一家或数家牵头安排银行,负责联络其他的参加银行,共同考察项目,进行谈判和拟定贷款条件、起草法律文件。贷款银团中还需要有一家或数家代理银行,负责监管借款人的账户,监控借款人的资金、划收及划转贷款本息。使用银团贷款,除了贷款利率之外,借款人还要支付一些附加费用,包括管理费、安排费、代理费、承诺费、杂费等。

（7）股东借款

股东借款是指公司的股东对公司提供的贷款,对于借款公司来说,在法律上是一种负债。项目的股东借款是否后于其他的项目贷款受偿,需要依照预先的约定。如果没有预先约定偿还顺序,股东贷款与其他债务处于同等受偿顺序。只在预先约定了后于项目贷款受偿条件下,相对于项目的贷款人来说,股东借款可视为项目的资本金(准资本金)。

2）发行债券

债券融资是指项目法人以自身的财务状况和信用条件为基础,通过发行企业债券筹集资金,用于项目建设的融资方式。

（1）企业债券

企业债券融资是一种直接融资,是从资金市场直接获得资金,资金成本(利率)一般低于银行借款。由于有较为严格的证券监管,只有实力强、资信良好的企业才可能发行企业债券。

在国内发行企业债券需要通过国家证券监管机构及金融监管机构的审批。债券的发行需要由证券公司或银行承销,承销证券公司或银行要收取承销费,发行债券还要支付发行手续费、兑付手续费。有第三方提供担保的,也要为此支付担保费。

发行债券通常需要取得债券资信等级的评级。国内债券由国内的评级机构评级,国外发债通常需要一些知名度较高的评级机构评级。债券评级较高的,可以以较低的利率发行;而较低评级的债券,则利率较高。

（2）可转换债券

可转换债券是企业发行的一种特殊形式的债券,在预先约定的期限内,可转换债的债券持有人有权选择按照预先规定的条件将债权转换为发行人公司的股权。在公司经营业绩变好时,股票价值上升,可转换债的持有人倾向于将债权转为股权;而当公司业绩下降或者没有达到预期效益时,股票价值下降,则倾向于兑付本息。

现有公司发行可转换债,通常并不设定后于其他债权受偿。对于其他向公司提供贷款的债权人来说,可转换债不能视为公司的资本金融资。

（3）债券融资的特点

①支出固定。对不可转换债券而言，不论企业将来盈利如何，它只需付给持券人固定的债券利息。

②股东控制权不变。一般而言，债券持有者无参与权和决策权，因此原有股东的控制权不会因发行债券而受到影响。

③少纳所得税。债券利息可进成本，实际上等于政府为企业负担了部分债券利息。

④提高股东投资回报。如果项目投资回报率大于利息率，由于财务杠杆作用，发行债券筹资可提高股东回报率。

⑤提高企业负债比率。发行债券会降低企业的财务信誉，增加企业财务风险。

3）租赁融资

租赁有经营租赁、融资租赁、自营租赁、回租租赁和转租赁等多种方式。

（1）经营租赁

根据租赁所体现的经济实质不同，租赁分为经营性租赁与融资性租赁两类。经营租赁是出资方以自己经营的设备租给承租方使用并收取租金。承租方则通过支付一定租金租入设备的方式，节省项目设备购置投资，或等同于筹集到一笔设备购置资金。当预计项目中使用设备的租赁期短于租入设备的经济寿命时，经营租赁可以节约项目运行期间的成本开支，并避免设备经常在项目上的空耗。经营租赁有别于融资租赁，不能被认为是债务资金的一种筹措方式。

（2）融资租赁

融资租赁又称为金融租赁、财务租赁，是一种融物与融资相结合的筹资方式。采取这种租赁方式，通常由承租人选定需要的设备，由出租人购置后租赁给承租人使用，承租人向出租人支付租金。承租人租赁取得的设备按照固定资产计提折旧，承租人可以选择租赁期满时是否廉价购买该设备。

采用融资租赁，承租人可以对设备的全部价款得到融资。融资额度比使用贷款要大，租赁费中所含的相当于利息的部分也比贷款利息高。

（3）自营租赁

自营租赁，也称直接租赁。其一般程序为：用户根据自己所需设备，先向制造厂或经销商恰谈供货条件；然后向租赁公司申请租赁预约，经租赁公司审查合格后，双方签订租赁合同，由租赁公司支付全部设备款，并让供货者直接向承租人供货，货物经验收并开始使用后，租赁期即开始，承租人根据合同规定向租赁公司分期交付租金，并负责租赁设备的安装、维修和保养。

（4）回租租赁

回租租赁，也称售出与回租，是先由租赁公司买下企业正在使用的设备，然后再将原设备租赁给该企业的租赁方式。

（5）转租赁

转租赁是指国内租赁公司在国内用户与国外厂商签订设备买卖合同的基础上，选定一家国外租赁公司或厂商，以承租人身份与其签订租赁合同，然后再以出租人身份将该设备转租给国内用户，并收取租金转付给国外租赁公司的一种租赁方式。

2.4 工程项目资金成本

▶ **2.4.1 资金成本的含义和作用**

（1）含义

在市场经济条件下，企业筹措和使用资金都要付出代价。资金成本（也称为资本成本），是指企业从用资角度为筹集和使用资金而付出的代价。资金成本实际上是一种预测成本，大小可以衡量。资金按照其来源分为自有资金和债务资金两种。无论何种来源，资金成本均由资金筹措成本和资金使用成本两部分组成。

资金筹措成本（又称为资金筹集费），是指在资金筹措过程中所发生的各项费用。主要包括向银行借贷的手续费；发行股票、债券而支付的各项代理发行费用，如律师费、资信评估费、公证费、证券印刷费、发行手续费、承诺费、担保费、广告费等。资金筹措成本通常在筹措资金时一次性支付，在使用资金过程中不再发生，与所筹资的多少、资金使用时间的长短一般没有直接的联系，仅与筹资次数有关。因此，资金筹措成本属于固定性的资本成本，可作为筹资金额的一项扣除。

资金使用成本（又称为资金占用费），是企业在投资和经营过程中因获得资金的使用权和收益权而付出的费用，如支付给股东的各种股利、向债权人支付的贷款利息，以及支付给其他债权人的各种利息费用等。资金使用成本是资金成本的主要内容，具有经常性、定期性支付的特征。它是在资金使用过程中发生的，一般与所筹资的多少以及所筹资金的使用时间的长短有关。因此，资金使用成本属于变动性资本成本。

资金成本是在商品经济社会由于资金所有权和资金使用权分离而产生的，是企业理财的一个重要概念。资金成本对于企业筹资管理、投资管理，乃至整个经营管理都有重要意义。它是选择资金来源、拟订筹资方案的主要依据，也是评价投资项目可行性的主要经济指标。企业都希望以最小的资金成本获取所需要的资金数额，因此分析资金成本将有助于企业选择筹资方案，确定筹资结构以及最大限度地提高筹资的效益。

（2）作用

资金成本的作用体现在以下4个方面：

①资金成本是选择资金来源和筹资方式的重要依据。企业筹集资金的方式有发行股票、债券、银行或其他金融机构借款等方式，不同的筹资方式，其个别的资金成本也不尽相同。资金成本的高低可以作为比较各种筹资方式优缺点的一项依据。

②资金成本是投资者进行资金结构决策的基本依据。一个工程项目的资金结构一般是由债务资金与自有资金组合而成，这种组合有多种方案，如何寻求两者间的最佳组合，一般可通过计算综合资金成本作为项目筹资决策的依据。

③资金成本是评价各种工程项目是否可行的一个重要尺度。首先，在利用净现值指标进行投资决策时，常以资金成本作为折现率。经过计算的净现值作为项目是否盈利的判断指标，从而判断项目是否可行。其次，国际上通常将资金成本视为工程项目的"最低收益率"和

是否接受工程项目的"取舍率"。在评价投资方案是否可行的标准上,一般要以项目本身的投资收益率与其资金成本进行比较,如果项目的预期投资收益率小于其资金成本,则项目不可行。

④资金成本也是企业检验生产经营成果的重要经济指标之一。

▶ 2.4.2 资金成本的计算

1)资金成本计算的一般形式

资金成本可用绝对数表示,也可以用相对数表示。为便于分析比较,资金成本一般用相对数表示,即资金使用成本与筹得的资金之比,称为资金成本率。其一般公式为:

$$K = \frac{D}{P - F} \quad 或 \quad K = \frac{D}{P(1 - f)} \tag{2.9}$$

式中　K——资金成本率,以百分率表示(一般通称为资金成本);

　　　P——筹集资金总额;

　　　D——资金使用成本;

　　　F——资金筹措成本;

　　　f——筹资费率(即资金筹措成本占筹集资金总额的比率)。

由此可见,资金成本的高低由筹资总额、资金使用成本、资金筹措成本 3 个因素决定。此外,由于资金筹措成本是一次性费用,属于固定性资本成本,不同于经常性的资金使用成本(变动性资本成本),因此不可以将资金成本的计算公式写成 $K = \frac{D+F}{P}$。

资金按来源可分为自有资金和债务资金,因此资金成本分为自有资金成本和债务资金成本。在计算债务资金成本时,根据企业所得税法的相关规定,企业债务的利息允许从税前利润中扣除,从而可以抵免企业所得税,即债务资金具有节税效应。因此,企业实际负担的债务资金成本应当考虑所得税因素,即:

$$K_1 = R_d(1 - T)$$

式中　K_1——实际债务资金成本,也称为税后债务资金成本;

　　　R_d——税前债务资金成本;

　　　T——企业所得税税率。

2)各种资金来源的资金成本计算

(1)单一资金来源的资本成本的计算

①债务资金成本的计算

a.银行借款资金成本。企业向银行及其他金融机构以借贷方式筹措资金,应分析各种可能的借款利率水平、利率计算方式(固定利率或者浮动利率)、计息(单利、复利)和付利息方式,以及偿还期和宽限期,并进行不同方案比选。通过计算不同借款方案的资金成本,可以评选出最优方案。银行借款资金成本的计算公式为:

$$K_1 = \frac{I_1(1 - T)}{L(1 - f_1)} \tag{2.10}$$

式中 K_1——银行借款资金成本；

  I_1——银行借款年利息额；

  L——银行借款筹资额度,即借款本金；

  f_1——银行借款筹资费率；

  T——企业所得税税率。

脚标 l 为借款(loan)的英文单词首字母。

【例 2.5】某企业为开发一个新项目,向银行借款 800 万元,手续费为 1%,年利率为 12%,期限为 2 年,每年计息一次,到期一次还本。企业所得税税率为 25%,试计算这笔银行借款的资金成本。

【解】$K_1 = \dfrac{I_1(1-T)}{L(1-f_1)} = \dfrac{800 \times 12\% \times (1-25\%)}{800 \times (1-1\%)} = 9.09\%$

注意:如果借款合同附带补偿性余额条款,企业可动用的借款筹资额应扣除补偿性余额,此时银行借款的实际利率和资金成本将会上升;如果借款年内计息次数大于一次时,借款的实际利率也会高于名义利率,最终导致资金成本上升。

b.债券资金成本。企业债券是企业依照法定程序发行,约定在一定期限内还本付息的有价证券。企业债券代表着发行企业和持券者之间的一种债权债务关系。企业支付的债券利息同银行借款利息一样,可在所得税之前列支,具有节税效应。因此,企业实际负担的债券资金成本降低。

发行企业债券来筹集资金,发生的资金筹措成本一般较高,包括申请费、注册费、印刷费和代理费等。此外,债券发行市价的高低,直接决定企业筹集到多少资金;而企业支付给持券人的利息,即债券的资金使用成本,是按照债券的票面值和票面利率来计算的。债券资金成本计算的一般公式为:

$$K_b = \frac{I_b(1-T)}{B(1-f_b)} \tag{2.11}$$

式中 K_b——债券资金成本；

  I_b——债券年利息额；

  B——债券筹资额度,按发行价格确定；

  f_b——债券筹资费率；

  T——企业所得税税率。

脚标 b 为债券(bond)的英文单词首字母。

【例 2.6】某企业为扩大生产经营规模,经申请批准按票面价值向社会发行债券 300 万元。债券年利率为 12%,筹资费率为 1%,企业所得税税率为 25%,试计算该债券的资金成本。

【解】$K_b = \dfrac{I_b(1-T)}{B(1-f_b)} = \dfrac{300 \times 12\% \times (1-25\%)}{300 \times (1-1\%)} = 9.09\%$

债券发行的市价可能出现与票面值不一致的情况,从而使得债券发行有溢价、折价、平价 3 种可能的发行情况。其中,溢价是指债券发行价格高于债券的票面值;折价是指债券发行价格低于票面值;平价是指债券发行价格与票面值相等。由于不同的发行价直接影响最终企业可以获得的筹资总额,而企业的资金使用成本不变,所以造成不同发行价格债券筹资的资金成本不同。

【例2.7】根据例2.6,假定该企业实际筹措资金500万元,计算该债券的资金成本。

【解】$K_b = \dfrac{I_b(1-T)}{B(1-f_b)} = \dfrac{300 \times 12\% \times (1-25\%)}{500 \times (1-1\%)} = 5.45\%$

【例2.8】根据例2.6,假定该企业实际筹措资金200万元,计算该债券的资金成本。

【解】$K_b = \dfrac{I_b(1-T)}{B(1-f_b)} = \dfrac{300 \times 12\% \times (1-25\%)}{200 \times (1-1\%)} = 13.64\%$

②自有资金成本的计算

a.优先股资金成本。优先股是相对普通股而言的,优先股股东享受固定收益、优先获得分配、优先获得公司剩余财产的清偿,无表决权。企业发行优先股进行筹资必须付出的代价是每期支付固定股利,因此固定的股利为优先股资金使用成本。优先股资金成本的计算公式为:

$$K_p = \frac{D_p}{P_p} \qquad (2.12)$$

式中　K_p——优先股资金成本;

　　　D_p——优先股每股年股利;

　　　P_p——优先股筹资净额,即发行价格扣除发行费用。

脚标p为优先股(preferred stock)英文的首字母。

【例2.9】某企业准备发行一批优先股,每股发行价格为3元,发行费用为0.1元,预计每股年股利0.4元,计算其资金成本。

【解】$K_p = \dfrac{D_p}{P_p} = \dfrac{0.4}{3-0.1} = 13.79\%$

b.普通股资金成本。普通股是股份有限公司发行的无特别权利的股份,也是最基本、标准的股份。普通股筹资,是公司最基本的资金来源之一,所筹到的资金具有永久性、无到期日。每年发放的普通股股利是不固定的,通常随着经营状况的改变而逐年变化,且股利的发放是在缴纳了企业所得税之后的利润分配活动,因此不能起到抵税作用。

普通股资金成本的计算主要有两种方法:一是在本节所讲的资金成本基本公式的基础上进行变形;二是按照"资本资产定价模型法"计算出投资者所要求的必要报酬率,并以此作为普通股资金成本。

方法一:如果股利的发放每年以固定比率 G 增长,第1年的股利为 D_c,则第2年为 $D_c(1+G)$,第3年为 $D_c(1+G)^2$,…,第 n 年为 $D_c(1+G)^{n-1}$。因此,普通股资金成本的计算公式为:

$$K_c = \frac{D_c}{P_c(1-f_c)} + G \qquad (2.13)$$

式中　K_c——普通股资金成本;

　　　D_c——普通股第1年发放的股利额;

　　　P_c——普通股筹资总额,即发行价格;

　　　f_c——筹资费率;

　　　G——普通股股利预计每年增长率;

脚标 c 为普通股(common stock)英文的首字母。

注意:如果企业实行的是固定股利政策,那么预计普通股股利每年增长率 G 为 0。

【例 2.10】某企业准备增发普通股,每股发行价格为 15 元,发行费用为 1.5 元,预计第一年分派现金股利每股 1.5 元,以后每年股利增长 4%。试计算其资金成本。

【解】$K_c = \dfrac{D_c}{P_c(1-f_c)} + G = \dfrac{1.5}{15-1.5} + 4\% = 15.11\%$

方法二:资本资产定价模型,即为普通股投资的必要报酬率等于无风险报酬率加上风险报酬率。用公式表示为:

$$K_c = R_f + \beta_i(R_m - R_f) \tag{2.14}$$

式中　K_c——普通股资金成本;

　　　R_f——无风险报酬率;

　　　R_m——市场报酬率;

　　　β_i——第 i 种股票的 β 系数。

【例 2.11】已知某股票的 β 值为 1.5,市场报酬率为 10%,无风险报酬率为 6%。试计算该股票的资金成本。

【解】$K_c = R_f + \beta_i(R_m - R_f) = 6\% + 1.5 \times (10\% - 6\%) = 12\%$

c.留存盈余资金成本。公司的留存盈余是公司税后利润形成的,主要包括盈余公积和未分配利润两部分。留存盈余资金成本是一种机会成本,表面上获取公司的留存盈余是不需花费成本的,但实际上股东将该笔资金留用企业而不作为股利取出投资于他处,总是要求获得与普通股等价的报酬。因此,留存盈余资金成本的计算方法与普通股基本相同,只是不考虑资金筹措成本。对非股份制企业,可用投资者期望的最低收益率来计算。企业投资人和股东是从企业的税后利润中获得的投资报酬的。因此,按股东期望收益率而定的权益资本是税后成本。留存盈余资金成本的计算公式为:

$$K_r = \dfrac{D_c}{P_c} + G \tag{2.15}$$

式中　K_r——留存盈余资金成本;

　　　D_c——普通股第 1 年发放的股利额;

　　　P_c——普通股筹资总额,不考虑资金筹措成本;

　　　G——普通股股利预计每年增长率。

脚标 r 为留存盈余(retained earnings)英文的首字母。

【例 2.12】假设例 2.10 中的企业留存盈余共 100 万元,其他条件与上述普通股相同。试计算其资金成本。

【解】第 1 年发放的股利率为 $\dfrac{1.5}{15} = 10\%$,则:

$$K_r = \dfrac{D_c}{P_c} + G = \dfrac{100 \times \dfrac{1.5}{15}}{100} + 4\% = 14\%$$

（2）多种资金来源的加权平均资金成本的计算

项目融资方案的总体资金成本可以用加权平均资金成本来表示,将融资方案中各种融资的资金成本以该融资额占总融资额的比例为权数加权平均,得到该融资方案的加权平均资金成本。即:

$$K_w = K_1 W_1 + K_b W_b + K_p W_p + K_c W_c + K_r W_r \qquad (2.16)$$

式中　K_w——加权平均资金成本,也称为综合资金成本;

　　　K_1——银行借款资金成本;

　　　K_b——债券资金成本;

　　　K_p——优先股资金成本;

　　　K_c——普通股资金成本;

　　　K_r——留存盈余资金成本;

　　　W_1——银行借款资金比例;

　　　W_b——债券资金比例;

　　　W_p——优先股资金比例;

　　　W_c——普通股资金比例;

　　　W_r——留存盈余资金比例。

上述式子可以简列如下:

$$K_w = \sum_{j=1}^{n} K_j W_j \qquad (2.17)$$

式中　K_w——加权平均资金成本;

　　　K_j——第 j 种资金成本;

　　　W_j——第 j 种资金比例。

其中, $\sum_{j=1}^{n} W_j = 1$。

【例 2.13】某企业通过多种方式筹集到 1 000 万元,其中银行借款 200 万元,发行企业债券 350 万元,优先股 100 万元,普通股 300 万元,留存盈余 50 万元。各种来源的资金成本分别为 4%,6%,10%,14% 和 13%。求该企业加权平均资本成本。

【解】该企业的加权平均资本成本计算如下:

$$K_w = \sum_{j=1}^{n} K_j W_j = \frac{200}{1\ 000} \times 4\% + \frac{350}{1\ 000} \times 6\% + \frac{100}{1\ 000} \times 10\% + \frac{300}{1\ 000} \times 14\% + \frac{50}{1\ 000} \times 13\% = 8.75\%$$

本章小结

1.工程建设项目投资是指经济主体为获得预期的投资效益进行新建或扩建,扩大再生产建设所花费的全部费用,包括形成的固定资产、流动资产、无形资产、其他资产和企业营运最低需要的流动资金。其中,铺底流动资金为项目正常营运流动资金的30%。

2.建设工程项目总投资包含固定投资和流动资产投资。其中,固定资产投资与建设项目的工程造价在量上相等。工程项目投资主要由固定资产投资构成,即设备及工器具购置费用、建筑安装工程费用(建安费用)、工程建设其他费用、预备费、建设期贷款利息等。

3.我国目前已建立起投资主体由政府主体转向企业为主体,投资来源由政府一元化走向多元化投资,实行"谁投资,谁受益,谁承担风险"、"谁决策,谁负责"的投资机制。

4.投资估算是指在项目投资决策过程中,依据现有的资料和特定的方法,对建设工程项目的投资数额进行的估计。它是项目建设前期编制项目建议书和可行性研究报告的重要组成部分,是项目决策的依据之一。

5.投资估算分为4个阶段估算:项目规划阶段的投资估算、项目建议书阶段的投资估算、初步可行性研究阶段的投资估算、详细可行性研究阶段的投资估算。不同阶段估算的内容和精度不一样。

6.项目投资估算方法有生产能力指数法、单位生产能力法、比例法、系数法、指标估算法、概算法等。

7.项目融资主体是指进行融资活动并承担融资责任和风险的经济实体,分为既有法人融资主体和新设法人融资主体两类。

8.项目资本金是指在项目总投资中,由投资者认缴的出资额,这部分资金对项目的法人而言属于非债务资金,投资者可以转让其出资,但不能以任何方式抽回。

9.除了主要由中央和地方政府用财政预算投资建设的公益性项目等部分特殊项目外,我国大部分投资项目都应实行资本金制度。

10.资金成本是指企业从用资角度为筹集和使用资金而付出的代价。资金成本由资金筹措成本和资金使用成本两部分组成。

11.资金成本既是选择资金来源和筹资方式的重要依据,又是投资者进行资金结构决策的基本依据,还是评价各种工程项目是否可行的一个重要尺度,也是企业检验生产经营成果的重要经济指标之一。

练习题

1.简述工程项目投资的概念及构成。

2.建安费用的构成有哪些?

3.综合税率主要由哪些税构成,如何计算?

4.简述工程建设其他费用的构成。

5.如何理解涨价预备费的计算公式?

6.项目投资估算的作用有哪些?

7.我国建设工程项目的投资估算按阶段如何划分?

8.简述项目融资主体及其划分。

9.简述项目资本金的含义,目前国内投资项目的资本金比例是怎样规定的?

10.债务资金主要构成有哪些?

11.简述资金成本的含义及构成。

12.某工业项目根据方案提出的主要设备,按照现行市场价格计算,设备费为800万元。

已知与设备配套的其他辅助费用(含土建费)系数为设备费的 155%,间接费率为设备及其辅助费用的 15%。试估算拟建项目的投资额。

13.已知 3 年前建成的、年生产能力为 15 万吨的化工装置,固定资产投资为 3 750 万元。拟建装置与其生产流程相似,年设计生产能力为 20 万吨,投资生产能力指数为 0.72,价差系数为 1.2。试用生产能力指数法估算该拟建项目的固定资产投资费用。

14.某企业普通股成本为 18%,优先股成本为 12.5%,债务成本为 14%。总成本中债务占 20%,优先股占 15%,普通股占 65%,企业所得税率为 25%。试计算该企业的税后加权平均资本成本。

15.某公司为购买新设备,发行了一批新债券,500 万元的 10 年期的债券,票面利率为 8%,发行费率为 5%,发行价格为 550 万元,公司所得税率为 25%。试计算该公司债券的资金成本。

3

资金时间价值及等值计算

[学习目标]

掌握现金及现金流量的概念、现金流量图的绘制方法;掌握资金时间价值、名义利率与有效利率、等值的概念;熟练掌握资金时间价值的计算;熟练掌握等值计算。

[基本概念]

现金,现金流量,现金流量图,资金时间价值,利息,利率,名义利率,有效利率,等值

在对工程项目进行工程经济分析时,为了解决不同时间点上发生的费用与效益的可比性问题,必须要考虑资金的时间价值,并利用资金时间价值的概念进行资金时间价值换算,从而为项目的投资决策提供科学的依据。

3.1 现金流量

▶ 3.1.1 现金的概念

现金有广义和狭义之分。广义的现金包括库存现金、银行活期存款、银行本票、银行汇票、信用证存款、信用卡存款等内容。狭义的现金,即库存现金,是指可由企业任意支配使用的纸币、硬币。

现金流量表中的现金是广义的现金,包括库存现金、可以随时用于支付的存款和现金等价物。库存现金,是指可以随时用于支付的存款。现金等价物是指持有期限短、流动性强、价

值变动风险很小且易于转换为已知金额的现金。

▶ 3.1.2 现金流量的概念

在进行工程经济分析时,可以把考察的对象看成一个系统,在这个系统中投入的资金、花费的成本和获取的收益,都可以看成是以资金形式体现的该系统的资金流出和资金流入。这种经济系统在一定时期内(年、半年、季等)各时间点上实际发生的现金流入或现金流出称为现金流量。其中,流出系统的资金称为现金流出(Cash Outputting,CO),流入系统的资金称为现金流入(Cash Inputting,CI),同一时点上现金流入与现金流出之差(CI-CO)称为净现金流量(Net Cash Flow,NCF)。

现金流量由投资、成本、营业收入、税金和利润构成。具体来说,项目现金流入包括销售收入、固定资产余值的回收、流动资金的回收等。现金流出包括固定资产投资、流动资金、经营成本和销售税金等。现金流量是衡量企业资产变现能力、经营状况是否良好,是否有足够的现金偿还债务的重要指标。

▶ 3.1.3 现金流量图

由于经济系统中现金流量的流向(收入或支出)、数额和发生的时间都不尽相同,我们常借助现金流量图来分析和评价经济系统。所谓现金流量图是指表示某一特定经济系统现金流入、流出与其发生时点对应关系的数轴图形,如图 3.1 所示。

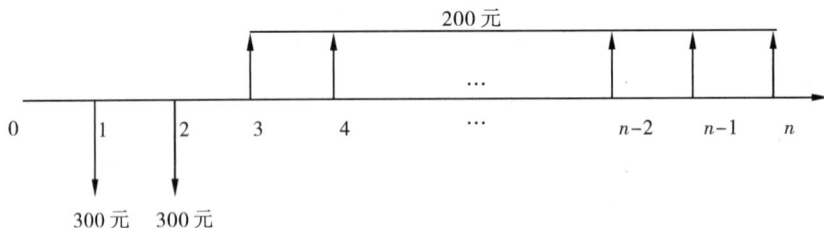

图 3.1 现金流量图

现金流量有三要素,即现金流量发生的时间点、方向以及大小。作图方法如下:

①作一条向右延伸的水平时间轴为所评价的项目系统。向右延伸表示时间的延续。将时间轴用均等刻度隔开,均等刻度表示每个时点,标注为 $0,1,2,3,\cdots,n$。以时间为单位,可记作年、月、季、周、日或其他任意时间间隔。前一期末与紧随其后的期初相重叠。0 代表初始起点零期,也即第 1 期期初。$1,2,\cdots$ 分别表示第 1 期期末(第 2 期期初)、第 2 期期末(第 3 期期初)$\cdots$,以此类推,则第 n 期期末,即第 $n+1$ 期期初。

②在现金流量发生的时点上作与时间轴相交的垂直箭线,以此来表示各时点实际发生的现金流量。现金流量的性质是对特定的系统而言的,贷款人的现金流入就是借款方的现金流出。对投资人而言,箭头向上,代表现金流入,即表示收益;箭头向下,代表现金流出,即表示费用,如图 3.2 所示。

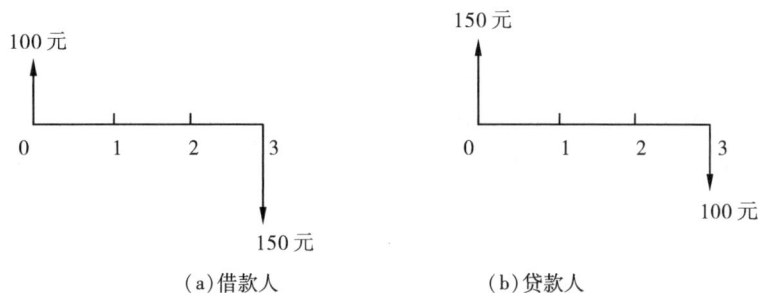

（a）借款人　　　　　　　　　（b）贷款人

图 3.2　借款人与贷款人的现金流量图

③在现金流量图中,箭线长短和现金流量数额本应该成比例,但是由于经济系统中会出现各时间点上的现金流量相差悬殊的情况,因此无法成比例绘制,所以在现金流量图的绘制中,只需要将箭线长短示意性地体现各时点上现金流量数额的差异,并在箭头上方或下方标注出其现金流量的实际数值。

3.2　资金的时间价值

任何一个项目在实施过程中必定会消耗一定的资源,也表现为资金转化为生产资料、劳动对象和劳动力,继而转化为产品,最终转化为资金。在扩大再生产和生产流通过程中,资金作为生产要素随时间推移而实现增值。因此,在进行项目的方案比选分析和投资决策中,一定要考虑资金时间价值。

▶　3.2.1　资金时间价值的概念

在工程经济分析中,不仅要考虑经济系统资金量的大小(资金的收入和支出的多少),而且要考虑资金发生的时间。资金的价值是随时间变化而变化的,是时间的函数,随时间的推移而发生价值的变化,变化的那部分价值就是原有的资金的时间价值。所以,资金的时间价值是指资金在生产和流通过程中随着时间推移而产生的增值。比如,将今天的 1 000 元钱存入银行,在年利率为 10% 的情况下,一年后就会产生 1 100 元。可见经过一年时间,这 1 000 元钱发生了 100 元的增值。

影响资金时间价值的因素很多,其中主要有以下 4 点:

①资金的数量。在其他条件不变的情况下,资金的数量越多,资金的时间价值就越多;反之,资金的时间价值就越少。

②资金的使用时间。当单位时间的资金增值率一定,资金的使用时间越长,资金的时间价值越大;反之,资金的时间价值越小。

③资金投入和回收的特点。总投资一定的情况下,前期投资越大,资金的负效益越大;反之,后期投资越大,资金的负效益越小。回收资金额一定的情况下,在离现实点越远的时点上,回收资金越多,资金的时间价值越小;反之,在离现实点越近的时点上,回收资金越多,资

金的时间价值就越大。

④资金的周转速度。资金周转越快,资金的时间价值越大;反之,资金的时间价值越小。

资金的时间价值是资金在周转使用中产生的,是资金所有者让渡资金使用权而参与社会财富分配的一种形式,它是一个客观存在的经济范畴,生产经营的一项基本原则就是要充分利用资金的时间价值并最大限度地获得其时间价值。因此,企业可以通过加速资金周转、早期回收资金和从事利润较高的投资活动来增大资金的时间价值。

▶ 3.2.2 利息与利率

资金的时间价值有两种重要的表现形式:利息和利率。其中,利息是衡量资金时间价值的绝对尺度,利率是衡量资金时间价值的相对尺度。

(1)利息(Interest,I)

将一笔现金存入银行,一段时间后取出,我们不仅可以得到原先存入的本金,还可以得到额外增值的一部分,即为利息。也可表述为,现金借贷一段时间后,债务人支付给债权人的除原借款以外的部分称为利息。

$$I = F - P \tag{3.1}$$

式中　I——利息;

　　F——还本付息总额;

　　P——本金。

从本质上看,利息是贷款发生利润的一种再分配。在工程经济分析中,利息是指占用资金所付出的代价或者是放弃现期消费所得的补偿。

(2)利率(Interest Rate,IR)

在经济学中,利率的定义是从利息的定义中衍生而来的,这说明在利率上是先承认了利息,再以利息来解释利率的。但是在实际计算中,是根据利率来计算利息的。

利率是指在单位时间内所得利息与借贷本金之比,通常用百分数表示。即:

$$i = \frac{I_t}{P} \times 100\% \tag{3.2}$$

式中　i——利率;

　　I_t——单位时间内的利息;

　　P——借贷本金。

利率是各国对国民经济进行调节的一种手段,利率的高低主要由以下因素决定:

①利率的高低首先取决于社会平均利润的高低,并随之变动。一般情况下,社会平均利润率是利率的最高界限,因为如果社会平均利润率比利率要低,借款人投资就无利可图。

②在平均利润率不变的情况下,利率高低取决于金融市场上的借款资本的供求情况。借贷资本供过于求,利率降低;反之,利率上升。

③借出资本要承担一定的风险,而风险的大小也影响利率的高低。风险越大,利率越高。

④通货膨胀对利率的波动有直接影响。资金贬值,实际利率就会成为负值。

⑤借出资本的期限长短对利率也有重大影响。借款期限越长,不确定因素越多,借款人承担的风险就越大,利率就越高。

▶ 3.2.3　利息的计算

计息周期是用以表示计算利息的时间单位。利息一般以年为周期计算,当然也可以按不等于一年的周期计算,如半年、季、月等都可以作为计息周期。

利息的计算有单利和复利两种。当计息周期大于一个时,就要考虑是采用单利计算还是采用复利计算的问题。

1)单利

单利是指在计算利息时,只考虑最初的本金,而不将先前计息周期内的利息加入本金作为下一次计息周期利息的本金,即通常所说的"利不生利"的计息方法。计算如下:

$$I_t = P \times i_d \tag{3.3}$$

式中　I_t——第 t 计息周期的利息数额;

　　　P——本金;

　　　i_d——计息周期单利利率。

则 n 期末单利本利和 F 等于本金加上总利息,即:

$$F = P + I_n = P(1 + n \times i_d)$$

在运用公式计算本利和 F 时,要注意式 3.3 中 n 和 i_d 反映的周期要匹配。如果 i_d 为年利率,则 n 应为计息的年数;如果 i_d 为月利率,n 应为计息的月数。

【例 3.1】假如某人以单利方式存入银行 1 000 元本金,年利率为 6%,共存 5 年,第 5 年末偿还。试计算每个计息周期的利息和本利和。

【解】计算结果如表 3.1 所示。

表 3.1　单利方式计息计算表　　　　　　　　　　　　　　　　单位:元

年末	本金	年末利息	年末本利和	偿还债
0	1 000			
1		1 000×6%=60	1 000+60=1 060	0
2		1 000×6%=60	1 060+60=1 120	0
3		1 000×6%=60	1 120+60=1 180	0
4		1 000×6%=60	1 180+60=1 240	0
5		1 000×6%=60	1 240+60=1 300	1 300

由例 3.1 可知,单利的年利息额仅由本金产生,其新生的利息不再计入本金产生利息,这就是"利不生利"的情况。这种情形不符合经济发展的客观规律,没有体现出资金是可以增值

的,即没有体现出资金具有时间价值。所以,在工程经济分析中很少使用单利,一般只在短期投资和低于一年的短期贷款中使用。

2)复利

复利是指在计算利息时,本金加先前计息周期内所积累的利息总额作为下一次计息周期利息的本金。也就是通常说的"利生利""利滚利"。复利计息比较符合经济生产活动中资金运作情况,更体现资金的时间价值。其表达式如下:

$$I_t = i \times F_{t-1} \tag{3.4}$$

式中 i——计息期复利利息;

F_{t-1}——第$(t-1)$期末复利本利和。

第t期末复利本利和:

$$F_t = F_{t-1} \times (1 + i) \tag{3.5}$$

【例3.2】数据同例3.1,试按复利计算各计息周期的利息和本利和。

【解】按复利计算时,计算结果如表3.2所示。

表3.2　复利方式计息计算表 单位:元

年　末	本　金	年末利息	年末本利和	偿还债
0	1 000			
1		1 000×6%=60	1 000+60=1 060	0
2		1 060×6%=63.60	1 060+63.60=1 123.60	0
3		1 123.6×6%=67.42	1 123.60+67.42=1 191.02	0
4		1 191.02×6%=71.46	1 191.02+71.46=1 262.48	0
5		1 262.48×6%=75.75	1 262.48+75.75=1 338.23	1 338.23

从例3.1、例3.2可以看出,同一笔本金,在i、n相同的情况下,用复利计息所得本利和比用单利所得本利和要多,而这二者之差会随着i或P或n的增大而增大。由于经济活动中实际占用资金的情况与复利情况相符,复利计息更符合资金在社会再生产过程中运动的实际情况。因此,工程经济学分析中一般采用复利计算。

从例3.2也可以看出,利用式3.5计算复利本利和很不方便,它要逐期计算,在计息周期较多的时候计算起来比较烦琐。而且在式3.5中并没有表示出本利和F与本金P、年金A、利率i、计息周期数n的关系,所以应该对式3.5进行简化。

(1)一次支付情形的复利计算

一次支付是指在分析经济系统现金流量时,现金流入或流出均在一个时点发生,也称为整付。即在考虑资金时间价值的情况下,现金流入与现金流出分别在各时点上只发生一次,如图3.3所示。一次支付情形的复利计算式是复利计算的基本公式。

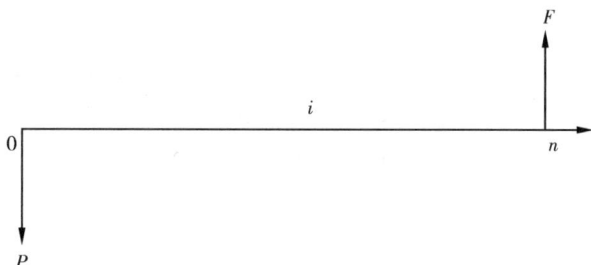

图 3.3 一次支付现金流量图

在图 3.3 中，i 为计息期利率，n 为计息周期数，P 为现值(即 Present Value，是指对未来现金流量以恰当的折现率进行折现后的价值)，F 为终值(即 Future Value，又称将来值或本利和，是指现一定量的资金在未来某一时点上的价值)。

①终值计算(已知 P，求 F)

一次支付终值计算，又称为一次支付复利计算，与复利计算的本利和公式是一样的，其计算过程如表 3.3 所示。

表 3.3 终值计算过程表

计息期数	期初本金	期末利息	期末本利和
1	P	$P \cdot i$	$F_1 = P + P \cdot i = P(1+i)$
2	$P(1+i)$	$P(1+i) \cdot i$	$F_2 = P(1+i) + P(1+i) \cdot i = P(1+i)^2$
3	$P(1+i)^2$	$P(1+i)^2 \cdot i$	$F_3 = P(1+i)^2 + P(1+i)^2 \cdot i = P(1+i)^3$
…	…	…	…
$n-1$	$P(1+i)^{n-2}$	$P(1+i)^{n-2} \cdot i$	$F_{n-1} = P(1+i)^{n-2} + P(1+i)^{n-2} \cdot i = P(1+i)^{n-1}$
n	$P(1+i)^{n-1}$	$P(1+i)^{n-1} \cdot i$	$F_n = P(1+i)^{n-1} + P(1+i)^{n-1} \cdot i = P(1+i)^n$

由表 3.3 可以看出，一次支付终值公式为：

$$F = P(1 + i)^n = P(F/P, i, n) \tag{3.6}$$

式中 P——本金或现值；

F——本利和或终值；

i——利率；

n——计算期或方案寿命期。

式(3.6)中，$(1+i)^n$ 称为一次支付终值系数(Future-Worth Factor，Single Payment)，可用符号 $(F/P, i, n)$ 表示，其值见附录。

【例 3.3】现在把 500 元存入银行，银行年利率为 4%，计算 3 年后该笔资金的实际价值。

【解】这是一个已知现值求终值的问题。

①利用公式计算。由公式(3.6)可得：

$$F = P(1 + i)^3 = 500 \times (1 + 4\%)^3 = 562.43(元)$$

即 500 元资金在年利率为 4% 时，经过 3 年后变为 562.43 元，增值 62.43 元。

②利用复利系数表计算。由复利系数表（见附录）可查得：

$$(F/P,4\%,3) = 1.124\ 9$$

所以

$$F = P(F/P,i,n) = P(F/P,4\%,3) = 500 \times 1.124\ 9 = 562.45(元)$$

②现值计算（已知 F，求 P）

已知终值 F 求现值 P 的等值计算公式，是一次支付终值公式的逆运算。

其计算公式为：

$$P = F(1 + i)^{-n} = F(P/F,i,n) \tag{3.7}$$

P 值可通过图 3.3 理解为 n 点处的一笔资金 F，折合到 0 点处的数值大小。在式（3.7）中，$(1+i)^{-n}$ 又称为一次支付现值系数，记为 $(P/F,i,n)$，并按不同利率和计息期列于表中（见附录），它与一次支付终值系数 $(F/P,i,n)$ 互为倒数。

【例 3.4】某人计划 5 年后从银行提取 10 万元，如果银行利率为 10%，问现在应存入银行多少钱？

【解】①利用公式计算。由一次支付现值公式（3.7）得：

$$P = F \times \frac{1}{(1 + i)^n}$$
$$= 10 \times \frac{1}{(1 + 10\%)^5} = 10 \times 0.620\ 9 = 6.209(万元)$$

②利用现值系数表计算。由一次性现值系数得：

$$P = F(P/F,i,n) = 10 \times (P/F,10\%,5)$$

从附录中查出一次支付现值系数 $(P/F,10\%,5)$ 为 0.620 9，代入式中得：

$$P = 10 \times 0.620\ 9 = 6.209(万元)$$

由例 3.4 可知，现值与终值的概念与计算方法正好相反，即现值系数与终值系数互为倒数。在 P 一定的前提下，n 相同时，i 越高，F 越大；i 相同时，n 越长，F 越大。在 F 一定的前提下，n 相同时，i 越高，P 越小；i 相同时，n 越长，P 越小。

（2）等额支付情形的复利计算

在技术经济分析中，一个经济系统分析期内的现金流量，有的是集中发生在一个时点上的，这时候即可用一次支付类型的计算公式进行计算。然而，大多数现金流量是分布在整个分析期里的，即多次支付。现金流入与现金流出发生在多个时点的现金流量，其数额可相等也可不等。当现金流序列是连续且数额相等时，则称为等额系列现金流。

将发生在（或折算在）某一特定时间序列，除零期外各计息期末的等额资金序列的价值称为年金，用 A（Annuity）表示。年金按其每次收付款项发生的时点不同，可以分为普通年金（后付年金）、即付年金（先付年金，预付年金）、递延年金（延期年金）、永续年金等类型。无特别说明时，一般约定年值发生在期末，如第 1 年年末、第 2 年年末等。

①普通年金等额支付公式

普通年金,是指从第一期起,在一定时期内每期期末等额收付的系列款项,又称为后付年金。普通年金等额支付情形有以下4种:

a.终值计算(已知 A,求 F)。在一个时间序列中,在利率为 i 的情况下连续在每个计息期的期末支付一笔等额的资金 A,求 n 年后由各年的本利和累计而成的终值 F。也即已知 A,i,n,求 F。其现金流量图如图3.4所示。

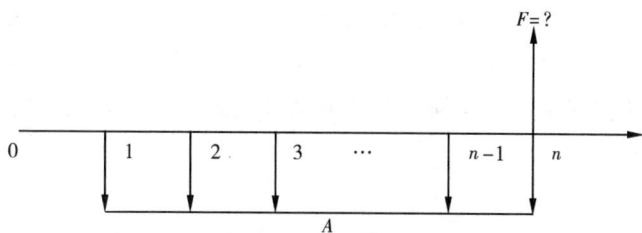

图3.4 等额支付终值现金流量图

各期期末年金 A 相对于第 n 期期末的本利和可用表3.4表示。

表3.4 等额支付终值计算表

期数	1	2	3	⋯	$n-1$	n
每期末年金	A	A	A	⋯	A	A
n 期末年金终值	$A(1+i)^{n-1}$	$A(1+i)^{n-2}$	$A(1+i)^{n-3}$	⋯	$A(1+i)$	A

由表3.4可得,等额支付终值计算公式如下:

$$F = A(1+i)^{n-1} + A(1+i)^{n-2} + A(1+i)^{n-3} + \cdots + A(1+i) + A$$

上式两边同时乘以 $(1+i)$ 则有:

$$F(1+i) = A(1+i)^n + A(1+i)^{n-1} + A(1+i)^{n-2} + A(1+i)^{n-3} + \cdots + A(1+i)$$

后式减前式得:

$$F(1+i) - F = A(1+i)^n - A$$

即:

$$F = A \times \frac{(1+i)^n - 1}{i} \tag{3.8}$$

也可以表示为:

$$F = A(F/A, i, n) \tag{3.9}$$

式中　$\dfrac{(1+i)^n - 1}{i}$ 或 $(F/A, i, n)$ ——等额支付终值系数(Furure-Worth Factor, Uniform Series)或年金终值系数。

【例3.5】某人每年末存入银行1 000元,年利率为10%,按复利计息,第5年末连本带利可取出多少钱?

【解】①利用公式计算。由等额支付终值公式(3.8)得:

$$F = A \times \frac{(1+i)^n - 1}{i}$$

$$= 1\ 000 \times \frac{(1 + 10\%)^5 - 1}{10\%} = 1\ 000 \times 6.105\ 1 = 6\ 105.1(元)$$

②等额支付终值系数表计算。由公式(3.9)得：

$$F = A(F/A, i, n)$$

从附录中查出系数$(F/A, 10\%, 5)$为6.105 1，代入式中得：

$$P = 1\ 000 \times 6.105\ 1 = 6\ 105.1(元)$$

b.偿债基金计算(已知F，求A)。在年利率为i的情况下，为偿还未来的某笔债务F(或为未来积累某笔基金)，预先每年应存储等额资金A为多少，即已知F, i, n，求A，类似于我们日常商业活动中的分期付款业务。等额支付偿债基金公式又称为等额支付积累基金公式。其现金流量图如图3.5所示。

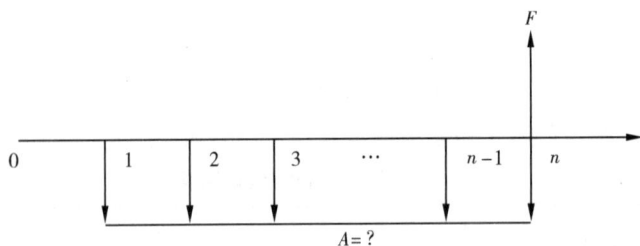

图3.5 偿债基金现金流量图

等额支付偿债基金公式是等额支付终值公式的逆运算，则由公式(3.8)直接推出。

$$A = F \times \frac{i}{(1 + i)^n - 1} = F(A/F, i, n) \tag{3.10}$$

式中 $\dfrac{i}{(1+i)^n-1}$或$(A/F, i, n)$——等额支付偿债基金系数(Sinking Fund Factor, Uniform Series)，又称为积累基金因子。

【例3.6】某企业计划自筹一笔资金进行一项技术改造，预计5年后需用资金200万，银行年利率为10%，问从今年起每年末需筹款多少？

【解】①利用公式计算。由等额支付偿债基金公式(3.10)得：

$$A = F \times \frac{i}{(1 + i)^n - 1}$$

$$= 200 \times \frac{10\%}{(1 + 10\%)^5 - 1} = 200 \times 0.163\ 8 = 32.76(万元)$$

②等额支付偿债基金系数表计算。由等额支付偿债基金公式得：

$$A = F(A/F, i, n) = 200 \times (A/F, 10\%, 5)$$

从附录中查出系数$(A/F, 10\%, 5)$为0.163 8，代入式中得：

$$P = 200 \times 0.163\ 8 = 32.76(万元)$$

c.等额支付现值计算(已知A，求P)。对于工程项目而言，在年利率为i的情况下，考虑资金的时间价值，希望在未来n年内，每年年末取得等额收益A，则现在需投入资金P为多少。即已知A, i, n，求P。其中，从第1年到第n年的等额现金流入总额与最初的现金流出P

是等值的。其现金流量图如图3.6所示。

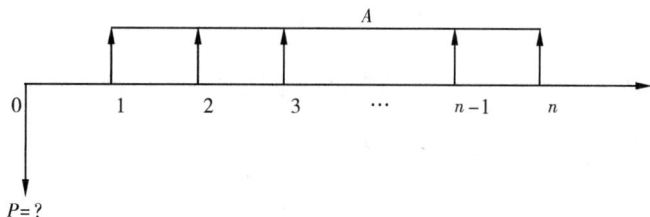

图3.6　等额支付现值现金流量图

由等额支付终值公式(3.9)和一次支付公式(3.6)可得：

$$F = A \times \frac{(1+i)^n - 1}{i} = P(1+i)^n$$

移项整理得：

$$P = A \times \frac{(1+i)^n - 1}{i(1+i)^n} = A(P/A, i, n) \tag{3.11}$$

式中　$\dfrac{(1+i)^n - 1}{i(1+i)^n}$ 或 $A(P/A, i, n)$ ——等额支付现值系数(Present-Worth Factor, Uniform Series)，其系数值可直接从复利系数表(见附录)中查得。

【例3.7】某人为购房每年年末可用于还贷的资金为4万元，贷款年限为25年，那么在年利率为10%的情况下，此人可得贷款的额度为多少？

【解】本题为等额支付现值计算问题。

①利用公式计算。由等额支付现值公式(3.11)得：

$$P = A \times \frac{(1+i)^n - 1}{i(1+i)^n}$$

$$= 4 \times \frac{(1+10\%)^{25} - 1}{10\%(1+10\%)^{25}} = 36.308\ 1(万元)$$

②等额支付现值系数表计算。由等额支付现值公式得：

$$P = A(P/A, i, n) = 4 \times (P/A, 10\%, 25)$$

从附录中查出系数$(P/A, 10\%, 25)$为9.077 0，代入式中得：

$$P = 4 \times 9.077\ 0 = 36.308(万元)$$

d.资金回收计算(已知P，求A)。期初一次投资数额为P，欲在n年内将投资全部收回，则在利率为i的情况下，求每年应等额回收的资金。即已知P, i, n，求A。其现金流量图如图3.7所示。

资金回收公式是等额支付现值公式的逆运算，根据公式(3.11)：

$$P = A \times \frac{(1+i)^n - 1}{i(1+i)^n}$$

由此得：

$$A = P \times \frac{i(1 + i)^n}{(1 + i)^n - 1} = P(A/P, i, n) \qquad (3.12)$$

式中 $\frac{i(1+i)^n}{(1+i)^n-1}$ 或 $P(A/P, i, n)$ ——等额支付资本回收系数。可从复利系数表(见附录)中

直接查得。

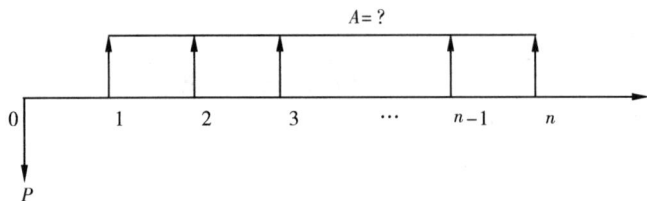

图 3.7 资金回收现金流量图

在工业项目或技术方案的经济技术分析中,表示在考虑资金时间价值的情况下,对于项目的单位投资,在项目寿命期内每年至少应回收的资金。若项目年实际回收的资金小于这个计算值,则在项目的寿命期内无法按要求将投资全部收回。

【例3.8】某工厂投资100万开发某种新产品,准备在3年内等额全部收回投资,年利率为8%,则该公司每年需等额收益多少?

【解】本题是等额支付资本回收计算问题。

①利用公式计算。由等额支付资本回收公式(3.12)得:

$$A = P \times \frac{i(1 + i)^n}{(1 + i)^n - 1} = 100 \times \frac{8\%(1 + 8\%)^3}{(1 + 8\%)^3 - 1} = 38.803\,4(万元)$$

②等额支付资本回收系数表计算。由等额支付资本回收系数得:

$$A = P(A/P, i, n) = 100 \times (A/P, 8\%, 3)$$

从附录中查出系数 $(A/P, 8\%, 3)$ 为 0.388 0,代入式中得:

$$A = 100 \times 0.388\,0 = 38.8(万元)$$

在计算等额支付情形时,需注意的条件是:每期支付金额(A)相等;支付间隔相同;每次支付都在对应的期末,而现值在计算期的期初发生。

②其他年金等额支付相关公式

A.即付年金的终值与现值。即付年金,是指从第一期起,在一定时期内每期期初等额收付的系列款项,又称先付年金。即付年金与普通年金的区别仅在于付款时间的不同,如图3.8所示。

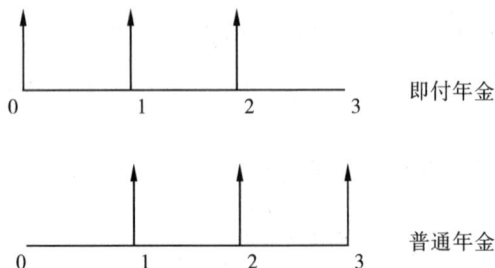

图 3.8 即付年金与普通年金现金流量图

a.即付年金的终值,是指把即付年金每个等额 A 都换算成第 n 期期末的数值,再来求和。即:

普通年金终值
$$F = A + A(1 + i)^1 + A(1 + i)^2 + \cdots + A(1 + i)^{n-2} + A(1 + i)^{n-1}$$

即付年金终值
$$F' = A(1 + i)^1 + A(1 + i)^2 + A(1 + i)^3 + \cdots + A(1 + i)^{n-1} + A(1 + i)^n$$

因此
$$F' = F(1 + i) = A(F/A, i, n)(1 + i) \tag{3.13}$$

b.即付年金的现值,是指把即付年金每个等额 A 都分别求现值,然后累加起来。

普通年金现值
$$P = A(1 + i)^{-1} + A(1 + i)^{-2} + \cdots + A(1 + i)^{-(n-2)} + A(1 + i)^{-(n-1)} + A(1 + i)^{-n}$$

即付年金现值
$$P' = A + A(1 + i)^{-1} + A(1 + i)^{-2} + \cdots + A(1 + i)^{-(n-2)} + A(1 + i)^{-(n-1)}$$

因此
$$P' = P(1 + i) = A(P/A, i, n)(1 + i) \tag{3.14}$$

即付年金的现值与终值计算,都可以以普通年金的计算为基础进行,也就是在普通年金现值或终值的基础上,再乘以 $(1+i)$。

B.递延年金的终值与现值。递延年金,是指第一次等额收付发生在第二期期末或第二期期末以后的年金。其现金流量图如图3.9所示。

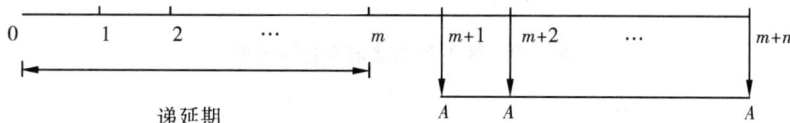

图 3.9　递延年金现金流量图

a.递延年金终值。计算递延年金终值和计算普通年金终值基本一样,只是注意 A 的个数。
$$F = A(F/A, i, n) \tag{3.15}$$

b.递延年金现值。递延年金现值有两种计算方式:

● 两次折现。根据图3.9,可以将递延年金看作 n 期的普通年金,求出在 m 期的现值,然后再折算为第0期的现值,即:
$$P = A(P/A, i, n)(P/F, i, m) \tag{3.16}$$

● 两段年金现值相减。如图3.9,现计算出 $m+n$ 期的普通年金现值,然后减去前 m 期的普通年金现值,即得递延年金的现值。
$$P = A[(P/A, i, m + n) - (P/A, i, m)] \tag{3.17}$$

c.永续年金现值。永续年金,是指无限期等额收付的年金。永续年金因为没有终止期,所以只有现值没有终值。永续年金的现值,可以通过普通年金的计算公式导出。在普通年金的现值公式中,令 n 趋于无穷大,即可得出永续年金现值。

$$P = \frac{A}{i} \qquad (3.18)$$

（3）变额支付情形的复利计算

在实际的经济分析中,现金流量往往不是一次支付或等额支付的情形,且不仅仅局限于一种类型,常常是多种类型的组合。当现金流量序列是连续的,但数额大小不等时,属于变额系列现金流量。变额支付的情况较多且复杂,这里我们主要介绍等差序列类型与等比序列类型。

①等差序列现金流量

在一些经济问题分析中,现金流量每年均有一定数量的增加或减少,如设备随使用年限的增加,维修费将逐年递增。若逐年的递增或递减的资金是等额的,则称为等差系列现金流量(Linear Gradient Flow)。即在分析期内,每年年末发生方向相同、大小成等差关系变化的现金流量。其现金流量图如 3.10 所示。

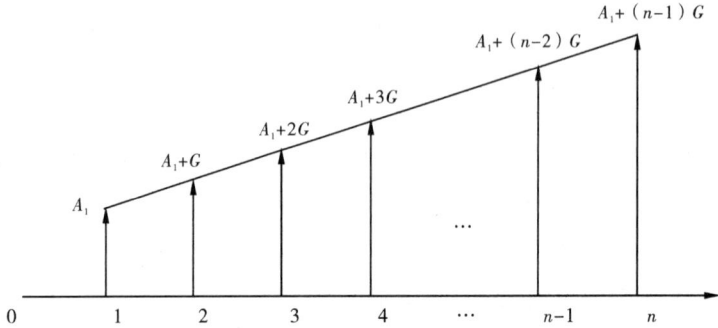

图 3.10　等差系列递增现金流量图

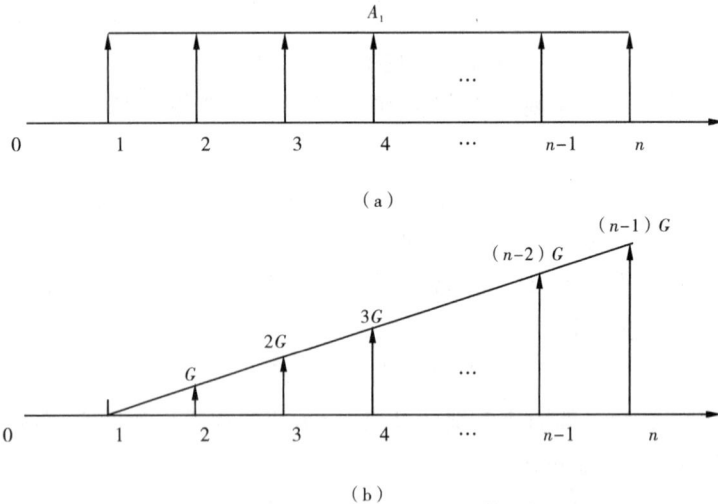

（a）

（b）

图 3.11　等差系列递增现金流量图化简示意图

图 3.10 可化简为图 3.11(a)与(b)两个支付情形。图 3.11(a)为等额系列现金流量图,年金为 A_1;图 3.11(b)为由 G 组成的等额递增系列现金流量图。图 3.11(a)可由等额系列现金

流量的相关公式计算。所以，只要解决图 3.11(b)支付系列问题即可。

a.等差终值计算(已知 G,求 F)。根据图 3.11(b),可列出 F 与 G 的计算式：

$$F_G = G(1 + i)^{n-2} + 2G(1 + i)^{n-3} + 3G(1 + i)^{n-4} + \cdots + (n - 2)G(1 + i) + (n - 1)G \tag{3.19}$$

两边同乘以($1+i$)得：

$$F_G(1 + i) = G(1 + i)^{n-1} + 2G(1 + i)^{n-2} + 3G(1 + i)^{n-3} + \cdots +$$
$$(n - 2)G(1 + i)^2 + (n - 1)G(+ i) \tag{3.20}$$

由(3.20)减去式(3.19)得：

$$F_G i = G\big[(1 + i)^{n-1} + (1 + i)^{n-2} + (1 + i)^{n-3} + \cdots + (1 + i) + 1\big] - nG$$

$$= G \times \frac{(1 + i)^n - 1}{i} - nG \tag{3.21}$$

$$F_G = G\left[\frac{(1 + i)^n - 1}{i^2} - \frac{n}{i}\right] = G(F/G,i,n) \tag{3.22}$$

式中　$\left[\dfrac{(1+i)^n-1}{i^2} - \dfrac{n}{i}\right]$ 或 $(F/G,i,n)$——等差系列终值系数。

b.等差现值计算(已知 G,求 P)。由 P 与 F 的关系得：

$$P_G = F_G \times \frac{1}{(1 + i)^n} = G\left[\frac{(1 + i)^n - 1}{i^2(1 + i)^n} - \frac{n}{i(1 + i)^n}\right]$$

$$= G(P/G,i,n) \tag{3.23}$$

式中　$\left[\dfrac{(1+i)^n-1}{i^2(1+i)^n} - \dfrac{n}{i(1+i)^n}\right]$ 或 $(P/G,i,n)$——等差系列现值系数。

c.等差年金计算(已知 G,求 A)。由 A 与 F 的关系得：

$$A_G = F_G(A/F,i,n) = G\left[\frac{(1 + i)^n - 1}{i^2} - \frac{n}{i}\right]\left[\frac{i}{(1 + i)^n - 1}\right]$$

$$= G\left[\frac{1}{i} - \frac{n}{(1 + i)^n - 1}\right]$$

$$= G(A/G,i,n) \tag{3.24}$$

式中　$\left[\dfrac{1}{i} - \dfrac{n}{(1+i)^n-1}\right]$ 或 $(A/G,i,n)$——等差年金换算系数。

据以上公式,可得图 3.10 等差系列现金流量的年金：

$$A = A_1 \pm A_G \tag{3.25}$$

计算等差系列现金流量的现值 P 和终值 F,用以下公式：

$$P = P_{A1} + P_G = A_1(P/A,i,n) \pm G(P/G,i,n) \tag{3.26}$$

$$F = F_{A1} + F_G = A_1(F/A,i,n) \pm G(F/G,i,n) \tag{3.27}$$

其中,减号用于等差递减系列现金流量。其现金流量图如 3.12 所示。

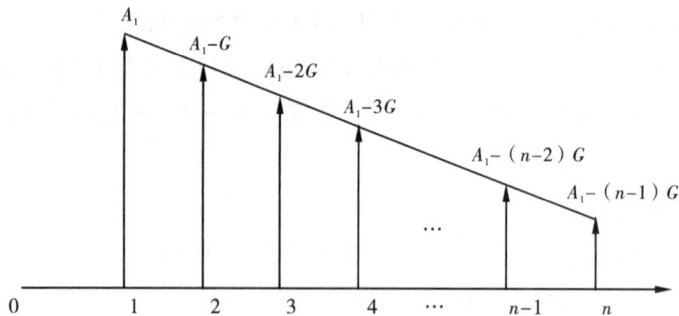

图 3.12　等差系列递减现金流量图

【例 3.9】现有现金流量图 3.13,单位为元,i 为 8%,按复利计息。试计算其现值、终值、年金。

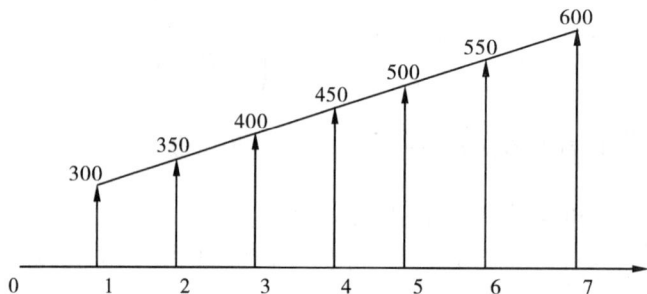

图 3.13　现金流量图

【解】本题为等差系列递增现金流量的现值、终值、年金的计算。

$$A = A_1 + A_G = A_1 + G(A/G, i, n) = 300 + 50(A/G, 8\%, 7)$$

查表可得,$(A/G, 8\%, 7)$ 为 2.694,代入式中得:

$$A = 300 + 50 \times 2.694 = 434.7(元)$$

$$P = A(P/A, i, n) = 434.7 \times (P/A, 8\%, 7) = 434.7 \times 5.206\ 4 = 2\ 263.22(元)$$

$$F = A(F/A, i, n) = 434.7 \times (P/A, 8\%, 7) = 434.7 \times 8.922\ 8 = 3\ 878.74(元)$$

②等比序列现金流量

以现值公式为例。假设 A_1 为第一年末的净现金流量,g 为现金流量逐年递增的比例,其余符号同前。等比序列的现金流量如图 3.14 所示。

A.现金流量按比例递增。

a.有年限的公式:

$$P = \frac{A_1}{i - g} \times \left[1 - \left(\frac{1 + g}{1 - i} \right)^n \right] \quad (当\ i \neq g\ 时)$$

$$P = \frac{A_1}{1 + i} \times n(当\ i = g\ 时)$$

b.无年限的公式(适用于 $i > g$ 的情况):

$$P = \frac{A_1}{i - g}$$

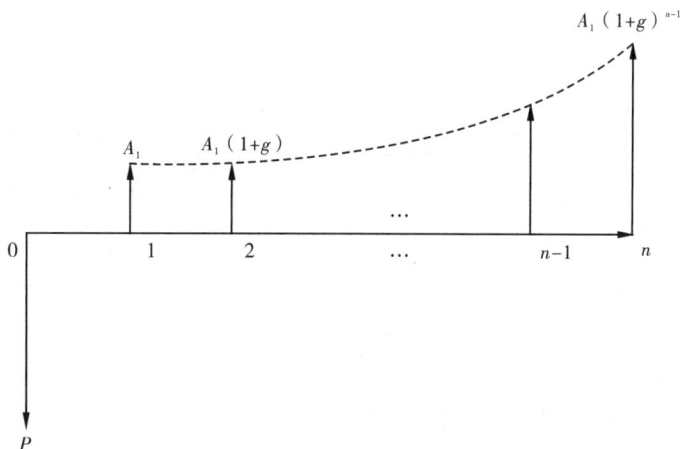

图3.14 等比序列现金流量图

B.现金流量按比例递减。

a.有年限的公式：

$$P = \frac{A_1}{i + g} \times \left[1 - \left(\frac{1 - g}{1 + i} \right)^n \right]$$

b.无年限的公式：

$$P = \frac{A_1}{i + g}$$

3）名义利率与有效利率

在项目经济活动分析中,复利计息采用的计息利率一般是年利率,并以年为计息周期。在实际经济活动中,利率的时间单位可能与计息周期不一致。例如,计息周期为半年、一个季度或者一个月等,那么一年内的计息次数就应当为相应的2次、4次、12次等。在同样的一年内,计息次数的不同,使得在复利条件下,产生一部分新的利息不同,实际本利和、实际利率也就不相同。因此,就产生了名义利率和有效利率。

（1）名义利率

名义利率r是指计息周期的利率i与一个利率周期内的计息次数m的乘积。即：

$$r = i \times m \tag{3.28}$$

（2）有效利率

有效利率是指一个利率周期内按复利计息的利息总额与本金的比率,也称为实际利率。

例如,年利率为12%,按季计息,每季计息一次,年计息4次,季利率为3%。名义利率为12%。当单利计息时,名义利率等于有效利率。当复利计息时,则不相同。

假如现在本金为1 000元,年利率为12%,每年计息一次,一年后的本利和为：

$$F = P \times (1 + i) = 1\ 000 \times (1 + 12\%) = 1\ 120(元)$$

①按季计息,每季单利计息,则季利率为3%,那么一年后的本利和为：

$$F = P \times (1 + i \times m) = 1\ 000 \times (1 + 3\% \times 4) = 1\ 120(元)$$

②按季计息,每季复利一次,则季利率为3%,那么一年后的本利和为：

$$F = P \times (1 + i)^m = 1\ 000 \times (1 + 3\%)^4 = 1\ 125.508\ 8(元)$$

此时,有效年利率为:

$$i_{eff} = \frac{F - P}{P} = \frac{1\ 125.508\ 8 - 1\ 000}{1\ 000} = \frac{125.508\ 8}{1\ 000} = 12.550\ 9\%$$

可见复利计息时,有效利率与名义利率不相等。有效利率的计算公式推导过程如下:

已知名义利率为 r,一个利率周期内计息 m 次,则计息周期利率为 $i = r/m$,在某个利率周期初期有本金 P,则有效利率公式为:

$$i_{eff} = \frac{F - P}{P} = (1 + i)^m - 1 \qquad (3.29)$$

因此,名义利率 r 与有效利率 i_{eff} 的关系为:

$$i_{eff} = \left(1 + \frac{r}{m}\right)^m - 1 \qquad (3.30)$$

从公式(3.30)可得出,当 $m = 1$ 时,$r = i_{eff}$,即名义利率等于有效利率;当 $m > 1$ 时,$r < i_{eff}$。m 越大,一个利率周期内复利计息的次数越多,有效利率与名义利率相差越大。

现设年名义利率 $r = 12\%$,则年、半年、季、月、日的年实际利率如表 3.5 所示。

表 3.5 不同计息周期名义利率与有效利率的比较

年名义利率 r	计息期	一年内计息次数 m	计息周期利率 i	有效利率 i_{eff}
12%	年	1	12%	12%
	半年	2	6%	12.36%
	季	4	3%	12.550 9%
	月	12	1%	12.682 5%
	周	52	0.230 8%	12.735 9%
	日	365	0.032 9%	12.757 0%

3.3 等值计算及应用

在技术经济分析中,为了考察技术方案的经济效益,需对方案寿命周期内不同时点发生的现金流量进行计算和分析。由于资金时间价值的存在,不同时点上发生的现金流入或现金流出,不能直接进行数值上的加减,应该将其等值换算到同一时点上进行分析。

▶ 3.3.1 等值含义

通常称两个作用效果相同的事物为等值。对于资金而言,资金时间价值的存在意味着在不同时点上的绝对数值不等的若干资金有可能会带来相等的经济作用,即相等的价值。

例如,现在的 100 元和一年后的 112 元,在票面上是不相等的。若在年利率为 12% 的前

提下,两者则为等值的。因为,现在的 100 元在一年后,应等于本金利息的总和,即:

$$100(1+12\%) = 112(元)$$

同理,一年后的 112 元等于现在的 100 元,即:

$$112 \times \frac{1}{1+12\%} = 100(元)$$

特定利率下不同时点上绝对数值不等,但经济价值相等的若干资金即为等值资金。由此可知,影响资金等值的因素有 3 个,即资金数值的大小、资金发生的时间和利率的大小。其中,在一定资金额和时点的情况下,利率是一个关键因素。

在考察经济效益时,将建设项目计算期内某一时点或某些时点上的现金流量的资金额等值换算成另一时点上的资金额进行比较,这个过程称为资金时间价值换算。银行在进行借贷利息计算实质上就是资金等值计算。

▶ 3.3.2 计息周期小于或等于资金收付周期的等值计算

计息周期短于(或等于)收付周期时,等值计算方法有两种:

①按收付周期实际利率计算。

②按计息周期利率计算,即:

$$F = P(F/P, r/m, mn)$$
$$P = F(P/F, r/m, mn)$$
$$F = A(F/A, r/m, mn)$$
$$P = A(P/A, r/m, mn)$$
$$A = F(A/F, r/m, mn)$$
$$A = P(A/P, r/m, mn)$$

式中 r——收付周期实际利率;

m——收付周期中的计息次数。

【例 3.10】某人现在存款 2 000 元,年利率为 10%,计息周期为半年,复利计息,问 5 年后连本带利共多少元?

【解】由于计息周期为半年,小于收付周期,不能直接用计息期利率计算,需先计算实际利率。现金流量图如图 3.15 所示。

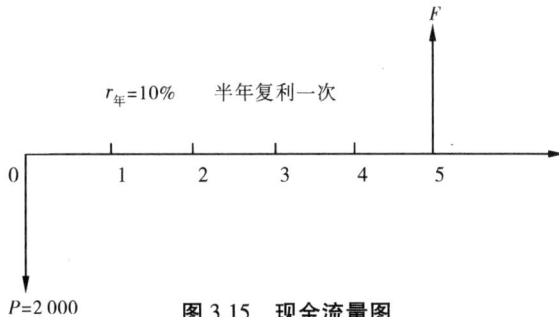

图 3.15 现金流量图

①按年实际利率计算。计算年实际利率:

$$i_{eff} = \left(1+\frac{r}{m}\right)^m - 1 = \left(1+\frac{10\%}{2}\right)^2 - 1 = 10.25\%$$

再计算一次支付终值：

$$F = P(F/P, i, n) = 2\ 000 \times (F/P, 10.25\%, 5) = 2\ 000 \times 1.629\ 5 = 3\ 259(元)$$

其中，在计算实际利率时，由于实际利率非整数，无表可查，需用线性内插法计算。所以，存在系数上的微小差异。

计算得年实际利率 $i_{eff} = 10.25\%$ 后，可直接用一次支付终值公式计算。

$$F = P(1 + i)^n = 2\ 000 \times (1 + 10.25\%)^5 = 3\ 257.79(元)$$

②按计息周期利率计算。

$$
\begin{aligned}
F &= 2\ 000(F/P, 10\%/2, 2 \times 5) \\
&= 2\ 000(F/P, 5\%, 10) \\
&= 2\ 000 \times 1.628\ 9 \\
&= 3\ 257.8(元)
\end{aligned}
$$

按实际利率计算时，由于实际利率不是整数，若用线性内插计算时会引起系数上的微小差异，且差异是允许的。但计算比较烦琐，故在实际中常采用计息期利率来计算。但应注意，对等额系列流量，只有计息周期与收付周期一致时，才能按计息期利率计算，否则，只能用收付周期实际利率来计算。

▶ 3.3.3 计息周期长于资金收付周期的等值计算

当计息周期长于收付周期时，常采用下面3种方法计算：

①不计息。工程经济分析时，若计息期内收付不计息，则支出计入期初，其收益计入期末。

②单利计息。在计息期内的收付均按单利计息。

$$A_t = \sum A'_k [1 + (m_k/N) \times i] \tag{3.31}$$

式中　A_t——第 t 计息期末净现金流量；

　　　　N——一个计息期内收付周期数；

　　　　A'_k——第 t 计息期内第 k 期收付金额；

　　　　m_k——第 t 计息期内第 k 期收付金额到达第 t 计息期末所包含的收付周期数；

　　　　i——计息期利率。

【例3.11】现金流量情况如图3.16所示，年利率为10%，半年计息一次，复利计息，计息期内的收付款利息按单利计算。问年末金额为多少？

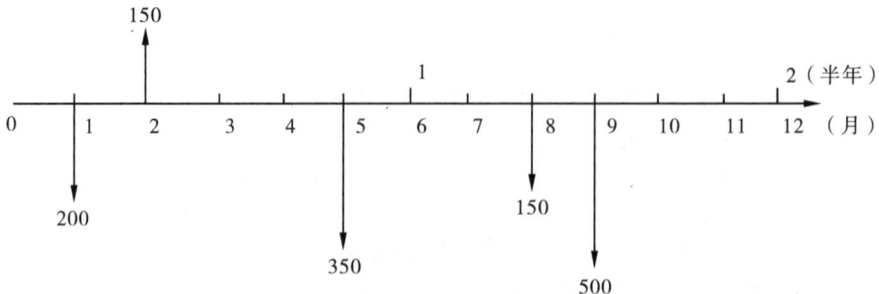

图3.16　现金流量图

【解】计算计息期利率。

$$i_{\text{半年}} = 10\%/2 = 5\%$$

由公式(3.31)得：

$$A_1 = -200 \times [1 + (5/6) \times 5\%] + 150 \times [1 + (4/6) \times 5\%] - 350 \times [1 + (1/6) \times 5\%]$$

$$= -406.25(\text{元})$$

$$A_2 = -150 \times [1 + (4/6) \times 5\%] - 500 \times [1 + (3/6) \times 5\%]$$

$$= -667.5(\text{元})$$

然后，利用普通复利公式即可求得年末金额 F 的值：

$$F = A_1(F/P, 5\%, 1) + A_2$$

$$= -406.25 \times 1.0500 - 667.5$$

$$= -1094.06(\text{元})$$

③复利计息。在计息周期内的收付按复利计算时，计息期利率相当于"有效利率"，收付周期利率相当于"计息期利率"。计算收付周期利率的计算正好与"已知名义利率来求有效利率"的情况相反。算出收付周期利率后，即可按普通复利公式进行计算。

【例3.12】某人每月存款100元，年利率为10%，每季计息一次，复利计算，计息期内收付利息按复利计算。问一年后本利和为多少？

【解】由题意画出现金流量图如图3.17所示。

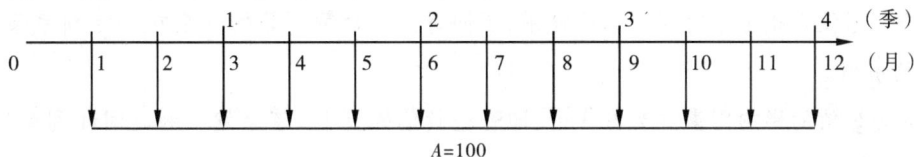

图3.17　现金流量图

名义利率为10%，每季计息一次，计息期内收付利息按复利计算，则计息期利率（即季度有效利率）：

$$i_{\text{季}} = 10\%/4 = 2.5\%$$

运用有效利率公式计算收付周期利率 $i_{\text{eff}} = (1 + r/m)^m - 1$。

$$i_{\text{季}} = (1 + r_{\text{季}}/3)^3 - 1 = 2.5\%$$

则得：

$$r_{\text{季}} = 2.4795\%$$

因此，该现金流量也可表述为每月存款100元，每月利率 $r_{\text{月}} = 2.4795\%/3 = 0.8265\%$，每月复利一次。利用普通复利公式即可求出年末金额 F：

$$F = A \times \frac{(1+i)^n - 1}{i}$$

$$= 100 \times \frac{(1 + 0.8265\%)^{12} - 1}{0.8265\%}$$

$$= 1256.08(\text{元})$$

注意：在计息周期内的收付按复利计算时，收付周期利率不能直接使用 $10\%/12 = 0.8333\%$ 的每月利率。因为复利是季度一次而不是每月一次。

本章小结

1.资金的时间价值在项目经济分析中十分重要,它是指在生产流通过程中随着时间的推移而不断产生增值。

2.利息与利率是资金时间价值的两种表现形式,当计息周期大于一个时,就要考虑是采用单利计算还是采用复利计算的问题。

3.经济活动中,实际占用资金的情况与复利情况相符,复利计息更符合资金在社会再生产过程中运动的实际情况。

4.利用复利计息,将不同时点发生的收益与费用折算成现值或终值,实现不同时间点的资金等值,以便于经济分析。

5.由于计息周期与收付周期的不同,产生了名义利率和有效利率的差异。一定周期内随着复利计算次数的增加,其有效利率相对于名义利率就会增大。

6.资金等值是指由于时间因素的作用,不同时点上数额不等的资金在一定利率条件下具有相等的价值。

7.资金等值的影响因素主要有3个,即资金数值的大小、资金发生的时间和利率的大小。其中,在一定资金额和时点的情况下,利率是决定资金等值的主要因素。

8.根据资金支付方式和等值换算的时间不同,资金等值计算分为一次性支付、等额支付、变额支付等几种情形,每种情形都可以通过公式或查表计算现值、终值、年金等资金等值数据。

练习题

1.什么是资金的时间价值?

2.单利、复利的区别是什么?

3.什么是名义利率、有效利率?两者有什么区别和联系?

4.什么是资金等值?影响资金等值的因素有哪些?

5.一次性支付、等额支付、等差支付的现金流量有哪些特点?

6.下列各题的现金流入与现金流出等值,求未知数的值,如图3.18—图3.21所示。

（1）

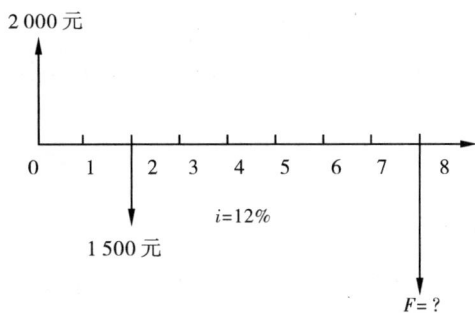

图 3.18   题（1）图

（2）

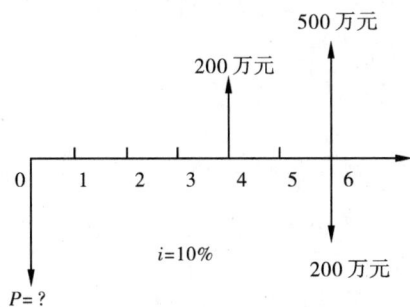

图 3.19   题（2）图

（3）

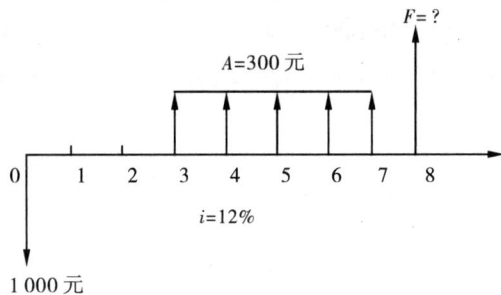

图 3.20   题（3）图

（4）

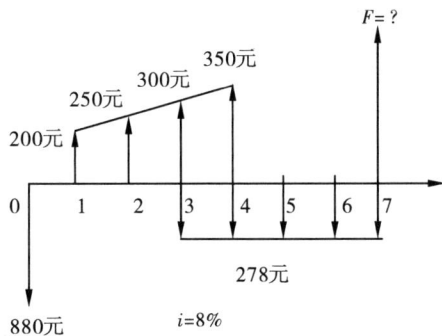

图 3.21   题（4）图

7.现有一项目,其现金流量为:第1年末支付2 000万元,第2年末支付1 500万元,第3年收益200万元,第4年收益300万元,第5年到第10年每年收益500万元,第11年收益300万元,第12年收益350万元,第13年收益400万元,第14年收益450万元。设年利率为10%。求:

(1)现值;

(2)终值;

(3)第2年末项目的等值。

8.某公司2020年年初对某设备投资10万元,该项目2022年年初完工投产,2022年至2024年各年末预计收益分别为3万元、4万元、5万元,银行利率为10%。分别按单利和复利计算2022年年初投资额的终值和2022年年初各年预期收益的现值之和。

9.向银行借款10 000元,借期为5年,试分别用10%单利和10%复利计算借款的利息。

10.计算下列计息情况下的年有效利率。

(1)年利率为8%,半年计息一次;

(2)年利率为12%,每月计息一次。

11.某公司购买了一台机器,估计能使用20年,每4年大修一次,每次大修费用假定为1 000元。现在应存入银行多少钱足以支付20年寿命期间的大修费用支出(按年利率12%,每半年计息一次)。

12.某公司购买了一台机器,原始成本为12 000元,估计能使用20年,20年末的残值为2 000元。运行费用固定为每年800元。此外,每使用5年后必须大修一次,大修理费用每次3 000元。设年折现率为8%,试计算该设备的年费用为多少元?

13.某人在经营中向银行借了50 000元,打算在48个月中以等额月末支付分期还款。在归还25次之后,想在第26次以一次支付立即归还余下借款。年利率为24%,每月计息一次。问此人归还的总金额为多少元?

14.某开发商开发了一地下车库,现予以出售停车场车位,期望年收益率为24%。若附近停车场车位出租为每月600元,则该开发商的车库车位应如何定价?

4

工程项目经济评价方法

[学习目标]

了解项目经济评价的概念、分类及主要的指标体系;理解基准收益率的概念、影响因素及确定方法;理解常用经济评价指标;掌握重要基本指标的计算方法与评价准则;掌握多方案评价方法;熟悉增量内部收益率的计算与运用。

[基本概念]

项目评价,财务评价,基准收益率,投资收益率,投资利润率,资本金利润率,净现值,净现值率,净年值,费用现值,费用年值,投资回收期,内部收益率,增量内部收益率,独立项目,互斥性项目

在工程经济研究中,经济评价是在拟定的工程项目方案、投资估算和融资方案的基础上,对工程项目方案计算期内各种有关技术经济因素和方案投入与产出的有关财务、经济资料数据进行调查、分析、预测,对工程项目方案的经济效果进行计算、评价。为此,正确选择经济评价指标和方法十分重要。

4.1 项目经济评价

▶ 4.1.1 项目评价

项目评价是为了达到一个国家或地区的发展目标,对政府或私人企业的投资项目进行可

行性评价。项目评价根据所站的立场或看问题的出发点不同,分为经济评价、环境影响评价以及社会评价,其中项目经济评价包括财务评价和国民经济评价,也即为传统的项目评价。

项目经济评价是工程经济分析的核心内容,其目的在于增强决策的正确性和科学性,避免或最大限度地减小工程项目的投资风险,明了建设方案投资的盈利水平,最大限度地提高工程项目投资的综合经济效益。

项目建设及运营与环境、社会密切相关,项目的经济评价不能解决项目与环境、与社会的相互适应性问题,因此还需要评价项目环境影响与社会影响。在项目评价阶段,如何运用科学的方法和技术手段,对项目进行环境影响评价是项目评价的重要组成部分,也是项目法人必须履行的法律义务。国家制定了一系列相关法律法规,其目的是规范项目环境影响评价工作,以保护环境,促进经济、社会的可持续发展。

社会的发展使人们已经认识到社会发展是以人为核心、以可持续为原则的发展,项目评价也应强调项目与社会的相互适用性,这是项目经济评价不能解决的,故需从社会层面对项目进行评价,使之成为经济评价的有益补充,这种评价就是社会评价。所谓社会评价就是根据国家或地区的基本目标,把效益目标、公平目标、环境目标以及加速贫困地区经济发展等影响社会发展的其他因素通盘考虑,分析拟建项目对当地社会(或波及地区乃至全社会)的影响和社会条件对项目的适应性和可接受程度,以评价项目的社会可行性。

▶ 4.1.2 项目经济评价分类与指标体系

1)项目经济评价分类

工程经济分析的核心内容就是要根据所考察系统的预期目标和所拥有的资源条件,分析该系统的现金流量情况,选择合适的技术方案,以获得最佳的经济效果。而对投资项目经济效果的评价,则根据评价的角度、范围、作用等,可分为财务评价和国民经济评价两个层次。

财务评价,又称企业经济评价,是在国家现行财税制度和价格体系的前提下,从项目的角度出发,计算项目范围内的财务效益和费用,分析项目的盈利能力和清偿能力,评价项目在财务上的可行性。

国民经济评价,即费用效益分析,是按合理配置稀缺资源和社会经济可持续发展的原则,采用影子价格、社会折现率等费用效益分析参数,从国民经济整体利益的角度出发,计算项目对国民经济的贡献,分析项目的经济效率、效果和对社会的影响,评价项目在宏观经济上的合理性。

工程项目经济评价内容的选择,应根据项目性质、项目目标、项目投资者、项目财务主体以及项目对经济和社会的影响程度等具体情况确定。对于费用效益计算比较简单的,建设期和运营期比较短,不涉及进出口平衡等一般项目。如果财务评价的结论能够满足投资决策的需要,可不进行国民经济评价;对于关系公共利益、国家安全和市场不能有效配置资源的经济和社会发展的项目,除应进行财务评价外,还应进行国民经济评价;对于特别重大的建设项目,尚应辅以区域经济和宏观经济影响分析方法进行国民经济评价。

基于我国的基本国情,项目评价后,方案的取舍应主要依据国民经济评价的结论。对于国民经济评价结论不可行的项目,一般应予以否定;对于关系公共利益、国家安全和市场不能有效配置资源的经济和社会发展的项目,如果国民经济结论可行,但财务评价结论不可行,应重新考虑方案,必要时可提供出经济优惠措施的建议,使项目具有财务生存能力。

2)项目经济评价指标体系

评价工程项目方案经济效果的好坏,一方面取决于基础数据的完整性和可靠性,另一方面则取决于选取的评价指标体系的合理性,只有选取正确的评价指标体系,经济评价的结果才能与客观实际情况相吻合,才具有实际意义。

投资项目评价的指标是多种多样的,它们从不同角度反映项目的经济性,这些指标一般可以分为3大类:

①反映资金利用效率的效率型指标,如投资收益率、净现值指数、内部收益率等;

②以货币单位计量的价值型指标,如净现值、费用年值等;

③以时间单位计量的时间型指标,如投资回收期。

这3类指标从不同角度考察项目的经济性,在进行投资项目经济评价时,应根据评价深度要求或获得资料的情况以及评价方案本身的情况,选用多个不同的指标,从不同侧面反映评价方案的经济效果。从不同的角度,按照不同的划分方法可以形成形式不同的指标体系。

(1)按是否考虑时间价值划分

如图4.1所示,在工程项目评价中,按计算评价指标时是否考虑资金的时间价值,将评价指标分为静态评价指标和动态评价指标。

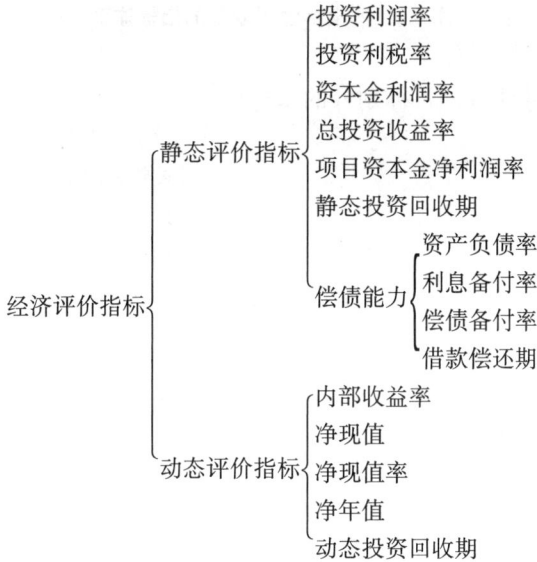

经济评价指标
- 静态评价指标
  - 投资利润率
  - 投资利税率
  - 资本金利润率
  - 总投资收益率
  - 项目资本金净利润率
  - 静态投资回收期
  - 偿债能力
    - 资产负债率
    - 利息备付率
    - 偿债备付率
    - 借款偿还期
- 动态评价指标
  - 内部收益率
  - 净现值
  - 净现值率
  - 净年值
  - 动态投资回收期

图4.1 按是否考虑时间价值划分的指标体系

①静态评价指标是在不考虑时间因素对货币价值影响的情况下,直接通过现金流量计算出来的经济评价指标。静态评价指标的最大特点是计算简便,它适于评价短期投资项目和逐年收益大致相等的项目,另外对方案进行概略评价时也常采用。

②动态评价指标是在分析项目或方案的经济效益时,要对发生在不同时间的效益、费用计算资金的时间价值,将现金流量进行等值化处理后计算评价指标。动态评价指标能较全面地反映投资方案整个计算期的经济效果,它适用于对项目整体效益评价的融资前分析,或对

计算期较长以及处在终评阶段的技术方案进行评价。

（2）按指标性质划分

图 4.2 所示为按指标性质划分的指标体系。

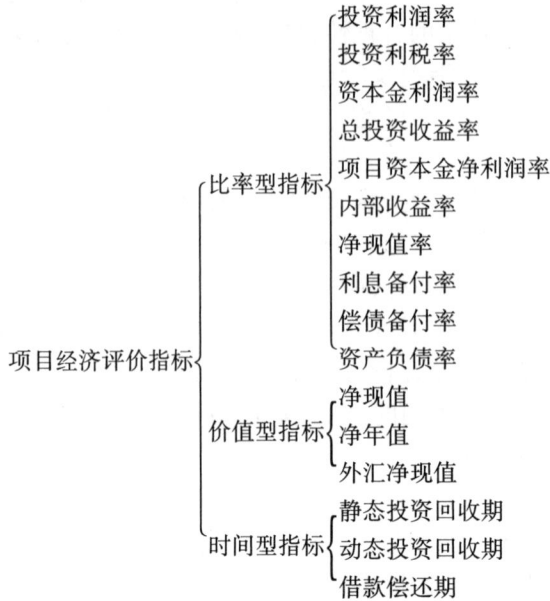

图 4.2 按指标性质划分的指标体系

（3）按财务评价的目标划分

图 4.3 所示为按财务评价的目标划分的指标体系。

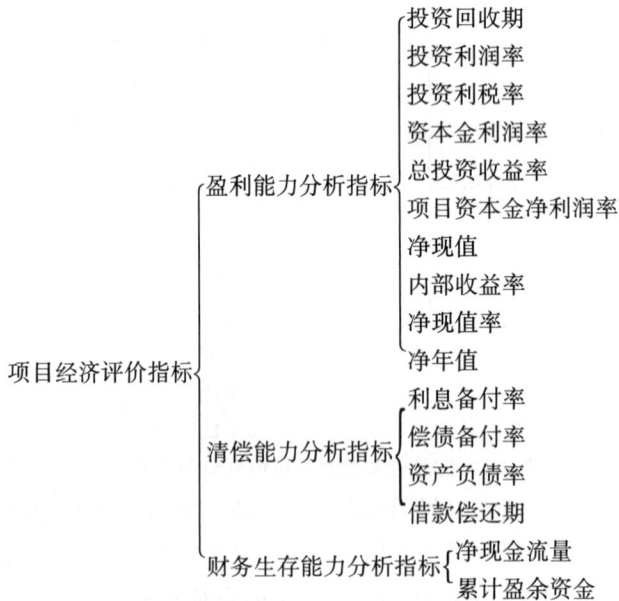

图 4.3 按财务评价的目标划分的指标体系

▶　4.1.3　指标评价中参数的选取

计算投资项目经济评价指标时常会用到一些参数,它们是对应经济评价指标的计算依据。因此,在学习并掌握经济评价指标之前,有必要先介绍这些参数及其选取方法,常见的有项目(或方案)计算期、基准收益率等。

1)项目(或方案)计算期

项目(或方案)计算期是指对拟建方案进行现金流量分析时所设定的项目服务年限,如图4.4所示。对于项目(或方案)计算期的确定,主要考虑其主体结构的经济性、维护的可能性、关联设施的实用性、经济计划管理的适应性及预测精度等方面的综合因素。若计算期太短,将有可能错过一些具有更大盈利机会的方案;若计算期太长,由于对未来预测精度降低,计算误差变大,将导致决策者判断的失误。因此,合理确定方案计划期,将为方案经济分析的确定性奠定基础。对建筑项目来说,项目计算期分为建设期和运营期两个阶段。

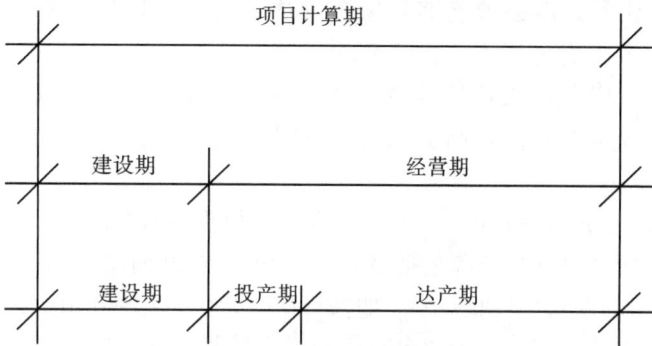

图 4.4　项目计算期图

项目建设期是指从项目资金正式投入到全部建成投产所需要的时间。其主要特点是只有投资,很少有产出,因此项目建设期应参照项目建设的合理工期或建设进度计划合理确定。

项目运营期是指项目从建成到全部固定资产报废为止所经历的时间,包括投产期(即项目投入生产,但尚未达到设计生产能力的过渡期)和达产期。项目运营期不能等同于项目投资后的服务期(物理寿命期),而应根据项目的特点、技术水平、技术进步及主要设备的合理经济寿命期来确定。因此,行业一般不对项目计算期作统一规定,若行业有规定时,应遵守行业规定。一般来说,工业项目不超过 20 年,水利交通项目在 25 年以上。

计算期较长的项目多以"年"为单位。对于计算期较短的业务项目,如石油钻井开发项目、高科技产业项目等,在较短的时间间隔内其现金流量会发生较大变化,因此这类项目不宜用"年"作单位,可根据具体情况选择适合的时间单位。本书若无特别说明,项目计算期一般以"年"为单位。

2)基准收益率

基准收益率 i_c(Hurdle Cut-off Rate),也称基准贴现率、基准投资收益率,是企业、行业或者投资者以动态的观点所确定的投资方案最低标准收益水平。它表明投资决策者对项目资金时间价值的估价,是投资资金应当获得的最低盈利水平,是评价和判断投资方案在经济上是否可行的依据,是一个重要的经济参数。

(1)确定基准收益率应考虑的因素

基准收益率的确定一般以行业的平均收益率为基础,同时综合考虑资金成本、投资风险、通货膨胀以及资金限制等影响因素。对于国家投资项目,进行经济评价时使用的基准收益率是由国家组织测定并发布的行业基准收益率;非国家投资项目,由投资者自行确定。

①资金成本和机会成本(i_1)。资金成本(Capital Coat)是为了获取资金使用权所支付的费用,主要包括资金筹集费和资金使用费。例如,委托金融机构代理发行股票、债券而支付的注册费和代理费,向银行贷款而支付的手续费等是筹资费;向股东支付的红利、向债权人支付的利息等则是资金使用费。

投资的机会成本(Opportunity Cost)是指投资者将有限的资金用于拟建项目而放弃的其他投资机会所能获得的最好收益。凡是技术经济活动都含有机会成本,如建厂占用耕地的代价就是减少农业收入。机会成本不是实际支出,不能反映在该方案的财务上,必须通过工程经济分析人员的分析和比较才能确定。

项目投资后所获利润额必须能够补偿资金成本,然后才能有利可言。因此,基准收益率最低限度不应小于资金成本。由于资金有限,当把资金投入拟建项目时,将失去从其他最好的投资机会中获得收益的机会。显然,基准投资收益率应不低于单位资金成本和单位投资的机会成本两者的最高值,这样才能使资金得到最有效的利用。用数学式子表达此含义为:

$$i_c \geq i_1 = \max\{单位资金成本,单位投资机会成本\}$$

一般情况下,投资项目资金来源包括自有资金和贷款,此时最低收益率不应低于行业基准收益率与贷款利率的加权平均收益率。如果贷款中又存在几种形式,贷款利率应为加权平均贷款利率;如果工程项目完全由企业自有资金投资建设,可参考行业基准收益率确定项目的基准收益率,这时可将机会成本等同于行业基准收益率。

②投资风险贴补率(i_2)。投资者在作出是否投资这一决策时,必然会承担相应的各种风险,因为在整个项目计算期内存在着发生不利于项目的环境变化的可能性,这种变化难以预料。因此,以一个较大的收益水平补偿投资者所承担的风险,这种风险称为投资风险(Investment Risk),一般用风险贴补率来提高i_c值,风险越大,风险贴补率越高。为了限制对风险大、盈利低的项目进行投资,可以采取提高基准收益率的办法进行项目经济评价。

③通货膨胀(i_3)。通货膨胀(Inflation)是指由于货币(这里是指纸币)的发行量超过商品流通所需要的货币量而引起的货币贬值和物价上涨的现象。在通货膨胀的影响下,各种材料、设备、房屋、土地的价值以及人工费都会上升。为反映和评价出拟建项目在未来的真实经济效果,在确定基准收益率时,应考虑这种影响,结合投入产出价格的选用决定对通货膨胀因素的处理。

常用通货膨胀率来表示通货膨胀的程度。通货膨胀率主要表现为物价指数的变化,即通货膨胀率约等于物价指数变化率。通货膨胀是年年存在的,一般每年的通货膨胀率不同,为了研究方便,通常取一段时间的平均通货膨胀率。也就是说,在所研究的计算期内,通货膨胀率可以视为固定的。

④资金限制。资金越少,越需要精打细算,使之利用得更加有效。为此,在资金短缺时,应通过提高基准收益率的办法进行项目经济评价,以便筛选掉盈利能力较低的项目。

（2）基准收益率的确定方法

基准收益率的测定可采用代数和法、资本资产定价模型法、典型项目模拟法、德尔菲专家调查法、加权平均资金成本法等方法，也可同时采用多种方法进行测算，将不同方法测算的结果互相验证，经协调后确定。

①代数和法。若项目现金流量是按当年价格预测的，则应以年通货膨胀率 i_3 修正 i_c 值。这时，基准收益率可近似地用单位投资机会成本、风险补贴率、通货膨胀率之代数和表示。即：

$$i_c = (1 + i_1)(1 + i_2)(1 + i_3) - 1 \approx i_1 + i_2 + i_3 \tag{4.1}$$

若项目的现金流量是按基年不变价格预测估算的，预测结果已排除通货膨胀因素的影响，就不再重复考虑通货膨胀的影响。即：

$$i_c = (1 + i_1)(1 + i_2) - 1 \approx i_1 + i_2 \tag{4.2}$$

式中　i_1——资金成本和机会成本；

　　　i_2——风险补贴率；

　　　i_3——通货膨胀率。

上述近似计算的前提条件是 i_1、i_2、i_3 都为较小的数。

②资本资产定价模型法。采用资本资产定价模型法（$CAPM$）测算行业财务基准收益率的公式为：

$$k = K_f + \beta \times (K_m - K_f) \tag{4.3}$$

式中　k——权益资金成本；

　　　K_f——市场无风险收益率；

　　　β——风险系数；

　　　K_m——市场平均风险投资收益率。

③典型项目模拟法。典型项目模拟法是通过在合理时间区段内选取行业内一定数量具有代表性的、已进入正常生产运营状态的建设项目，进行调查获得实际数据并作必要的价格调整，计算其财务内部收益率，在此基础上确定行业财务收益率的基准值。

④德尔菲专家调查法。德尔菲法是在专家个人判断法和专家会议法基础上发展起来的一种专家调查法，它是以不记名方式多轮征询专家意见，最终得出预测结果的一种集体经验判断法。德尔菲法的主要特点是匿名性、反馈性和收敛性。

具体方法是：统一设计调查问卷，征求一定数量的熟悉本行业情况的专家，依据系统的程序，采取"背靠背"的函询方式，通过多轮次（一般进行 3~4 轮）调查专家对本行业建设项目财务基准收益率取值的意见，逐步形成专家的集中意见，对调查结果进行必要的分析，并综合各种因素后确定基准收益率。

⑤加权平均资金成本法。测算公式为：

$$WACC = K_e \times \frac{E}{E + D} + K_d \times \frac{D}{E + D} \tag{4.4}$$

式中　$WACC$——加权平均资金成本；

　　　K_e——权益资金成本；

　　　K_d——债务资金成本（所得税后）；

E——权益资金；

D——企业负债。

总之，要正确确定基准收益率，其基础是资金成本、投资机会成本，而投资风险、通货膨胀和资金限制也是必须考虑的影响因素。

4.2 项目的静态评价方法

静态评价是指不考虑资金时间价值的工程经济评价。静态评价具有简单明了、易于计算的特点，适用于对技术方案或投资方案的初步分析和粗略评价。但静态评价由于忽略了资金的时间价值，经济评价结果不准确，仅由静态评价结论为依据所进行的投资决策容易导致投资失误。静态评价方法很多，本章主要详细介绍投资收益率法、静态投资回收期法等。

▶ 4.2.1 投资收益率法

投资收益率（Investment Rate of Return）是指项目在正常年份的净收益与期初的投资总额的比值。其表达式为：

$$R = \frac{NB}{K} \tag{4.5}$$

式中　K——投资总额，$K = \sum_{t=0}^{n} K_t$；

K_t——第 t 年的投资额；

n——完成投资额的年份；

NB——正常年份的净收益，根据不同的分析目的，NB 可以是税前利润、税后利润，也可以是年净现金流入等；

R——投资收益率。

根据 K 和 NB 的具体含义，R 可以表现为各种不同的具体形态。投资收益率常见的具体形态有总投资收益率、项目资本金净利润率、投资利税率、投资利润率等。

用投资收益率判断方案的优劣需要用方案的投资收益率与国家或行业确定的基准投资收益率相比较。而基准投资收益率是国家或行业根据历史数据确定的。设基准投资收益率为 R_b，判断准则为：

当 $R \geq R_b$ 时，项目可行，可以考虑接受；

当 $R < R_b$ 时，项目不可行，应予以拒绝。

若多个方案比较，则在各个方案满足 $R \geq R_b$ 时，投资收益率越大的方案越好。

1）总投资收益率

（1）指标含义

总投资收益率（Return On Investment，ROI）表示总投资的盈利水平，是指项目达到设计生产能力后正常生产年份的年息税前利润或运行期内年平均息税前利润（Earnings Before Interest and Tax，EBIT）与项目总投资（Total Investment，TI）的比率。它表明投资项目的正常生产年份中，单位投资每年所创造的息税前利润额。它常用于财务评价的静态盈利能力分析中。

（2）计算方法

总投资收益率的计算公式为：

$$ROI = \frac{EBIT}{TI} \times 100\% \tag{4.6}$$

式中　ROI——总投资收益率；

　　　EBIT——项目正常年份的年息税前利润或运营期内年平均息税前利润；

　　　TI——项目总投资，即项目总投资=固定资产投资+流动资金投资。

　　　其中，年息税前利润=年销售收入-年销售税金及附加-年总成本费用+利息支出

　　　　　　　　　　　=年利润总额+利息支出。

总投资收益率越高，从项目获得的息税前利润就越多。对建设项目而言，若总投资收益率高于同期银行利率，适度举债是有利的；反之，过高的负债比率将损害企业和投资者的利益。由此可以看出，总投资收益率不仅可以用来衡量工程建设项目的获利能力，还可以作为建设工程筹资决策参考的依据。

（3）适用范围

总投资收益率的经济意义明确、直观，计算简便，但没有考虑投资收益的时间因素。因此，该指标主要用于计算期较短、不具备综合分析所需详细资料的项目盈利能力分析，尤其适用于工程项目方案制定的早期阶段或工艺简单且生产变化不大的建设方案的投资经济效果评价，而不能作为主要决策依据对长期建设方案进行评价。

【例4.1】某新建项目总投资为4 200万元，两年建成，投产后运行15年，年销售收入为1 800万元，年经营成本为950万元，年销售税金为销售收入的6%。试计算总投资收益率。

【解】因为题目中没提到折旧摊销费，可忽略不计。

$$ROI = \frac{1\ 800 - 950 - 1\ 800 \times 6\%}{4\ 200} \times 100\% = 17.67\%$$

2）项目资本金净利润率

（1）指标含义

项目资本金净利润率（Return On Equity，ROE）表示项目资本金的盈利水平，是指项目达到设计生产能力后正常年份的年利润或运营期内年平均利润（Net Profit，NP）与项目资本金（Engineering Capital，EC）的比值。

（2）计算方法

项目资本金净利润率 ROE 的计算公式为：

$$ROE = \frac{NP}{EC} \times 100\% \tag{4.7}$$

式中　ROE——项目资本金净利润率；

　　　NP——项目正常年份的年净利润或运营期内年平均净利润；

　　　EC——项目资本金（项目公司股东投入的资金）。

　　　其中，年净利润=年销售收入-年销售税金及附加-年经营成本-年折旧摊销费-

　　　　　　　　　　利息支出-所得税

=年息税前利润-利息支出-所得税

（3）适用范围

项目资本金净利润率作为政府和银行特别关心的一个盈利指标,被财政部和多家银行视为重要指标,同时,项目财务评价和静态盈利能力分析中也列其为主要评价指标之一。但 ROE 作为静态评价指标,还应与动态评价指标联合起来进行分析,为决策提供参考。

3）投资利税率

投资利税率是指项目达到设计生产能力后的一个正常生产年份的年利税总额,或项目生产期内的年平均利税总额与项目总投资的比值。

$$投资利税率 = \frac{年利润总额 + 年销售税金及附加}{总投资} \times 100\%$$

4）投资利润率

投资利润率是指项目达到设计生产能力后的一个正常生产年份的年利润总额或项目生产期内的年平均利润总额与项目总投资的比值。

$$投资利润率 = \frac{年利润总额}{总投资} \times 100\%$$

【例 4.2】某项目期初投资 2 000 万元,建设期为 3 年,投产前两年每年的收益为 200 万元,以后年的收益为 400 万元。若基准投资收益率为 16%。问该方案是否可行?

【解】该方案正常年份的净收益为 400 万元。因此,投资收益率为:

$$R = \frac{400}{2\ 000} \times 100\% = 20\%$$

该方案的投资收益率为 20%,大于基准投资收益率 16%。因此,该方案可行。

▶ **4.2.2 静态投资回收期法**

（1）指标含义

投资回收期又可称为返本期,是反映投资方案盈利能力的指标。

静态投资回收期是在不考虑资金时间价值的条件下,以方案的净收益回收其总投资(包括固定资产投资和流动资金)所需要的时间,一般以年为单位。项目投资回收期宜从项目建设开始年算起,若从项目投产开始年算起,应予以特别注明。

（2）指标计算公式

静态投资回收期的表达式为:

$$\sum_{t=0}^{P_t} (CI - CO)_t = 0 \tag{4.8}$$

式中　P_t——静态投资回收期;

$(CI-CO)_t$——第 t 年净现金流量。

静态投资回收期可借助项目投资现金流量表,根据净现金流量来计算,其具体计算分为以下两种情况。

①当项目建成投产后各年的净收益均相同时,可简单视为:

$$P_t = \frac{TI}{EBIT} \tag{4.9}$$

式中 TI——项目总投资;

$EBIT$——年平均息税前利润。

显然,此时静态投资回收期就是总投资收益率的倒数。

②当项目建成投产各年的净现金流量不相同(甚至变化极大)时,静态投资回收期可根据累计净现金流量求得。累计净现金流量值的变化过程体现了投资回收的过程,如图4.5所示,也就是在现金流量表中累计净现金流量由负值转化为零的时点。其公式为:

$$P_t = (T - 1) + \frac{第(T-1)年的累计净现金流量的绝对值}{第 T 年的净现金流量} \tag{4.10}$$

式中 T——项目各年累计净现金流量首次为正值或零的年份数。

使用净现金流量回收全部投资的思路是建立在当年经营性支出在当年销售收入中已经得到了回收,这样,各期净利润和所提取的折旧和摊销便可作为净现金流量以收回全部投资。

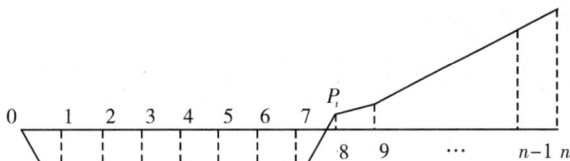

图4.5 投资回收期示意图

(3)判别准则

用静态投资回收期评价投资项目时,需要与根据同类项目的历史数据和投资者意愿确定的基准投资回收期 P_c 相比较:

若 $P_t \leq P_c$,则项目可以考虑接受;

若 $P_t > P_c$,则项目应予以拒绝。

由于静态投资回收期越长,项目的盈利能力越弱,而且项目面临的风险越大。因此,投资者必然希望投资回收期越短越好。

(4)指标特点

静态投资回收期的优点是既可判定单个方案的可行性(与 P_c 比较),也可用于方案间的比较(判定优劣)。静态投资回收期指标的缺点主要有:

①没有反映资金的时间价值;

②没有用到方案在回收期以后的现金流量数据;

③没有考虑到项目的期末残值;

④在方案的投资额相差悬殊时,方案比较的结论可信度降低。

因此,静态投资回收期能在一定程度上反映方案的经济性和风险性,在建设项目评价中具有独特的地位和作用,但由于其缺陷,仅作辅助性指标使用。

【例4.3】某投资方案的净现金流量及累计净现金流量如表4.1所示,求其静态投资回收期。

表 4.1　某项目投资方案的现金流量情况　　　　　　单位:万元

现金流量 计算期	0	1	2	3	4	5	6	7	8	9
建设投资	180	240	80							
流动资金			250							
净利润				100	150	150	150	150	150	150
折旧和摊销费				100	100	100	100			
净现金流量	−180	−240	−330	200	250	250	250	150	150	150
累计净现金流量	−180	−420	−750	−550	−300	−50	200	350	500	650

【解】由表 4.1 可以看出,累计净现金流量首次出现正值或 0 的年份的对应值为 6,所以 $T=6$,根据静态投资回收期计算公式:

$$P_t = T - 1 + \frac{\text{第 } T-1 \text{ 年累计净现金流量的绝对值}}{\text{第 } T \text{ 年净现金流量}}$$

$$= 6 - 1 + \frac{|-50|}{250} = 5.20(\text{年})$$

▶ 4.2.3　其他可用于静态评价的指标

工程项目的项目融资后分析的一个重要内容就是偿债能力分析,项目融资主体和债权人也十分关心偿债能力指标。主要的偿债能力指标包括借款偿还期、利息备付率、偿债备付率、资产负债率、流动比率、速动比率等。

(1)借款偿还期

借款偿还期是根据国家财政规定及投资项目的具体财务条件,以项目投产后可作为偿还贷款的收益(利润、折旧及其他收益)来偿还项目投资借款本金和利息所需要的时间。其计算公式如下:

$$I_d = \sum_{t=1}^{P_d} (R_p + D' + R_o - R_r)_t \tag{4.11}$$

式中　P_d——借款偿还期(从借款开始年计算,当从投产年算起时,应予以注明);

　　　I_d——建设投资借款本金和利息(不包括已用自有资金支付的部分)之和;

　　　R_p——第 t 年可用于还款的利润;

　　　D'——第 t 年可用于还款的折旧和摊销费;

　　　R_o——第 t 年可用于还款的其他收益;

　　　R_r——第 t 年企业留利。

在实际工作中,借款偿还期可直接从财务平衡表中推算,以年表示。具体比较实用的推算公式如下:

$$P_{\mathrm{d}} = (借款偿还后出现盈余的年份数 - 1) + \frac{当年应偿还借款额}{当年可用于还款的收益额}$$

一般只要借款偿还期满足贷款机构的要求期限时,即认为项目是有借款偿债能力的。

借款偿还期适用于那些计算最大偿还能力、尽快还款的项目,不适用于那些预先给定借款偿还期的项目。对于预先给定借款偿还期的项目,应采取利息备付率和偿债备付率指标来分析项目的偿债能力。

(2)利息备付率

利息备付率(Interest Coverage Ratio,ICR)是指在借款偿还期内的各年可用于支付利息的息税前利润(EBIT)与当期应付利息(Payable Interest,PI)的比值。它从付息资金来源的充裕性角度反映项目偿付债务利息的保障程度和支付能力,因此也称为已获利息倍数。其计算公式如下:

$$ICR = \frac{EBIT}{PI} \tag{4.12}$$

式中　ICR——利息备付率;

　　　$EBIT$——息税前利润;

　　　PI——计入总成本费用的应付利息。

利息备付率是分年计算。利息备付率高,表明利息偿付的保障程度高。利息备付率表示使用项目利润偿还利息的保证倍率。一般情况下,利息备付率应大于1,并结合债权人的要求确定。利率备付率小于1,表示付息能力保障不足。

(3)偿债备付率

偿债备付率是指项目在借款偿还期内,各年可用于还本付息的资金(EBITDA-TAX)与当期应还本付息金额(Payable Debt,PD)的比值,它表示可用于还本付息的资金对借款本息的保障程度。其计算公式为:

$$DSCR = \frac{EBITDA - TAX}{PD} \tag{4.13}$$

式中　$DSCR$——偿债备付率;

　　　$EBITDA$——息税前利润加折旧和摊销;

　　　TAX——企业所得税;

　　　PD——当期应还本付息的金额,包括当期还本金额和计入总成本费用的全部利息,融
　　　　　　　资租赁费用可视同借款偿还,运营期内的短期借款本息也应纳入计算。

可用于还本付息的资金包括:可用于还款的折旧和摊销,成本中列支的利息费用,可用于还款的所得税税后利润等。如果项目在运营期内有维持运营的投资,那么可用于还本付息的资金应扣除这部分投资。

偿债备付率也是分年计算。偿债备付率高,表明可用于还本付息的资金保障程度高。

偿债备付率表示可用于还本付息的资金偿还借款本息的保证倍率。正常情况应当大于1,并满足债权人的要求。偿债备付率小于1,表示当年资金来源不足以偿付当年债务,需要通

过短期借款偿付已到期债务。

（4）资产负债率

资产负债率（Liability On Asset Ratio，LOAR）是综合反映项目各年所面临的财务风险程度及偿债能力的指标，它是各期末负债总额（Total Liability，TL）与资产总额（Total Asset，TA）的比值。

$$LOAR = \frac{TL}{TA} \times 100\% \tag{4.14}$$

式中　　$LOAR$——资产负债率；

　　　　TL——期末负债总额；

　　　　TA——期末资产总额。

适度的资产负债率，表明项目经营安全、稳健，并具有较强的筹资能力。资产负债率的合理范围应结合国家宏观经济和行业发展状况、企业所处竞争环境等因素综合判定。一般认为，资产负债率为 0.5~0.7 是合适的。

在工程经济评价中，长期债务还清后，可不再计算资产负债率。

（5）流动比率

流动比率是流动资产与流动负债之比，反映项目流动资产偿还流动负债的能力。其计算公式为：

$$流动比率 = \frac{流动资产}{流动负债} \times 100\% \tag{4.15}$$

流动比率越高，说明项目偿还流动负债的能力越强。显然，流动比率要大于 1，但过高也不好，过高说明滞留在流动资产上的资金太多，反而会影响项目的收益水平。

（6）速动比率

速动比率是速动资产与流动负债之比，反映项目在短时间内（一年内）偿还流动负债的能力。其计算公式为：

$$速动比率 = \frac{速动资产}{流动负债} \times 100\% = \frac{流动资产 - 存货}{流动负债} \times 100\% \tag{4.16}$$

一般认为，速动比率为 1 时比较合理。

国际公认的标准比率是：流动比率为 2，速动比率为 1。一般认为，流动比率应不小于 1.2~2.0；速动比率应不小于 1.0~1.2。

4.3　项目的动态评价方法

动态评价是指考虑了资金时间价值并且以项目在整个寿命期内的全部现金流量数据为基础所进行的工程经济评价。动态评价克服了静态评价的缺点，尽管计算相对复杂，但在对投资项目进行经济评价时，应以动态分析为主，必要时增加某些静态评价指标进行辅助分析。

本章具体介绍常用的几种动态评价方法,如现值法、净现值率法、年值法、内部收益率法、动态投资回收期法等。

▶ 4.3.1 现值法

1)净现值

（1）指标含义

净现值（Net Present Value，NPV）是将项目在整个计算期内各年的净现金流量,按某个给定的折现率（如基准收益率 i_c）折算到经济活动起始点（建设期初）的现值之和。

（2）计算表达式

净现值的表达式为:

$$NPV = \sum_{t=0}^{n} (CI - CO)_t (1 + i_c)^{-t} \tag{4.17}$$

式中　　NPV——净现值;

　　　　$(CI-CO)_t$——第 t 年的净现金流量（应注意正负号）;

　　　　n——项目（或方案）的计算期;

　　　　i_c——设定的折现率（或基准收益率）。

净现值根据具体评价体系和侧重点的不同,可形成不同的表现方式（种类）。不论哪种净现值,其计算方式都可选择人工计算或计算机的 Excel 程序求解。这里只讲人工计算法。

人工计算法指将各年的净现金流量通过查表或公式计算进行折现后再求和。

（3）评价标准

若 $NPV=0$,说明该方案基本能满足行业或部门的基准收益率要求的盈利水平,方案勉强可行或有待改进;若 $NPV>0$,表明该方案除了达到基准收益率要求的盈利水平外,还有超额收益,方案可行。因此,$NPV \geq 0$ 时,项目（方案）在财务上考虑接受;反之,则一般认为方案不可行。

在使用 NPV 对多个方案进行评价时,NPV 大的方案为最优方案。

【例 4.4】某建设项目工程工期 2 年,到第一年年末累计投资 1 500 万元,第二年年末累计投资 2 000 万元,第三年开始投产,每年获利 1 180 万元。计算期内银行贷款年利率 10%,问投产 5 年后该项目投资能否用利润抵消?

【解】现金流量图如图 4.6 所示。

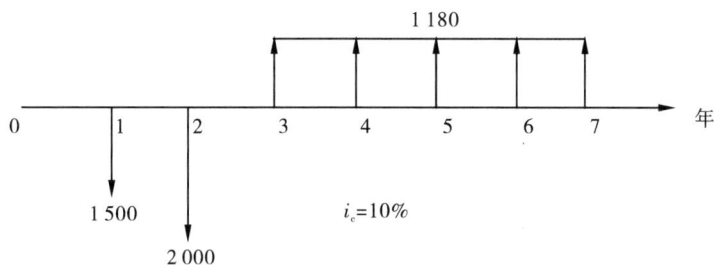

图 4.6　某建设项目现金流量图

$NPV = -1\,500(P/F,10\%,1) - 2\,000(P/F,10\%,2) + 1\,180(P/A,10\%,5) \times (P/F,10\%,2)$

$\quad = 680.16(万元)$

可见,$NPV>0$,所以,该项目按银行贷款年利率投产5年后,不仅能用利润回收投资并获利,而且净现值达680.16万元。

(4)净现值指标的特点

①净现值指标的优点:

a.考虑了资金的时间价值,使项目投资盈利能力的计算更加精确,可以为制定投资决策提供科学依据;

b.直接以货币额表示项目的附加收益额,经济意义明确、直观;

c.既可用于单方案评价,也可用于多个互斥方案的评价与选优。

②净现值指标的缺点:

a.基准折现率这一外生变量对NPV和项目决策结论的影响很大。若折现率定得太高,可行项目就可能被否定;反之,折现率定得过低,不可行的项目就可能被选中。该法依赖于客观、合理的基准折现率。

b.当各方案的投资额悬殊时,用NPV进行比选可能存在偏差。显然,一个勉强合格的大型项目的净现值一般要比一个具有较强经济强度的小型项目净现值大得多。这样,使用净现值法对两个方案进行选优时,结论一般会选择大型项目,而实际上小型项目的投资收益率要高。

表4.2列出了大中小项目投资总额、净现值及$NPVR$比选结果的情况。

表4.2　大中小项目投资总额、净现值及$NPVR$比选结果对比　　　　单位:万元

项目类型	投资总额I	净现值NPV	按NPV大小	按NPV/I
大	1 000	15	优	劣
中	300	6	中	中
小	50	3	劣	优

根据净现值,项目的优劣次序是大方案最优、小方案最差,但实际情况却相反。因为,如果将投资进行分割,大型项目可以分成20个小项目。按小项目的投资收益率水平,这个大项目的净现值应该要达到60万元,而不是15万元。

c.当各方案的寿命期差别太大时,使用NPV进行方案比选也可能带来偏差。

(5)净现值函数

对于具有常规现金流量的投资方案(或项目),其净现值的大小与折现率的高低有直接的关系。当方案的各年净现金流量和计算期n确定时,净现值是折现率i的函数,称为净现值函数。所谓常规现金流量是指方案(或项目)在计算期内,开始时有支出而后才有收益,使其净现金流量由开始的一项或几项负值转变成正值,且方案的净现金流量序列A的符号只改变一

次的现金流量。

净现值函数是一条以 I_0 为渐近线的单调递减曲线,即随着折现率的逐渐增大,净现值将由大变小,由正变负。当 i 大到使 $NPV=0$,曲线与横轴相交于点 B,此时折现率 i 称为内部收益率 IRR。曲线与横轴有唯一的交点,并在 $(0,\infty)$ 范围内,I_0 是方案开始时的投资额。基准收益率定得越高,方案被接受的可能性越小。点 A 是 $i=0$(不考虑资金时间价值时)的净现值,即该方案计算期各年净现金流量的累计值。净现值函数图像如图 4.7 所示。

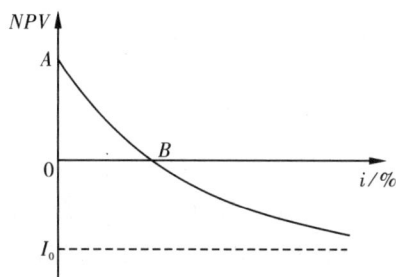

图 4.7　净现值函数曲线图

2)费用现值法

在对多个方案比较选优时,如果诸方案产出的价值相同或者诸方案能够满足同样需要,但其产出效益难以用价值形态计量时(如环保、教育、保健、国防等),可以通过对各个方案费用(成本)现值或费用(成本)年值的比较进行选择,其值越小,说明方案的经济效益越好。所谓费用现值,就是把不同方案计算期内的各年年成本按一个设定的折现率或基准收益率 i_c 换算成基准年的现值之和,再加上方案的总投资现值。

考虑资金时间价值的费用现值 PC 计算公式为:

$$PC = \sum_{t=0}^{n} CO_t (P/F, i_c, t) = \sum_{t=0}^{n} (K + C - S_v - W)_t (P/F, i_c, t) \tag{4.18}$$

式中　K——投资总额,包括固定资产投资和流动资金等;

　　　C——年经营成本;

　　　S_v——计算期末回收的固定资产余值;

　　　W——计算期末回收的流动资金。

在运用费用现值进行多方案比较时,应注意以下两点:

①各方案除费用指标外,其他指标和有关因素应基本相同,如产量、质量、收入等,才能在此基础上比较费用的大小。

②被比较的各方案,特别是费用现值最小的方案,应是能够达到盈利目的的方案。因为费用现值只能反映费用的大小,而不能反映净收益情况,所以这种方法只能比较方案优劣,而不能用于判断方案是否可行。

3)净现值率 $NPVR$(净现值指数)

如前所述,净现值指标反映了方案相对于基准收益率水平的超额情况,但由于其没有考虑各方案在投资上的差异,不能很好反映各项目在资金利用效率上的差异。为此,可将项目净现值与相应的项目投资总额现值联系起来,这就得到了净现值率指标。

(1)指标含义

净现值率又称净现值指数或净现值比,指用设定的折现率求得的方案净现值与其全部投资现值的比率。其经济含义为单位投资现值所得的超额净现值额,或单位投资现值所获得的超额净效益。

(2)指标计算公式

若 I 为全部投资的现值,净现值率的计算公式为:

$$NPVR = \frac{NPV}{I} \tag{4.19}$$

(3)指标评价准则

净现值指数克服了 NPV 有利于投资额大的方案的偏差问题。对一个项目而言,$NPVR$ 是否大于零是判断该方案可行的标准;用于对多个方案比较时,$NPVR$ 大的方案为最优方案。

应用 $NPVR$ 评价方案时,应注意以下 3 点:

①计算投资现值与净现值的折现率应一致;

②投资现值与净现值的计算期应一致;

③当有明显资金限制,且各方案占用资金远低于资金总拥有量时,宜采用净现值率指标评价。用于多方案比较时,净现值与净现值率两个指标的评价结论不总是一致。

【例 4.5】某项目有 A、B 两个备选方案,现金流量如表 4.3 所示,基准收益率为 12%,用净现值指数比较两个方案。

表 4.3　项目 A、B 备选方案现金流量　　　　　　　　　　　　　　　　单位:万元

方案	0	1	2	3	4	5
A	-1 000	600	1 000	1 000	1 000	1 000
B	-2 000	500	1 500	1 500	1 500	1 500

【解】首先分别计算 A、B 两个方案的净现值:

$$NPV_A = -1\ 000 + 600(P/F,12\%,1) + 1\ 000(P/A,12\%,4)(P/F,12\%,1)$$
$$= 2\ 247.5(万元)$$

$$NPV_B = -2\ 000 + 500(P/F,12\%,1) + 1\ 500(P/A,12\%,4)(P/F,12\%,1)$$
$$= 2\ 514.1(万元)$$

再分别计算 A、B 两个方案的净现值指数:

$$NPVR_A = \frac{NPV_A}{P_A} = \frac{2\ 247.5}{1\ 000} = 2.247\ 5$$

$$NPVR_B = \frac{NPV_B}{P_B} = \frac{2\ 514.1}{2\ 000} = 1.275\ 1$$

由于 $NPVI_A > NPVI_B$,所以方案 A 优于方案 B。

▶　**4.3.2　年值法**

1）净年值法

（1）指标含义

净年值又叫等额年值或等额年金，是以基准收益率将项目计算期内净现金流量等值换算而成的等额年值。

（2）计算公式

净年值的计算公式为：

$$NAV = NPV(A/P, i_c, n)$$
$$= \left[\sum_{t=0}^{n} (CI - CO)_t (P/F, i_c, t) \right] (A/P, i_c, n) \tag{4.20}$$

式中　NAV——净年值；

　　$(A/P, i_c, n)$——资本回收系数。

（3）判别准则

在单一方案评价时，$NAV \geq 0$，方案可行；$NAV < 0$，方案拒绝。在多方案比较时，净年值大的方案为优选方案。

净年值的数额是表明方案在寿命期内，每年除获得按基准收益率应得的收益外所取得的等额超额收益。

净年值与净现值都要在给出的基准收益率的基础上进行计算，在项目评价的结论上总是一致的。不同之处是：净现值把投资过程的现金流量折算为基准期的现值，表示项目在计算期内获得的超过基准收益率水平的收益现值；而净年值则是把该现金流量折算为等额年值，表示项目在计算期内每期的等额超额收益。

2）费用年值法

（1）指标含义

与净现值和净年值指标的关系类似，费用年值与费用现值也是一对等效评价指标。费用年值是将方案计算期内不同时点发生的所有支出费用，按基准收益率折算成与其等值的等额支付序列年费用。

（2）计算公式

费用年值计算公式为：

$$AC = \left[\sum_{t=0}^{n} CO_t (P/F, i_c, t) \right] (A/P, i_c, n)$$
$$= \left[\sum_{t=0}^{n} (K + C - S_v - W)_t (P/F, i_c, t) \right] (A/P, i_c, n) \tag{4.21}$$

式中　K——投资总额，包括固定资产投资和流动资金等；

　　C——年经营成本；

　　S_v——计算期末回收的固定资产余值；

W——计算期末回收的流动资金。

以费用最小的选优原则选择方案。在运用费用年值进行多方案比较时,其适用条件和范围与费用现值相同。对于寿命期不等的多方案进行比选时,净年值或费用年值是最为简便的方法。

▶ 4.3.3 内部收益率法

(1)指标含义

内部收益率又称内部报酬率(Internal Rate of Return,IRR),是项目净现值为零时的折现率。内部收益率容易被误解为是项目初期投资的收益率。事实上,内部收益率的经济含义是投资方案占用的尚未回收资金的获利能力,是项目正好能够回收投资的年收益率,能反映项目自身的盈利能力,其值越高,方案的经济性越好。由于这一指标仅由项目固有的现金流量系统决定,项目外生变量没有涉及其中,固有内部收益率之称。

在项目整个寿命期内,如果按 IRR 折算各期净现金流量,在寿命期末到来之前始终存在着未能回收的投资,只能等到了寿命期末时投资才恰被全部收回,此时的净现金流量刚好等于零。而净现值和净年值以及费用年值等指标都需要事先设定一个基准折现率才能进行计算和比较。因此,内部收益率指标的科学性较其他指标强。

(2)计算表达式

内部收益率的表达式为:

$$NPV(IRR) = \sum_{t=0}^{n} (CI - CO)_t (1 + IRR)^{-t} = 0 \tag{4.22}$$

式中 IRR——内部收益率。

对于多数方案来说,IRR 应属于值域 $(0,\infty)$。

由式(4.22)可知,当各年的净现金流量不等,且计算期较长时,内部收益率需求解以折现率为未知数的多项高次方程,求解过程比较烦琐。一般来说,求 IRR 采用人工试算法。

对于计算期不太长,生产期各年净效益变化不大的方案,计算不十分困难时,采用人工试算法。试算法分为线性插值法和图解法两种,人们习惯于使用直线内插法来近似求解内部收益率,其求解步骤如下:

第一步,计算方案各年的净现金流量。

第二步,在满足下列两个条件的基础上预估两个适当的折现率。

①$i_1 < i_2$,且 $(i_2 - i_1) \leqslant 5\%$,一般在 2% 为宜(实际工作中,$i_1$ 往往是根据给出的基准收益率 i_c 确定,作为第一步试算依据)。

②$NPV(i_1) > 0$,$NPV(i_2) < 0$。

第三步,用线性插值法计算 IRR 的近似值,其公式为:

$$IRR = i_1 + (i_2 - i_1) \times \frac{NPV_1}{NPV_1 + |NPV_2|} \tag{4.23}$$

用公式计算的近似解 $IRR_{(i^*)}$ 会略大于精准解 IRR。

线性内插法原理如图 4.8 所示。因为具有非常规现金流量的方案的存在可能不是唯一的,线性内插法计算对其不适用。因此,线性内插只适用于具有常规现金流量的投资方案。

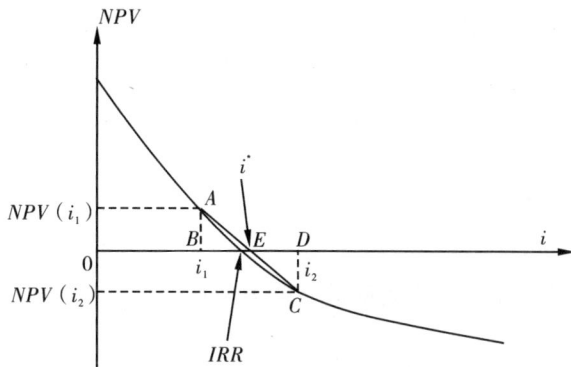

图 4.8 线性内插法原理图

【例 4.6】某建设方案期初投资 800 万元,第一年获利 200 万元,以后 4 年间每年递增 25 万元,基准收益率为 15%。试用直线内插法计算内部收益率。

表 4.4 某建设方案现金流量表 单位:万元

年序	0	1	2	3	4	5
$CI-CO$	−800	200	225	250	275	300

【解】令 $i_1 = 15\%$,计算 i_1 所对应的 NPV_1 值,可得:

$$NPV_1 = -800 + \frac{200}{1+15\%} + \frac{225}{(1+15\%)^2} + \frac{250}{(1+15\%)^3} + \frac{275}{(1+15\%)^4} + \frac{300}{(1+15\%)^5}$$

$$= 14.822\ 5 > 0$$

令 $i_2 = i_1 + 2\% = 17\%$ ($i_2 > i_1$),计算 i_2 对应的 NPV_2 值,可得:

$$NPV_2 = -800 + \frac{200}{1+17\%} + \frac{225}{(1+17\%)^2} + \frac{250}{(1+17\%)^3} + \frac{275}{(1+17\%)^4} + \frac{300}{(1+17\%)^5}$$

$$= -25.007 < 0$$

此时,$|i_1 - i_2| = 2\% < 5\%$,则代入公式(4.23)计算得:

$$IRR = 15\% + (17\% - 15\%) \times \frac{14.822\ 5}{14.822\ 5 + |-25.007|} = 15.74\%$$

即项目内部收益率的近似值为 15.74%。

(3)评价标准

IRR 指标用于单方案经济评价时,如果 $IRR \geq i_c$,则认为该方案是可以考虑接受的;当 $IRR < i_c$ 时,该方案应予拒绝。如果折现率(或贷款利率)取其内部收益率时,则该方案在计算期内的投资恰好得到回收,净现值等于零。内部收益率越高,该方案的效益越好。但内部收益率法不能直接用于多方案的比选。

(4)使用范围

以上讨论的 IRR 使用情况用于"常规"方案(投资项目)的经济评价。这类方案的净现值函数曲线如图 4.8 所示,即方案的净现金流量从投资开始时刻起至少有一项或几项是负值,接下去是一系列正值。此时,计算期内净现金流量的符号变化只有一次,即所有负现金流量都出现在正现金流量之前。可以证明,此时方案有唯一的 IRR 解。

对于非常规投资项目则不适用。非常规投资项目指项目计算期内,带负号的净现金流量不仅发生在建设期(或生产期),而且分散在带正号的净现金流量之中,即在计算期内净现金流量变更多次正负号。

(5)内部收益率的特点

①内部收益率的优点:

a.能直观地反映方案投资的最大可能盈利能力或最大的利息偿还能力(或项目对贷款利率的最大承担能力)。

b.考虑了资金的时间价值以及项目在整个计算期内的经济状况。

c.内部收益率值取决于项目的净现金流量系列的情况。这种项目内部决定性,使它在应用中具有一个显著的优点,即避免了净现值指标须事先确定基准收益率这个难题,而只需要知道基准收益率的大致范围便可。

②内部收益率的不足:

a.由于 IRR 指标是根据方案本身数据计算得出而不是专门给定,所以 IRR 不能直接反映资金价值的绝对大小。

b.用 IRR 这个效率指标进行方案的比选时,不能保证与 NPV 得出的结论总是一致。换句话说,效率最高的方案,不一定是净收益最大的方案。鉴于 NPV 最大准则的正确性(因为净现值所依据的基准收益率能反映行业或投资主体的期望,符合收益最大化的决策准则),IRR 作为反映项目内生的特性指标,不应直接用于项目或方案的比选。

c.计算比较麻烦。对于非常规现金流量的项目来讲,内部收益率可能不存在。

▶ 4.3.4 动态投资回收期法

静态投资回收期存在没有考虑资金时间价值的缺陷,可采用其改进指标即动态投资回收期 P_d 进行方案经济评价。

(1)指标含义

动态投资回收期是在考虑资金时间价值前提下,以项目净收益抵偿项目全部投资所需的时间,用符号 P_d 表示。

(2)计算公式

P_d 满足使方案净现金流量的现值累计之和正好为 0,即满足下式:

$$\sum_{t=0}^{P_d} (CI - CO)_t (1 + i_c)^{-t} = 0 \tag{4.24}$$

式中　P_d——动态投资回收期;

　　　i_c——基准收益率。

在实际计算中,可采用更实用的计算式如下:

$$P_d = T - 1 + \frac{\text{第 } T - 1 \text{ 年的累计净现金流量现值的绝对值}}{\text{第 } T \text{ 年的净现金流量现值}} \qquad (4.25)$$

式中　T——项目累计净现金流量现值之和首次出现正值或零年份的对应时期值。

（3）评价准则

采用动态回收期法计算的投资回收期，仍需要和基准投资回收期进行比较。设 P_c 为基准动态投资回收期，当 $P_d \leqslant P_c$ 时，则项目或方案可以被接受，否则应予以拒绝。

动态投资回收期指标的优点是考虑了资金的时间价值，使投资回收时间的计算更加精确，为制定科学的投资决策提供了依据。

随着技术进步的加快，项目寿命不断缩短，而且基准投资回收期随行业、地区和时期因素差异很大。表4.5是部分行业的基准投资回收期。

表 4.5　部分行业项目的基准动态投资回收期　　　　　　单位：年

行业	P_c	行业	P_c	行业	P_c
冶金	8.8~14.3	机械	8~15	油田开采	6~8
煤炭	8~13	化工	9~11	建材	11~13
有色金属	9~15	纺织	10~13		

【例4.7】根据表4.6中的净现金流量系列求静态和动态投资回收期，设 $i_c = 10\%$，$P_c = 12$ 年。

表 4.6　净现金流量表

年份	净现金流量	累计净现金流量	折现系数	折现值	累计折现值
1	−180	−180	0.909 1	−163.64	−163.64
2	−250	−430	0.826 4	−206.60	−370.24
3	−150	−580	0.751 3	−112.7	−482.94
4	84	−496	0.683 0	57.37	−425.57
5	112	−384	0.620 9	69.54	−356.03
6	150	−234	0.564 5	84.68	−271.35
7	150	−84	0.513 2	76.98	−194.37
8	150	66	0.466 5	69.98	−124.39
9	150	216	0.424 1	63.62	−60.77
10	150	366	0.385 5	57.83	−2.94
11	150	516	0.350 5	52.57	+49.63
12~20	150	1 866	2.018	302.78	352.41

【解】各年累计净现金流量和累计折现值列于表4.6中，根据公式计算得：

静态投资回收期

$$P_t = 8 - 1 + (84 \div 150) = 7.56(年)$$

动态投资回收期

$$P_d = 11 - 1 + (2.94 \div 52.57) = 10.06(年)$$

由于静态投资回收期和动态投资回收期均小于12年,则方案可行。

容易推断,一般技术方案的动态投资回收期大于静态投资回收期。静态投资回收期和动态投资回收期适用于项目融资前的盈利能力分析。

4.4 工程项目方案经济评价

▶ 4.4.1 评价方案类型

在前面的内容中,介绍了一些主要的经济评价指标及其计算和判别方法。但是,要想正确评价工程项目方案的经济性,仅了解评价指标的计算及判别是不够的,还必须了解工程项目方案所属的类型,从而按照方案的类型确定合适的评价指标,最终为作出正确的投资决策提供科学依据。

工程项目方案类型是指一组备选方案之间所具有的相互关系。方案间具有3种基本关系类型,即独立关系型、相关关系型和互斥关系型,如图4.9所示。

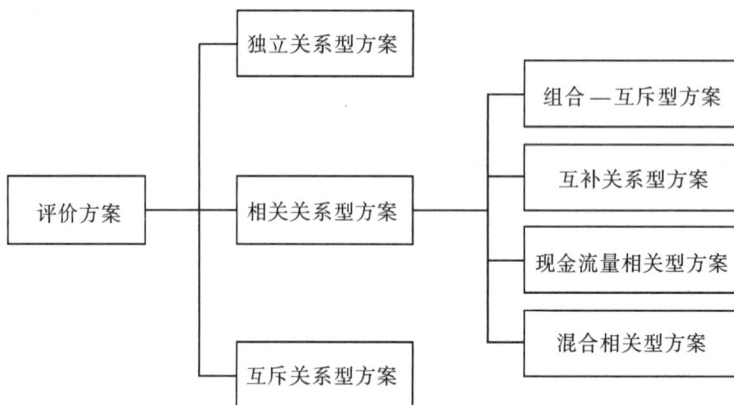

图 4.9 评价方案的分类

1)独立关系型方案

独立关系型是指各方案的现金流量是独立的不具相关性,其中任一方案的采用与否只与其自身的可行性有关,而与其他方案是否采纳没有关系。换言之,只要投资者在资金上没有限制,就可以自由地选择任何可行的投资方案。例如,交通部门面临着修建3条高速公路的决策,如果这3条高速公路的修建方案都不存在资金或其他资源的限制,同时3个方案的现金流量是独立的,那么这3个方案就是相互独立的。

事实上,由于项目主体的资源总是有限的,因此,真正意义的独立关系型方案很少。工程经济评价关注的是在资源约束条件下的独立方案的比选问题,此时,方案关系归入到相关关系型。

2)相关关系型方案

相关关系型是指各方案之间存在着某一方案的采用与否会对其他方案的现金流量带来影响,进而影响到其他方案的关系类型。方案间的相关关系有正相关和负相关两类。当一个方案的实施虽然不排斥另一个方案,但可能会使后者的利益减少或费用增加。这时这两个方案之间就具有负相关关系,反之则为正相关关系。相关关系型按具体情形也分为以下4种类型。

(1)组合—互斥型方案(资源约束型)

在若干可采用的独立方案中,如果有资源约束条件,比如受资金、劳动力、材料、设备及其他资源拥有限制,则只能从中选择一部分方案实施。

例如,现有独立方案 A、B、C、D,它们所需要的投资分别为 10 000 元、5 000 元、3 000 元、6 000元。现若资金总额限量为 10 000 元时,除 A 方案具有完全的排他性,而其他方案由于所需金额不大,可以互相组合。这样,可能选择的方案共有 A、B、C、D、B+C、C+D 等 6 个组合方案。因此,当受某种资源约束时,独立方案可以组成多种组合方案,这些组合方案之间是互斥或排他的。本例在资金总额为 10 000 元的条件下,6 个组合方案就变成了互斥方案。

(2)互补型方案

在多方案中,出现技术经济互补的方案称为互补型方案。根据互补方案之间的相互依存关系,互补方案可能是对称的。例如,建设一个大型非港口电站,必须同时建设铁路、电厂,它们无论在建成时间、建设规模上都要彼此适应,缺少其中任何一个项目,其他项目就不能正常运行,它们之间既是互补的,又是对称的。此外,还存在着大量不对称的经济互补。例如,建造一座建筑物 A 和增加一个空调系统 B,建筑物 A 本身是有用的,增加空调系统 B 后使建筑物 A 更有用,但不能说采用方案 A 的同时一定要采用方案 B。

(3)现金流量相关型方案

现金流量相关是指各方案的现金流量之间存在着相互影响。即使方案间不完全互斥,也不完全互补,但如果若干方案中任一方案的取舍会导致其他方案现金流量的变化,这些方案之间也具有相关性,称为现金流量相关。例如,一过江项目,有两个考虑方案:一个是建桥方案 A,另一个是轮渡方案 B,两个方案都是收费的。此时,任一方案的实施或放弃都会影响另一个方案的现金流量。

(4)混合相关型方案

在方案众多的情况下,方案间的相关关系可能包括多种类型,称为混合相关型。

3)互斥关系型方案

在若干备选方案中,各个方案彼此可以相互代替,选择其中任何一个方案,则其他方案必然被排斥,即表现明显的排他性。这种选此就不能择彼的若干方案,称为互斥方案或排他型方案。在工程建设中,互斥方案还可以根据不同因素进一步分类。例如,按服务寿命长短不同,分为相同服务寿命方案、不同服务寿命方案、无限寿命方案;按规模不同,分为相同规模方案、不同规模方案。

项目互斥方案比较,是工程经济评价工作的重要组成部分,也是寻求合理决策的必要手段。在进行相关型方案评价过程中,一般是先变相关关系为互斥关系,再用互斥方案的评价方法来评价。

在经济效果评价前,分清工程项目方案属于何种类型非常重要。因为方案类型不同,其评价方法、选择和判断的尺度不同,否则会带来错误的评价结果。

▶ 4.4.2 独立关系型方案经济评价

独立关系型方案间彼此独立无关,选择或放弃其中一个方案,并不影响对其他方案的选择,而且方案是否被选择完全取决于自身经济上的可行性,即方案的经济效果是否达到或超过了预定的评价标准或水平。而解决这个问题,只需通过计算方案的经济效果指标,并按照指标的判别准则加以检验就可做到。这种对方案自身经济性的检验,称为绝对经济效果检验。若方案通过了绝对经济效果检验,就认为方案在经济上是可行的,否则应予拒绝。因此可以认为,独立方案评价选择的实质是在"做"与"不做"之间进行选择。一般情况,通过了绝对经济效果检验就做,否则就不做。

(1)静态评价

对独立型方案进行经济效果静态评价,主要选择投资收益率或静态投资回收期 P_t 指标进行评价。指标计算方法和判断标准详见 4.2 节中的相关内容。

(2)动态评价

对独立型方案进行动态经济评价,主要应用净现值 NPV、内部收益率 IRR 以及净年值等指标进行评价。指标计算方法和判断标准详见 4.3 节中的相关内容。

对常规投资项目,从图 4.8 线性内插法原理图可知:

当 $IRR>i_1=i_c$ 时,根据 IRR 的原理,方案可以接受;从图 4.8 中可见,i_1 对应的 $NPV(i_1=i_c)>0$,根据 NPV 原理,方案也可接受。

当 $IRR<i_2=i_c$ 时,根据 IRR 原理,方案不能接受;i_2 对应的 $NPV(i_2=i_c)<O$,根据 NPV 原理,方案也不能接受。

由此可见,对常规投资项目来说,用 NPV、IRR 分别评价独立方案,其评价结论是一致的。

▶ 4.4.3 互斥关系型方案经济评价

互斥型方案间的排他性,使我们在若干方案中只能选择一个方案实施。投资者的目的是使资金发挥最大的效益,由于每一个方案都具有同等可供选择的机会,其当然希望所选出的这个方案是若干备选方案中经济性最优的。这就需要不但要对所有方案进行自身经济效果检验,同时还要将各方案经济效果进行比较,从中选择经济效果最好的方案。

因此,互斥方案经济效果评价包含两部分内容:一是考察各个方案自身的经济效果,即进行绝对效果检验;二是考察哪个方案相对经济效果最优,即相对效果检验。两种检验的目的和作用不同,通常缺一不可,以确保所选方案不但可行而且最优。只有在众多互斥方案中必须选择其中之一时,才可单独进行相对效果检验。但需要注意的是,在进行相对经济效果评价时,不论使用哪种指标,都必须满足方案可比条件。

1)互斥方案静态评价

互斥型方案静态分析常用增量投资收益率、增量投资回收期、综合总费用、年折算费用等评价方法进行相对经济效果的评价。

(1)增量投资收益率法

增量投资收益率是指增量投资所带来的经营成本上的节约与增量投资之比。

现有甲、乙两个互斥方案,其效用(效益、规模)相同或基本相同时,如果其中一个方案的投资额和营业成本都为最小,则该方案就是最理想的方案。但是实践中往往达不到这样的要求。经常出现的情况是某一个方案的投资额小,但经营成本却较高;而另一方案正好相反,其投资额较大,但经营成本却较小。这样,投资大的方案与投资小的方案就形成了增量的投资,但投资大的方案正好经营成本较低,它比投资小的方案在经营成本上又带来了节约。

现设 I_1、I_2 分别为甲、乙方案的投资额,C_1、C_2 为甲、乙方案的经营成本。

令 $I_2 > I_1$,$C_2 < C_1$,则增量投资收益率 $R_{(2-1)}$ 为:

$$R_{(2-1)} = \frac{C_1 - C_2}{I_2 - I_1} \times 100\% \tag{4.26}$$

对比方案年经营成本之差,也可以年净收益之差表示。当相对比的两个方案生产率相同时(即年收入相同),它们年经营成本的节约额,实质上就是它们年净收益额之差。

以 Q 表示年生产量,P 表示单位销售价,$Q \times P$ 为年收入;C_1、C_2 分别表示1、2方案的年经营成本;A_1、A_2 分别表示1、2方案的年净收益额。则:

$$A_1 = Q \times P - C_1$$
$$A_2 = Q \times P - C_2$$
$$A_2 - A_1 = (Q \times P - C_2) - (Q \times P - C_1) = C_1 - C_2$$

公式(4.26)即可写为:

$$R_{(2-1)} = \frac{C_1 - C_2}{I_2 - I_1} = \frac{A_2 - A_1}{I_2 - I_1} \tag{4.27}$$

若计算出来的增量投资收益率大于基准投资收益率,则投资大的方案可行。它表明投资增量($I_2 - I_1$)完全可以由经营费的节约($C_1 - C_2$)或增量净收益($A_2 - A_1$)来得到补偿。反之,投资小的方案为较优方案。

(2)增量投资回收期法

增量投资回收期是指用互斥方案经营成本的节约或增量净收益来补偿其增量投资的

年限。

当各年经营成本的节约(C_1-C_2)或增量净收益(A_2-A_1)基本相同时,其计算公式为:

$$P_{t(2-1)} = \frac{I_2 - I_1}{C_1 - C_2} = \frac{I_2 - I_1}{A_2 - A_1} \tag{4.28}$$

当各年经营成本的节约(C_1-C_2)或增量净收益(A_2-A_1)差异较大时,其计算公式为:

$$(I_2 - I_1) = \sum_{t=1}^{P_{t(2-1)}} (C_1 - C_2)$$

或

$$(I_2 - I_1) = \sum_{t=1}^{P_{t(2-1)}} (A_2 - A_1)$$

计算出来的增量投资回收期,若小于基准投资回收期,则投资大的方案就是可行的。反之,选投资小的方案。

当互斥方案个数较多时,用增量投资收益率、增量投资回收期进行方案经济比较,要进行两两比较逐个淘汰,比选次数较多,整个评价过程很麻烦。而运用综合总费用法或年折算费用法,只需计算各方案的综合总费用或年折算费用进行比较,选择计算费用最小的方案为最优方案。这两种方法计算简便,评价准则直观明确,故于在多方案静态评价中更适用。以下将详细介绍两种方法。

(3)综合总费用法

方案的综合费用是方案的投资与基准投资回收期内年经营成本的总和。其计算公式如下:

$$S_j = I_j + P_c \times C_j \tag{4.29}$$

或

$$S_j = I_j + \frac{C_j}{i_c} \tag{4.30}$$

式中　S_j——第j方案的综合总费用;

　　I_j——第j方案的总投资;

　　P_c——基准投资回收期;

　　i_c——基准投资收益率;

　　C_j——第j方案的年经营成本。

在多个方案比较时,可以方案的综合总费用大小作为评价准则,选择综合总费用最小的方案为最优方案。这与增量投资利润率法的结论是一致的。

(4)年折算费用法

方案的年折算费用是将投资额用基准回收期分摊到各年,再与各年的年经营成本相加。其计算公式如下:

$$Z_j = \frac{I_j}{P_c} + C_j \quad (4.31)$$

或

$$Z_j = I_j \times i_c + C_j \quad (4.32)$$

式中 Z_j——第 j 方案的年折算费用。

很显然，$S_j = P_c \times Z_j$。故方案的综合总费用为基准投资回收期内年折算费用的总和。

在多个方案比较时，可以方案的年折算费用大小作为评价准则，选择年折算费用最小的方案为最优方案。这与增量投资收益率法的结论是一致的。

2) 互斥方案动态评价

动态评价强调利用时间价值将不同时间内资金的流入和流出，换算成同一时点的价值，从而消除方案时间上的不可比性，并能反映方案在未来时期的发展变化情况。常用的互斥方案经济效果动态评价方法有净现值 NPV、内部收益率 IRR、净年值 NAV、净现值率 $NPVR$ 等。

（1）计算期相同的互斥方案经济效果的评价

①净现值（NPV）法

a.分别计算各个方案的净现值，剔除 $NPV<0$ 的方案，即进行方案的绝对效果检验。

b.对所有 $NPV \geqslant 0$ 的方案比较其净现值，即进行方案的相对效果检验。

c.选择净现值最大的方案为最佳方案。此为净现值评价互斥方案的判断准则，即净现值 $\geqslant 0$ 且为最大的方案是最优可行方案。

很容易证明，按方案净现值的大小直接进行比较，与进行相对效果检验，即按增量投资净现值的比较有完全一致的结论。

$$NPV = \sum_{t=0}^{n} (CI - CO)_t (1 + i_c)^{-t} = \sum_{t=0}^{n} A_t (P/F, i_c, t)$$

$$NPV_{(2-1)} = \sum_{t=0}^{n} (A_2 - A_1)_t (P/F, i_c, t)$$

$$= \sum_{t=0}^{n} A_{2t}(P/F, i_c, t) - \sum_{t=0}^{n} A_{1t}(P/F, i_c, t)$$

$$= NPV(2) - NPV(1)$$

当目标是使净现值最大时，如果 $NPV(2) \geqslant NPV(1)$，则 $NPV_{(2-1)}$ 一定是正的。由此可见，两者结论一致。但直接用净现值的大小来比较，更为方便。

在工程经济分析中，对效益相同（或基本相同），但效益无法或很难用货币直接计量的互斥方案进行比较时，常用费用现值 PC 比较替代净现值进行评价，以费用现值最低的方案为最佳方案。采用费用现值 PC 或净现值 NPV 两种方法所得出的结论是完全一致的。其表达式为：

$$PC = \sum_{t=0}^{n} CO_t(1 + i_c)^{-t} = \sum_{t=0}^{n} CO_t(P/F, i_c, t) \quad (4.33)$$

净现值法是对计算期相同的互斥方案进行相对经济效果评价最常用的方法。有时在采用不同的评价指标对方案进行比选时,会得出不同的结论,这时往往以净现值指标为最后衡量的标准。

②净现值率(NPVR)法

单纯用净现值最大为标准进行方案选优,往往导致评价人趋向于选择投资大、盈利多的方案,而忽视盈利额较少,但投资更少、经济效果更好的方案。因此,在互斥方案经济效果实际评价中,当资金无限制时,用净现值(NPV)法评价;当有资金限制时,可以考虑用净现值率(NPVR)进行辅助评价。

净现值率大小说明方案单位投资所获得的超额净效益大小。用 NPVR 评价互斥方案,当对比方案的投资额不同,且有明显的资金总量限制时,先行淘汰 NPVR<0 的方案,对余下 NPVR≥0 的方案,选择净现值率较大的方案。

应当指出,用净现值率 NPVR 评价方案所得的结论与用净现值 NPV 评价方案所得的结论并不总是一致的。

③年值法

前述已知,年值评价与净现值评价是等价的(或等效的)。同样,在互斥方案评价时,只需按方案年值的大小直接进行比较,即可得出最优可行方案。在具体应用年值评价互斥方案时,常根据应用的条件不同,分为净年值(NAV)法或年成本(AC)法两种情况:

a.当给出"+""-"现金流量时,分别计算各方案的净年值。凡净年值小于0的方案。先行淘汰,在余下方案中,选择净年值大者为优。若各方案的净年值均为"-",且必须从中选择一方案时,择其绝对值小者为优。

b.当各方案所产生的效益相同,但各方案所产生的效益无法或很难用货币直接计量时,可以用等额年成本(AC,Annual Cost)替代净年值(NAV)进行评价。以年成本(AC)较低的方案为最佳。其表达式为:

$$AC = \sum_{t=0}^{n} CO_t(P/F, i_c, t)(A/P, i_c, n) \qquad (4.34)$$

采用年成本(AC)法或净年值(NAV)法进行评价所得出的结论是完全一致的,因此在实际互斥方案评价应用中,视互斥方案的实际情况,任意选择其中的一种方法即可。

④增量内部收益率 ΔIRR 法

由于内部收益率不是项目初始投资的收益率,而且内部收益率受现金流量分布的影响很大,分布状态不同的两个现金流量可以产生相同的净现值,但很可能会得出不同的内部收益率。

因此,直接按各互斥方案的内部收益率的高低来选择方案,并不一定能选出净现值(基准收益率下)最大的方案,即 $IRR_{(2)} > IRR_{(1)} \geq i_c$ 并不意味着一定有 $IRR_{(2-1)} = \Delta IRR > i_c$。

【例 4.8】现有两互斥方案,其净现金流量如表 4.7 所示。设基准收益率为 10%,使用净现值和内部收益率评价方案。

表 4.7 现金流量表   单位:万元

方案	净现金流量				
	0	1	2	3	4
方案 1	−7 000	1 000	2 000	6 000	4 000
方案 2	−4 000	1 000	1 000	3 000	3 000

【解】①计算净现值 NPV。

$$NPV(1) = -7\ 000 + 1\ 000(P/F,10\%,1) + 2\ 000(P/F,10\%,2) +$$
$$6\ 000(P/F,10\%,3) + 4\ 000(P/F,10\%,4)$$
$$= 2\ 801.7(万元)$$

$$NPV(2) = -4\ 000 + 1\ 000(P/F,10\%,1) + 1\ 000(P/F,10\%,2) +$$
$$3\ 000(P/F,10\%,3) + 3\ 000(P/F,10\%,4)$$
$$= 2\ 038.4(万元)$$

②计算内部收益率 IRR。

由 $NPV(IRR_1) = -7\ 000 + 1\ 000(P/F,IRR_1,1) + 2\ 000(P/F,IRR_1,2) +$
$$6\ 000(P/F,IRR_1,3) + 4\ 000(P/F,IRR_1,4) = 0$$

解得:$IRR_1 = 23.67\%$。

由 $NPV(IRR_2) = -4\ 000 + 1\ 000(P/F,IRR_2,1) + 1\ 000(P/F,IRR_2,2) +$
$$3\ 000(P/F,IRR_2,3) + 3\ 000(P/F,IRR_2,4) = 0$$

解得:$IRR_2 = 27.29\%$。

也可以用试算法分别求出两方案的内部收益率。

根据计算结果可知,方案 1 的内部收益率低,净现值高;方案 2 则内部收益率高,净现值低,如图 4.10 所示。如果分别以内部收益率和净现值两个不同的指标来评价方案,就会产生矛盾,即得出的结论不一致。由净现值的经济含义可知,净现值最大准则因符合收益最大化的决策准则,故是正确的。因此,我们要确定的互斥方案的内部收益率评价准则,应与净现值最大化原则相一致才是正确的。如果使用内部收益率这一指标,就不能仅看方案自身内部收益率是否最大,必须考虑方案 1 比方案 2 多花的投资的内部收益率(即增量投资内部收益率 ΔIRR)是否大于基准收益率 i_c。若 $\Delta IRR > i_c$,投资大的方案 1 为优方案;若 $\Delta IRR < i_c$,则投资小的方案 2 为优方案。

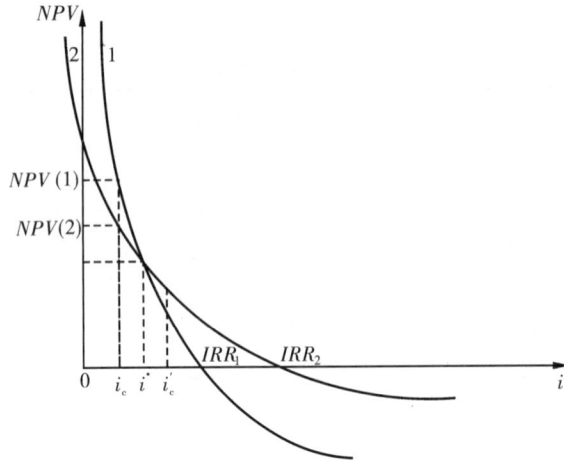

图 4.10　互斥方案净现值函数示意图

所谓增量投资内部收益率 ΔIRR 是指两方案各年净现金流量的差额的现值之和等于零时的折现率,其表达式为:

$$\Delta NPV(\Delta IRR) = \sum_{t=0}^{n} (A_1 - A_2)_t (1 + \Delta IRR)^{-t} = 0 \tag{4.35}$$

$$\sum_{t=0}^{n} A_{1t}(1 + \Delta IRR)^{-t} = \sum_{t=0}^{n} A_{2t}(1 + \Delta IRR)^{-t} \tag{4.36}$$

式中　ΔIRR——增量投资内部收益率;

$A_{1t} = (CI-CO)_{1t}$——初始投资大的方案年净现金流量;

$A_{2t} = (CI-CO)_{2t}$——初始投资小的方案年净现金流量。

从公式可看出,增量投资内部收益率就是 $NPV(1) = NPV(2)$ 时的折现率。计算本例增量投资内部收益率 $\Delta IRR = 18.80\%$。增量投资内部收益率大于基准收益率 10%,投资大的方案 1 为优方案,与净现值评价准则的结论一致,与内部收益率直接比较的结论矛盾。若基准收益率为 $i'_c = 20\%$,如图 4.10 所示,则 $NPV'(1) < NPV'(2)$,$IRR(2) > IRR(1)$,$\Delta IRR < i'_c$。无论以哪个指标为评价准则,得出的结论完全一致,方案 2 优于方案 1。所以,以增量投资内部收益率评价结果总是与按净现值指标评价的结果一致,而以项目内部收益率作为评价准则进行方案比较,有时会得出错误的结论。

根据净现值与净年值的关系,也可以推出增量投资内部收益率是两方案等额年金相等的折现率。

应用增量内部收益率 ΔIRR 评价互斥方案经济效果的基本步骤如下:

a.进行方案绝对经济效果检验。计算各备选方案的 IRR_j,分别与基准收益率 i_c 比较,$IRR_j < i_c$ 的方案,即予淘汰。

b.进行方案的相对经济效果检验。将 $IRR_j \geq i_c$ 的方案按初始投资额由小到大依次排列,按初始投资额由小到大依次计算相邻两个方案的增量内部收益率 ΔIRR。

c.评价准则。若 $\Delta IRR > i_c$,则说明初始投资大的方案优于初始投资小的方案,保留投资大的方案;反之,则保留投资小的方案。直至全部方案比较完毕,保留的方案就是最优方案。

（2）计算期不同的互斥方案经济效果的评价

如果互斥方案的计算期不同,必须对计算期作出某种假定,使计算期不等的互斥方案能在一个共同的计算期基础上进行比较,以保证得到合理的结论。现实中很多方案的计算期往往是不同的,因此学习和掌握此种方法很有必要。

①净年值(NAV)法

净年值法是以"年"为时间单位比较各方案的经济效果。一个方案无论重复实施多少次,其净年值是不变的,利用净年值这一优点,用净年值法进行寿命不等的互斥方案经济效果评价,使得寿命不等的互斥方案间具有可比性,成为不同计算期互斥方案评价的最简便的首选指标和方法,尤其是参加比较的方案数目众多时,其优势更突出。采用净年值法实际上隐含着作出这样一种假定:各备选方案在其寿命结束时,均可按原方案重复实施或以与原方案经济效果水平相同的方案接续。评价准则与计算期相应指标相同。

②净现值(NPV)法

净现值(NPV)作为价值型指标,用于互斥方案评价时必须考虑时间的可比性,即在相同的计算期下比较净现值的大小。如果互斥方案的计算期不同,一定先进行计算期处理,常用方法有最小公倍数法和研究期法。

a.最小公倍数法（又称方案重复法）。首先计算各备选方案计算期的最小公倍数,作为方案比选的共同计算期,并假设各个方案均在这样一个共同的计算期内重复进行,即各备选方案在其计算期结束后,均可按与其原方案计算期内完全相同的现金流量系列周而复始地循环下去直到共同的计算期,从而达到变不同计算期为相同计算期的目的,以下按计算期相同的情况处理。

运用最小公倍数法关键要掌握各方案的循环次数、参与循环的因素（投资、收益及成本等都循环）,如果能用现金流量图把上述问题完全反映出来,就很容易得出正确的结论。

利用最小公倍数法有效地解决了寿命不等的方案之间净现值的可比性问题。但这种方法存在的前提是假定方案可重复实施,如果存在以下两种情况其不再适用:一是某些不可再生资源开发性项目,方案不可重复实施;二是最小公倍数法求得的计算期过长,甚至远远超过所需的项目寿命期或计算期的上限,这就降低了所计算方案经济效果指标的可靠性和真实性。

b.研究期法。针对上述最小公倍数法的不足,对计算期不相等的互斥方案,可采用另一种确定共同计算期的方法——研究期法。研究期的确定一般以互斥方案中年限最短（或最长方案的计算期、所期望的计算期）方案的计算期作为互斥方案评价的共同研究期,通过比较各个方案在该研究期内的净现值来对方案进行比选,以净现值最大的方案为最佳方案。这样不同期限的方案就转化为相同期限的方案了。

需要注意的是:对于计算期比共同研究期长的方案,要对其在研究期以后的现金流量余值进行估算,并回收余值。该项余值估算的合理性及准确性,对方案比选结论有重要影响;对于计算期短于共同研究期的方案,仍可假定其计算期完全相同地重复延续。

如果评价方案的最小公倍数计算期很大,上述计算非常麻烦,则可取无穷大计算期法计算 NPV,NPV 最大者为最优方案。即:

$$NPV = NPV^* (P/A, i_c, n) = NPV^* \times \frac{(1+i)^n - 1}{i(1+i)^n}$$

当 $n \to \infty$,即工程项目计算期为无限大时,有:

$$NPV = \frac{NPV^*}{i}$$

(3)增量内部收益率(ΔIRR)法

用增量内部收益率进行寿命不等的互斥方案经济效果评价,步骤、评价准则基本与寿命相等的互斥方案相同,主要区别在于求解寿命不等互斥方案间增量内部收益率的方程应用令两方案年值(净年值或年成本)相等的方式建立。

$$\sum_{t=0}^{n_A} A_{At}(P/F, \Delta IRR, t)(A/P, \Delta IRR, n_A) = \sum_{t=0}^{n_B} A_{Bt}(P/F, \Delta IRR, t)(A/P, \Delta IRR, n_B)$$

$$\sum_{t=0}^{n_A} A_{At}(P/F, \Delta IRR, t)(A/P, \Delta IRR, n_A) - \sum_{t=0}^{n_B} A_{Bt}(P/F, \Delta IRR, t)(A/P, \Delta IRR, n_B) = 0$$

对于仅有或仅需计算费用现金流量的寿命周期不等的互斥方案,公式中的净现金流量就只表示现金流出。

【例 4.9】已知表中数据,试用 NPV、NAV、$NPVR$、IRR 指标进行方案比较。设 $i_c = 10\%$。

表 4.8 各方案原始数据表

项目	方案 A	方案 B
投资/万元	3 500	5 000
经营成本/万元	645	1 383
年营业收入值/万元	1 900	2 500
寿命期/年	4	8

【解】①绘制现金流量图,如图 4.11 所示。

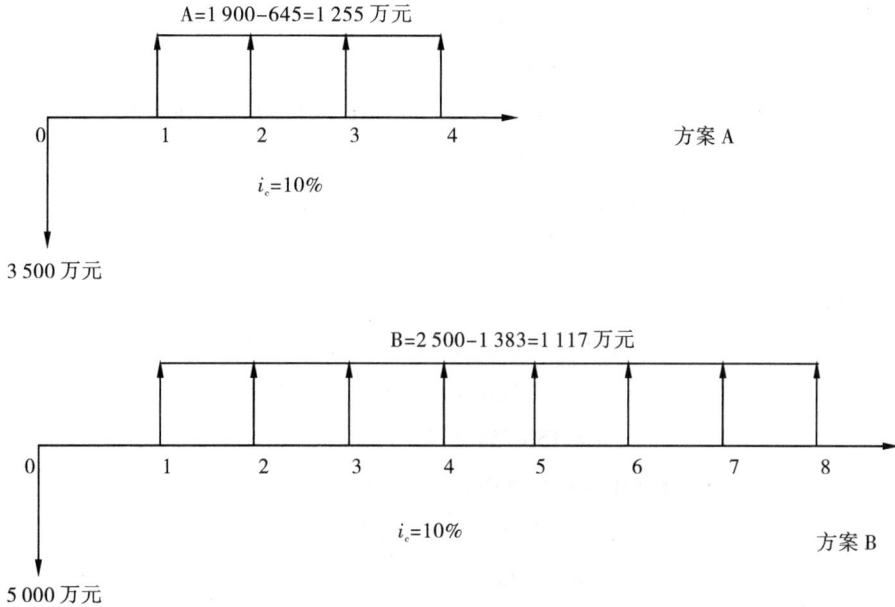

图 4.11　例 4.9 现金流量图

②净现值法评价。

a.最小公倍数计算。取两方案寿命期最小公倍数 8 为共同计算期,其现金流量图如图 4.12 所示。

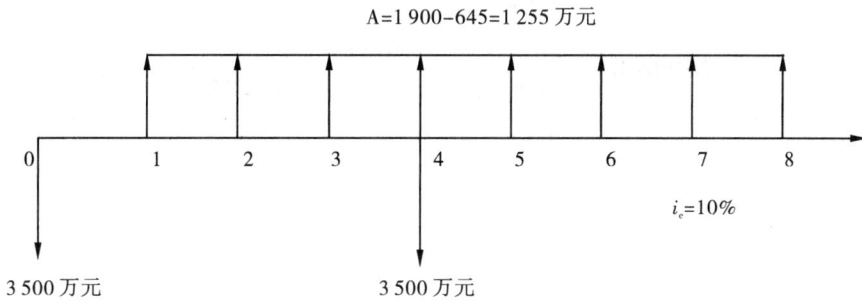

图 4.12　最小公倍数评价法现金流量图(方案 A)

$$NPV(A) = -3\ 500[1 + (P/F,10\%,4)] + 1\ 255(P/A,10\%,8)$$
$$= -3\ 500(1 + 0.683\ 0) + 1\ 255 \times 5.334\ 9$$
$$= 804.80(万元)$$

$$NPV(B) = -5\ 000 + 1\ 117(P/A,10\%,8)$$
$$= -5\ 000 + 1\ 117 \times 5.334\ 9$$
$$= 959.08(万元)$$

故选择方案 B。

b.研究期法计算。取年限短的方案计算期 4 年作为共同的研究期。

$$NPV(A) = -3\ 500 + 1\ 255(P/A,10\%,4)$$

$$= -3\ 500 + 1\ 255 \times 3.169\ 9$$

$$= 478.22(万元)$$

$$NPV(B) = [-5\ 000(A/P,10\%,8) + 1\ 117](P/A,10\%,4)$$

$$= [-5\ 000 \times 0.187\ 4 + 1\ 117](P/A,10\%,4)$$

$$= 569.87(万元)$$

故选择 B 方案。

③净年值法评价。

$$NAV(A) = -3\ 500(A/P,10\%,4) + 1\ 255$$

$$= -3\ 500 \times 0.315\ 5 + 1\ 255$$

$$= 150.75(万元)$$

$$NAV(B) = -5\ 000(A/P,10\%,8) + 1\ 117$$

$$= -5\ 000 \times 0.187\ 5 + 1\ 117$$

$$= 180.00(万元)$$

故选择方案 B。

④净现值率($NPVR$)评价。

a.研究期法计算。

$$NPVR(A) = \frac{478.22}{3\ 500} = 0.136\ 6$$

$$NPVR(B) = \frac{569.87}{5\ 000(A/P,10\%,8)(P/A,10\%,4)}$$

$$= 569.87/2\ 970.92$$

$$\approx 0.191\ 8$$

b.最小公倍数法计算。

$$NPVR(A) = \frac{804.80}{3\ 500[1 + (P/F,10\%,4)]}$$

$$= 804.80/5\ 890.5$$

$$\approx 0.136\ 6$$

$$NPVR(B) = 959.08/5\ 000 = 0.191\ 8$$

故选择方案 B。

⑤内部收益率(IRR)评价。

a.进行绝对效果检验。计算各方案自身内部收益率:

$$NPV(A) = -3\ 500 + 1\ 255(P/A,IRR_A,4) = 0$$

采用线性内插法分别计算两方案内部收益率:

$$令\ i_1 = 15\%, NPV(A) = -3\ 500 + 1\ 255 \times 2.855 = 83.03$$

$$令\ i_2 = 17\%, MPV(A) = -3\ 500 + 1\ 255 \times 2.743\ 2 = -57.28$$

$$IRR_A = 15\% + (17\% - 15\%) \times \frac{83.03}{83.03 + |-57.28|}$$

$$= 16.18\% > i_c = 10\%$$

故方案 A 可行。

$$NPV(B) = -5\ 000 + 11\ 117(P/A, IRR_B, 8) = 0$$

$$令\ i_1 = 15\%, NPV(B) = -5\ 000 + 1\ 117 \times 4.487\ 3 = 12.31$$

$$令\ i_2 = 17\%, NPV(B) = -5\ 000 + 1\ 117 \times 4.207\ 2 = -300.56$$

$$IRR_B = 15\% + (17\% - 15\%) \times \frac{12.31}{12.31 + |-300.56|}$$

$$= 15.08\% > i_c = 10\%$$

故方案 B 可行。

若用 IRR 指标判断,$IRR_A > IRR_B$,应选方案 A。这与 NPV、NAV、$NPVR$ 等指标得出的结论 (应选择方案 B) 相矛盾。因此,不宜直接用 IRR 判断,要采用增量内部收益率 ΔIRR 来判断。

b.进行方案相对经济效果检验。计算增量投资内部收益率。

$$NAV(B - A) = -[5\ 000(A/P, \Delta IRR, 8)] + 3\ 500(A/P, \Delta IRR, 4)] + (1\ 117 - 1\ 255) = 0$$

$$当\ i_1 = 12\%, NAV(B - A) = -5\ 000 \times 0.201\ 3 + 3\ 500 \times 0.329\ 2 - 138 = 7.805$$

$$当\ i_2 = 13\%, NAV(B - A) = -5\ 000 \times 0.208\ 39 + 3\ 500 \times 0.336\ 19 - 138 = -3.285$$

$$\Delta IRR = 12\% + 7.805 \times (13\% - 12\%)/(7.805 + 3.285)$$

$$= 12.7\% > i_c = 10\%$$

故选择初始投资大的方案 B。

▶ 4.4.4 其他多方案经济评价

其他多方案评价,包括组合—互斥型方案、互补型方案、现金流量相关型方案和混合相关型方案等方案类型的评价。

1)有资源约束的独立方案的评价(组合—互斥型方案)

有资源约束的独立方案之间虽然不存在互斥、相关等直接关系,但由于资源方面的约束 (最常见的约束是资金的约束),不可能满足所有方案投资的要求,或者由于投资项目的不可分性,这些约束条件意味着接受某几个方案必须要放弃另一些方案,使之成为相关的互相排斥的方案。如受资金总拥有量的约束,在若干独立方案比较和选优过程中,就不可能采用所有经济上合理的方案,只能从中选择一个或一个组合方案实施,这就出现了资金合理分配问题。此时,独立方案在约束条件下成为相关的方案,几个独立方案组合之间就变成了互斥的关系。

有资金约束条件下的独立方案选择,其根本原则在于使有限的资金获得最大的经济利益。具体评价方法有独立方案组合互斥化法和净现值率排序法。

（1）独立方案组合互斥化法

在有资金约束条件下独立方案的比选，由于每个独立方案都有两种可能——选择或者拒绝，有 N 个独立方案可以构成 2^N 个组合方案。每个方案组合可以看成是一个满足约束条件的互斥方案，这样按互斥方案的经济评价方法可以选择一个符合评价准则的可行方案组合。因此，有约束条件的独立方案的选择可以通过方案组合转化为互斥方案的比选。评价基本步骤如下：

①分别对各独立方案进行绝对效果检验，即剔除 $NPV<0$ 或 $IRR<i_c$ 的方案。

②对通过绝对效果检验的方案进行组合，选出不超过总投资限制的所有组合投资方案，则这些组合方案之间具有互斥的关系。

③将各组合方案按组合投资量大小顺次排序，按互斥方案的比选原则，选择最优的方案组合，为简化有资金约束的独立方案的评价，一般仅用净现值最大作为最优的方案组合选择准则。

在有资金约束条件下运用独立方案互斥化法进行比选，其优点是在各种情况下均能保证获得最佳组合方案。但缺点是在方案数目较多时，其计算比较烦琐。

【例4.10】某公司有一组投资项目，各投资项目方案相互独立，具体数据见表4.9。受资金总额的限制，只能选择其中部分方案。设资金总额为400万元。请使用独立方案互斥化法确定其投资方案的最优组合。

最佳方案组合投资：A+B=100+300=400（万元）。

最佳方案组合净现值：A+B=54.33+89.18=143.51（万元）。

表4.9　各投资项目方案有关数据　　　　　　　　　　　　　单位：万元

项目	投资现值	净现值
A	100	54.33
B	300	89.18
C	250	78.79

【解】列出各方案组合情况，具体见表4.10。

表4.10　各组合方案相关数据表

序号	A	B	C	$\sum K$	$\sum NPV$
1	1	0	0	100	54.33
2	0	1	0	300	89.18
3	0	0	1	250	78.79
4	1	1	0	400	143.51
5	1	0	1	350	133.12
6	0	1	1	550×	
7	1	1	1	650×	

（2）净现值率排序法

净现值率大小说明该方案单位投资所获得的超额净效益大小。应用 NPVR 评价方案时，将净现值率≥0 的各个方案按净现值率的大小依次排序。并依此次序选取方案，直至所选取的方案组合的投资总额量最大限度地接近或等于投资限额为止。

按净现值率排序原则选择项目方案，其基本思想是单位投资的净现值最大，在一定投资限额内所能获得的净现值总额就最大。

在有明显的资金总量限制，且各项目占用资金远小于资金总拥有量时，宜用净现值率进行方案选优。

净现值率排序法的优点是计算简便，缺点是由于投资方案的不可分性，即一个方案只能作为一个整体被接受或放弃，经常会出现资金没有被充分利用的情况，因而不一定能保证获得最佳组合方案。

【例 4.11】某公司有一组投资项目，各投资项目方案相互独立，具体数据见表 4.11。受资金总额的限制，只能选择其中部分方案。设资金总额为 400 万元。请按净现值率排序法确定其投资方案的最优组合。

表 4.11   各投资项目方案有关数据

项目	投资现值	NPV	NPVR	NPVR 排序
A	100	13	0.13	3
B	220	17.3	0.08	4
C	120	1.5	0.01	5
D	80	15.05	0.19	2
E	90	18.5	0.21	1

【解】最佳方案组合投资：E+D+A+C = 90+80+100+120 = 390（万元）。

最佳方案组合净现值：E+D+A+C = 18.5+15.05+13+1.5 = 48.05（万元）。

在例 4.11 中方案的优先顺序为 E、D、A、B、C，但是前 4 个方案投资总额超过限额，故可以在选取了前 3 个方案 E、D、A 的前提下，选取绝对经济效果可行的方案 C；问题随之而来，如果不选 1235 组合即 A、C、D、E 组合而选 124 组合（即 E、D、B 组合），其净现值要大于前一组合。所以，这一方法并不总能给出直接答案，原则上是选取在投资总额内累加净现值最大的方案组合。

2）互补型方案经济评价

经济上互补而又对称的方案可以结合在一起作为一个"综合体"来考虑；经济上互补而不对称的方案，如建筑物 A 和空调 B，则可把问题转化为对有空调的建筑物方案 C 和没有空调的建筑物方案 D 这两个互斥方案的经济比较。

3）现金流量相关型方案经济评价

对现金流量相关型方案，不能简单地想当然按照独立方案或互斥方案的评价方法来分析。而应首先确定方案之间的相关性,对其现金流量之间的相互影响作出准确的估计。然后根据方案之间的关系,把方案组合成互斥的组合方案,如跨江收费项目的建桥方案 A 或轮渡方案 B,可以考虑的方案组合是方案 A、方案 B 和 AB 混合方案。在 AB 混合方案中,方案 A 的收入将因另一方案 B 的存在而受到影响,最后按照互斥方案的评价方法对组合方案进行比选。

4)混合相关型方案评价

对混合相关型方案评价,不管项目是同时独立的、是互斥的,或是有约束的,它们的解法都一样,即把所有的投资方案的组合排列出来,然后进行排序和取舍。

综上分析,进行多方案经济评价基本思路就是先变相关为互斥,再用互斥方案的评价方法来评价。评价时应注意如下问题:

①首先注意各方案的可比性,可按各方案所含的全部因素进行全面对比,也可就选定的因素进行局部对比,在计算效益与费用时应遵循计算口径对应一致的原则。

②在方案受资金约束的情况下,且各方案占用资金远低于资金总拥有量时,一般宜采用净现值率评价方案。由于项目的不可分性(即一个项目只能作为一个整体而被接受或放弃),决策不能严格视方案 NPVR 从大到小的次序来考虑取舍。

③对计算期不同的方案进行比选时,宜采用年值指标。如果采用净现值、净现值率等方法进行比较,则应对各方案的计算期进行适当处理。

④对效益相同或效益基本相同,但难以具体估算的方案进行比较时,可采用费用现值比较法和年成本比较法。

本章小结

1.项目经济评价的目的在于增强决策的正确性和科学性,避免或最大限度地减小工程项目投资的风险,明了建设方案投资的盈利水平,最大限度地提高工程项目投资的综合经济效益。

2.工程经济分析核心内容就是要根据所考察系统的预期目标和所拥有的资源条件,分析该系统的现金流量情况,选择合适的技术方案,以获得最佳的经济效果。而对投资项目经济效果的评价,根据评价的角度、范围、作用等,可分为财务评价和国民经济评价两个层次。

3.工程项目经济评价内容的选择,应根据项目性质、项目目标、项目投资者、项目财务主体以及项目对经济和社会的影响程度等具体情况确定。

4.工程项目评价的指标多种多样,从不同角度反映项目的经济性,如效率型指标、价值型指标及时间型指标。本章从计算评价指标时,是否考虑资金的时间价值角度,将评价指标及方法分为静态评价和动态评价。

5.静态评价方法主要有投资收益率法、静态投资回收期法及其他评价方法;动态评价方法包括现值法、年值法、内部收益率、动态投资回收期法等。计算投资项目经济评价指标时常会用到一些参数,它们是对应指标的计算依据,常见的有项目(或方案)计算期、基准收益率等。

6.要想正确评价工程项目、方案的经济性,仅了解评价指标的计算及判别是不够的,还必须了解工程项目方案所属的类型,从而按照方案的类型确定适合的评价指标,最终为作出正确的投资决策提供科学依据。

7.工程项目方案类型是指一组备选方案之间所具有的相互关系。方案间具有3种基本关系类型,即独立关系型、相关关系型和互斥关系型,不同类型的方案选择不同的评价方法。进行多方案经济比较基本思路就是先变相关为互斥,再用互斥方案的评价方法来评价。互斥关系型方案经济评价分为静态评价和动态评价。动态评价又根据计算期是否相同,采用不同的评价方法和指标。

练习题

1.工程项目方案类型包括哪些种类? 进行多方案比选的基本思路是什么?

2.静态评价和动态评价的区别是什么?

3.基准收益率的含义是什么? 其影响因素主要有哪些?

4.有资源约束的独立方案要怎样评价? 如何选择评价方法?

5.对于一个常规投资项目,内部收益率就是净现值为零时的收益率。在实际工作中,一般用试算法确定内部收益率。试述试算法的基本步骤(或基本原理)? 如果先假设的 i_1 对应的 $NPV_1<0$,应该怎样调整 i?

6.某项目初始投资为 8 000 万元,在第一年末现金流入为 2 000 万元,第二年末现金流入为 3 000 万元,第三、四年末现金流入均为 4 000 万元。请计算该项目的净现值、净年值、净现值率、内部收益率、动态投资回收期。($i_0=10\%$)

7.某一建设项目有两个备选方案 A、B,其效益基本相同,其投资、寿命期等数据见表4.12,基准收益率为12%。试用费用现值法和年成本法比选方案。

表 4.12 A、B 方案基本数据表

方案	A	B
投资/万元	150	100
年经营成本/万元	15	20
寿命期/年	3	6

8.某工程项目计算期内各年净现金流量情况见表4.13,基准收益率为10%。试计算该项目的静态投资回收期、动态投资回收期。

表4.13　项目各年净现金流量　　　　　　　　　　　单位:万元

年份	0	1	2	3~10
净现金流量	-100	-150	-150	130

9.某建设项目建设期为1年,初步拟定A、B两个投资方案供备选。A方案:建设期期初投资50万元,寿命期为5年(含建设期),每年收益18万元;B方案:建设期期初投资70万元,期末再投资30万元,寿命期为10年(含建设期),每年收益为25万元。当基准收益率为10%,试用净年值法、净现值法及净现值率法比选方案。

10.现有A、B、C、D、E、F六个独立方案,各方案寿命均为10年,其他相关数据见表4.14。如果总投资限额为2 700万元,当基准收益率取12%时,按净现值指数排序法对方案作出选择。

表4.14　各方案数据表　　　　　　　　　　　单位:万元

方案	A	B	C	D	E	F
初始投资	600	640	700	750	720	680
年净收益	250	280	310	285	245	210

5

不确定性分析方法

[学习目标]

掌握盈亏平衡点、生产经营安全率和盈亏平衡分析法原理;掌握敏感性分析法的原理;掌握期望值法和决策树法;熟练运用盈亏平衡分析、决策树等对项目风险进行计算和决策;熟悉风险决策过程。

[基本概念]

盈亏平衡分析,盈亏平衡点,固定成本,变动成本,生产能力利用率,敏感性分析,敏感性系数,风险,期望值,决策树,蒙特卡洛

我们对于未来技术方案经济效果的计算、分析和评价,所采用的基础数据,如投资、产量、成本、利润、收益率、寿命期等,都来自预测和估算。而预测和估算的信息与未来的实际情况一般不可能完全吻合,这就使得我们所分析和评价的技术方法的经济效果存在一定程度的不确定性,使得我们对技术方案的决策具有一定程度的风险性。为了分析不确定因素对经济评价指标的影响和影响程度,需要进行不确定性分析,以估计技术方案可能承担的风险,确定技术方案在经济上的可靠性。

不确定性分析包括盈亏平衡分析、敏感性分析和概率分析。

5.1 盈亏平衡分析

盈亏平衡分析,也称量本利分析法,是通过对项目的风险情况及项目对各个因素不确定

性的承受能力进行科学地分析判断,从而为工程项目投资决策提供依据。

▶ 5.1.1 盈亏平衡分析的概念、目的和作用

(1)盈亏平衡分析的概念

盈亏平衡分析是在一定市场和经营管理条件下,根据达到设计生产能力时的成本费用与收入数据,通过求取盈亏平衡点(Break Even Point,BEP),研究分析项目成本费用与收益的平衡关系的一种方法。它主要是通过确定项目的产量盈亏平衡点,分析、预测产品产量(或生产能力利用率)对项目盈亏的影响。

所谓盈亏平衡点 BEP,是指项目的盈利和亏损的分界点,即当项目达到一定产量(销售量)时,项目收入等于总成本,项目不盈不亏,利润等于零的那一点。盈亏平衡点的表达形式有多种,可以用产量、产品售价、单位可变成本和年总固定成本等绝对量表示,也可以用某些相对值表示。投资项目决策分析与评价中最常用的是以产量和生产能力利用率表示的盈亏平衡点,也有采用产品售价表示的盈亏平衡点。

盈亏平衡分析一般可通过损益表和盈亏平衡图进行。

根据生产成本、销售收入与产量(或销售量)之间是否呈线性关系,盈亏平衡分析可分为线性平衡分析或非线性盈亏平衡分析。因此,盈亏平衡图一般也分为线性盈亏平衡图和非线性盈亏平衡图。

(2)盈亏平衡分析的目的

企业通过盈亏平衡分析,一般希望达到以下目的:

①求出企业不亏损的最低年产量,即平衡点产量;

②确定企业的最佳年产量;

③控制企业的盈亏平衡形势,以便针对企业出现的不同情况采取相应的对策,从而保证企业获得较好的经济效益。

(3)盈亏平衡分析的作用

通过盈亏平衡分析可以找出盈亏平衡点,考察企业(或项目)对产出品变化的适应能力和抗风险能力。用产量和生产能力利用率表示的盈亏平衡点越低,表明企业适应市场需求变化的能力越大,抗风险能力越强;用产品售价表示的盈亏平衡点越低,表明企业适应市场价格下降的能力越大,抗风险能力越强。

盈亏平衡分析只适宜在财务分析中应用。

▶ 5.1.2 线性盈亏平衡分析

线性盈亏平衡分析是用于分析生产成本及销售收入与产量之间呈线性关系的项目。进行线性盈亏平衡分析要求有以下 4 个前提条件:

①产量等于销售量,即当年生产的产品(扣除自用量)当年销售出去。

②产量变化,单位可变成本不变,从而总成本是产量的线性函数。

③产量变化,产品销售单价不变,从而销售收入是销售量的线性函数。

④只生产单一产品,或者生产多种产品,但可以换算为单一产品计算。

（1）不考虑销售税金时盈亏平衡点的确定

设企业生产某产品，产销量为 Q，产品的单位售价为 P，则销售收入为 $TR = P \times Q$。因此，销售收入 TR 随 Q 的增加而线性增加。

成本按成本性态可分为固定成本和可变成本两部分。固定成本指在一定的生产规模限度内不随产量的增减变动而变动的费用，如企业管理费、固定资产折旧费、固定员工的工资及附加费等，固定成本以 F、FC、C_F 表示。可变（变动）成本（Variable Cost，VC）是指在一定的生产规模限度内，随着产量增减变动而变动的费用，如生产工人的计件工资、原材料成本等与产量成正比，变动成本以 V、VC、C_V 表示。设单位产品可变成本为 v，则总可变成本 $TVC = v \times Q$。

总成本（Total Cost，TC）为：$TC = TFC + TVC = C_F + v \times Q$。

根据分析，将产品收入线和成本线在直角坐标下表达出来，如图 5.1 所示。

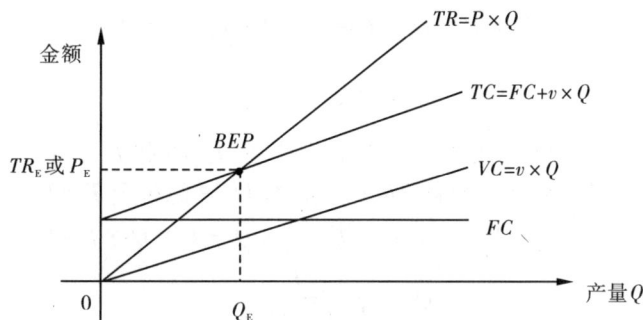

图 5.1　线性盈亏平衡图

图 5.1 中，销售收益线 TR 与总成本线 TC 的交点称为盈亏平衡点（BEP），或称为保本经营点 Q_E。Q_E 为盈亏平衡点的产量。

①平衡点的产量。根据盈亏平衡的条件，即收入 TR 与成本 TC 相等，利润 M 为零，则有：

$$TR = P \times Q, TC = F + V = F + v \times Q$$

即

$$P \times Q = F + v \times Q$$

$$Q_E = \frac{F}{P - v} \tag{5.1}$$

②平衡点的生产能力利用率。设项目设计生产能力为 R，则盈亏平衡点的生产能力利用率 BEP 为：

$$BEP = \frac{Q_E}{R} \times 100\% \tag{5.2}$$

③盈亏平衡点的销售单价。若按设计能力 R 进行生产和销售，则盈亏平衡点的销售单价 P_E 为：

$$P_E = \frac{TR}{R} = \frac{TC}{R} = \frac{F + v \times R}{R} = \frac{F}{R} + v \tag{5.3}$$

④平衡点的单位产品变动成本。若按设计能力 R 进行生产和销售，且销售价格已定，则盈亏平衡点的单位产品变动成本 v_E 为：

$$v_E = P - \frac{F}{R} \tag{5.4}$$

（2）考虑销售税金时盈亏平衡点的确定

上述各式中，是从国家角度计算的，因此成本中未计入税收。若从企业角度考虑，则应考虑税收问题。盈亏平衡点的确定以盈亏平衡产量 Q_E 表示为例。

①设建设项目的税金为总税 T（可把税金 T 视为固定成本 F 来考虑）。

$$利润\ M = 总收益\ TR - 总成本\ TC - 总税金\ T = 0$$
$$M = P \times Q - F - v \times Q - T = 0$$
$$Q_E = \frac{F + T}{P - v} \tag{5.5}$$

②若建设项目单位产品税金为 t，则税金 $T = t \times Q$。

$$利润\ M = 总收益\ TR - 总成本\ TC - 总税金\ T = 0$$
$$M = P \times Q - F - v \times Q - t \times Q = 0$$
$$Q_E = \frac{F}{P - v - t} \tag{5.6}$$

③若建设项目的税金是以销售税率 f 表示，则税金 $T = P \times Q \times f$。

$$利润\ M = 总收益\ TR - 总成本\ TC - 总税金\ T = 0$$
$$M = P \times Q - F - v \times Q - P \times Q \times f = 0$$
$$Q_E = \frac{F}{P(1 - f) - v} \tag{5.7}$$

（3）线性盈亏平衡分析的应用

盈亏平衡分析的概念和方法在生产经营决策中有广泛的应用。

①合理确定生产销售目标。

【例 5.1】某预制构件厂生产某种型号的预制板，设计生产能力为每年 2 万件。生产每件产品的可变成本为 50 元，工厂固定成本每年为 20 万元。据预测，每件产品的售价为 100 元，销售税率为 10%。试计算该厂盈亏平衡点的年产量和生产能力利用率。如果该厂希望获得 10 万元的利润，问应生产销售多少产品？

【解】根据题意，产品单价 $P = 100$ 元/件，固定成本 $F = 20$ 万元，单位变动成本 $v = 50$ 元/件，销售税率 $f = 10\%$，根据上述公式得出：

$$盈亏平衡点年产量\ Q_E = \frac{F}{P(1 - f) - v} = \frac{200\ 000}{100 \times (1 - 0.1) - 50} = 5\ 000(件/年)$$

$$生产能力利用率\ BEP = \frac{Q_E}{R} \times 100\% = \frac{5\ 000}{20\ 000} \times 100\% = 25\%$$

若企业希望获得 10 万元的利润，即 $m = 10$ 万元，则：

$$Q = \frac{F + m}{P(1 - f) - v} = \frac{100\ 000 + 200\ 000}{100 \times (1 - 0.1) - 50} = 7\ 500(件/年)$$

②多方案选择。工程经济所研究的问题常常是多方案的分析、比较和选择。若某些互斥方案的费用是一个单变量函数，则盈亏平衡分析可以有助于作出正确的决策。

设多个方案的总成本受一个变量 x 的影响，且每个方案的总成本都能表示为该变量的函数，如：

$$C_1 = f_1(x)$$
$$C_2 = f_2(x)$$
$$C_3 = f_3(x)$$
$$\cdots$$

在求解平衡点时,应先将方案两两进行分析,分别求出每两个方案的平衡点,然后再进行比较,从而选择其中最经济的方案。

【例5.2】某建筑公司中标了一段高速公路,为满足工期的要求,拟引进一套现代化的开挖设备,现有3种设备可供选择,其初始投资和挖方单价如表5.1所示。设折现率为10%,使用年限为10年,试分析应选购哪种设备?

表5.1 开挖设备资料表

设备	初始投资/万元	开挖单价/(元·m^{-3})
甲	20	12
乙	40	8
丙	60	6

【解】设年开挖量为Q,则3种设备的年成本为:
$$AC_甲 = 20(A/P,10\%,10) + 12Q$$
$$AC_乙 = 40(A/P,10\%,10) + 8Q$$
$$AC_丙 = 60(A/P,10\%,10) + 6Q$$

查复利系数表,得到:
$$AC_甲 = 3.255 + 12Q$$
$$AC_乙 = 6.510 + 8Q$$
$$AC_丙 = 9.765 + 6Q$$

甲、乙、丙3种设备的年成本与开挖量的关系如图5.2所示。

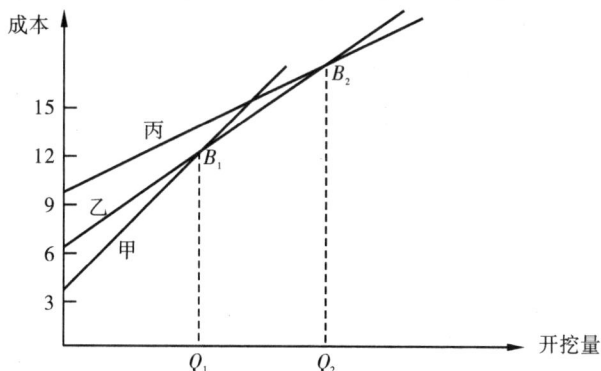

图5.2 3种设备的年成本线

由图5.2可见,交点B_1和B_2把对应的开挖量Q划分为3个范围:
当$0<Q<Q_1$,以甲设备的年成本最低;
当$Q_1<Q<Q_2$,以乙设备的年成本最低;

当 $Q_2<Q$，以丙设备的年成本最低。

在 B_1 点，$AC_甲=AC_乙$，有：

$$3.255 + 12Q = 6.510 + 8Q$$

$$Q_1 = 8\ 137.5(\mathrm{m}^3)$$

在 B_2 点，$AC_乙=AC_丙$，有：

$$6.510 + 8Q = 9.765 + 6Q$$

$$Q_2 = 16\ 250.0(\mathrm{m}^3)$$

③判断企业经营的安全状况。根据盈亏平衡模型，产销量达到盈亏平衡点则可避免亏损。产销量超过盈亏平衡点越多，利润越大，经营状况越好，即使有不利因素影响导致产销量有所下降，也不至于发生亏损。

一般以经营安全率表示企业经营状况：

$$经营安全率 = \frac{R - Q_E}{R} \times 100\% \qquad (5.8)$$

经营安全率的数值越大，说明企业经营活动越安全。相反，如果经营安全率的数值是负数或很小的正数，说明企业已发生亏损或已接近亏损。实践中，可以参考表5.2的数值判断企业的经营情况。

表 5.2 经营安全率

经营状况	安全	较安全	不太好	要警惕	危险
经营安全率	≥30%	25%~30%	15%~25%	10%~15%	<10%

▶ 5.1.3 非线性盈亏平衡分析

上述基本公式是根据收入或成本与产量(销售量)的线性关系推导出来的，但实际生产中它们之间不一定都呈线性关系。例如，产品生产的可变成本可能由于批量不同而有所变动，销售价格也可能因供应数量的变化而有所浮动。

为分析方便起见，设单位可变成本随着产量的增加而略有下降，下降率为 b，则单位可变成本为产量 Q 的函数，即为 $V-bQ$；设销售单价也随销售量的增加而略有下降，下降率为 d，则销售单价可表示为 $P-dQ$。

则总收入 TR 方程为：

$$TR = (P - dQ)Q = PQ - dQ^2$$

总成本 TC 方程为：

$$TC = F + (V - bQ)Q = F + VQ - bQ^2$$

由 $TR=TC$ 可得盈亏平衡点的产量：

$$(b - d)Q^2 + (p - v)Q - F = 0$$

解之，

$$Q_{1,2} = \frac{-(p-v) \pm \sqrt{(p-v)^2 + 4(b-d)F}}{2(b-d)} \qquad (5.9)$$

此外,利润 M 可表示为:
$$M = TR - TC = (b - d)Q^2 + (p - v)Q - F \tag{5.10}$$
欲求最大利润 M_{max},对式(5.10)求一阶导数,并令其等于零。即:
$$\frac{dM}{dQ} = 2(b - d)Q + p - v = 0$$

$$Q = \frac{v - p}{2(b - d)} \tag{5.11}$$

由此求得的产量 Q 是否为最大利润 M_{max} 对应的产量,可通过对 M 的二阶导数进行检验,若:

$$\frac{d^2M}{dQ^2} = 2(b - d) < 0$$

则所求 Q 为 M_{max} 时的产量 Q_{max}。

当考虑销售税率 f 时,盈亏平衡点的产量和最大利润时的产量可仿照上述求出。上述表达式的曲线可用图 5.3 表示。

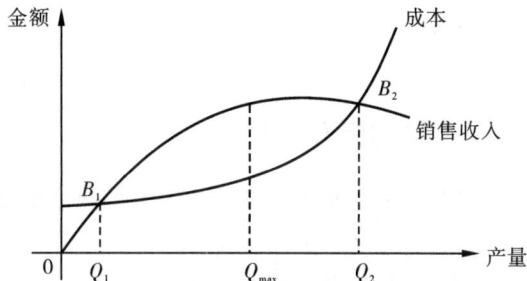

图 5.3 非线性盈亏平衡分析图

【例 5.3】某项投资方案年固定成本为 5 万元,单位可变成本为 30 元,由于原材料供应货源充足,原材料价格随进货数量的增加而有所下降,这使单位可变成本略有节约,节约率为 0.1%。单位售价在 60 元的基础上随销售量的增加而下降 0.3%。求盈亏平衡点的产量和最大利润时的产量。

【解】已知 $F = 50\,000$ 元/年, $v = 30$ 元/件, $b = 0.001$, $p = 60$ 元/件, $d = 0.003$。盈亏平衡点的产量,由式(5.9)得:

$$Q_{1,2} = \frac{-(p - v) \pm \sqrt{(p - v)^2 + 4(b - d)F}}{2(b - d)}$$

$$= \frac{-(60 - 30) \pm \sqrt{(60 - 30)^2 + 4(0.001 - 0.003) \times 50\,000}}{2(0.001 - 0.003)}$$

解得: $Q_1 = 1\,910$, $Q_2 = 13\,090$。

最大利润时的产量,由式(5.11)得:

$$Q = \frac{v - p}{2(b - d)} = \frac{30 - 60}{2(0.001 - 0.003)} = 7\,500(件)$$

即最大利润时的产量为 7 500 件。

由于 $\frac{d^2M}{dQ^2} = 2(0.001 - 0.003) < 0$,即 7 500 件为利润最大时的产量。

此时,最大利润为:
$$M = (0.001 - 0.003) \times 7\ 500^2 + (60 - 30) \times 7\ 500 - 50\ 000$$
$$= 62\ 500(元)$$

5.2 敏感性分析

一个技术方案的投资一般要经过较长的时间才能收回,而在这期间往往会碰到许多不确定因素,如原材料价格上涨、销售量减少、销售价格降低等,使方案达不到预期的经济效益。在投资方案的评价中,除了根据预测数据计算一系列经济效益指标外,还应对方案所能承受的风险大小进行估计,以便更科学地进行投资决策。

对方案的风险分析,一般需要解决这样 3 个问题:

①指出风险最大的因素及其影响;

②投资项目对各主要影响因素风险的承受力如何;

③各种风险出现的可能性有多大,后果如何。

解决前两问题的主要方法是敏感性分析,解决第 3 个问题的主要方法是概率分析。

▶ 5.2.1 敏感性分析的含义与内容

投资项目经济效益随其现金流量中某个或某几个因素的改变而变化,称为投资项目经济效益对因素的敏感性。当某因素在较小范围内变化即引起投资项目经济效益较大变化时,称该项目对该因素的敏感性强;反之,则称对该因素敏感性弱。

敏感性分析(Sensitivity Analysis)是通过分析、预测项目主要因素发生变化时对项目基本方案经济评价指标的影响,从中找出敏感性因素,并确定其影响程度。

敏感性分析通常是改变一种或多种不确定因素的数值,计算其对项目效益指标的影响,通过计算敏感度系数和临界点,估计项目效益指标对它们的敏感程度,进而确定关键的敏感因素。通常将敏感性分析的结果汇总于敏感性分析表,也可通过绘制敏感性分析图显示各种因素的敏感程度并求得临界点。最后,对敏感性分析的结果进行分析,并提出减轻不确定因素影响的措施。

根据每次变动因素数目的不同,敏感性分析方法可以分为单因素敏感性分析、多因素敏感性分析。敏感性分析对项目财务分析与评价以及经济分析与评价同样适用。

▶ 5.2.2 敏感性分析的方法与步骤

(1)选取不确定因素

进行敏感性分析,首先选定不确定因素并确定其偏离基本情况的程度。不确定因素是指那些在项目决策分析与评价过程中涉及的对项目效益有一定影响的基本因素。敏感性分析不可能也不需要对项目涉及的全部因素都进行分析,而只是对那些可能对项目效益影响较大的重要的不确定因素进行分析。不确定因素通常根据行业和项目的特点、类似项目的经验,特别是项目后评价的经验进行选择和确定。在项目计算期内可能发生变化的因素有:

①投资额,包括固定资产投资与流动资金占用,其中固定资产投资又可划分为设备费用、建筑安装费用等;

②项目建设期限、投产期限;

③产品产量以及销售量;

④产品价格或主要原材料与动力价格;

⑤经营成本,特别是其中的变动成本;

⑥项目寿命期;

⑦项目寿命期末的资产残值;

⑧折现率;

⑨外币汇率。

选取不确定因素时,要根据项目的具体情况选择相应的因素。

(2)确定不确定因素变化程度

敏感性分析通常是针对不确定因素的不利变化进行,为绘制敏感性分析图也可考虑不确定因素的有利变化。

一般是选择不确定因素变化的百分率,习惯上常选取±10%。为了作图的需要,可分别选取±5%、±10%、±15%、±20%等。对于那些不便用百分数表示的因素(如建设期),可采用延长一段时间表示,如延长一年。

百分数的取值其实并不重要,因为敏感性分析的目的,并不在于考察项目效益在某个具体的百分数变化下发生变化的具体数值,而只是借助它进一步计算敏感性分析指标,即敏感度系数和临界点。

(3)选取分析指标

建设项目经济评价有一整套指标体系,敏感性分析可选定其中一个或几个主要指标进行。最基本的分析指标是内部收益率或净现值,根据项目的实际情况也可选择投资回收期等其他评价指标。

通常,财务分析与评价的敏感性分析中必选的分析指标是项目投资财务内部收益率,国民经济分析与评价中必选的分析指标是经济净现值或经济内部收益率。

(4)计算敏感性指标

①敏感度系数:项目效益指标变化的百分率与不确定因素变化的百分率之比。敏感度系数高,表示项目效益对该不确定因素敏感程度高,提示应重视该不确定因素对项目效益的影响。敏感度系数的计算公式如下:

$$E = \frac{\Delta A}{\Delta F} \tag{5.12}$$

式中 E——评价指标 A 对于不确定因素 F 的敏感度系数;

ΔA——不确定因素 F 发生 ΔF 变化时,评价指标 A 的相应变化率(%);

ΔF——不确定因素 F 的变化率(%)。

$E>0$,表示评价指标与不确定因素同方向变化;$E<0$,表示评价指标与不确定因素反方向变化。$|E|$ 较大者敏感度系数高。

敏感度系数的计算结果可能受到不确定因素变化率取值不同的影响,敏感度系数的数值会有变化。但其数值大小并不是计算该项指标目的,重要的是各不确定因素敏感度系数的相对值,借此了解各不确定因素的相对影响程度,以选出敏感度较大的不确定因素。因此,虽然敏感度系数有以上缺陷,但在判断各不确定因素对项目效益的相对影响程度上仍具有一定的作用。

②临界点。临界点是指不确定因素的极限变化,即不确定性因素的变化使项目由可行变为不可行的临界数值,也可以说是该不确定因素使内部收益率等于基准收益率或净现值变为零时的变化率。当该不确定因素为费用科目时,为其增加的百分率;当该不确定因素为效益科目时,为其降低的百分率。临界点也可用该百分率对应的具体数值(Switching Value,转换值)表示。当不确定因素的变化超过了临界点所表示的不确定因素的极限变化时,项目效益指标将会转而低于基准值,表明项目将由可行变为不可行。

临界点的高低与设定的基准收益率有关,对于同一个投资项目,随着设定基准收益率的提高,临界点就会变低(即临界点表示的不确定因素的极限变化变小);而在一定的基准收益率下,临界点越低,说明该因素对项目效益指标影响越大,项目对该因素就越敏感。

可以通过敏感性分析图求得临界点的近似值,但由于项目效益指标的变化与不确定因素变化之间不完全是直线关系,有时误差较大。因此,最好采用试算法或函数求解。

(5)敏感性分析结果表述

①编制敏感性分析表。将敏感性分析的结果汇总于敏感性分析表,在敏感性分析表中应同时给出基本方案的指标数值、所考虑的不确定因素及其变化、在这些不确定因素变化的情况下项目效益指标的计算数值;编制各不确定因素的敏感度系数与临界点分析表,也可与敏感性分析表合并成一张表,如表5.3所示。

表 5.3　某项目敏感性分析表

序号	不确定因素	不确定因素变化率	财务内部收益率	敏感度系数	临界点
	基本方案		15.3%		
1	建设投资变化	10%	12.6%	−1.76	12.3%
		−10%	18.4%	−2.04	
2	销售价格变化	10%	19.6%	2.81	−7.1%
		−10%	10.6%	3.05	
3	原材料价格变化	10%	13.8%	−0.95	22.4%
		−10%	16.7%	−0.94	

②绘制敏感性分析图。根据敏感性分析表的数值可以绘制敏感性分析图,横轴为不确定因素变化率,纵轴为项目效益指标。图中曲线可以明确表明项目效益指标变化受不确定因素变化的影响趋势,并由此求出临界点。

(6)对敏感性分析结果进行分析

应对敏感性分析表和敏感性分析图显示的结果进行文字说明,将不确定因素变化后计算的经济评价指标与基本方案评价指标进行对比分析,分析中应注重以下3个方面:

①结合敏感度系数及临界点的计算结果,按不确定因素的敏感性程度进行排序,找出哪些因素是较为敏感的不确定因素。可通过直观检测得知或观其敏感度系数和临界点,敏感度

系数较高者或临界点较低者为较为敏感的因素。

②定性分析临界点所表示的不确定因素变化发生的可能性。以可行性研究报告前几章的分析研究为基础,结合经验进行判断,说明所考察的某种不确定因素是否可能发生临界点所表示的变化,并做出风险的粗略估计。

③归纳敏感性分析的结论,指出最敏感的一个或几个关键因素,粗略预测项目可能的风险。对于系统进行风险分析的项目,应根据敏感性分析结果提出相应的减轻不确定因素影响的措施,提请项目业主、投资者和有关各方在决策和实施中注意,以尽可能降低风险,实现预期效益。

▶ 5.2.3 单因素敏感性分析

单因素敏感性分析是指在其他因素保持不变时,每次只变动一个因素的数值,估算单个因素的变化对项目效益产生的影响。

敏感性分析的基本步骤为:

①确定方案敏感性分析的具体经济效果评价指标。一般可采用净现值、净年值、内部收益率、投资回收期等作为分析评价指标,主要针对项目的具体情况进行选择。

②选择影响方案经济效果指标的主要变量因素,并设定这些因素的变动范围。

③计算各变量因素在可能的变动范围内,发生不同幅度变动所导致的方案经济效果指标的变动结果,建立一一对应的数量关系,并用图或表的形式表示出来。

④确定敏感因素,对方案的风险情况作出判断。

【例5.4】设某投资方案的初始投资为5 000万元,年净收益为900万元,寿命期为10年,基准收益率为10%,期末残值为700万元。试对主要参数初始投资、年净收益、寿命期和基准收益率进行净现值的单因素敏感性分析。

【解】①确定方案经济评价指标——净现值。

②设备因素变化率为k,变化范围为±30%,间隔为10%。

③计算各因素单独变化时所得净现值。用$NPV_j(j=1,2,3,4)$分别表示初始投资、年净收益、寿命期和基准收益率单独变化时的净现值,其计算公式为:

$$NPV_1 = 900(P/A,10\%,10) + 700(P/F,10\%,10) - 5\,000(1 + k)$$
$$NPV_2 = 900(1 + k)(P/A,10\%,10) + 700(P/F,10\%,10) - 5\,000$$
$$NPV_3 = 900[P/A,10\%,10(1 + k)] + 700[P/F,10\%,10(1 + k)] - 5\,000$$
$$NPV_4 = 900[P/A,10\%(1 + k),10] + 700[P/F,10\%(1 + k),10] - 5\,000$$

计算结果见表5.4。

表5.4 各参数单独变化时的净现值

参　数　＼变化率 k	−30%	−20%	−10%	0	10%	20%	30%
初始投资	2 300	1 800	1 300	800	300	−200	−700
年净收益	−859	−306	247	800	1 353	1 906	2 459
寿命	−259	128	480	800	1 091	1 355	1 596
基准收益率	1 677	1 363	1 072	800	547	311	92

根据表5.4中的数据,画出敏感性分析图。用横坐标表示参数变化率k,纵坐标表示净现值,如图5.4所示。

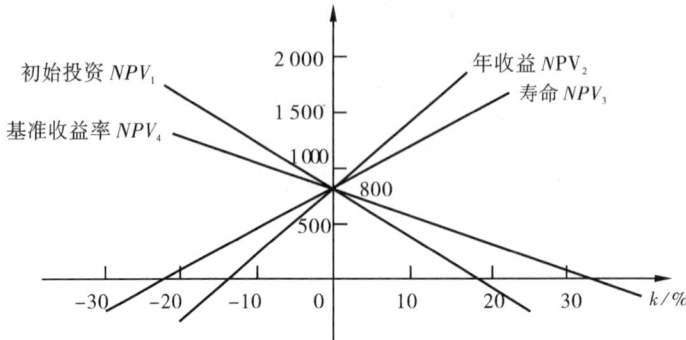

图5.4　敏感性分析图

④确定敏感性因素,对方案的风险情况作出判断。有两种方法可以确定敏感因素,即图解法和代数法。

a.图解法。在敏感性分析图上找出各敏感性曲线与横轴的交点,这一点上的参数值就是使净现值等于零的临界值。

初始投资的敏感曲线与横轴交点约为17%,此时初始投资为:
$$K = 5\ 000 \times (1 + 17\%) = 5\ 850(万元)$$

即初始投资增加到5 850万元时,净现值降到零。说明初始投资必须控制在5 850万元以下,方案才是可行的。

年净收益M与横轴交点约为-15%,使方案可行的年净收益为:
$$M \geqslant 900 \times (1 - 15\%) = 765(万元)$$

寿命期n与横轴交点约为-22%,使方案可行的寿命期为:
$$n \geqslant 10 \times (1 - 22\%) = 7.8(年)$$

基准收益率i与横轴交点约为33%,使方案可行的基准收益率为:
$$i \leqslant 10\% \times (1 + 33\%) = 13.3\%$$

b.代数法。令净现值计算式大于或等于零,求变化率k及相应的参数值。

令$NPV_1 \geqslant 0$,得$k_1 \leqslant 17\%$,$K \leqslant 5\ 000 \times (1+17\%) = 5\ 850(万元)$;

令$NPV_2 \geqslant 0$,得$k_2 \geqslant -15\%$,$M \geqslant 900 \times (1-15\%) = 765(万元)$;

令$NPV_3 \geqslant 0$,得$k_3 \geqslant -22\%$,$n \geqslant 10 \times (1-22\%) = 7.8(年)$;

令$NPV_4 \geqslant 0$,得$k_4 \leqslant 10\%$,$i \leqslant 10\% \times (1+33\%) = 13.3\%$。

对比各因素的临界变化率k_i及敏感曲线的形状,可知临界变化率较小,则敏感曲线较陡,相应参数的变化对净现值的影响就较大。所以,在本例中,净现值对各参数的敏感性由强到弱依次为年净收益、初始投资、寿命、基准收益率。

▶ 5.2.4　多因素敏感性分析

单因素敏感性分析的方法简单,但其不足之处在于忽视了其他因素及因素之间的影响。因为在实际分析中经常出现不止一个不确定因素的情况,这对于项目所造成的风险更大,应当对此进行多因素敏感性分析。

多因素敏感分析是指同时改变两个或两个以上因素进行分析,估算多因素同时发生变化的影响。进行多因素敏感性分析的假定条件是:同时变动的几个因素都是相互独立的。

（1）双因素敏感性分析

双因素敏感性分析又称敏感面分析,它是在方案的其他因素不变条件下,分析研究两个因素同时发生变化时对经济效益的影响。双因素敏感分析往往建立在单因素敏感性分析基础之上,即先通过单因素分析确定两个敏感性大的因素,然后通过双因素敏感性分析考察这两个因素同时变化对项目经济效益的影响。

双因素敏感性分析主要借助图形进行,其分析步骤为:

①建立直角坐标系,横轴（x）与纵轴（y）表示两个因素的变化率。

②建立项目经济效益评价指标（NPV、NAV 或 IRR）随两因素变化率 x、y 而变化的关系式。令该指标值为临界值（即 $NPV=0$,$NAV=0$ 或 $IRR=i_0$）,即可得到一个关于 x、y 的函数式,称为临界值方程。

③在直角坐标轴上画出这个临界方程的曲线,它表明两个变化率之间的约束关系。

④该临界线把平面分成两个部分,一部分是方案可行区域,另一部分则是方案的不可行区域,据此可对具体情况进行分析。

【例 5.5】对例 5.4 中的方案进行双因素敏感性分析。

【解】在例 5.4 中,我们得到 4 个主要因素的临界变化率:初始投资为 17%,年净收益为 −15%,寿命为−22%,基准收益率为 33%。其中,最为敏感的两个因素是年净收益和初始投资,因此对这两个因素作双因素敏感性分析。

设初始投资变化率为 x,年净收益变化率为 y,有:

$$NPV = 900(1+y)(P/A,10\%,10) + 700(P/F,10\%,10) - 5\,000(1+x)$$
$$= 799.99 - 5\,000x + 5\,530.14y$$

令 $NPV=0$,有:

$$y = 0.904\,1x - 0.144\,7$$

在 xoy 坐标系上画出这一直线,如图 5.5 所示。

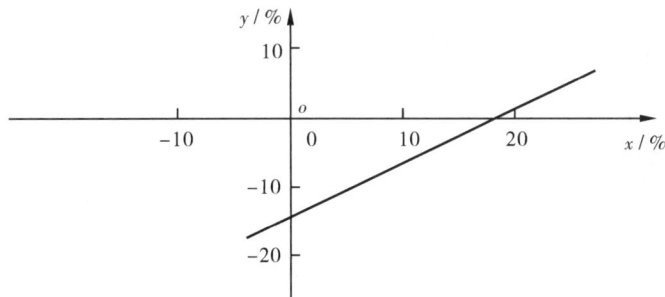

图 5.5　双因素敏感性分析图

临界线 $NPV=0$ 在 x 轴和 y 轴上截得的点分别是（17%,0）和（0,−15%）。17%和−15%正是单因素变化时,初始投资和年净收益的临界变化率。因此,如果先进行了单因素敏感性分析,对呈线性变化的因素进行双因素分析就可以简化,只要将两个因素的临界变化率点找到,连接而成的直线即为双因素临界线。

图 5.5 中,临界线把平面分成两个部分,左上平面为年净收益增加、初始投资减小,应是方案的可行区域;右下平面为年净收益减小、初始投资增加,是方案的不可行区域。所以,为了保证方案在经济上可接受,应设法防止右下平面区域的变化组合情况出现。

(2)三因素敏感性分析

三因素敏感性分析主要是在其他参数不变情况下,研究有三个因素同时变化对项目经济效益的影响。其作法是:在 3 个参数中选定一个因素,令其在某一变化范围内间断取值,对每一取值都可得到另外两个因素的临界曲线,最终得到一组双因素临界方程和对应的一组临界曲线,从而可用于实际分析。

【例 5.6】对例 5.4 中的方案做关于初始投资、年净收益和寿命 3 个因素进行三因素敏感性分析。

【解】设初始投资变化率为 x,年净收益变化率为 y,寿命周期为 n 时的净现值为:
$$NPV_n = 900(1 + y)(P/A,10\%,n) + 700(P/F,10\%,n) - 5\,000(1 + x)$$

在变化范围为±20%内,寿命分别取 8~12 年中的 5 个整年数,代入上式,可得到 5 个临界方程:

令 $NPV_8 = 0$,得 $y = 1.041\,4x - 0.026\,7$;

令 $NPV_9 = 0$,得 $y = 0.964\,7x - 0.092\,6$;

令 $NPV_{10} = 0$,得 $y = 0.904\,1x - 0.144\,7$;

令 $NPV_{11} = 0$,得 $y = 0.855\,3x - 0.186\,6$;

令 $NPV_{12} = 0$,得 $y = 0.815\,4x - 0.221\,0$。

这 5 个方程可分别用图 5.6 所示的 5 条直线表示。

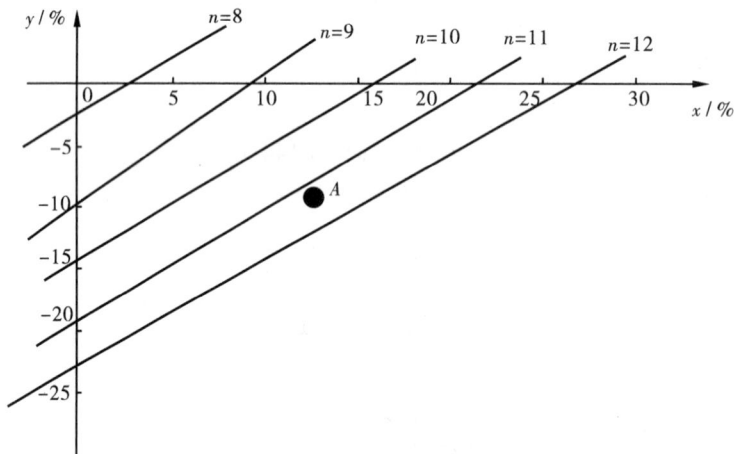

图 5.6 三因素敏感性分析图

图 5.6 中,寿命减少,临界线上移,可行域变小;寿命增加,临界线下移,可行域增大。利用该图可进行具体分析,如投资为 8%,年净收益为 10%,可得点 A,位于 $n = 12$ 临界线上方和其余临界线下方,说明此时只有在寿命为 11 年,即寿命增加 10%时,方案才可行。

▶ 5.2.5 敏感性分析的不足

敏感性分析虽然可以找出项目效益敏感的不确定性因素,并估计其对项目效益的影响程度,但却并不能得知这些影响发生的可能性有多大,这可能会影响分析结论的准确性,这是敏感性分析最大的不足之处。

对于项目风险估计而言,仅回答有无风险和风险大小的问题是远远不够的。因为投资项目要经历一个持久的过程,一旦实施很难改变。为避免实施后遭受失败,必须在决策前做好各方面的分析。决策者必须对项目可能面临的风险有足够的估计,对风险发生的可能性心中有数,以便及时采取必要的措施规避风险。只有回答了风险发生的可能性大小问题,决策者才能获得全面的信息,最终作出正确的决策。而要回答这个问题,必须进行风险分析。

5.3 风险分析

风险分析(Risk Analysis),是对风险影响和后果进行评价和估量,通过对项目进行定性分析和定量分析,确定项目从经济上可行转变为不可行的可能性,从而判定项目的风险程度,为项目投资决策提供依据。

▶ 5.3.1 风险分析的程序和基础

1)风险分析的程序

项目风险分析是认识项目可能存在的潜在风险因素,估计这些因素发生的可能性及由此造成的影响,分析为防止或减少不利影响而采取对策的一系列活动。它包括风险识别、风险估计、风险评价与对策研究 4 个基本阶段。风险分析所经历的 4 个阶段,实质上是从定性分析到定量分析,再从定量分析到定性分析的过程,其基本流程如图 5.7 所示。

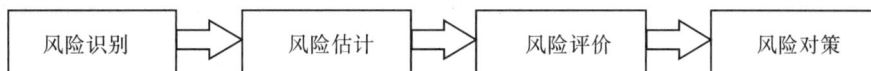

$$风险识别 \Rightarrow 风险估计 \Rightarrow 风险评价 \Rightarrow 风险对策$$

图 5.7 风险分析流程图

项目决策分析中的风险分析应遵循以下程序:

①从认识风险特征入手去识别风险因素,根据需要和可能性选择适当的方法,估计风险发生的可能性及其影响;

②按照一个标准评价风险程度,包括单个风险因素风险程度估计和对项目整体风险程度估计;

③提出针对性的风险对策,将项目风险进行归纳,将风险进行归纳提出风险分析结论。

2)风险分析的基础

(1)风险函数

描述风险有两个变量:一是事件发生的概率或可能性,二是事件发生后对项目目标的影响。因此,风险可以用一个二元函数描述:

$$R(P,I) = P \times I \tag{5.13}$$

式中　P——风险事件发生的概率;

I——风险事件对项目目标的影响。

显然,风险的大小或高低,既与风险事件发生的概率成正比,也与风险事件对项目目标的影响程度成正比。

(2)风险影响

按照风险发生后对项目的影响大小,可以划分为 5 个影响等级。

①严重影响:一旦发生风险,将导致整个项目的目标失败,可以用字母 S 表示。

②较大影响:一旦发生风险,将导致整个项目的目标值严重下降,用 H 表示。

③中等影响:一旦风险发生,对项目的目标造成中度影响,但仍然能够部分达到,用 M 表示。

④较小影响:一旦风险发生,对于项目对应部分的目标受到影响,但不影响整体目标,用 L 表示。

⑤可忽略影响:一旦风险发生,对于项目对应部分的目标影响可忽略,并且不影响整体目标,用 N 表示。

(3)风险概率

按照风险因素发生的可能性,可以将风险概率划分为 5 个档次。

①很高:风险发生的概率在 81%~100%,意味着风险很有可能发生,用 S 表示。

②较高:风险发生的概率在 61%~80%,意味着发生的可能性较大,用 H 表示。

③中等:风险发生的概率在 41%~60%,意味着可能在项目中预期发生,用 M 表示。

④较低:风险发生的概率在 21%~40%,意味着不可能发生,用 L 表示。

⑤很低:风险发生的概率在 0~20%,意味着非常不可能发生,用 N 表示。

(4)风险评价矩阵

风险的大小可以用风险评价矩阵,也称概率—影响矩阵来表示。它以风险因素发生的概率为横坐标,以风险因素发生后对项目的影响大小为纵坐标,发生概率大且对项目影响也大的风险因素位于矩阵的右上角,发生概率小且对项目影响也小的风险因素位于矩阵的左下角(图 5.8)。

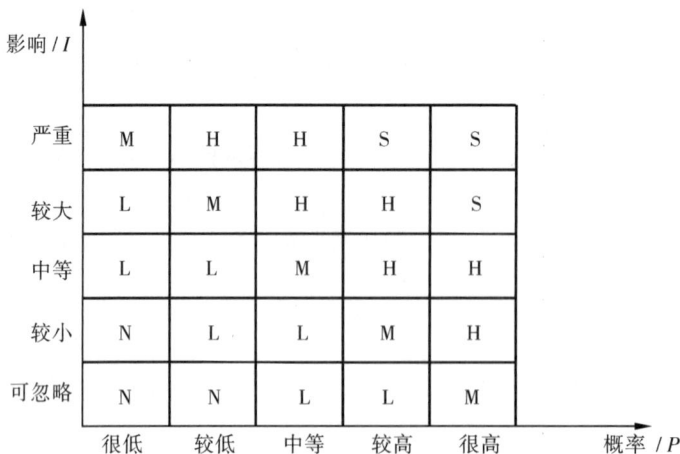

影响/I					
严重	M	H	H	S	S
较大	L	M	H	H	S
中等	L	L	M	H	H
较小	N	L	L	M	H
可忽略	N	N	L	L	M
	很低	较低	中等	较高	很高	概率/P

图 5.8　风险概率—影响矩阵

（5）风险等级

根据风险因素对投资项目影响程度的大小，采用风险评价矩阵方法，可将风险程度分为微小风险、较小风险、一般风险、较大风险和重大风险5个等级。

①微小风险：风险发生的可能性很小，且发生后造成的损失较小，对项目的影响很小。对应图5.8中N区域。

②较小风险：风险发生的可能性较小，或者发生后造成的损失较小，不影响项目的可行性。对应图5.8中L区域。

③一般风险：风险发生的可能性不大，或者发生后造成的损失不大，一般不影响项目的可行性，但应采取一定的防范措施。对应图5.8中M区域。

④较大风险：风险发生的可能性较大，或者发生后造成的损失大，但造成的损失是项目可以承受的，必须采取一定的防范措施。对应图5.8中H区域。

⑤重大风险：风险发生的可能性大，风险造成的损失大，将使项目由可行转变为不可行，需要采取积极有效的防范措施。对应图5.8中S区域。

▶ 5.3.2 风险分析的内容

（1）风险识别

风险因素识别，首先要认识和确定项目究竟可能存在哪些风险，这些风险因素会给项目带来什么影响，具体原因又是什么？在对风险特征充分认识的基础上，识别项目潜在的风险和引起这些风险的具体风险因素，只有首先把项目主要的风险因素揭示出来，才能进一步通过风险评估确定损失程度和发生的可能性，进而找出关键风险因素，提出风险对策。

风险因素识别应注意借鉴历史经验，特别是后评价的经验。同时，可运用"逆向思维"方法来审视项目，寻找可能导致项目"不可行"的因素，以充分揭示项目的风险来源。

投资项目可行性研究阶段涉及的风险因素较多，各行业和项目又不尽相同。风险识别要根据行业和项目的特点，采用适当的方法进行。风险识别要采用分析和分解原则，把综合性的风险问题分解为多层次的风险因素。常用的方法主要有风险分解法、流程图法、头脑风暴法和情景分析法等。具体操作中，大多通过专家调查的方式完成。

（2）风险估计

风险估计是估计风险发生的可能性及其对项目的影响。投资项目涉及的风险因素有些是可以量化的，可以通过定量分析的方法对它们进行分析；同时，客观上也存在着许多不可量化的风险因素，它们有可能给项目带来更大的风险，有必要对不可量化的风险因素进行定性描述。因此，风险估计应采取定性描述与定量分析相结合的方法，从而对项目面临的风险做出全面的估计。应该注意到，定性与定量不是绝对的，在深入研究和分解之后，有些定性因素可以转化为定量因素。

风险估计的方法包括风险概率估计方法和风险影响估计方法两类。前者分为主观估计和客观估计，后者有概率树分析、蒙特卡洛模拟等方法。

（3）风险评价

风险评价是在风险估计的基础上，通过相应的指标体系和评价标准，对风险程度进行划分，以揭示影响项目成败的关键风险因素，以便针对关键风险因素采取防范对策。风险评价包括单因素风险评价和整体风险评价。

单因素风险评价，即评价单个风险因素对项目的影响程度，以找出影响项目的关键风险因素。评价方法主要有风险概率矩阵、专家评价法等。

项目整体风险评价，即综合评价若干主要风险因素对项目整体的影响程度。对于重大投资项目或估计风险很大的项目，应进行投资项目整体风险分析。

（4）风险对策

投资项目的建设是一种大量耗费资源的经济活动，投资决策的失误将引起不可挽回的损失。在投资项目决策前的可行性研究中，不仅要了解项目可能面临的风险，也要提出针对性的风险对策，避免风险的发生或将风险损失减低到最小程度，才能有助于提高投资的安全性，促使项目获得成功。同时，可行性研究阶段的风险对策研究可为投资项目实施过程的风险监督与管理提供依据。另外，风险对策研究的结果应及时反馈到可行性研究的各个方面，并据此修改部分数据或调整方案，进行项目方案的再设计。

为将风险损失控制在最小的范围内，促使项目获得成功，在项目的决策、实施和经营的全过程中实施风险管理是十分必要的。在投资项目周期的不同阶段，风险管理具有不同的内容。可行性研究阶段的风险对策研究是整个项目风险管理的重要组成部分，对策研究的基本要求包括：

①风险对策研究应贯穿于可行性研究的全过程。可行性研究是一项复杂的系统工程，而风险因素又可能存在于技术、市场、工程、经济等各个方面。在正确识别出投资项目各方面的风险因素之后，应从方案设计上就采取规避防范风险的措施，才能防患于未然。

②风险对策应具针对性。投资项目可能涉及各种各样的风险因素，且各个投资项目又不尽相同。风险对策研究应具有针对性，应结合行业特点，针对特定项目主要的或关键的风险因素提出必要的措施，将其影响降低到最小程度。

③风险对策应有可行性。可行性研究阶段所进行的风险对策研究应立足于现实客观的基础之上，提出的风险对策应是切实可行的。所谓可行，不仅指技术上可行，而且从财力、人力和物力方面也是可行的。

④风险对策必具经济性。规避防范风险是要付出代价的，如果提出的风险对策所花费的费用远大于可能造成的风险损失，该对策将毫无意义。在风险对策研究中，应将规避防范风险措施所付出的代价与该风险可能造成的损失进行权衡，旨在寻求以最少的费用获取最大的风险效益。

⑤风险对策研究是项目有关各方的共同任务。风险对策研究不仅有助于避免决策失误，而且是投资项目以后风险管理的基础，因此它应是投资项目有关各方的共同任务。项目发起人和投资者应积极参与和协助进行风险对策研究，并真正重视风险对策研究的结果。

（5）风险分析结论

在完成风险识别和评估后,应归纳和综述项目的主要风险,说明其原因、程度和可能造成的后果,以全面、清晰地展现项目的主要风险。同时,将风险对策研究结果进行汇总,如表5.5所示。

表 5.5　风险与对策汇总表

主要风险	风险起因	风险程度	后果与影响	主要对策
A				
B				
...				

▶ 5.3.3　投资项目的主要风险

（1）市场风险

市场风险是竞争性项目遇到的重要风险。它的损失主要表现在项目产品销路不畅,产品价格低迷等,以致产量和销售收入达不到预期的目标。细分起来市场方面涉及的风险因素较多,可分层次予以识别。市场风险一般来自4个方面:

①由于消费者的消费习惯、消费偏好发生变化,使得市场需求发生重大变化,导致项目的市场出现问题,市场供需总量的实际情况与预测值发生偏离;

②由于市场预测方法或数据错误,导致市场需求分析出现重大偏差;

③市场竞争格局发生重大变化,竞争者采取了进攻策略,或者是出现了新的竞争对手,对项目的销售产生重大影响;

④由于市场条件的变化,项目产品和主要原材料的供应条件和价格发生较大变化,对项目的效益产生了重大影响。

（2）技术与工程风险

在可行性研究中,虽然对投资项目采用技术的先进性、可靠性和适用性进行了必要的论证分析,选定了认为合适的技术。但是,由于各种主观和客观原因,仍然可能会发生预想不到的问题,使投资项目遭受风险损失。可行性研究阶段应考虑的技术方面的风险因素,主要有对技术的适用性和可靠性认识不足,运营后达不到生产能力,质量不过关或消耗指标偏高,特别是高新技术开发项目这方面的风险更大。对于引进国外二手设备的项目,设备的性能能否如愿是应认真分析的风险因素。另外,工艺技术与原料的匹配问题也是应考察的风险因素。

对于矿山、铁路、港口、水库以及部分加工业项目,工程地质情况十分重要。但限于技术水平有可能勘探不清,致使在项目的生产运营甚至施工中就出现问题,造成经济损失。因此,在地质情况复杂的地区,应慎重对待工程地质风险因素。

（3）组织管理风险

组织管理风险是指由于项目管理模式不合理,项目内部组织不当、管理混乱或者主要管理者能力不足、人格缺陷等,导致投资大量增加、项目不能按期建成投产造成损失的可能性。包括项目采取的管理模式、组织与团队合作以及主要管理者的道德水平等。因此,合理设计项目的管理模式、选择适当的管理者和加强团队建设是规避管理风险的主要措施。

组织风险是指由于项目存在众多参与方,各方的动机和目的不一致将导致项目合作的风险,影响项目的进展和项目目标的实现。还包括项目组织内部各部门对项目的理解、态度和行动的不一致而产生的风险。完善项目各参与方的合同,加强合同管理,可以降低项目的组织风险。

（4）政策风险

政策风险主要指国内外政治经济条件发生重大变化或者政策调整,项目原定目标难以实现的可能性。项目是在一个国家或地区的社会经济环境中存在的,由于国家或地方各种政策,包括经济政策、技术政策、产业政策等,涉及税收、金融、环保、投资、土地、产业等政策的调整变化,都会对项目带来各种影响。特别是对于海外投资项目,由于不熟悉当地政策,规避政策风险更是项目决策阶段的重要内容。

例如,矿业政策的调整,国家对某些过热的行业进行限制,并相应调整信贷政策,收紧银根,提高利率等,将导致企业融资困难,可能带来项目的停工甚至破产;又如国家土地政策的调整,严格控制项目新占耕地,提高项目用地的利用率,对建设项目的生产布局会带来重大影响。

（5）环境与社会风险

环境风险是由于对项目的环境生态影响分析深度不足,或者是环境保护措施不当,引起项目的环境冲突,带来重大的环境影响,从而影响项目的建设和运营。

社会风险是指由于对项目的社会影响估计不足,或者项目所处的社会环境发生变化,给项目建设和运营带来困难和损失的可能性。有的项目由于选址不当,或者因对项目的受损者补偿不足,都可能导致当地单位和居民的不满和反对,从而影响项目的建设和运营。社会风险的影响面非常广泛,包括宗教信仰、社会治安、文化素质、公众态度等方面,因而社会风险的识别难度极大。

（6）其他风险

对于某些项目,还要考虑其特有的风险因素。例如,对于矿山、油气开采等资源开发项目,资源风险是很重要的风险因素。在可行性研究阶段,矿山和油气开采等项目的设计规模,一般是根据国家储委批准的地质储量设计的。对于地质结构比较复杂的地区,加上受勘探的技术、时间和资金的限制,实际储量可能会有较大的出入,致使矿山和油气开采等项目产量降低、开采成本过高或者寿命缩短,造成巨大的经济损失;对于投资巨大的项目,还存在融资风险,由于资金供应不足或者来源中断导致建设工期拖延甚至被迫终止建设;或者由于利率、汇率变化导致融资成本升高造成损失的可能性加大;大量消耗原材料和燃料的项目,还存在原材料供应量、价格和运输保障三个方面的风险;在水资源短缺地区建设项目,或者项目本身耗水量大,水资源风险因素应予重视;对于中外合资项目,要考虑合资对象的法人资格和资信问题,还有合作的协调性问题;对于农业投资项目,还要考虑因气候、土壤、水利、水资源分配等条件的变化对收成不利影响的风险因素。

1)风险解析法

风险解析法,也称风险结构分解法,是风险识别的主要方法之一。它是将一个复杂系统分解为若干子系统进行分析的常用方法,通过对子系统的分析进而把握整个系统的特征。例如,市场风险可以分解为市场供求、竞争力、价格偏差 3 类风险。对于市场供求总量的偏差,首先将其分为供方市场和需方市场,然后各自进一步分解为国内和国外。其风险可能来自区域因素、替代品的出现以及经济环境对购买力的影响等。产品市场竞争力风险因素,又可细分为品种质量、生产成本以及竞争对手因素等。价格偏差因素可分解为诸多影响国内价格和国际价格的因素,随项目和产品的不同可能有很大的不同。

2)专家调查法

专家调查法是基于专家的知识、经验和直觉,通过发函、开会或其他形式向专家进行调查,发现项目潜在风险的分析方法,对项目风险因素及其风险程度进行评定,将多位专家的经验集中起来形成分析结论的一种方法。它适用于风险分析的全过程,包括风险识别、风险估计、风险评价与风险对策研究。专家调查法是由于它比一般的经验识别法更具客观性,因此,应用更为广泛。

采用专家调查法时,所聘请的专家应熟悉该行业和所评估的风险因素,并能做到客观公正。专家的人数取决于项目的特点、规模、复杂程度和风险的性质,没有绝对规定。但是为减少主观性,专家应有合理的规模,人数一般在 10~20 人。

专家调查法有很多,其中头脑风暴法、德尔菲法、风险识别调查表、风险对照检查表和风险评价表是最常用的几种方法。

(1)头脑风暴法

头脑风暴法是专家会议法的一种,也称非交锋式会议,会议不带任何限制条件,鼓励与会专家独立、任意地发表意见,没有批评或评论,以激发灵感,产生创造性思维。

(2)德尔菲法

德尔菲法(Delphi),是在专家个人判断法和专家会议法的基础上发展起来的一种专家调查法。它广泛应用在市场预测、技术预测、方案比选、社会评价等众多领域,尤其是在缺乏足够的资料,长远规划或大趋势预测,影响预测事件的因素太多,主观因素对预测事件影响很大等条件下的运用。

德尔菲法一般包括 5 个步骤:

①建立预测小组。进行调查预测的第一步就是成立预测工作组,负责调查预测的组织工作。

②选择专家。依据预测问题的性质选择专家,这是德尔菲法进行预测的关键步骤。选择的专家要与市场预测的专业领域相关,知识面广、经验丰富、思路开阔、富于创造性和洞察力,不仅要有熟悉本部门行业的学术权威,还应有来自生产一线从事具体工作的专家。专家组的

成员数量一般为 20 人左右。

③设计调查表。调查表设计的质量直接影响预测的结果。调查表没有统一的格式,但基本要求是:所提问题应明确,回答方式简单,便于对调查结果的汇总和整理。

④组织调查实施。一般调查要经过 2~3 轮,第一轮将预测主题和相应预测时间表格发给专家,给专家较大的空间自由发挥。第二轮将经过统计和修正的第一轮调查结果表发给专家,让专家对较为集中的预测事件评价、判断,提出进一步的意见,经预测工作组整理统计后,形成初步预测意见。如有必要可再依第二轮的预测结果制订调查表进行第三轮预测。

⑤汇总处理调查结果。将调查结果汇总,进行进一步的统计分析和数据处理。有关研究表明,专家应答意见的概率分布一般接近或符合正态分布,这是对专家意见进行数理统计处理的理论基础。

德尔菲法具有匿名性、反馈性、收敛性、广泛性特点,克服了一般集合意见法和其他预测法的不足,形成了德尔菲法较为突出的优点。德尔菲法的优点:便于独立思考和判断,低成本实现集思广益,有利于探索性解决问题,应用范围广泛。德尔菲法的不足体现在:缺少思想沟通交流,易忽视少数人的意见,存在组织者主观影响。

(3)风险识别调查表

风险识别调查表主要定性描述风险的来源与类型、风险特征、对项目目标的影响等,典型的风险识别调查表如表 5.6 所示。

表 5.6　典型的风险识别调查表

编号:	时间:
项目名称	
风险类型	
风险描述	
风险对项目目标的影响(费用、质量、进度、环境等)	
风险的来源、特征	

(4)风险对照检查表

风险对照检查表是一种规范化的定性风险分析工具,具有系统、全面、简单、快捷、高效等优点,容易集中专家的智慧和意见,不容易遗漏主要风险;对风险分析人员有启发思路、开拓思路的作用。当有丰富的经验和充分的专业技能时,项目风险识别相对简单,并可以取得良好的效果。显然,对照检查表的设计和确定是建立在众多类似项目经验基础上的,需要大量类似项目的数据。而对于新的项目或完全不同环境下的项目,则难以适应。否则,可能导致识别的偏差。

(5)风险评价表

风险评价表,通过专家凭借经验独立对各类风险因素的风险程度进行评价,最后将各位专家的意见归集起来。风险评价表通常的格式如表 5.7 所示。

表 5.7　风险评价表

风险因素名称	风险程度					说明
1.市场风险	重大	较大	一般	较小	微小	
市场需求量						
竞争能力						
价格						
2.原材料供应风险						
可靠性						
价格						
质量						
3.技术风险						
可靠性						
适用性						
经济性						
4.工程风险						
地质条件						
施工能力						
水资源						
5.投资与融资风险						
汇率						
利率						
投资						
工期						
6.配套条件						
水电气配套条件						
交通运输条件						
其他配套工程						
7.外部环境风险						
经济环境						
自然环境						
社会环境						
8.其他						

3)风险概率估计

风险概率估计,包括客观概率估计和主观概率估计。在项目评价中,风险概率估计由项目评价人员或专家估计。

(1)客观概率估计

客观概率是实际发生的概率,它并不取决于人的主观意志,可以根据历史统计数据或是大量的试验来推定。它有两种方法:一是将一个事件分解为若干子事件,通过计算子事件的概率来获得主要事件的概率;另一方法是通过足够量的试验,统计出事件的概率。由于客观概率是基于同样事件历史观测数据的,它只能用于完全可重复事件,因而并不适用于大部分现实事件。应用客观概率对项目风险进行的估计称为客观估计,它利用同一事件的历史数据,或是类似事件的数据资料,计算出客观概率。该法的最大缺点是需要足够的信息,但通常是不可得的。

当项目的某些风险因素可以找到比较多的历史数据时,就可以基于已有的数据资料,进行统计分析,从而得出这些风险因素出现的概率。

如某风险因素有 $Q_1,Q_2,Q_3\cdots Q_m$ 等 m 个状态,对应的出现次数分别是 $n_1,n_2,n_3\cdots n_m$,则第 i 种状态出现的概率是:$P(x=Q_i)=n_i/n,i=1,2,3\cdots m$。其中,$n=n_1+n_2+n_3+\cdots+n_m$。

(2)主观概率估计

主观概率是基于个人经验、预感或直觉而估算出来的概率,是一种个人的主观判断,反映了人们对风险现象的一种测度。当有效统计数据不足或是不可能进行实验时,主观概率是唯一的选择,基于经验、知识或类似事件比较的专家推断概率便是主观估计。在实践中,许多项目风险是不可预见、并且不能精确计算的。主观概率的专家估计具体步骤:

①根据需要调查问题的性质组成专家组。专家组成员由熟悉该风险因素的现状和发展趋势的专家、有经验的工作人员组成。

②查某一变量可能出现的状态数或状态范围和各种状态出现的概率或变量发生在状态范围内的概率,由每个专家独立使用书面形式反映出来。

③整理专家组成员的意见,计算专家意见的期望值和意见分歧情况,反馈给专家组。

④专家组讨论并分析意见分歧的原因。由专家组成员重新"背靠背"地独立填写变量可能出现的状态,或状态范围和各种状态出现的概率,或变量发生在状态范围内的概率,如此重复进行,直至专家意见分歧程度满足要求值为止。这个过程最多经历3个循环,超过3个循环将会引起厌烦,不利于获得专家们的真实意见。

4)概率树分析

根据项目的特点和需要,有条件时应对项目经济效果指标进行概率分析。概率分析就是利用概率定量地分析和预测不确定因素对项目经济效果指标的影响。概率树分析是借助现代计算技术,运用概率论和数理统计原理进行概率分析,求得风险因素取值的概率分布,并计算期望值、方差或标准差和离散系数,表明项目的风险程度。

（1）期望值法

所谓期望值法，就是把每个方案的期望值求出来加以比较。期望值即概率论中离散型随机变量的数学期望，其计算公式为：

$$EV = \sum X_i P_i \tag{5.14}$$

式中　$EV(x)$——经济指标 x 的期望值；

X_i——第 i 种情况下的经济指标值；

P_i——第 i 种情况下出现的概率，等于第 i 种情况中参数值出现的概率的乘积。

如果决策目标是效益最大，则选择收益期望值最大的议案；如果方案中对应的益损值为费用值，而且决策目标是费用最小，则应选择费用期望值最小的方案。

（2）决策树

期望值的分析和求解过程，可用图论中的树型结构来表达，称为决策树法。

决策树又称为决策图，如图 5.9 所示，是以方块和圆点作为结点，并由直线连接形成的一种树枝状结构。

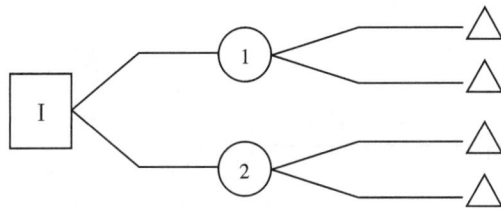

图 5.9　决策树结构图

□——决策结点，由它引出若干条树枝，每枝代表一个方案（方案枝）。

○——状态结点，由它引出若干条树枝，表示不同的自然状态（状态枝），在每条状态枝上写明自然状态及其概率值。

△——每种自然状态相应的损益值。

一般决策问题具有多个方案，每个方案可能有多种状态。因此，图形从左至右、由简到繁组成为一个树枝网状图。

应用树枝图进行决策的过程是：由右向左，逐步后退。根据右端的损益值和状态枝上的概率，计算出同一方案不同状态下的期望损益值，然后根据不同方案的期望损益值的大小进行选择。方案的舍弃为修枝，舍弃的方案只需在枝上画以"卝"的符号，即表示修枝的意思。最后决策结点只留下一条树枝，就是决策的最优方案。

决策可分为单级决策和多级决策。单级决策是指决策问题只有一项决策，又称为单阶段决策。多级决策是指决策问题包括两项以上的决策，又称为阶段决策。

【例 5.7】假设 3 个可行方案投资额分别为：扩建 100 万元，新建 200 万元，合同转包 28 万元。企业产品经营期限为 10 年。其他数据见表 5.8（不考虑时间价值）。试用决策树法选择最优方案。

表 5.8　决策收益表

自然状态 概率 方案与收益值	销路好 0.5	销路一般 0.3	销路差 0.1	销路极差 0.1
扩建/万元	50	25	−25	−45
新建/万元	70	30	−40	−80
合同转包/万元	30	15	−5	−10

【解】①画决策树图,如图 5.10 所示。

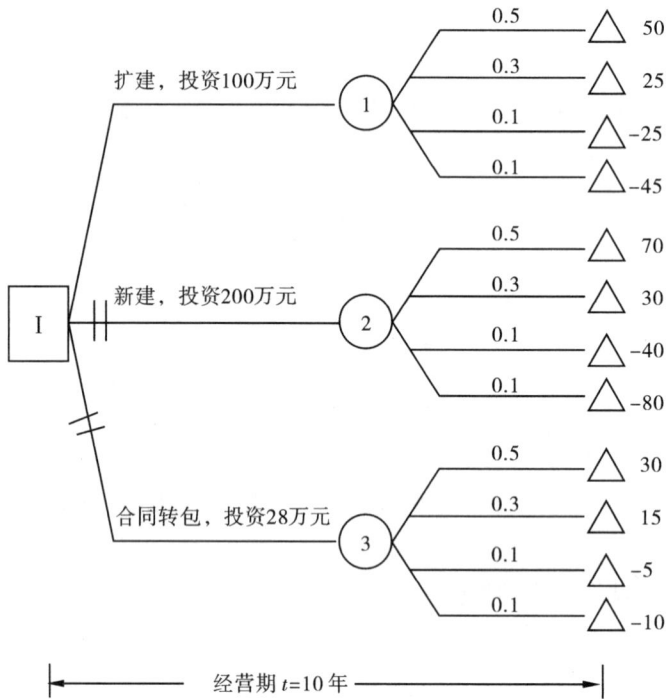

图 5.10　单级决策

②计算各方案 10 年经营期内的期望收益值如下:

$$EV = (\sum X_i P_i) \times t - I$$

扩建方案,结点①:

$$EV_1 = (\sum X_i P_i) \times t - I_1$$
$$= (50 \times 0.5 + 25 \times 0.3 - 25 \times 0.1 - 45 \times 0.1) \times 10 - 100$$
$$= 155 (万元)$$

新建方案,结点②:

$$EV_2 = (\sum X_i P_i) \times t - I_2$$
$$= (70 \times 0.5 + 30 \times 0.3 - 40 \times 0.1 - 80 \times 0.1) \times 10 - 200$$

$$= 120(万元)$$

合同转包方案,结点③:

$$EV_3 = (\sum X_i P_i) \times t - I_3$$
$$= (30 \times 0.5 + 15 \times 0.3 - 5 \times 0.1 - 10 \times 0.1) \times 10 - 28$$
$$= 152(万元)$$

将计算结果写在图中结点上方。

③选择最优方案。产品经营 10 年中,期望收益值最大的方案为扩建方案,投资 100 万元,获得收益 155 万元。其他方案应舍弃。

【例 5.8】已知某方案各参数的不同取值及相应的概率,见表 5.9。计算方案净现值的期望值。

表 5.9 各方案的有关数据

投资额		年收益		寿命/年	基准收益率/%
数值/万元	概率	数值	概率		
300	0.6	50	0.3	10	12
400	0.4	60	0.4		
		70	0.3		

【解】投资额和年收益不同的取值交叉组合成 6 种情况,各种情况下的联合概率及相应的净现值,见表 5.10。

表 5.10 各种情况的净现值

组合情况	1	2	3	4	5	6
投资额/万元	300	300	300	400	400	400
年收益/万元	50	60	70	50	60	70
联合概率 P	0.18	0.24	0.18	0.12	0.16	0.12
净现值/万元	−17.49	39.01	95.51	−117.49	−60.99	−4.49

方案净现值的期望值为:

$$E_{NPV} = -17.49 \times 0.18 + 39.0 \times 0.24 + 95.51 \times 0.18 -$$
$$117.49 \times 0.12 - 60.99 \times 0.16 - 4.49 \times 0.12$$
$$= -0.99(万元)$$

【例 5.9】为生产某种新产品,有两个建厂方案。一个是建大厂,需投资 300 万元,销售情况好的概率为 0.7,每年可获利 100 万元,销售情况不好的概率为 0.3,此时每年将亏损 20 万元。另一方案是建小厂,需投资 160 万元,销售情况好的概率为 0.7,每年可盈利 40 万元,销售情况不好的概率为 0.3,每年可盈利 10 万元。两方案均可使用 10 年。又据市场预测,建大厂,若销路好的概率前 3 年为 0.7,则后 7 年为 0.9;若销路不好的概率前 3 年为 0.3,则后 7 年销路一定不好,其余数据不变。如果先建小厂,前3年销路好的概率为0.7,此时可扩建,需投资140万元,可再使用7年。扩建后销路好的概率为0.9,年盈利100万元,销路不好,每年亏损20万元。前3年销路好但3年后不扩建,后7年销路仍好的概率为0.9,年盈利40万元,销路不好时年盈利10万元。若前3年销路差,则后7年销路肯定差,每年盈利10万元。试问如何决策?(设基准贴现率为10%)

【解】本题是一个二级决策,可利用数学期望的思想,计算每年的期望收益和预期费用作为每年的净现金流量,然后求得每个方案的预期净现值以评价方案。

①画出前3年的决策树,如图5.11所示。

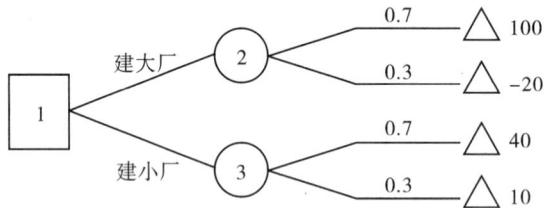

图5.11 前3年决策树

②计算两种方案前3年的年期望收益值。

建大厂方案:$100×0.7+(-20)×0.3=64$(万元)。

建小厂方案:$40×0.7+10×0.3=31$(万元)。

③画出后7年建厂情况的决策树,如图5.12所示。

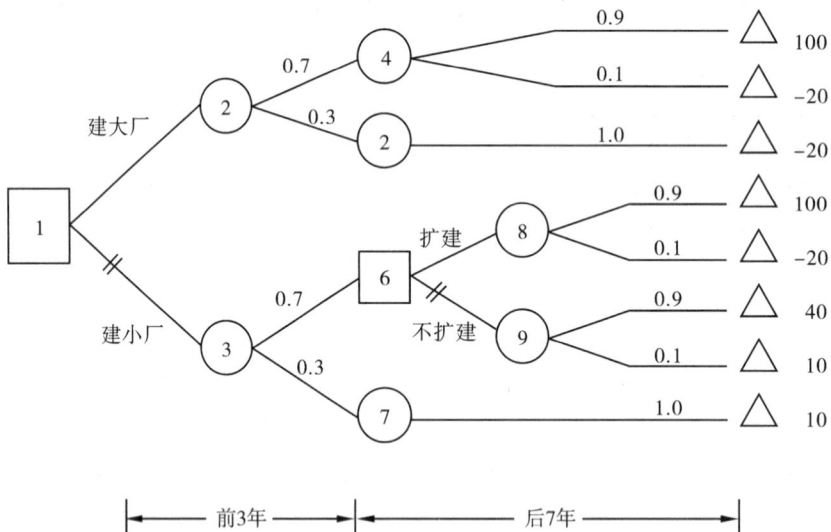

图5.12 后7年决策树

④计算后7年各方案每年的期望收益值。

建大厂方案:$100×0.9×0.7-20×0.7×0.1-20×0.3=55.6$(万元)。

扩建方案:$(100×0.9-20×0.1)×7-140=476$(万元)。

不扩建方案:$(40×0.9+10×0.1)×7=259$(万元)。

因此,对于节点6应选择扩建方案,并对不扩建方案截枝。

于是,对于建小厂方案后 7 年的年预期收益值为:88×0.7+10×0.3 = 64.6(万元)。

⑤将两方案的预期净现金流量绘制成现金流量图,如图 5.13 所示。

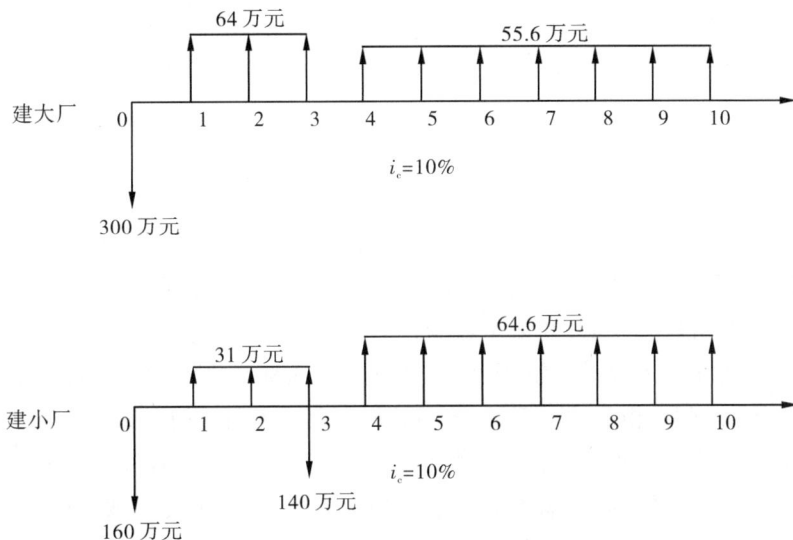

图 5.13　建大厂、建小厂的现金流量图

⑥求两方案的预期净现值。

$$NPV_大 = -300 + 64(P/A,10\%,3) + 55.6(P/A,10\%,7)(P/F,10\%,3)$$
$$= 62.53(万元)$$

$$NPV_小 = -160 + 31(P/A,10\%,3) + 64.6(P/A,10\%,7)(P/F,10\%,3) -$$
$$140(P/F,10\%,3)$$
$$= 48.19(万元)$$

因为 $NPV_大 > NPV_小$,因此选择建大厂方案。在决策树图上对其他方案进行截枝。

5)蒙特卡洛模拟

当在项目评价中输入的随机变量个数多于 3 个,每个输入变量可能出现 3 个以上以至无限多种状态时(如连续随机变量),就不能用理论计算法进行风险分析,这时就必须采用蒙特卡洛模拟技术。这种方法的原理是用随机抽样的方法抽取一组输入变量的数值,并根据这组输入变量的数值计算项目评价指标,如内部收益率、净现值等,用这样的办法抽样计算足够多的次数可获得评价指标的概率分布及累计概率分布、期望值、方差、标准差,计算项目由可行转变为不可行的概率,从而估计项目投资所承担的风险。

(1)蒙特卡洛模拟的程序

①确定风险分析所采用的评价指标,如净现值、内部收益率等。

②确定对项目评价指标有重要影响的输入变量。

③经调查确定输入变量的概率分布。

④为各输入变量独立抽取随机数。

⑤由抽得的随机数转化为各输入变量的抽样值。

⑥根据抽得的各输入随机变量的抽样值,组成一组项目评价基础数据。

⑦根据抽样值组成基础数据计算出评价指标值。

⑧重复第4~7步,直至预定模拟次数。

⑨整理模拟结果所得评价指标的期望值、方差、标准差和期望值的概率分布,绘制累计概率图。

⑩计算项目由可行转变为不可行的概率。

(2)应用蒙特卡洛模拟法时应注意的问题

①在运用蒙特卡洛模拟法时,假设输入变量之间是相互独立的,在风险分析中会遇到输入变量的分解程度问题。一般而言,变量分解得越细,输入变量个数也就越多,模拟结果的可靠性也就越高;变量分解程度低,变量个数少,模拟可靠性降低,但能较快获得模拟结果。对一个具体项目,在确定输入变量分解程度时,往往与输入变量之间的相关性有关。变量分解过细往往造成变量之间有相关性。例如,产品销售收入与产品结构方案中各种产品数量和各种产品价格有关,而产品销售数量往往与售价存在负相关的关系,各种产品的价格之间同样存在或正或负的相关关系。如果输入变量本来是相关的,模拟中视为独立地进行抽样,就可能导致错误的结论。为避免此问题,可采用以下办法处理。

a.限制输入变量的分解程度。例如,不同产品虽有不同价格,但如果产品结构不变,可采用平均价格,又如销量与售价之间存在相关性,则可合并销量与价格作为一个变量,但是如果销量与售价之间没有明显的相关关系,还是把它们分为两个变量为好。

b.限制不确定变量个数。模拟中只选取对评价指标有重大影响的关键变量,除关键变量外,其他变量认为保持在期望值上。

c.进一步搜集有关信息,确定变量之间的相关性,建立函数关系。

②蒙特卡洛法的模拟次数。从理论上讲,模拟次数越多越正确,但实际上模拟次数过多不仅费用高,整理结果费时费力。因此,模拟次数过多也无必要,但模拟次数过少,随机数的分布就不均匀,影响模拟结果的可靠性,一般应在200~500次为宜。由于计算量巨大,蒙特卡洛模拟需要借助计算机来完成。

6)风险综合评价法

风险综合评价有许多方法,这里介绍一种最常用、最简单的分析方法。通过调查专家意见,获得风险因素的权重和发生概率,进而获得项目的整体风险程度。其步骤主要包括:

①建立风险调查表。在风险识别完成后,建立投资项目主要风险清单,将该投资项目可能遇到的所有重要风险全部列入表中。

②判断风险权重。利用专家经验,对这些风险因素的重要性及风险对项目的有效大小进行评价,计算各风险因素的权重。

③确定每个风险发生概率。可以采用1~5标度,分别表示可能性很小、较小、中等、较大、很大,代表5种程度。

④计算每个风险因素的等级。将每个风险的权重与发生可能性相乘,所得分值即为每个风险因素的等级。

⑤最后将风险调查表中全部风险因素的等级相加,得出整个项目的综合风险等级。分值越高,项目的整体风险越大,如表 5.11 所示。项目整体风险得分为 3.2,介于一般风险(分值=3)和较大风险(分值=4)之间,属于较大风险。

表 5.11　某投资项目风险因素调查表

风险因素	对项目目标的影响程度(I)	风险因素发生可能性(P)					风险程度 ($I×P$)
		很大(5)	较大(4)	一般(3)	较小(2)	很小(1)	
地质条件	0.30		X				1.2
技术风险	0.15			X			0.45
投资超支	0.15	X					0.75
环境影响	0.25				X		0.5
运营收入	0.15				X		0.3
合计	1.00						3.2

▶ 5.3.5　常用的风险对策

任何经济活动都可能有风险,人们面对风险的选择可能不同,归纳起来主要有 3 种:一是不畏风险,敢冒风险行事,因为高风险常意味着高回报;二是干脆回避风险,绝不干有风险的事,因此也就丧失了获取高回报的机会;三是客观地面对风险,设法采取措施,以降低、规避、分散或防范风险。

风险防范工作应从经济活动实施前就开始进行,才能起到事半功倍的效果。就投资项目而言,可行性研究中进行的风险对策研究就可以起到这样的作用。主要风险对策主要有以下4 种。

(1)风险回避

风险回避是彻底规避风险的一种做法,即断绝风险的来源。对投资项目可行性研究而言,就意味着提出推迟或否决项目的建议。在可行性研究过程中,通过信息反馈彻底改变原方案的做法也属于风险回避方式。例如,风险分析显示产品市场方面存在严重风险,若采取回避风险的对策,就会做出缓建(待市场变化后再予以考虑)或放弃项目的决策。这样固然避免了可能遭受损失的风险,同时也放弃了投资获利的可能。因此,风险回避对策的采用一般都是很慎重的,只有在对风险的存在与发生和风险损失的严重性有把握的情况下才有积极意义。所以,风险回避一般适用于以下两种情况:一是某种风险可能造成相当大的损失,且发生的频率较高;二是应用其他的风险对策防范风险代价昂贵。

(2)风险控制

风险控制是针对可控性风险采取的防止风险发生,减少风险损失的对策,也是绝大部分项目应用的主要风险对策。可行性研究报告的风险对策研究应十分重视风险控制措施的研究,应就识别出的关键风险因素逐一提出技术上可行、经济上合理的预防措施,以尽可能低的风险成本来降低风险发生的可能性并将风险损失控制在最小程度。在可行性研究完成时的风险对策研究可针对决策、设计和实施阶段提出不同的风险控制措施,以防患于未然。

风险控制措施必须针对项目的具体情况提出,既可以是项目内部采取的技术措施、工程措施和管理措施等,也可以采取向外分散的方式来减少项目承担的风险。例如,银行为了减少自己的风险,只贷给投资项目所需资金的一部分,让其他银行和投资者共担风险。在资本筹集中采用多方出资的方式也是风险分散的一种方法。

(3)风险转移

风险转移是试图将项目业主可能面临的风险转移给他人承担,以避免风险损失的一种方法。转移风险有两种方式:一是将风险源转移出去;二是只把部分或全部风险损失转移出去。就投资项目而言,第一种风险转移方式是风险回避的一种特殊形式。例如,将已做完前期工作的项目转给他人投资,或将其中风险大的部分转移给他人承包建设或经营。第二种风险转移方式又可细分为保险转移方式和非保险转移方式两种。保险转移是采取向保险公司投保的方式将项目风险损失转嫁给保险公司承担,如对某些人力难以控制的灾害性风险就可以采取保险转移方式。非保险转移方式是项目前期工作涉及较多的风险对策,如采用新技术可能面临较大的风险。可行性研究中可以提出在技术合同谈判中注意加上保证性条款,如达不到设计能力或设计消耗时的赔偿条款等,可以将风险损失全部或部分转移给技术转让方,在设备采购和施工合同中也可以采用转嫁部分风险的条款。

(4)风险自担

顾名思义,风险自担就是将风险损失留给项目业主自己承担。这适用于两种情况:一种是已知有风险但由于可能获利而需要冒险时,必须保留和承担这种风险;另一种情况是已知有风险,但若采取某种风险措施,其费用支出会大于自担风险的损失时,常常主动自担风险。

以上所述的风险对策不是互斥的,实践中常常组合使用。例如,在采取措施降低风险的同时并不排斥其他的风险对策,如向保险公司投保。可行性研究中应结合项目的实际情况,研究并选择相应的风险对策。

本章小结

1.不确定性分析包括盈亏平衡分析、敏感性分析和概率分析,但盈亏平衡分析只适用于财务评价。

2.盈亏平衡分析是在一定市场和经营管理条件下,根据达到设计生产能力时的成本费用与收入数据,通过求取盈亏平衡点(Break Even Point,BEP),研究分析项目成本费用与收益的平衡关系的一种方法,有线性盈亏平衡分析和非线性盈亏平衡分析。

3.盈亏平衡点的表达形式有多种,可以用产量、产品售价、单位可变成本和年总固定成本等绝对量表示,也可以用某些相对值表示。投资项目决策分析与评价中最常用的是以产量和生产能力利用率表示的盈亏平衡点,也有采用产品售价表示的盈亏平衡点。

4.敏感性分析(Sensitivity Analysis)是通过分析、预测项目主要因素发生变化时对项目基本方案经济评价指标的影响,从中找出敏感性因素,并确定其影响程度。根据每次变动因素数目的不同,敏感性分析方法可以分为单因素敏感性分析、多因素敏感性分析。

5.项目风险分析是认识项目可能存在的潜在风险因素,估计这些因素发生的可能性及由此造成的影响,分析为防止或减少不利影响而采取对策的一系列活动。它包括风险识别、风险估计、风险评价与对策研究4个基本阶段。

6.风险分析的主要方法有风险解析法、专家调查法、风险概率估计、概率树分析、蒙特卡洛模拟、风险综合评价法。防范工程项目主要风险的常用对策有风险回避、风险控制、风险转移、风险自担。

练习题

1.为什么要对工程项目进行不确定性分析?

2.项目的不确定性分析中,盈亏平衡分析主要通过什么方法进行?

3.什么是项目敏感性分析?它是通过什么样的步骤进行的?

4.项目风险分析的内容有哪些?常用的风险对策有哪些?

5.某建设项目拟定产品销售单价为8元,生产能力为200 000单位,单位生产成本中可变费用为4元,总固定费用为300 000元。试用产量、生产能力利用率、销售单价表示盈亏平衡点并求出具体数值。

6.某工厂生产一种产品,单位产品可变成本60元,年固定成本120万元,单位产品售价为150元,设计能力为年产量30 000件,销售税率为10%。试求该厂盈亏平衡点的年产量、生产能力利用率,并评价经营安全状况。

7.某建筑构件厂经营一种小型构件,已知产品单件变动费用160元,售价250元,该厂每年固定费用80万元,产品单件税金为10元,年设计生产能力为2.5万件。根据资料,试回答下列问题:

(1)该厂盈亏平衡点的产量为多少件?

(2)当生产能力为每年2万件时,年利润为多少万元?

(3)为使该厂利润达到100万元,则年产量为多少件?

(4)计算该厂生产能力利用率,并进行经营安全性评价。

8.某厂需用一种零件,如果由本厂生产,每件可变成本为40元,同时需负担购置机械设备等固定成本120 000元/年,若从市场购买,每个单价为100元。该厂应如何决策?

9.生产某产品可供选择的工艺方案有3个:甲方案机械化程度较低,年固定成本为20万元,单位产品可变成本为10元;乙方案机械化程度较高,年固定成本为30万元,单位产品可变成本为8元;丙方案为自动化生产方案,年固定成本为60万元,单位可变成本为4元。试分析如何根据不同产量水平采用最合算的工艺方案。

10.某企业计划购进一台设备,需投资 15 万元,使用寿命为 10 年,不计残值,该设备年度收益为 7 万元,使用成本费为 4 万元,利率为 10%。先考虑以投资、年收益、年使用成本费和使用寿命期 4 种因素为变量因素,变动范围为±10%,试进行敏感性分析。

11.设某项目有两个投资方案,甲方案投资 4 200 万元,乙方案投资 1 800 万元,该产品经济寿命为 10 年,该产品销售概率及年损益值如表 5.12 所示。试用期望值法选择方案,并用决策树表示。

表 5.12　投资方案销售状况及预测值

单位:万元

损益值　　概率 方案	销路好 0.7	销路差 0.3
甲方案	800	−180
乙方案	400	−80

12.一个总承包商面临 3 个项目的投标。一个项目是水库的堤坝建设,业主要求采用总价合同,预计会有两种情况出现:一种情况是赢利 45 万元,赢利的概率为 0.6;另一种情况是亏损 20 万元,亏损的概率为 0.4。另一个项目是污水处理工程,业主要求采用设计—施工一体化合同,预计也会有两种情况出现:一种情况是赢利 30 万元,赢利的概率为 0.8;另一种情况是亏损 12 万元,亏损的概率为 0.2。第三个项目是变电站工程的管理承包合同,预计同样会有两种情况出现:一种情况是赢利 19 万元,赢利的概率为 0.9;另一种情况是亏损 0.5 万元,亏损的概率为 0.1。试用决策树法帮助承包商进行决策。

6

工程项目财务评价

[学习目标]

理解财务评价的概念及目标;熟悉财务评价内容和基本步骤;掌握财务报表的种类和编制方法;掌握各项财务评价指标的含义和计算,从而评价项目投资效果。

[基本概念]

财务评价,现金流量表,资产负债表,损益表,盈利能力,偿债能力,生存能力

工程项目财务评价是工程经济分析的重要组成部分。它是在国家现行会计制度、税收法规和市场价格体系下,鉴定和分析工程项目的投资、成本、收入、税金和利润等,从项目角度,考察项目建成投产后的盈利能力、清偿能力和财务生存能力,据此评价和判断项目财务可行性的一种经济评价方法。明确工程项目对财务主体的价值以及对投资者的贡献,工程项目财务评价也为投资决策、融资决策,以及银行审贷提供依据。

6.1 财务评价概述

▶ 6.1.1 财务评价的含义

财务评价(又称企业经济评价),是在国家现行财税制度和价格体系的前提下,从项目的角度出发,计算项目范围内的财务效益和费用,分析项目的盈利能力和清偿能力,评价项目在

财务上的可行性。

财务评价是在项目的角度上,以项目为边界,按照企业在整个寿命期内微观利益最大化的原则,以项目系统的实际发生行为,通过分析、计算项目的直接效益和费用,考察项目及实施项目的企业和各投资者的经济效益水平,据此判断项目在财务上的可行性。财务评价和国民经济评价共同构成投资方案的经济评价。一般地,投资方案只有分别通过了财务评价和国民经济评价,才是可行方案。

▶ 6.1.2 财务评价的目的和主要内容

企业是独立的经济单位,是投资后果的直接承担者。财务评价是在确定的建设方案、投资估算和融资方案的基础上,从项目投资者、经营者或企业角度进行财务可行性研究,是企业投资决策的基础。

(1)财务评价的主要目的

①从企业或项目角度出发,分析投资效果,判断企业投资所获得的实际利益。

②为企业制订资金规划。

③为协调企业利益和国家利益提供依据。

(2)财务评价的主要内容

财务评价的内容应根据项目的性质和目标确定。财务评价的主要目标是工程项目的盈利能力、偿债能力和财务生存能力。对于经营性项目,财务评价应通过编制财务分析报表,计算财务指标,分析财务盈利能力、偿债能力和财务生存能力,判断项目的财务可接受性。明确项目对财务主体及投资者的价值贡献,为项目决策提供依据。对于非经营性项目,财务评价应主要分析项目的财务生存能力。

①项目盈利能力。项目盈利能力指工程项目的盈利水平,是反映项目在财务上可行程度的基本标志。工程项目的盈利能力分析,应当考察拟建项目建成投产后是否有盈利、盈利多少、各年度投资盈利能力,以及项目在整个寿命期内的盈利水平。

②项目偿债能力。工程项目的偿债能力是指项目按期偿还债务的能力。项目偿债能力通常表现为建设项目借款偿还期的长短、利息备付率和偿债备付率的高低,这些指标也是银行进行贷款决策的重要依据。

③项目财务生存能力。在项目(企业)运营期间,确保从各项经济活动中得到足够的净现金流量是项目能够持续生存的条件。财务分析中应根据财务计划现金流量表,综合考察项目计算期内各年的投资活动、融资活动和经营活动。

▶ 6.1.3 财务评价的主要步骤

财务评价主要是利用有关基础数据,通过财务分析报表,计算财务指标,进行分析和评价。财务评价工作大致可按以下4个步骤展开。

(1)财务评价前的准备工作

该部分又可以具体分为依次序进行的4项工作:

①熟悉拟建项目的基本情况。包括项目建设的目的、意义、要求、建设条件和投资环境、市场预测及主要技术实现方案等。

②收集、整理经济评价基础数据和资料。包括收集各类项目投入物和产出物的数量、质量、价格及项目实施进度安排、资金筹措方案等。

③编制辅助报表。通过编制辅助报表，为财务评价基本报表编制提供原始和明细数据。例如，编制用于投资估算、折旧和摊销费估算，总成本费用估算，产品销售收入和销售税金及附加估算等数据的辅助报表。

④编制计算期内项目的各种基本财务报表。

（2）进行财务分析

通过基本财务报表，计算各项财务评价指标及财务比率，进行包括融资后的财务盈利能力分析、清偿能力分析、生存能力分析工作。值得注意的是，对财务评价获得的定量结果要进行定性分析。

（3）进行不确定性分析

为了分析不确定因素对财务评价的影响，需对上述评价进行不确定分析，以预测项目可能承担的风险的能力，反映项目财务评价的可靠性。不确定性分析又包括盈亏平衡分析、敏感性分析和概率分析等。

（4）提出财务评价总体结论

由于财务评价的不确定性分析安排在第5章，其他财务评价的准备工作已在前几章分别作了详细介绍。为此，本章将着重介绍财务评价辅助报表与基本报表的编制以及财务分析的内容。

具体财务评价的程序如图6.1所示。

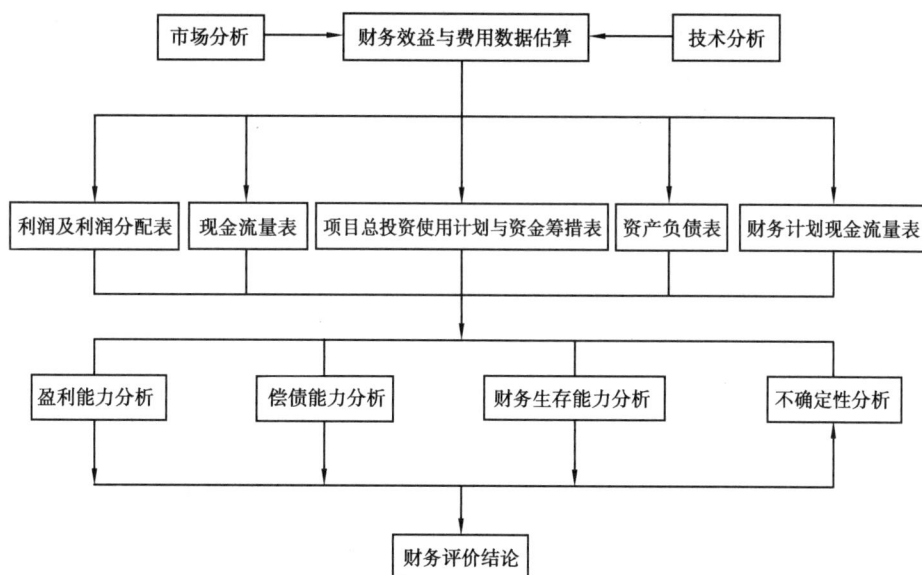

图 6.1 财务评价的程序

6.2 财务评价的基本报表及指标

▶ 6.2.1 财务评价的基本报表

财务评价基本报表主要包括现金流量表、利润与利润分配表、资产负债表、财务计划现金流量表、借款还本付息计划表等 5 大基本报表。

1)现金流量表

现金流量表是反映项目计算期内各年的现金流入、现金流出和净现金流量的计算表格，用以计算各项动态和静态评价指标，进行项目财务盈利能力分析。

此外，现金流量表只反映项目在计算期内各年实际发生的现金收支，不反映非现金收支（如折旧费、应收及应付款等）。

按照国家的相关规定，为了适应评价的需要，在项目财务费用与效益估算的基础上，具体形成 3 种不同财务主体现金流量报表。

(1)项目投资现金流量表（表 6.9）

项目投资现金流量表是站在项目全部投资的角度，不分资金来源（自有或借入），即在假定全部投资为自有资金的条件下，以项目所需的全部资金为计算基础，不考虑资金本息偿还的前提下，反映项目各年现金流量状况，并以此为基础计算相应经济指标，考察项目的盈利能力。主要用于计算项目投资内部收益率、净现值、投资回收期等财务评价指标。

(2)项目资本金现金流量表（表 6.10）

项目资本金现金流量表又称自有资金现金流量表，是站在项目投资主体角度考察项目的现金流入流出情况。从项目投资主体的角度看，建设项目投资借款是现金流入，但又同时将借款用于项目投资则构成同一时点、相同数额的现金流出，二者相抵，对净现金流量的计算无影响，因此表中投资只计自有资金。另一方面，现金流入又是因项目全部投资所获得，故应将借款本金的偿还及利息支付计入现金流出。主要用于计算项目资本金财务内部收益率、财务净现值等财务评价指标。

(3)投资各方财务现金流量表

对于某些项目，为了考察投资各方的具体收益，还应从投资各方实际收入和支出的角度，确定其现金流入流出，分别编制投资各方现金流量表。主要用于计算投资各方财务内部收益率，分析投资各方投入资本的盈利能力。

2)利润与利润分配表（表 6.6）

利润与利润分配表是反映项目计算期内各年营业收入、总成本费用、利润总额以及所得税后利润的分配情况的表格，用以计算投资收益率（如总投资收益率、项目资本金净利润率等）指标，考察项目的盈利能力。

3)资产负债表（表 6.12）

资产负债表综合反映项目计算期内各年年末资产、负债和所有者权益的增减变化以及对应关系,以考察项目资产、负债、所有者权益的结构是否合理,用以计算资产负债率、流动比率及速动比率等指标,进行清偿能力分析。

4)财务计划现金流量表(表6.11)

财务计划现金流量表反映项目计算期内各年的投资、融资及经营活动的资金流入和流出,用于计算累计盈余资金,分析项目的财务生存能力。

5)借款还本付息计划表(表6.5)

借款还本付息计划表用于反映项目计算期内各年借款本金偿还和利息支付情况,计算利息备付率和偿债备付率等指标。

▶ **6.2.2 财务评价的基本指标**

(1)盈利能力分析指标

财务盈利能力分析主要计算一些反映盈利能力的财务指标,这些指标包括项目投资财务内部收益率($FIRR$)、财务净现值($FNPV$),项目投资回收期(P_t)、总投资收益率(ROI)、项目资本净利润率(ROE)等,可根据项目特点及财务分析目的、要求等选用。

(2)偿债能力分析指标

对使用债务资金的项目,应进行偿债能力分析。项目偿债能力分析,主要通过计算反映偿债能力的一些指标来考察项目在计算期内各期的财务状况及偿债能力。偿债能力指标包括利息备付率、偿债备付率、资产负债率、流动比率、速动比率等指标。

(3)生存能力分析指标

在项目运营期间,从各项经济活动中获得足够净现金流量是项目能够持续生存的条件。因此,财务生存能力分析主要判断项目在经营期内各期是否有能力维持简单再生产,即在正常生产经营情况下,各期期末的净现金流量累计值是否为正数。在现金流量表的基础上,综合考察项目在计算期(主要是生产期)内各年的净现金流量和累计净现金流量。

分析项目是否有足够的净现金流量维持下期的正常运营,以实现项目经营的财务可持续性发展。为此,财务生存能力分析也称为资金平衡分析。

财务可持续性应首先体现为有足够的经营净现金流量,其次是各年累计盈余资金不应出现负值。如果出现负值应该进行短期借款,此时要依据短期借款的期限和数额,进一步判断项目的财务生存能力和短期借款的可能性。短期借款应体现在财务计划现金流量表中,其利息计入各期财务费用。

对于没有营业收入的项目,不进行盈利能力分析,主要考察项目的财务生存能力。通常,这类项目需要政府长期补助才能维持运营,此时应合理估算项目运营期内各年所需的政府补贴数额,并分析政府补贴的可能性和支付能力。对有债务资金的项目,还应结合借款偿还要求进行财务生存能力分析。

以上指标概念、计算方法等相关知识在第4章已作介绍,只是在财务评价和国民经济评价两种不同的经济评价中,反映同一问题或同一性质的指标在第4章介绍的指标前面加上不同的字母记号(或文字)用以区别。

财务分析报表与评价指标之间的关系如表6.1所示。

表 6.1　财务评价指标与基本报表关系

分析内容	基本报表	静态指标	动态指标
盈利能力	项目投资现金流量表	静态投资回收期	财务净现值 净年值 财务内部收益率 净现值率 动态投资回收期
	项目资本金现金流量表		财务净现值 财务内部收益率
	投资各方现金流量表		投资各方财务内部收益率
	利润及利润分配表	总投资收益率 投资利润率 投资利税率 资本金利润率 资本金净利润率	
清偿能力	借款还本付息计划表 资产负债表	借款偿还期 利息备付率 偿债备付率 资产负债率	
财务生存能力	财务计划现金流量表	净现金流量 累计盈余资金	
其他		价值指标或实物指标	

6.3　项目财务评价案例

本节将以一个新建项目为例,运用前面所学的知识(如评价指标、评价方法、财务报表等),进行项目财务评价,说明投资项目财务评价的主要内容和方法。

▶ 6.3.1　项目概况

设某市区新建一个亚麻纺纱厂,预计此项目寿命期为 10 年。项目预计用 2 年时间建成,第 3 年投产,第 4 年达到设计生产能力。

▶ 6.3.2　基础数据及预测

（1）数据资料

①固定投资为 4 000 万元，其中项目资本金投资为 2 000 万元，不足部分向银行借款。银行贷款条件是年利率为 $i=3\%$，建设期间只计息不还款。第 3 年投产后开始还贷，每年付清利息并分 6 年等额偿还建设期资本化后的全部借款本金。

②流动资金投资约需 2 400 万元，全部用银行借贷，年利率 4%。项目分年投资及贷款情况如表 6.2。

表 6.2　项目分年投资及贷款情况表　　　　单位：万元

项目＼年末	0	1	2	合计
固定投资	1 500	2 500		4 000
流动资金投资			2 400	2 400
项目资本金	500	1 500		2 000
借款需要量	1 000	1 000	2 400	2 400

③营业收入、营业税金及附加（营业收入的 3%）和经营成本的预测值如表 6.3，其他支出忽略不计。

表 6.3　预测数据表　　　　单位：万元

项目＼年份	3	4	…	10
营业收入	3 920	5 600	…	5 600
营业税金及附加	117.6	168	…	168
经营成本	2 450	3 500	…	3 500

④按平均年限法计算固定资产折旧。折旧年限为 10 年，残值率 5%。

⑤假设每年特种基金为零。

⑥假设每年可分配利润扣除公积金后全部向投资者分配。

（2）总成本费用估算表（表 6.4）。

表 6.4　总成本费用估算表　　　　单位：万元

序号	项目	投产期	达到设计能力生产期							备注
		3	4	5	6	7	8	9	10	
1	折旧费	385.75	385.75	385.75	385.75	385.75	385.75	385.75	385.75	
2	摊销费									

续表

| 序号 | 项目 | 投产期 | 达到设计能力生产期 | | | | | | | 备注 |
		3	4	5	6	7	8	9	10	
3	财务费用(利息支出)	157.81	147.51	137.21	126.91	116.6	106.3	96	96	
4	经营成本	2 450	3 500	3 500	3 500	3 500	3 500	3 500	3 500	
5	总成本费用合计(1+2+3+4)	2 993.6	4 033.3	4 023	4 012.7	4 002.4	3 992.1	3 981.8	3 981.8	
5.1	其中:可变成本									
5.2	固定成本									

(3)要求

进行项目资金投资和项目资本金投资的盈利能力分析、清偿能力分析(设基准折现率 $i_0 = 10\%$)。

▶ 6.3.3 财务评价

1)编制基本报表

根据以上有关数据,编制财务报表,具体有:

①借款还本付息计划表(表6.5)。

对于建设期的还款,其当年借款额只计一半利息。本例中,第3年初的累计欠款 2 060.5 万元即为利息资本化后的总本金。根据借款条件,从第3年开始,每年支付当年的利息,再还本金的1/6,6年内还清本金。

将建设期利息计入固定资产原值内,根据平均年限法计算固定资产折旧如下:

$$年折旧额 = \frac{(4\ 000 + 60.5) \times (1 - 5\%)}{10} = 385.75(万元)$$

第10年(项目寿命期末)回收固定资产余值为:

$$(4\ 000 + 60.5) - 385.75 \times 8 = 974.5(万元)$$

②计算利润与利润分配表,以及利息备付率和偿债备付率(表6.6—表6.8)。

表 6.5　借款还本付息计划表

单位:万元

序号	项目	建设期		投产期			达到设计能力生产期					期末
		1	2	3	4	5	6	7	8	9	10	
1	借款											
1.1	期初借款本息累计	0	1 015	2 060.5	1 717	1 373.6	1 030.2	686.81	343.4	96	96	
1.1.1	本金		1 000	2 000	1 717	1 373.6	1 030.2	686.81	343.4			
1.1.2	建设期利息		15	60.45								
1.2	当期借款	1 000	1 000	2 400								
1.2.1	长期借款	1 000	1 000									
1.2.2	短期借款			2 400								2 400
1.3	当期应计利息	15	45.45	157.81	147.51	137.21	126.91	116.6	106.3	96	96	
1.3.1	长期借款利息	15	45.45	61.814	51.511	41.209	30.907	20.604	10.302	0	0	
1.3.2	短期借款利息			96	96	96	96	96	96	96	96	
2	还本付息											
2.1	当期还本			343.41	343.41	343.41	343.41	343.41	343.41			2 400
2.2	当期付息			157.81	147.51	137.21	126.91	116.6	106.3	96	96	
2.3	期末本息余额	1 015	2 060.5	1 717	1 373.6	1 030.2	686.81	343.4				
3	还本资金来源			931.71	1 329.9	1 336.9	1 343.8	1 350.8	1 357.7	1 364.7	1 364.7	2 400
3.1	可用于还本的未分配利润			545.96	944.15	951.1	958.06	965.01	971.96	978.92	978.92	
3.2	折旧费			385.75	385.75	385.75	385.75	385.75	385.75	385.75	385.75	
3.3	摊销费											
3.4	以前结余可用于还本资金											
3.5	其他资金											2 400

表 6.6 利润与利润分配表

单位：万元

序号	项目	建设期		投产期	达到设计能力生产期							合计
		1	2	3	4	5	6	7	8	9	10	
	生产负荷/%			70	100	100	100	100	100	100	100	
1	营业收入			3 920	5 600	5 600	5 600	5 600	5 600	5 600	5 600	
2	营业税金及附加			117.6	168	168	168	168	168	168	168	
3	总成本费用			2 993.6	4 033.3	4 023	4 012.7	4 002.4	3 992.1	3 981.8	3 981.8	
4	补贴收入											
5	利润总额（1−2−3+4）			808.84	1 398.7	1 409	1 419.3	1 429.6	1 439.9	1 450.3	1 450.3	
6	弥补以前年度亏损											
7	应纳税所得额（5−6）			808.84	1 398.7	1 409	1 419.3	1 429.6	1 439.9	1 450.3	1450.3	
8	所得税（7×25%）			202.21	349.68	352.26	354.84	357.41	359.99	362.56	362.56	
9	净利润（7−8）			606.63	1 049.1	1 056.8	1 064.5	1 072.2	1 080	1 087.7	1 087.7	
10	期初未分配利润											
11	可供分配的利润（9+10）			606.63	1 049.1	1 056.8	1 064.5	1 072.2	1 080	1 087.7	1 087.7	
12	提取法定盈余公积金（11×10%）			60.63	104.91	105.68	106.45	107.22	108	108.77	108.77	
13	可供投资者分配的利润（11−12）			545.96	944.15	951.1	958.06	965.01	971.96	978.92	978.92	
14	期末未分配利润（11−12−13）											
15	息税前利润（利润总额+利息支出）			966.65	1 546.3	1 546.3	1 546.3	1 546.3	1 546.3	1 546.3	1 546.3	
16	息税前折旧摊销前利润（息税前利润+折旧+摊销）			1 352.4	1 932	1 932	1 932	1 932	1 932	1 932	1 932	
	利息备付率			6.125	10.482	11.269	12.184	13.261	14.546	13.107	16.107	
	偿债备付率			2.17	3.01	3.07	3.13	3.19	3.26	15.22	15.22	

表 6.7 利息备付率计算表 单位:万元

项目 \ 年份	3	4	5	6	7	8	9	10
1.利息支出	157.81	147.51	137.21	126.91	116.6	106.3	96	96
2.利润总额	808.84	1 398.7	1 409	1 419.3	1 429.6	1 439.9	1 450.3	1 450.3
3.息税前利润(1+2)	966.65	1 546.3	1 546.3	1 546.3	1 546.3	1 546.3	1 546.3	1 546.3
4.利息备付率(3/1)	6.125	10.482	11.269	12.184	13.261	14.546	16.107	16.107

表 6.8 偿债备付率计算表 单位:万元

项目 \ 年份	3	4	5	6	7	8	9	10
1.可用于还本的未分配利润	545.96	944.15	951.1	958.06	965.01	971.96	978.92	978.92
2.折旧	385.75	385.75	385.75	385.75	385.75	385.75	385.75	385.75
3.利息支出	157.81	147.51	137.21	126.91	116.6	106.3	96	96
4.可用于还本付息资金(1+2+3)	1 089.52	1 477.41	1 474.06	1 470.72	1 467.36	1 464.01	1 460.67	1 460.67
5.本年还本	343.41	343.41	343.41	343.41	343.41	343.41		
6.本年付息	157.81	147.51	137.21	126.91	116.6	106.3	96	96
7.当期应还本付息金额(5+6)	501.22	490.92	480.62	470.32	460.01	449.71	96	96
8.偿债备付率(4/7)	2.17	3.01	3.07	3.13	3.19	3.26	15.22	15.22

③计算项目投资现金流量表(表 6.9)及其经济效果指标。

由表 6.9 的项目 3 的所得税前现金流量数据计算税前指标。

财务内部收益率:$FIRR'_{全} = 20.47\%$。

财务净现值:$FNPV'_{全}(10\%) = 3\ 627.6(万元)$。

静态投资回收期:$T'_{全} = 5.61(年)$。

由表 6.9 的项目 6 的净现金流量数据计算所得税后指标。

财务内部收益率:$FIRR_{全} = 16.14\%$。

财务净现值:$FNPV_{全}(10\%) = 2\ 032.1(万元)$。

静态投资回收期:$T_{全} = 6.42(年)$。

④计算项目资本金现金流量表(表 6.10)及其经济效果指标。

由表 6.10 的项目 3 的净现金流量数据计算项目资本金投资的经济效果指标。

财务内部收益率:$FIRR_{自} = 32.70\%$。

财务净现值:$FNPV_{自}(10\%) = 3\ 340.79(万元)$。

⑤财务计划现金流量表(表 6.11)。

⑥资产负债表以及资产负债率计算(表 6.12)。

单位:万元

表6.9 项目投资现金流量表

序号	项目	建设期			投产期	达到设计能力生产期							备注
		0	1	2	3	4	5	6	7	8	9	10	
	生产负荷/%				70	100	100	100	100	100	100	100	
1	现金流入				3 920	5 600	5 600	5 600	5 600	5 600	5 600	8 974.5	
1.1	营业收入				3 920	5 600	5 600	5 600	5 600	5 600	5 600	5 600	
1.2	补贴收入												
1.3	回收固定资产余值											974.5	
1.4	回收流动资金											2 400	
2	现金流出	1 500	2 500	2 400	2 567.6	3 668	3 668	3 668	3 668	3 668	3 668	3 668	
2.1	建设投资	1 500	2 500										
2.2	流动资金			2 400									
2.3	经营成本				2 450	3 500	3 500	3 500	3 500	3 500	3 500	3 500	
2.4	营业税金及附加				117.6	168	168	168	168	168	168	168	
2.5	维持运营投资												
3	所得税前净现金流量(1-2)	-1 500	-2 500	-2 400	1 352.4	1 932	1 932	1 932	1 932	1 932	1 932	5 306.5	
4	累计所得税前现金流量	-1 500	-4 000	-6 400	-5 047.6	-3 115.6	-1 183.6	748.4	2 680.4	4 612.4	6 544.4	11 851	
5	调整所得税(25%)				241.66	386.56	386.56	386.56	386.56	386.56	386.56	386.56	
6	所得税后净现金流量(3-5)	-1 500	-2 500	-2 400	1 110.7	1 545.4	1 545.4	1 545.4	1 545.4	1 545.4	1 545.4	4 919.9	
7	累计所得税后净现金流量	-1 500	-4 000	-6 400	-5 289.3	-3 743.8	-2 198.4	-652.95	892.49	2 437.9	3 983.4	8 903.3	

单位:万元

表6.10 项目资本金现金流量表

序号	项目	建设期 0	1	2	投产期 3	达到设计能力生产期 4	5	6	7	8	9	10	合计
	生产负荷/%				70	100	100	100	100	100	100	100	
1	现金流入				3 920	5 600	5 600	5 600	5 600	5 600	5 600	8 974.5	
1.1	营业收入				3 920	5 600	5 600	5 600	5 600	5 600	5 600	5 600	
1.2	补贴收入												
1.3	回收固定资产余值											974.5	
1.4	回收流动资金											2 400	
2	现金流出	500	1 500	0	3 271	4 508.6	4 500.9	4 493.2	4 485.4	4 477.7	4 126.6	6 526.6	
2.1	项目资本金	500	1 500										
2.2	借款本金偿还				343.41	343.41	343.41	343.41	343.41	343.41	0	2 400	
2.3	借款利息支付				157.81	147.51	137.21	126.91	116.6	106.3	96	96	
2.4	经营成本				2 450	3 500	3 500	3 500	3 500	3 500	3 500	3 500	
2.5	营业税金及附加				117.6	168	168	168	168	168	168	168	
2.6	所得税				202.21	349.68	352.26	354.84	357.41	359.99	362.56	362.56	
2.7	维持运营投资												
3	净现金流量(1-2)	-500	-1 500	0	648.97	1 091.4	1 099.1	1 106.8	1 114.6	1 122.3	1 473.4	2 447.9	

单位:万元

表 6.11 财务计划现金流量表

| 序号 | 项目 | 建设期 | | 投产期 | 达到设计能力生产期 | | | | | | | 期末余值 |
		1	2	3	4	5	6	7	8	9	10	
1	经营活动净现金流量表			1 150.2	1 582.3	1 579.7	1 577.2	1 574.6	1 572	1 569.4	1 569.4	
1.1	现金流入			3 920	5 600	5 600	5 600	5 600	5 600	5 600	5 600	
1.1.1	营业收入			3 920	5 600	5 600	5 600	5 600	5 600	5 600	5 600	
1.1.2	增值税销项税额											
1.1.3	补贴收入											
1.1.4	其他流入											
1.2	现金流出			2 769.8	4 017.7	4 020.3	4 022.8	4 025.4	4 028	4 030.6	4 030.6	
1.2.1	经营成本			2 450	3 500	3 500	3 500	3 500	3 500	3 500	3 500	
1.2.2	增值税进项税额											
1.2.3	营业税金及附加			117.6	168	168	168	168	168	168	168	
1.2.4	增值税											
1.2.5	所得税			202.21	349.68	352.26	354.84	357.41	359.99	362.56	362.56	
1.2.6	其他流出											
2	投资活动净现金流量	-1 500	-2 500	-2 400								
2.1	现金流入											
2.2	现金流出	1 500	2 500	2 400								

序号	项目										
2.2.1	建设投资	1 500	2 500								
2.2.2	维持运营投资										
2.2.3	流动投资			2 400							
2.2.4	其他流出										
3	筹资活动净现金流量	1 500	2 500	1 352.8	−1 435.1	−1 431.7	−1 428.4	−1 425	−1 421.7	−1 074.9	−1 074.9
3.1	现金流入	1 500	2 500	2 400	0	0	0	0	0	0	0
3.1.1	项目资本金投入	500	1 500								
3.1.2	建设投资借款	1 000	1 000								
3.1.3	流动资金借款			2 400							
3.1.4	债券										
3.1.5	短期借款										
3.1.6	其他流入										
3.2	现金流出			1 047.2	1 435.1	1 431.7	1 428.4	1 425	1 421.7	1 074.9	1 074.9
3.2.1	各种利息支出			157.81	147.51	137.21	126.91	116.6	106.3	96	96
3.2.2	偿还债务本金			343.41	343.41	343.41	343.41	343.41	343.41		
3.2.3	应付利润（股利分配）			545.96	944.15	951.1	958.06	965.01	971.96	978.92	978.92
3.2.4	其他流出										
4	净现金流量（1+2+3）			103	147.25	148.02	148.79	149.56	150.34	494.52	494.52
5	累计盈余资金			103	250.25	398.27	547.06	696.62	846.96	1 314.5	1 836

表 6.12　资产负债表

单位:万元

序号	项目	建设期		投产期			达到设计能力生产期					备注
		1	2	3	4	5	6	7	8	9	10	
1	资产	1 515	4 060.5	6 177.7	5 939.2	5 701.5	5 464.6	5 228.3	4 993	5 101.7	5 201.5	
1.1	流动资产总额			2 503	2 650.2	2 798.3	2 947.1	3 096.6	3 247	3 741.5	4 236	
1.1.1	货币资金			2 503	2 650.2	2 798.3	2 947.1	3 096.6	3 247	3 741.5	4 236	
1.1.2	应收账款											
1.1.3	预付账款											
1.1.4	存货											
1.1.5	其他											
1.2	在建工程	1 515	4 060.5									
1.3	固定资产净值			3 674.7	3 289	2 903.2	2 517.5	2 131.7	1 746	1 360.2	974.5	
1.4	无形及其他资产净值											
2	负债及所有者权益(2.3+2.4)	1 515	4 060.5	4 460.7	4 565.6	4 671.2	4 777.7	4 884.9	4 992.9	5 101.7	5 210.5	
2.1	建设投资借款	1 015	2 060.5									
2.2	流动资金借款			2 400	2 400	2 400	2 400	2 400	2 400	2 400	2 400	
2.3	负债小计(2.1+2.2)	1 015	2 060.5	2 400	2 400	2 400	2 400	2 400	2 400	2 400	2 400	
2.4	所有者权益	500	2 000	2 060.7	2 165.6	2 271.2	2 377.7	2 484.9	2 592.9	2 701.7	2 810.5	
2.4.1	资本金	500	2 000	2 000	2 000	2 000	2 000	2 000	2 000	2 000	2 000	
2.4.2	资本公积金			60.663	104.91	105.68	106.45	107.22	108	108.77	108.77	
2.4.3	累计盈余公积金			60.663	165.57	271.25	377.7	484.92	592.92	701.69	810.45	
2.4.4	累计未分配利润											
	资产负债率	0.67	0.507 4	0.388 5	0.404 1	0.420 9	0.439 2	0.459 0	0.480 7	0.470 4	0.460 6	

2）分析与说明

（1）盈利能力分析

由项目投资现金流量表（表6.9）列出的所得税前后的净现金流量，以及表6.10列出的项目资本金投资净现金流量可分别计算出指标，见表6.13。

表6.13 评价指标对比分析表

评价指标	项目投资		项目资本金投资
	所得税前	所得税后	
财务内部收益率	$FIRR'_全 = 20.47\%$	$FIRR_全 = 16.14\%$	$FIRR_自 = 32.70\%$
财务净现值	$FNPV'_全(10\%)$ $= 3\ 627.6\ 万元$	$FNPV_全(10\%)$ $= 2\ 032.10\ 万元$	$FNPV_自(10\%)$ $= 3\ 340.79\ 万元$
静态投资回收期	$T'_全 = 5.61\ 年$	$T_全 = 6.42\ 年$	

经分析，$FIRR_全 > i_0$，$FNPV_全 > i_0$，表明方案本身的经济效果好于投资者的最低预期，方案可行。$FNPV_自 > FNPV_全$，$FIRR_自 > FIRR_全$，表明在总投资中采用借款可以使企业获得更好的经济效果。因为 $FIRR_全 > i_0$，债务比越高，财务杠杆效应使项目资本金的经济效果变得越好。项目资本金投资的经济效果一部分来自项目资本金本身，另一部分来自债务资金。

（2）资金平衡及偿债能力分析

由财务计划现金流量表（表6.11）可以看出，用项目筹措的资金和项目的净收益足可支付各项支出，不需要用短期借款即可保证资金收支相抵有余。在表6.11中，各年的累计盈余资金均大于零，可满足项目资金运行要求。

由表6.7、表6.8计算的各年利息备付率和偿债备付率表明，还本付息能力有充足的保障。

由资产负债表（表6.12）的资产负债率指标来看，项目的负债比率除少数年份外，均在60%以下，随着生产经营的继续，两项指标将逐渐更为好转。因此，该项目偿债能力较强。

从总体看，该项目投资效果较好。

本章小结

1.工程项目财务评价是工程经济分析的重要组成部分。它是在国家现行会计制度、税收法规和市场价格体系下，鉴定和分析工程项目的投资、成本、收入、税金和利润等，从项目角度，考察项目建成投产后的盈利能力、清偿能力和财务生存能力，据此评价和判断项目财务可行性的一种经济评价方法。明确工程项目对财务主体的价值以及对投资者的贡献，工程项目财务评价也为投资决策、融资决策，以及银行审贷提供依据。

2.财务评价的内容应根据项目的性质和目标确定。财务评价的主要目标是工程项目的盈利能力、偿债能力和财务生存能力。对于经营性项目，财务评价应通过编制财务分析报表，计算财务指标，分析财务盈利能力、偿债能力和财务生存能力，判断项目的财务可接受性。明确项目对财务主体及投资者的价值贡献，为项目决策提供依据。对于非经营性项目，财务评价应主要分析项目的财务生存能力。

3.财务评价分析报表主要包括现金流量表、利润与利润分配表、资产负债表、财务计划现金流量表、借款还本付息计划表等5大基本报表。财务评价主要是利用有关基础数据,通过财务分析报表,计算财务指标进行分析和评价,并以案例讲解项目财务评价的具体步骤和内容。

练习题

1.财务评价的概念及主要内容是什么?

2.财务评价的基本指标有哪些?

3.财务评价的基本步骤有哪些?

4.财务分析报表主要包括哪些表格?

5.项目投资现金流量表和自有资金现金流量表的主要差别有哪些?

6.某工业生产项目,建设期2年,生产期8年,基础数据如下:

①固定资产投资额为5 058.9万元,无形资产为600万元。

②项目资金来源为自有资金和贷款。自有资金在建设期均衡投入;贷款总额为2 000万元,建设期每年末贷入1 000万元。贷款利率为10%(年息)。在生产期每年按最大偿还能力偿还(有多少可用于偿还的资金就还多少)。无形资产在生产期8年中,均衡摊入成本。固定资产残值300万元,按直线法折旧,折旧年限8年。

③项目第3年投产,当年生产负荷达到生产能力的70%,第4年达到设计生产能力的90%,以后各年均达到设计生产能力。流动资金全部为自有资金。

④所得税税率为25%。项目的资金投入、收益、成本见表6.14。

问题:

(1)计算建设期贷款利息和生产期固定资产折旧费、无形资产摊销费。

(2)编制还本付息表、损益表。

(3)编制资金来源与运用表。

(4)编制资产负债表,分析项目清偿能力和项目可行性。

表6.14　建设项目资金投入、收益、成本费用表　　　　　单位:万元

序号	项目	1	2	3	4	5	6	7	8~10
1	建设投资,其中: 自有资金 贷款(不含建设期贷款利息)	1 529.45 1 000	1 529.45 1 000						

续表

序号	项目	1	2	3	4	5	6	7	8～10
2	销售收入			3 500	4 500	5 000	5 000	5 000	5 000
3	销售税金及附加			210	270	300	300	300	300
4	经营成本			2 490.9	3 443.2	3 947.9	4 003.8	4 059.7	4 061.3
5	流动资产（应收账款+现金+存货）			532	684	760	760	760	760
6	流动负债（应付账款）			89.83	115.5	128.33	128.33	128.33	128.33
7	流动资金(5-6)			442.17	568.5	631.67	631.67	631.67	631.67

7

工程项目国民经济评价

[学习目标]

掌握国民经济评价的概念和作用;理解国民经济评价与财务评价的联系与区别;熟悉经济效益和经济费用识别及基本要求;了解经济效益与经济费用的估算;了解劳动力、土地和自然资源等项目特殊投入物的影子价格;熟悉国民经济评价指标及报表;了解经济分析中的费用效果分析。

[基本概念]

国民经济评价,经济效益,经济费用,转移支付,经济净现值,经济内部收益率,社会折现率,影子汇率,社会评价

在市场经济条件下,大部分工程项目财务评价结论可以满足投资决策要求,但对于财务现金流量不能全面、真实地反映其经济价值的项目,还需要进行国民经济评价。

国民经济评价(又称经济分析),是对投资项目从宏观角度进行决策分析与评价,判定其经济合理性的一项重要工作。本章介绍经济分析的概念和基本方法、经济效益与费用识别和估算、经济费用效益分析、经济费用效果分析,以及经济参数的取值与应用。

7.1 国民经济评价概述

▶ 7.1.1 国民经济评价的概念

国民经济评价是按合理配置资源的原则,采用社会折现率、影子汇率、影子工资和货物影

子价格等经济分析参数,从项目对社会经济所作贡献以及社会为项目付出代价的角度,考察项目的经济合理性。

国民经济评价的理论基础是新古典经济学有关资源优化配置的理论。从经济学角度看,经济活动的目的是配置稀缺经济资源用于生产产品和提供服务,满足社会需要。当经济体系功能发挥正常,社会消费的价值达到最大时,就认为是取得了"经济效率",达到了帕累托最优。

国民经济评价可以采用经济费用效益分析或经济费用效果分析的方法,对那些能对行业、区域和宏观经济产生明显影响的项目,进行系统的经济影响分析。

▶ 7.1.2 国民经济评价的作用

(1)正确反映项目对社会经济的净贡献,评价项目的经济合理性

财务分析主要是从企业(财务主体)的角度考察项目的效益。由于企业的利益并不总是与国家、社会的利益完全一致,项目的财务盈利性至少在以下 4 个方面可能难以全面正确地反映项目的经济合理性:

①国家给予项目补贴。

②企业向国家缴税。

③某些货物市场价格可能扭曲。

④项目的外部效果。

因此,需要从项目对社会资源增加所作贡献和项目引起社会资源耗费增加的角度,进行项目的经济分析,以便正确反映项目的经济效率和对社会福利的净贡献。

(2)为政府合理配置资源提供依据

合理配置有限的资源(包括劳动力、土地、各种自然资源、资金等)是人类经济社会发展所面临的共同问题。在完全的市场经济状态下,可通过市场机制调节资源的流向,实现资源的优化配置。在非完全的市场经济中,需要政府在资源配置中发挥调节作用。但是由于市场本身的原因及政府不恰当的干预,可能导致市场配置资源的失灵。

项目的经济分析对项目的资源配置效率,即项目的经济效益(或效果)进行分析评价,可为政府的资源配置决策提供依据,提高资源配置的有效性。主要体现在以下两方面:

①对那些本身财务效益好,但经济效益差的项目进行调控。政府在审批或核准项目的过程中,对那些本身财务效益好,但经济效益差的项目可以限制,使有限的社会资源得到更有效的利用。

②对那些本身财务效益差,而经济效益好的项目予以鼓励。政府对那些本身财务效益差,而经济效益好的项目,可以采取某些支持措施鼓励项目的建设,促进对社会资源的有效利用。

因此,应对项目的经济效益费用流量与财务现金流量存在的差别,以及造成这些差别的原因进行分析,特别是对一些国计民生急需的项目,如果经济分析合理,而财务分析不可行,可提出相应的财务政策方面的建议,调整项目的财务条件,使项目具有财务可持续性。

(3)政府审批或核准项目的重要依据

在我国新的投资体制下,国家对项目的审批和核准重点放在项目的外部性、公共性方面。经济分析强调从资源配置效率的角度分析项目的外部效果,是政府审批或核准项目的重要

依据。

(4)为市场化运作的基础设施等项目提供财务方案的制订依据

对部分或完全市场化运作的基础设施等项目,可通过经济分析论证项目的经济价值,为制订财务方案提供依据。

(5)有助于实现企业利益与全社会利益有机地结合和平衡

国家实行审批和核准的项目,应当特别强调要从社会经济的角度评价和考察,支持和发展对社会经济贡献大的产业项目,并特别注意限制和制止对社会经济贡献小甚至有负面影响的项目。正确运用经济分析方法,在项目决策中可以有效地察觉盲目建设、重复建设项目,有效地将企业利益与全社会利益有机地结合。

(6)比选和优化项目(方案)的重要作用

为提高资源配置的有效性,方案比选应根据能反映资源真实经济价值的相关数据进行,这只能依赖于经济分析。因此,经济分析在方案比选和优化中可发挥重要作用。

▶ 7.1.3 国民经济评价的基本方法

①国民经济评价采用费用效益分析或费用效果分析方法,即效益(效果)与费用比较的理论方法,寻求以最小的投入(费用)获取最大的产出(效益或效果)。

②国民经济评价采取"有无对比"方法识别项目的效益和费用。

③国民经济评价采取影子价格估算各项效益和费用。

④国民经济评价遵循效益和费用的计算范围对应一致的基本原则。

⑤经济费用效益分析采用费用效益流量分析方法,采用内部收益率、净现值等经济盈利性指标进行定量的经济效益分析。经济费用效果分析对费用和效果采用不同的度量方法,计算效果费用比或费用效果比指标。

▶ 7.1.4 国民经济评价的适用范围

(1)确定适用范围的原则

①市场自行调节的行业项目一般不必进行经济分析。在理想的市场经济条件下,依赖市场调节的行业项目,项目投资通常由投资者自行决策。对这类项目,政府调节的主要作用发挥在构建合理有效的市场机制,而不在具体的项目投资决策。因此,这类项目一般不必进行经济分析,而是由市场竞争决定其生存,由市场竞争优胜劣汰机制促进生产力的不断发展和进步。

②市场配置资源失灵的项目需要进行经济分析。在现实经济中,由于市场本身的原因及政府不恰当的干预,可能导致市场配置资源失灵,市场价格难以反映其真实经济价值,需要通过经济分析反映投资项目的真实经济价值,判断投资的经济合理性,为投资决策提供依据。

市场配置资源失灵主要有以下几类项目:

a.具有自然垄断特征的项目,如电力、电信、交通运输等行业的项目。

b.产出具有公共产品特征的项目,即项目提供的产品或服务在同一时间内可以被共同消费,具有"消费的非排他性"(未花钱购买公共产品的人不能被排除在此产品或服务的消费之外)和"消费的非竞争性"特征(一人消费一种公共产品并不以牺牲其他人的消费为代价)。

c.外部效果显著的项目。

d.涉及国家控制的战略性资源开发和关系国家经济安全的项目。这类项目往往具有公共性、外部效果等综合特征,不能完全依靠市场配置资源。

e.受过度行政干预的项目。

(2)需要进行经济分析的项目类别

现阶段需要进行经济分析的项目分为以下几类:

①政府预算内投资用于关系国家安全、国土开发和市场不能有效配置资源的公益性项目和公共基础设施项目、保护和改善生态环境项目、重大战略性资源开发项目。

②政府各类专项建设基金投资用于交通运输、农林水利等基础设施、基础产业的建设项目。

③利用国际金融组织和外国政府贷款,需要政府主权信用担保的建设项目。

④法律、法规规定的其他政府性资金投资的建设项目。

⑤企业投资建设的涉及国家经济安全、影响环境资源、公共利益、可能出现垄断、涉及整体布局等公共性问题,需要政府核准的建设项目。

▶ **7.1.5 国民经济评价与财务评价的异同与联系**

(1)国民经济评价与财务评价的区别

①两种评价的角度和基本出发点不同。财务评价是站在项目的层次上,从项目的财务主体、投资者、未来的债权人角度,分析项目的财务效益和财务可持续性,分析投资各方的实际收益或损失,分析投资或贷款的风险及收益;国民经济评价则是站在国家的层次上,从全社会的角度分析评价比较项目对社会经济的效益和费用。

②由于分析的角度不同,项目效益和费用的含义和范围划分也不同。财务评价只根据项目直接发生的财务收支,计算项目的直接效益和费用;国民经济评价则从全社会的角度考察项目的效益和费用,不仅要考虑直接的效益和费用,还要考虑间接的效益和费用。从全社会的角度考虑,项目的有些收入和支出不能作为费用或效益,如企业向政府缴纳的大部分税金和政府给予企业的补贴、国内银行贷款利息。

③财务评价与国民经济评价使用的价格体系不同。财务评价使用预测的财务收支价格,国民经济评价则使用影子价格。

④财务评价要进行盈利能力分析、偿债能力分析、财务生存能力分析;而国民经济评价只有盈利性,即经济效率分析。

(2)国民经济评价与财务评价相同之处

①两者都使用效益与费用比较的理论方法。

②遵循效益和费用识别的"有无对比"原则。

③根据资金时间价值原理,进行动态分析,计算内部收益率和净现值等指标。

(3)国民经济评价与财务评价的联系

经济分析与财务分析之间的联系是很密切的。在很多情况下,国民经济评价是在财务评价基础之上进行,利用财务评价中已经使用的数据资料,以财务评价为基础进行必要的调整计算,得到国民经济评价的结论。国民经济评价也可以独立进行,即在项目的财务评价之前就进行经济评价。

7.2 经济效益与经济费用的识别

▶ 7.2.1 经济效益和经济费用识别的基本要求

（1）对经济效益与费用进行全面识别

凡项目对社会经济所作的贡献，均计为项目的经济效益，包括项目的直接效益和间接效益。凡社会经济为项目所付出的代价（即社会资源的耗费，或称社会成本）均计为项目的经济费用，包括直接费用和间接费用。因此，国民经济评价应考虑关联效果，对项目涉及的所有社会成员的有关效益和费用进行全面识别。

（2）遵循"有无对比"的原则

判别项目的经济效益和费用，要从"有无对比"的角度进行分析，将"有项目"（项目实施）与"无项目"（项目不实施）的情况加以对比，以确定某项效益或费用的存在。

（3）合理确定经济效益与费用识别的时间跨度

经济效益与费用识别的时间跨度应足以包含项目所产生的全部重要效益和费用，不完全受财务分析计算期的限制。不仅要分析项目的近期影响，还可能需要分析项目将带来的中期、远期影响。

（4）正确处理"转移支付"

正确处理"转移支付"是经济效益与费用识别的关键。对社会成员之间发生的财务收入与支出，应从是否新增加社会资源和是否增加社会资源消耗的角度出发加以识别。将不新增加社会资源和不增加社会资源消耗的财务收入与支出视作社会成员之间的"转移支付"，在经济分析中不作为经济效益与费用。

（5）遵循以本国社会成员作为分析对象的原则

经济效益与费用的识别应以本国社会成员作为分析对象。对于跨越国界，对本国之外的其他社会成员也产生影响的项目，应重点分析项目给本国社会成员带来的效益和费用，项目对国外社会成员所产生的效果应予单独陈述。

▶ 7.2.2 直接效益与直接费用

（1）直接效益

项目直接效益是指由项目产出物产生的并在项目范围内计算的经济效益，一般表现为项目为社会生产提供的物质产品、科技文化成果和各种各样的服务所产生的效益。例如，工业项目生产的产品、矿产开采项目开采的矿产品、邮电通信项目提供的邮电通信服务等满足社会需求的效益；运输项目提供运输服务满足人流物流需要、节约时间的效益；医院提供医疗服务满足人们增进健康减少死亡的需求；学校提供的学生就学机会满足人们对文化、技能提高的要求等。

项目直接效益有以下多种表现：

①项目产出物用于满足国内新增加的需求时，项目直接效益表现为国内新增需求的支付

意愿。

②项目的产出物用于替代其他厂商的产品或服务,使被替代厂商减产或停产,从而使其他厂商耗用的社会资源得到节省,项目直接效益,表现为这些资源的节省。

③项目的产出物直接出口或者可替代进口商品导致进口减少,项目直接效益表现为国家外汇收入的增加或支出的减少。

以上所述的项目直接效益大多在财务分析中能够得到反映,尽管有时这些反映会有一定程度的价值失真。对于价值失真的直接效益,在经济分析中应按影子价格重新计算。

④某些行业的项目,其产生的效益有特殊性,不可能体现在财务分析的营业收入中。例如,交通运输项目产生的体现为时间节约的效果,教育项目、医疗卫生和卫生保健项目等产生的体现为对人力资本、生命延续或疾病预防等方面的影响效果,从经济分析角度都应该记作项目的直接经济效益。

(2)直接费用

项目直接费用是指项目使用投入物产生,且在项目范围内计算的经济费用,一般表现为投入项目的各种物料、人工、资金、技术,以及自然资源带来的社会资源的消耗。

项目直接费用也有多种表现:

①社会扩大生产规模用以满足项目对投入物的需求时,项目直接费用表现为社会扩大生产规模所增加耗用的社会资源价值。

②社会不能增加供给时,导致其他人被迫放弃使用这些资源来满足项目的需要,项目直接费用表现为社会因其他人被迫放弃使用这些资源而损失的效益。

③项目的投入物导致进口增加或减少出口时,项目直接费用表现为国家外汇支出的增加或外汇收入的减少。

直接费用一般在项目的财务分析中已经得到反映,尽管有时这些反映会有一定程度的价值失真。对于价值失真的直接费用,在经济分析中应按影子价格重新计算。

(3)转移支付

项目的有些财务收入和支出,是社会经济内部成员之间的"转移支付",即接受方所获得的效益和付出方所发生的费用相等。从社会经济角度看,并没有造成资源的实际增加或减少,不应计作经济效益或费用。经济分析中,项目的转移支付主要包括项目(企业)向政府缴纳的大部分税费(除体现资源补偿和环境补偿的税费外)、政府给予项目(企业)的各种补贴、项目向国内银行等金融机构支付的贷款利息和获得的存款利息。在财务分析基础上进行经济分析时,要注意从财务效益和费用中剔除转移支付部分。

▶ 7.2.3 间接效益与间接费用

在国民经济评价中,应关注项目的外部性。对项目产生的外部效果进行识别,习惯上把外部效果称为间接效益和间接费用。间接效益和间接费用就是由于项目的外部性所导致的项目对外部的影响,而项目本身并未因此实际获得收入或支付费用。

间接效益是指由项目引起,在直接效益中没有得到反映的效益。例如,项目使用劳动力,非技术劳动力经训练转变为技术劳动力,技术扩散的效益等。

间接费用是指由项目引起,在项目的直接费用中没有得到反映的费用。例如,项目对自然环境造成的损害,项目产品大量出口从而引起该种产品出口价格下降等。

①项目的间接效益和间接费用的识别通常可以考察以下几个方面:

a.环境及生态影响效果。有些项目会对自然环境产生污染,对生态环境造成破坏。项目造成的环境污染和生态破坏,是项目的一种间接费用,这种间接费用一般较难定量计算。近似的可按同类企业所造成的损失估计,或按恢复环境质量所需的费用估计。环境治理项目,会对环境产生好的影响,评价中应考虑相应的效益。环境和生态影响不能定量计算的,应作定性描述。

b.技术扩散效果。一个技术先进项目的实施,由于技术人员的流动,技术在社会上扩散和推广,整个社会都将受益。但这类外部效果通常难于定量计算,一般只作定性说明。

c."上、下游"企业相邻效果。项目的"上游"企业是指为该项目提供原材料或半成品的企业,项目的实施可能会刺激这些上游企业得到发展,增加新的生产能力或是使原有生产能力得到更充分的利用。例如,兴建汽车厂,会对为汽车厂生产零部件的企业产生刺激,对钢铁生产企业产生刺激。

项目的"下游"企业是指使用项目的产出物作为原材料或半成品的企业,项目的产出物可能会对下游企业的经济效益产生影响,使其闲置的生产能力得到充分利用,或使其节约生产成本。例如,兴建大型乙烯联合企业,可满足对石化原料日益增长的需求,刺激乙烯下游加工行业的发展。

很多情况下,项目对"上、下游"企业的相邻效果可以在项目的投入和产出物的影子价格中得到反映,不再计算间接效果。例如,大型乙烯项目的产品如以进口替代计算其影子价格,就不应再计算下游加工行业增加生产带来的间接效益。也有些间接影响难以反映在影子价格中,需要作为项目的外部效果计算。

d.乘数效果。乘数效果是指项目的实施使原来闲置的资源得到利用,从而产生一系列的连锁反应,刺激某一地区或全国的经济发展。例如,兴建汽车厂会带动零部件厂发展,带动各种金属材料和非金属材料生产的发展,进而带动机床生产、能源生产的发展等。在对经济落后地区的项目进行经济分析时,可能会需要考虑这种乘数效果,特别应注意选择乘数效果大的项目作为扶贫项目。须注意不宜连续扩展计算乘数效果。如果拟同时对该项目进行经济影响分析,该乘数效果可以在经济影响分析中体现。

②识别计算项目的外部效果不能重复计算。已经在直接效益和费用中计入的,不应再在外部效果中计算。还要注意所考虑的外部效果是否确应归于所评价的项目。考虑外部效果时要避免发生重复计算和虚假扩大项目间接效益。如果项目产出物以影子价格计算的效益已经将部分外部效果考虑在内了,就不应再计算该部分外部效果;项目的投入物影子价格大多数已合理考虑了投入物的社会成本,不应再重复计算间接的上游效益。有些间接效益能否完全归属所评价的项目,往往也是需要仔细论证的。例如,一个地区的经济发展制约因素往往不止一个,可能有能源、交通运输、通信等,瓶颈环节有多个,不能简单地归于某一个项目。在评价交通运输项目时,要考虑到其他瓶颈制约因素对当地经济发展的影响,不能把当地经济增长都归因于项目带来的运力增加。

③可以采用调整项目范围的办法,解决项目外部效果计算上的困难。由于项目外部效果计算上较困难,有时可以采用调整项目范围的办法,将项目的外部效果变为项目以内的。调

整项目范围的一种方法是将项目的范围扩大,将具有关联性的几个项目合成一个"项目群"进行经济分析,这样就可以将这几个项目之间的相互支付转化为项目内部,从而相互抵消。例如,在评价相互联系的煤矿、铁路运输和火力发电项目时,可以将这些项目合成一个大的综合能源项目,这些项目之间的相互支付就转为大项目决策分析与评价项目内部而相互抵消。

④项目的外部效果往往体现在对区域经济和宏观经济的影响上。对于影响较大的项目,需要专门进行经济影响分析,同时可以适当简化经济费用效益分析中的外部效果分析。

7.3 国民经济评价的主要参数

经济参数是进行国民经济评价的重要工具。正确理解和使用这些参数,对正确估算经济效益和费用,计算评价指标并进行经济合理性的判断,以及方案的比选、优化十分重要。国民经济评价参数分为两类:一类是通用参数,包括社会折现率、影子汇率、影子工资等,由专门机构组织测算和发布;另一类是各种货物、服务、土地、自然资源等影子价格,需由项目评价人员根据项目具体情况自行测算。

▶ 7.3.1 社会折现率

社会折现率反映社会成员对社会费用效益价值的时间偏好,也即对现在的社会价值与未来价值之间的权衡。社会折现率又代表着社会投资所要求的最低动态收益率。

社会折现率是经济分析的重要通用参数,既用作经济内部收益率的判别基准,也用作计算经济净现值的折现率。

社会折现率根据社会经济发展多种因素综合测定,由专门机构统一测算发布。根据社会经济发展目标、发展战略、发展优先顺序、发展水平、宏观调控意图、社会成员的费用效益时间偏好、社会投资收益水平、资金供求状况、资金机会成本等因素的综合分析,我国目前的社会折现率一般取值为8%。

对于永久性工程或者受益期超长的项目,如水利工程等大型基础设施和具有长远环境保护效益的建设项目,社会折现率可适当降低,但不应低于6%。

社会折现率可用于间接调控投资规模。社会折现率的取值高低直接影响项目经济合理性判断的结果。社会折现率取值提高,会使一些本来可以通过的投资项目因达不到判别标准而被舍弃,从而使可以获得通过的项目总数减少,使投资总规模下降,间接地起到调控国家投资规模的作用。因此,社会折现率可以作为国家建设投资总规模的间接调控参数。需要缩小投资规模时,就提高社会折现率;需要扩大投资规模时,可降低社会折现率。

社会折现率的取值高低会影响项目的选优和方案的比选。社会折现率较高,则较为不利于初始投资大而后期费用节省或收益增大的方案或项目,因为后期的效益折算为现值时的折减率较高。而社会折现率较低时,情况正好相反。

▶ 7.3.2 影子汇率及影子汇率换算系数

影子汇率是指能正确反映外汇真实价值的汇率,即外汇的影子价格。在经济分析中,影子汇率通过影子汇率换算系数计算。影子汇率换算系数是影子汇率与国家外汇牌价的比值，由国家统一测定和发布。根据我国外汇收支情况、进出口结构、进出口环节税费及出口退税补贴等情况，目前我国的影子汇率换算系数取值为1.08。

【例7.1】若美元兑人民币的外汇牌价=6.39元/美元，影子汇率换算系数取值为1.08。试计算美元的影子汇率。

【解】美元的影子汇率=美元的外汇牌价×影子汇率换算系数

$$=6.39×1.08=6.90(元/美元)$$

影子汇率的取值对项目决策也有着重要的影响。对于那些主要产出物是可外贸货物的建设项目，由于产品的影子价格要以产品的口岸价为基础计算，外汇的影子价格高低直接影响项目收益价值的高低，影响对项目效益的判断。

影子汇率换算系数越高，外汇的影子价格越高，产品是可外贸货物的项目效益较高，评价结论会有利于出口方案。同时，外汇的影子价格较高时，项目引进投入物的方案费用较高，评价结论会不利于引进方案。

▶ 7.3.3 影子工资换算系数

国民经济评价中，影子工资作为项目使用劳动力的费用。

影子工资一般是通过影子工资换算系数计算。影子工资换算系数是影子工资与财务分析中劳动力的工资之比。

技术性工作的劳动力的工资报酬一般由市场供求决定，影子工资换算系数一般取值为1，即影子工资可等同于财务分析中使用的工资。

根据我国非技术劳动力就业状况，非技术劳动力的影子工资换算系数为0.25~0.8。具体可根据当地的非技术劳动力供求状况确定，非技术劳动力较为富余的地区可取较低值，不太富余的地区可取较高值，中间状况可取0.5。

7.4 经济效益与费用的估算

▶ 7.4.1 经济效益与费用的估算原则

①支付意愿原则。项目产出物正面效益的计算应遵循支付意愿(WTP)原则，分析社会成员为项目所产出的效益愿意支付的价值。

②受偿意愿原则。项目产出物负面影响的计算应遵循接受补偿意愿(WTA)原则，分析社会成员为接受这种不利影响所要求补偿的价值。

③机会成本原则。项目投入物的经济价值的计算应遵循机会成本原则，分析项目所占用资源的机会成本。机会成本应按该资源的其他最好可行替代用途所产生的效益计算。

④实际价值计算原则。项目经济分析，应对所有效益和费用采用反映资源真实价值的实际价格进行计算，不考虑通货膨胀因素的影响，但可考虑相对价格变动。

▶ 7.4.2 经济效益与费用的估算价格

影子价格是进行项目经济分析专用的计算价格。影子价格依据经济分析的定价原则测定,反映项目的投入物和产出物真实经济价值、市场供求关系、资源稀缺程度,以及资源合理配置的要求。进行项目的经济分析时,项目的主要投入物和产出物,原则上应采用影子价格。

影子价格理论最初来自求解数学规划,在求解一个"目标"最大化数学规划的过程中,发现每种"资源"对"目标"有着边际贡献。即这种"资源"每增加一个单位,"目标"就会增加一定的单位,不同的"资源"有着不同的边际贡献。这种"资源"对目标的边际贡献被定义为"资源"的影子价格。经济分析中,采用了这种影子价格的基本思想,采取不同于财务价格的影子价格来衡量项目耗用资源及产出贡献的真实价值。

影子价格应当根据项目的投入物和产出物对社会经济的影响,采用"有无对比"法分析研究确定。项目使用了投入物,将造成两种影响:对社会经济造成资源消耗或挤占其他用户的使用。项目生产的产品及提供的服务,也会造成两种影响:用户使用得到效益或挤占其他供应者的市场份额。

▶ 7.4.3 货物分类

根据货物(广义的货物,指项目的各种投入物和产出物)的可外贸性,将货物分为可外贸货物和非外贸货物。根据货物价格机制的不同,分为市场定价货物和非市场定价货物。可外贸货物通常属于市场定价货物。非外贸货物中既有市场定价货物,也有非市场定价货物。

由于土地、劳动力和自然资源的特殊性,将它们归类为特殊投入物。明确货物类型之后,即可针对性地采取适当的定价原则和方法。

▶ 7.4.4 市场定价货物的影子价格

随着我国市场经济的发展和国际贸易的增长,大部分货物已经主要由市场定价,政府不再进行管制和干预。市场价格由市场形成,可以近似反映支付意愿或机会成本。进行项目经济分析,应采用市场价格作为市场定价货物的影子价格的基础,另外加上或者减去相应的物流费用作为项目投入物或产出物的"厂门口"(进厂或出厂)影子价格。

(1)可外贸货物影子价格

项目使用或生产可外贸货物,将直接或间接影响国家对这种货物的进口或出口。包括项目产出物直接出口、间接出口和替代进口,项目投入物直接进口、间接进口和减少出口。

原则上,对于那些对进出口有不同影响的货物,应当针对不同的情况,采取不同的影子价格定价方法。但在实践中,为了简化工作,可以只对项目投入物中直接进口的和产出物中直接出口的,采取进出口价格测定影子价格。对于其他几种情况仍按国内市场价格定价。

$$直接进口投入物的影子价格(到厂价)=到岸价(CIF)×影子汇率+进口费用$$

$$直接出口产出物的影子价格(出厂价)=离岸价(FOB)×影子汇率-出口费用$$

其中,影子汇率是指外汇的影子价格,应能正确反映国家外汇的经济价值,由国家指定的专门机构统一发布。

进口费用和出口费用是指货物进出环节在国内所发生的各种相关费用,既包括货物的交易、储运、再包装、短距离倒运、装卸、保险、检验等物流环节上的费用支出,又包括物流环节中的损失、损耗以及资金占用的机会成本,还包括工厂与口岸之间的长途运输费用。进口费用和出口费用应采用影子价格估值,用人民币计价。

【例7.2】某货物A进口到岸价为100美元/t,某货物B出口离岸价也为100美元/t。用影子价格估算的进口费用和出口费用分别为50元/t和40元/t,影子汇率1美元=6.59元人民币。试计算货物A的影子价格(到厂价)以及货物B的影子价格(出厂价)。

【解】货物A的影子价格为:100×6.59+50=709(元/t)

货物B的影子价格为:100×6.59-40=619(元/t)

(2)市场定价的非外贸货物影子价格

价格完全取决于市场的,且不直接进出口的项目投入物和产出物,按照非外贸货物定价,其国内市场价格作为确定影子价格的基础,并按下式换算为到厂价和出厂价:

投入物影子价格(到厂价)=市场价格+国内运杂费

产出物影子价格(出厂价)=市场价格-国内运杂费

产出物的影子价格是否含增值税销项税额(以下简称含税),投入物的影子价格是否含增值税进项税额(以下简称含税),应分析货物的供求情况,采取不同的处理方法。

①项目产出物。若项目产出物需求空间较大,项目的产出对市场价格影响不大,影子价格按消费者支付意愿确定,即采用含税的市场价格;若项目产出物用以顶替原有市场供应的,也即挤占其他生产厂商的市场份额,应该用节约的社会成本作为影子价格。这里节约的社会成本,是指其他生产厂商减产或停产所带来的社会资源节省。对于市场定价的货物,其不含税的市场价格可以看作其社会成本。

对于可能导致其他企业减产或停产,产出物质量又相同的,甚至可以按被替代企业的分解可变成本定价(即定位于不合理重复建设的情况)。

②项目投入物。若该投入物的生产能力较富裕或较容易扩容来满足项目的需要,可通过新增供应来满足项目需求的,采用社会成本作为影子价格,这里社会成本是指社会资源的新增消耗。对于市场定价的货物,其不含税的市场价格可以看作其社会成本;对于价格受到管制的货物,其社会成本通过分解成本法确定。若通过新增投资增加供应的,用全部成本分解,而通过挖潜增加供应的,用可变成本分解。

若该投入物供应紧张,短期内无法通过增产或扩容来满足项目投入的需要,只能排挤原有用户来满足项目的需要时,影子价格按支付意愿确定,即采用含税的市场价格。

若没有可能判别出产出物是增加供给还是挤占原有供给,或投入物供应是否紧张,此时也可简化处理:产出物的影子价格一般采用含税的市场价格;投入物的影子价格一般采用不含税的市场价格,但这种方法要慎重采用。

如果项目产出物或投入物数量大到影响了其市场价格,导致"有项目"和"无项目"两种情况价格不一致,可取两者的平均值作为确定影子价格的基础。

【例7.3】某特大型中外合资经营石化项目生产的产品中,包括市场急需的聚丙烯产品。预测的目标市场价格为9 000元/t(含销项税),项目到目标市场运杂费为100元/t,在进行经济分析时,聚丙烯的影子价格应如何确定?

【解】经预测,在相当长的时期内,聚丙烯市场需求空间较大,项目的产出对市场价格影响不大,应该按消费者支付意愿确定影子价格,也即采用含增值税销项税额的市场价格为基础确定其出厂影子价格。该项目应该采用的聚丙烯出厂影子价格为:

$$9\ 000 - 100 = 8\ 900(元/t)$$

▶ 7.4.5 不具备市场价格的产出效果的影子价格

某些项目的产出效果没有市场价格,或市场价格不能反映其经济价值,特别是项目的外部效果往往很难由实际价格计量。对于这种情况,应遵循消费者支付意愿和(或)接受补偿意愿的原则,采取以下两种方法测算影子价格。

①根据消费者支付意愿的原则,通过其他相关市场信号,按照"显示偏好"的方法,寻找揭示这些影响的隐含价值,间接估算产出效果的影子价格。

②按照"陈述偏好"的意愿调查方法,分析调查对象的支付意愿或接受补偿意愿,通过推断,间接估算产出效果的影子价格。

▶ 7.4.6 政府调控价格货物的影子价格

我国尚有少部分产品或服务,如电、水和铁路运输等,不完全由市场机制决定价格,而是由政府调控价格。政府调控价格包括政府定价、指导价、最高限价、最低限价等。这些产品或者服务的价格不能完全反映其真实的经济价值。

1)定价方法

在国民经济评价中,往往需要采取特殊的方法测定这些产品或服务的影子价格,包括成本分解法、消费者支付意愿法和机会成本法。

(1)成本分解法

成本分解法是确定非外贸货物影子价格的一种重要方法,通过对某种货物的边际成本(实践中往往采取平均成本)进行分解并用影子价格进行调整换算,得到该货物的分解成本。分解成本是指某种货物的生产所需要耗费的全部社会资源的价值,包括各种物料投入以及人工、土地等投入,也包括资本投入所应分摊的费用,各种耗费都需要用影子价格重新计算。具体步骤如下:

①数据准备。列出该非外贸货物按生产费用要素计算的单位财务成本。主要要素有原材料、燃料和动力、工资、折旧费、修理费、流动资金利息支出以及其他支出。对其中重要的原材料、燃料和动力,要详细列出价格、耗用量和耗用金额。列出单位货物所占用的固定资产原值,以及占用的流动资金数额。调查确定或设定该货物生产厂的建设期、建设期各年投资比例、经济寿命期限及寿命期终了时的固定资产余值。

②确定重要原材料、燃料、动力、工资等投入物的影子价格,计算单位经济费用。

③对建设投资进行调整和等值计算。按照建设期各年投资比例,计算出建设期各年建设投资额,用下式把分年建设投资额换算到生产期初。

$$I_F = \sum_{t=1}^{n_1} I_t (1 + i_s)^{n_1 - t} \tag{7.1}$$

式中 I_F——等值计算到生产期初的单位建设投资;

  I_t——建设期各年调整后的单位建设投资(元);

n_1——建设期(年);

i_s——社会折现率(%)。

④用固定资金回收费用取代财务成本中的折旧费。设每单位该货物的固定资金回收费用为M_F。不考虑固定资产余值回收时为:

$$M_F = I_F \times (A/P, i_s, N_2) \tag{7.2}$$

考虑固定资产余值回收时为:

$$M_F = (I_F - S_V) \times (A/P, i_s, N_2) + S_V \times i_s \tag{7.3}$$

式中 S_V——计算期末回收的固定资产余值;

N_2——生产期。

⑤用流动资金回收费用取代财务成本中的流动资金利息。设每单位该货物的流动资金回收费用为M_W,则有:

$$M_W = W \times i_s \tag{7.4}$$

式中 W——单位该货物占用的流动资金。

⑥财务成本中的其他科目可不予调整。

⑦完成上述调整后,计算的各项经济费用总额即为该货物的分解成本,可作为其出厂影子价格。

【例7.4】某电网满足新增用电将主要依赖新建的火电厂供给,简述用成本分解法计算电力影子价格的计算过程。

【解】①数据准备。

机组为300 MW 的火电厂,单位千瓦需要的建设投资为4 500 元,建设期2年,分年投资比例各为50%,不考虑固定资产余值回收;单位千瓦占用的流动资金为198 元,生产期按20年计,年运行6 600 h。发电煤耗按330 g 标准煤/(kW·h),换算为标准煤的到厂价格为127元/t,火电厂厂用电率6%,社会折现率8%。典型的300 MW 火电机组单位发电成本见表7.1。

表7.1 单位发电成本表

要素成本费用项目	成本费用金额/元·(kW·h)$^{-1}$
燃煤成本	0.042
运营及维护费用	0.05
折旧费用	0.041
财务费用	0.033
发电成本/元·(kW·h)$^{-1}$	0.166

②计算分解成本。

调整燃煤成本。当地无大型煤矿,靠小煤矿供煤,小煤矿安全性差,开采燃煤对于自然资源损害严重,应当按照大型煤矿的分解成本测定燃煤按分解成本计算的影子价格。经测算为每吨140 元,另加运杂费60 元,到厂价格为200 元/t,换算为标准煤的到厂价格为255 元/t。燃煤成本调整为0.042×255/127=0.084(元/kW·h)。

已知单位千瓦需要的建设投资4 500 元,建设期2年,分年投资比例各50%。将各年建设

投资换算到生产期初,得:

$$I_F = \sum_{t=1}^{n_1} I_t (1 + i_s)^{n_1 - t}$$

$$= 4\,500 \times 50\% \times (1 + 8\%)^{2-1} + 4\,500 \times 50\% \times (1 + 8\%)^{2-2}$$

$$= 4\,680(元)$$

③计算单位千瓦固定资金回收费用。

固定资金回收费用 = 4 680/6 600 × (A/P,8%,20)

$$= 0.709 \times 0.101\,85$$

$$= 0.072[元/(kW \cdot h)]$$

④计算流动资金回收费用。

流动资金回收费用 = 198/6 600×8%

$$= 0.002\,4[元/(kW \cdot h)]$$

⑤将折旧费及财务费用从成本中扣除,改为按社会折现率计算的固定资金回收费用和流动资金回收费用。0.072 + 0.002 4 = 0.074[元/(kW·h)]   ⑥运营及维护费用不作调整,仍为0.05。

⑦火电厂发电分解成本计算。综合以上各步,计算的火电厂发电分解成本为:

火电厂发电分解成本 = 0.084 + 0.05 + 0.074

$$= 0.208[元/(kW \cdot h)]$$

⑧计算电力影子价格。扣除厂用电后(厂用电率6%):

上网电分解成本 = 0.208/(1 - 6%) = 0.208/0.94 = 0.22[元/(kW·h)]

则电力影子价格为 0.22 元/(kW·h)。

如果用电项目不是建设在火电厂旁边,还需要另外计算网输费(包括输变电成本及输电线损)。

【例7.5】接例7.4,拟在新建火电厂旁边新建一电解铝项目,将主要由新建的火电厂供电。当地为支持该电解铝项目的建设,拟给以优惠电价,用电含税价 0.20 元/(kW·h)。在进行电解铝项目经济分析时,试确定应采用的影子价格。

【解】该电解铝项目用电,应属于受政府调控的投入物,并可通过新增供应来满足项目需求,应采用社会成本作为影子价格。其社会成本可通过分解成本法确定。由于是通过新增投资增加电力供应的,应该用全部成本进行分解。按例7.3,该电力影子价格取0.22 元/(kW·h)。

(2)支付意愿法

支付意愿是指消费者为获得某种商品或服务所愿意付出的价格。在经济分析中,常常采用消费者支付意愿测定影子价格。

在完善的市场中,市场价格可以正确地反映消费者的支付意愿。应注意,在不完善的市场中,消费者的行为有可能被错误地引导。因此,市场价格也可能不能正确地反映消费者支付意愿。

(3)机会成本法

机会成本是指用于拟建项目的某种资源若改用于其他替代机会,在所有其他替代机会中所能获得的最大经济效益。例如,资金是一种资源,在各种投资机会中都可使用,一个项目使用了一定量的资金,这些资金就不能再在别的项目中使用,它的机会成本就是所放弃的所有投资机会中可获得的最大的净效益。

在国民经济评价中,机会成本法也是测定影子价格的重要方法之一。

2)几种主要的政府调控价格产品及服务的影子价格

(1)电价

作为项目的投入物时,电力的影子价格可以按成本分解法测定。一般情况下,应当按当地的电力供应完全成本口径的分解成本定价。有些地区,若存在阶段性的电力过剩,可以按电力生产的可变成本分解定价。

作为项目的产出物时,电力的影子价格应当按照电力对当地经济的边际贡献测定。

(2)铁路运价

铁路运输作为项目投入时,一般情况下按完全成本分解定价。在铁路运输能力过剩的地区,可按照可变成本分解定价;在铁路运输紧张地区,应当按照被挤占用户的支付意愿定价。

铁路运输作为产出物时,经济效益的计算采取专门的方法,按替代运输量运输成本的节约、诱发运输量的支付意愿,以及时间节约的效益等测算。

(3)水价

作为项目投入物时,按后备水源的成本分解定价,或者按照恢复水功能的成本定价。作为项目产出物时,水的影子价格按消费者支付意愿或者按消费者承受能力加政府测定。

▶ 7.4.7 特殊投入物的影子价格

项目的特殊投入物主要包括劳动力、土地和自然资源,其影子价格需要采取特定的方法确定。

1)劳动力影子价格——影子工资

劳动力作为一种资源,项目使用了劳动力,社会要为此付出代价,经济分析中用"影子工资"来表示这种代价。影子工资是指项目使用劳动力,社会为此付出的代价,包括劳动力的机会成本和劳动力转移而引起的新增资源消耗。

劳动力机会成本是拟建项目占用的劳动力,由于在本项目使用而不能再用于其他地方或享受闲暇时间而被迫放弃的价值,应根据项目所在地的人力资源市场及就业状况、劳动力来源以及技术熟练程度等方面分析确定。技术熟练程度要求高的、稀缺的劳动力,其机会成本高,反之机会成本低。劳动力的机会成本是影子工资的主要组成部分。

新增资源消耗是指劳动力在本项目新就业或由原来的岗位转移到本项目而发生的经济资源消耗,包括迁移费、新增的城市交通、城市基础设施配套等相关投资和费用。

2)土地影子价格

土地是一种特殊投入物,在我国是一种稀缺资源。项目使用了土地,就造成了社会费用。无论是否实际需要支付费用,都应根据机会成本或消费者支付意愿计算土地影子价格。土地的地理位置对土地的机会成本或消费者支付意愿影响很大。因此,土地地块的地理位置是影响土地影子价格的关键因素。

（1）非生产性用地的土地影子价格

项目占用住宅区、休闲区等非生产性用地,市场完善的,应根据市场交易价格作为土地影子价格;市场不完善或无市场交易价格的,应按消费者支付意愿确定土地影子价格。

（2）生产性用地的土地影子价格

项目占用生产性用地,主要指农业、林业、牧业、渔业及其他生产性用地,按照这些生产用地的机会成本,以及因改变土地用途而发生的新增资源消耗进行计算。即:

$$土地影子价格＝土地机会成本＋新增资源消耗$$

①土地机会成本。土地机会成本按照项目占用土地而使社会成员由此损失的该土地"最佳可行替代用途"的净效益计算。通常,该净效益应按影子价格重新计算,并用项目计算期各年净效益的现值表示。

计算土地机会成本时,应适当考虑净效益的递增速度和净效益计算基年距项目开工年的年数。土地机会成本计算公式:

$$OC = NB_0(1 + g)^{r+1} \times \lceil 1 - (1 + g)^n (1 + i_s)^{-n} \rceil / (i_s - g) \quad (7.5)$$

式中　OC——土地机会成本;

　　　n——项目计算期□；

　　　NB_0——基年□□□□□的净效益（用影子价格计算）；

　　　r——净效益计算□□□□□□年数；

　　　g——土地的最佳□□□□□净效益增长率；

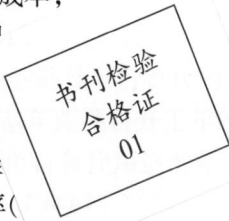

　　　i_s——社会折现率（□□□）。

【例7.6】某项目拟占用□业用地 1 000 亩（1 亩 ≈ 666.67 m²）,该地现行用途为种植水稻。经调查,该地的各种可行的替代用途中最大净效益为 6 000 元（采用影子价格计算的 2006 年每亩土地年净效益）。

在项目计算期 20 年内,估计该最佳可行替代用途的年净效益,按平均递增2%的速度上升（$g=2\%$）。项目预计 2007 年开始建设,所以 $r=1$。社会折现率 $i_s=8\%$。试计算 1 000 亩土地的机会成本。

【解】根据每亩年净效益数据计算每亩土地的机会成本:

$$OC = 6 000 \times (1 + 2\%) \times [1 - (1 + 2\%)^{20}(1 + 8\%)^{-20}] / (8\% - 2\%)$$
$$= 70 871(元)$$

则占用 1 000 亩土地的机会成本为:

$$70 871 \times 1 000 = 70 871 000(元)$$

②新增资源消耗。新增资源消耗应按照在"有项目"情况下,土地的占用造成原有地上附属物财产的损失及其他资源耗费来计算。土地平整等开发成本通常应计入工程建设投资中,在土地影子费用估算中不再重复计算。

③实际征地费用的分解。实际的项目评价中,土地的影子价格可以从财务分析中土地的征地费用出发,进行调整计算。由于各地土地征收的费用标准不完全相同,在经济分析中须注意项目所在地区征地费用的标准和范围。一般情况下,项目的实际征地费用可以划分为 3 部分,分别按照不同的方法调整:

a.若属于机会成本性质的费用,如土地补偿费、青苗补偿费等,按照机会成本计算方法调整计算。

b.若属于新增资源消耗的费用,如征地动迁费、安置补助费和地上附着物补偿费等,按影子价格计算。

c.若属于转移支付的费用主要是政府征收的税费,如耕地占用税、土地复耕费、新菜地开发建设基金等,不应列入土地经济费用。

3)自然资源影子价格

在经济分析中,各种有限的自然资源也被归类为特殊投入物。项目使用了自然资源,社会经济就为之付出了代价。如果该资源的市场价格不能反映其经济价值,或者项目并未支付费用,该代价应用表示该资源经济价值的影子价格表示,而不是市场价格。矿产等不可再生资源的影子价格,应当按该资源用于其他用途的机会成本计算,水和森林等可再生资源的影子价格可以按资源再生费用计算。为方便测算,自然资源影子价格也可以通过投入物替代方案的费用确定。

7.5 国民经济评价指标及报表

在经济费用效益分析中,当费用和效益流量识别和估算完成之后,应编制经济费用效益分析报表,并根据报表计算评价指标,进行经济效率分析,判断项目的经济合理性。

▶ 7.5.1 经济费用效益分析指标

(1)经济净现值

经济净现值($ENPV$)是指用社会折现率将项目计算期内各年的经济净效益流量折算到项目建设期初的现值之和,是经济费用效益分析的主要指标。经济净现值的计算式为:

$$ENPV = \sum_{t=1}^{n} (B - C)_t (1 + i_s)^{-t} \tag{7.6}$$

式中　B——经济效益流量;

　　　C——经济费用流量;

　　　$(B-C)_t$——第 t 年的经济净效益流量;

　　　n——计算期,以年计;

　　　i_s——社会折现率。

经济净现值是反映项目对社会经济净贡献的绝对量指标。项目的经济净现值≥0,表示社会经济为拟建项目付出代价后,可以得到符合或超过社会折现率所要求的社会盈余(以现值表示),说明项目的经济盈利性达到或超过了社会折现率的基本要求,认为从经济效率看,该项目可以被接受。经济净现值越大,表明项目所带来的以绝对数值表示的经济效益越大。

(2)经济内部收益率

经济内部收益率($EIRR$)是指能使项目在计算期内各年经济净效益流量的现值累计等于零时的折现率,是经济费用效益分析的辅助指标。经济内部收益率可表达为:

$$\sum_{t=1}^{n} (B - C)_t (1 + EIRR)^{-t} = 0 \qquad (7.7)$$

式中 $EIRR$——经济内部收益率,其余符号同前。

经济内部收益率可采用数值解法求解。手算可用试差法,利用计算机可使用现成的软件程序或函数求解,也可用人工计算法。

经济内部收益率是从资源配置角度反映项目经济效益的相对量指标,表示项目占用的资金所能获得的动态收益率,反映资源配置的经济效率。项目的经济内部收益率等于或大于社会折现率时,表明项目对社会经济的净贡献达到或者超过了社会折现率的要求。

项目经济盈利性分析有两种口径:一是项目投资,二是国内投资。前者是不考虑项目的资金筹集方式,分析项目给社会经济带来的经济效益,相应的指标原称为全部投资经济内部收益率和全部投资经济净现值,现称为项目投资经济内部收益率和项目投资经济净现值;后者则要考虑项目投资资金的筹集方式,考虑从国外借款或以其他方式从国外获得资金时,项目投资对社会经济效率造成的影响,这种口径的盈利性分析是针对国内投资的,所以相应的指标称为国内投资经济内部收益率和国内投资经济净现值。如果项目没有国外投资或借款,项目投资指标与国内投资指标一致。

▶ 7.5.2 经济费用效益分析报表

经济费用效益分析报表主要包括项目投资经济费用效益流量表和国内投资经济费用效益流量表,见表 7.2 和表 7.3。

表 7.2 项目投资经济费用效益流量表

序号	项目	计算期					
		1	2	3	4	...	n
1	效益流量						
1.1	项目直接效益						
1.2	资产余值回收						
1.3	项目间接效益						
2	费用流量						
2.1	建设投资						
2.2	流动资金						
2.3	营运费用						
2.4	项目间接费用						
3	净效益流量(1-2)						

计算指标:项目投资经济净现值($i_s = 8\%$)

项目投资经济内部收益率

表7.3　国内投资经济费用效益流量表

序号	项目	计算期					
		1	2	3	4	…	n
1	效益流量						
1.1	项目直接效益						
1.2	资产余值回收						
1.3	项目间接效益						
2	费用流量						
2.1	建设投资中国内投资						
2.2	流动资金中国内投资						
2.3	营运费用						
2.4	流至国外资金						
2.4.1	国外借款本金偿还						
2.4.2	国外借款利息偿还						
2.4.3	外方利润						
2.4.4	其他						
2.5	项目间接费用						
3	净效益流量(1-2)						

计算指标:项目投资经济净现值($i_s=8\%$)

项目投资经济内部收益率

1)项目投资经济费用效益流量表

项目投资经济费用效益流量表(表7.2)用以综合反映项目计算期内各年的按项目投资口径计算的各项经济效益与费用流量及净效益流量,并可用来计算项目投资经济净现值和经济内部收益率指标。

2)国内投资经济费用效益流量表

国内投资经济费用效益流量表(表7.3)用以综合反映项目计算期内各年按国内投资口径计算的各项经济效益与费用流量及净效益流量。表7.3的效益流量与表7.2相同,不同之处在于"费用流量"。由于要计算国内投资的经济效益,项目从国外的借款不在建设期列出,但需要在还款期费用流量中列出用于偿还国外借款本息的支出。

对于有国外资金的项目,应当编制该表,并计算国内投资经济净现值和经济内部收益率指标。

3)报表编制的两种方式

经济费用效益分析报表,可以按照前述效益和费用流量识别以及计算的原则和方法直接进行编制,也可以在财务现金流量的基础上进行调整编制。

(1)直接进行效益和费用流量的识别和计算,并编制经济费用效益分析报表

①分析确定经济效益、费用的计算范围,包括直接效益和直接费用、间接效益和间接费用。

②测算各项投入物和产出物的影子价格,对各项产出效益和投入费用进行估算。

③根据估算的效益和费用流量,编制项目投资经济费用效益流量表和国内投资经济费用效益流量表。

④对能够货币量化的外部效果,尽可能货币量化,并纳入经济效益费用流量表的间接费用和间接效益;对难以进行货币量化的产出效果,应尽可能地采用其他量纲进行量化,难以量化的,进行定性描述。

(2)在财务分析基础上调整编制经济分析报表

①调整内容。在财务分析基础上编制经济分析报表,主要包括效益和费用范围调整以及效益和费用数值调整两方面内容。

a.效益和费用范围调整:

• 识别财务现金流量中属于转移支付的内容,并逐项从财务效益和费用流量中剔除。作为财务现金流入的国家对项目的各种补贴,应看作转移支付,不计为经济效益流量;作为财务现金流出的项目向国家支付的大部分税金,也应看作转移支付,不计为经济费用流量;国内借款利息(包括建设期利息和生产期利息)以及流动资金中的部分构成,在经济分析中都应当作转移支付,不再作为项目的费用流量。

• 经济分析效益与费用的估算,遵循实际价值原则,不考虑通货膨胀因素。因此,建设投资中包含的涨价预备费通常要从财务费用流量中剔除。

• 财务分析中的流动资产和流动负债包括现金、应收账款和应付账款等,但这些并不实际消耗资源。因此,经济分析中调整估算流动资金时,应将其剔除。

• 识别项目的外部效果,分别纳入效益和费用流量。根据项目具体情况估算项目的间接效益和间接费用,纳入经济效益费用流量表。例如,一个大型林业项目的财务效益主要是林木出售获得的收入,但由于种树引起的气候改善,使该流域农田增产,农民可由此受益。在经济分析中,农田增产的效益应作为该林业项目的间接效益,合理估计后纳入经济费用效益流量表。

b.效益和费用数值调整:

• 鉴别投入物和产出物的财务价格是否能正确反映其经济价值。如果项目的全部或部分投入和产出没有正常的市场交易价格,那么应该采用适当的方法测算其影子价格,并重新计算相应的费用或效益流量。

• 投入物和产出物中涉及外汇的,需要用影子汇率代替财务分析中采用的国家外汇牌价。

• 对项目的外部效果尽可能货币量化计算。

②具体调整方法。包括调整直接效益流量、调整建设投资、调整建设期利息、调整经营费用、调整流动资金、成本费用中的其他科目一般不可予以调整。

a.调整直接效益流量。项目的直接效益大多为营业收入。产出物需要采用影子价格的,

用影子价格计算营业收入,应分析具体情况,选择适当的方法确定产出物影子价格。出口产品用影子汇率计算外汇价值。

重新计算营业收入,编制营业收入调整估算表。

【例7.7】某大型投资项目有多种产品,大部分产品的市场价格可以反映其经济价值。其中的主要产品A,年产量为20万t,产量大,但市场空间不够大。该项目市场销售收入总计估算为760 000万元(含销项税额),适用的增值税税率为17%。当前产品A的市场价格为22 000元/t(含销项税额)。据预测,项目投产后,将导致产品A市场价格下降20%,且很可能挤占国内原有厂家的部分市场份额。由于该项目是大型资源加工利用项目,主要产品A涉嫌垄断,要求进行经济费用效益分析,判定项目经济合理性。A产品的影子价格应如何确定?试估算按影子价格计算调整后的项目营业收入(其他产品价格不作调整)。

【解】按照前述产出物影子价格的确定原则和方法,A产品的影子价格应按社会成本确定,可按不含税的市场价格作为其社会成本。

按照市场定价的非外贸货物影子价格确定方法,采用"有项目"和"无项目"价格的平均值确定影子价格:

$$[22\ 000+22\ 000\times(1-20\%)]\div2\div(1+17\%)=16\ 923(元/t)$$

调整后的年营业收入=760 000-20×(22 000-16 923)=658 460(万元)

该项目的直接经济效益为658 460万元。

b.调整建设投资。将建设投资中涨价预备费从费用流量中剔除,建设投资中的劳动力按影子工资计算费用,土地费用按土地的影子价格调整,其他投入可根据情况决定是否调整。有进口用汇的应按影子汇率换算,并剔除作为转移支付的进口关税和进口坏节增值税。

【例7.8】接例7.7,该项目建设投资财务数值以及调整后的经济数值列入表7.4。

表7.4　项目建设投资调整表　　　　　　　　单位:万美元,万元

序号	项目	财务数值			经济数值		
		外币	人民币	合计	外币	人民币	合计
1	建设投资	81 840	746 046	1 425 317	80 595	695 848	1 418 302
1.1	建筑工程费	0	131 611	131 611	0	126 347	126 347
1.2	设备和工器具购置费	45 450	178 884	556 119	45 450	178 884	586 298
1.3	安装工程费	11 365	152 368	246 697	11 365	152 368	254 244
1.4	工程建设其他费用	17 220	180 191	323 117	17 220	180 191	334 551
	其中:土地费用	0	57 353	57 353	0	57 353	57 353
	专利及专有技术费	8 250	0	68 475	8 250	0	73 953
1.5	基本预备费	6 560	58 573	113 021	6 560	58 058	116 862
1.6	涨价预备费	1 245	44 419	54 752	0	0	0

【解】调整说明如下：

①外币部分按影子汇率换算为人民币。

②因建筑材料市场供应偏紧，建筑材料影子价格按市场价格确定(含增值税进项税额)，即不予调整其财务数值；对其中的非技术劳动力费用，采用影子工资换算系数调整。

③同样，国内设备费影子价格也按市场价格(含增值税进项税额)，即不予调整其财务数值；由于该项目享受免除进口关税和进口环节增值税的优惠政策，其财务数值中不包含进口关税和进口环节增值税。因此，国内设备的经济数值与财务数值相同，只是将外币部分采用影子汇率换算后的合计数有所不同。

④安装工程费的调整方法同设备费。

⑤工程建设其他费用中，由于是按市场价格购买开发区的土地使用权，因此土地的经济数值等同于财务数值；专利与专有技术费采用影子汇率换算为人民币；其他各项未予调整。

⑥基本预备费费率不变，按调整后的数值重新计算。

⑦剔除涨价预备费。

【例7.9】某公司拟从国外进口一套机电设备，质量1 500 t，离岸价为400万美元。其他有关费用参数：国外运费标准为360美元/t，海上运输保险费费率为0.266%，银行财务费费率为0.5%，外贸手续费费率为1.5%，进口关税税率为22%，进口环节增值税税率为17%，人民币外汇牌价为1美元＝6.39元人民币，设备的国内运杂费费率为2.5%。该套进口设备的设备购置费估算为5 529.26万元，设进口相关费用经济价值与财务价值相同，不必调整。影子汇率换算系数为1.08。试计算该套进口设备的经济价值(到厂价)。

【解】用影子汇率换算为人民币表示的进口设备到岸价＝(400+360×1 500/10 000)×(1+0.266%)×6.39×1.08＝3 141.48(万元)。

银行财务费＝400×6.39×0.5%＝12.75(万元)

外贸手续费＝(400+360×1 500/10 000)×(1+0.266%)×6.39×1.5%
　　　　　＝43.63(万元)

国内运杂费＝400×6.39×2.5%＝63.9(万元)

进口设备的经济价值＝3 141.48+12.75+43.63+63.9＝3 261.76(万元)

c.调整建设期利息。国内借款的建设期利息不作为费用流量，来自国外的外汇贷款利息需按影子汇率换算，用于计算国外资金流量。

d.调整经营费用。经营费用可采取以下方式调整计算：对需要采用影子价格的投入物，用影子价格重新计算；对一般投资项目，人工工资可不予调整，即取影子工资换算系数为1；人工工资用外币计算的，应按影子汇率调整；对经营费用中的除原材料和燃料动力费用之外的其余费用，通常可不予直接调整，但有时由于取费基数的变化引起其经济数值，也会与财务数值略有不同。

【例7.10】按例7.7，项目主要原材料紧缺，按照消费者支付意愿，用含税市场价格作为影子价格。其他原材料和燃料动力按社会成本，用不含税价格作为影子价格，经营费用中的其他科目不作调整。

【解】调整后的经营费用见表7.5。

表7.5　项目经营费用调整表

单位:万元

序号	项目	财务数值	经济数值
1	外购原材料	355 813	353 323
2	外购燃料及动力	59 687	52 014
3	工资	25 240	25 240
4	修理费	33 823	33 823
5	其他费用	49 135	49 135
	经营费用合计	523 698	513 535

注:外购原材料和外购燃料及动力的财务数值中含进项税额。

e.调整流动资金。如果财务分析中流动资金是采用扩大指标法估算的,经济分析中仍按扩大指标法估算,但需要将计算基数调整为以影子价格计算的营业收入或经营费用,再乘以相应的系数估算。如果财务分析中流动资金是按分项详细估算法估算的,在剔除了现金、应收账款和应付账款后,剩余的存货要用影子价格重新分项估算。

【例7.11】按例7.7,项目达产年流动资金财务数值见表7.6。

【解】按调整流动资金方法调整计算后,取经济数值列入表7.6。

表7.6　项目流动资金调整表

序号	项目	财务数值	经济数值
1	流动资产	153 486	67 160
1.1	应收账款	79 188	0
1.2	存货	68 100	67 160
1.3	现金	6 198	0
2	流动负债	40 421	0
2.1	应付账款	40 421	0
3	流动资金	113 065	67 160

f.成本费用中的其他科目一般不予调整。

在以上各项的基础上编制项目经济费用效益流量表。

【例7.12】将例7.6、例7.7、例7.9、例7.10调整后的数据编制项目投资经济费用效益流量表,计算效益指标,并根据经济费用效益分析作出结论(为简化起见,假定投产当年即达标)。

【解】编制的项目投资经济费用效益表见表7.7。依据该表数据计算的经济内部收益率为5.3%,经济净现值为-236 887($i_s=8\%$),不能满足8%的社会折现率的要求。从资源配置效率的角度,该项目不具有经济合理性。

表7.7 项目投资经济费用效益流量表

序号	项目	计算期						
		1	2	3	4	5	6~18	19
1	效益流量					658 460	658 460	885 864
1.1	项目直接效益					658 460	658 460	885 864
1.2	回收固定资产余值							160 244
1.3	回收流动资金							67 160
1.4	项目间接效益							
2	流量费用	212 745	354 575	496 406	354 575	580 695	513 535	513 535
2.1	建设投资	212 745	354 575	496 406	354 575			
2.2	流动资金					67 160		
2.3	经营费用					513 535	513 535	513 535
2.4	项目间接效益							
3	净效益流量(1-2)	-212 745	-354 575	-496 406	-354 575	77 765	144 925	372 329

计算指标:项目投资经济净现值($i_s=8\%$)   -236 887

项目投资经济内部收益率   5.3%

需要说明的是:由例7.6、例7.11可知,该项目财务分析投入金额产出价格含有增值税进项税和销项税额,因此财务分析中的项目投资现金流量表中应将上缴增值税作为现金流出。但在经济分析中,无论投入和产出价格如何确定,企业实际上缴的增值税应被看作与政府间的转移支付,不应计入经济费用效益流量表的现金流出。

【例7.13】某农场于2009年年初在某河边植树造林500 hm²,初始投资5 000万元,预计将于2015年初择伐林后无偿地移交政府,所伐树木的销售净收入为12万元/hm²。

由于流域水土得到保持,气候环境得到改善,预计流域内3万亩农田粮食作物从2010年起到择伐树木时止,每年将净增产360万kg,粮食售价为1.5元/kg。财务基准收益率设定为6%,社会折现率为10%,不存在价格扭曲现象,且无须缴纳任何税收。

问:①在考虑资金时间价值的情况下,该林场2015年初所伐树木的销售净收入能否回收初始投资?(要求采用净现值予以判断)

②为了分析项目的经济合理性,试计算项目的经济净现值,并作出该植树造林项目是否具有经济合理性的判断(不考虑初伐以后的情况)。

【解】①2015年初所伐树木的净收入:

$$12 \times 500 = 6\ 000(万元)$$

按6%折现率计算的净现值:

$$FNPV(6\%) = -5\ 000 + 6\ 000 \times (1 + 6\%)^{-6} = -770.24(万元)$$

净现值为负,说明 2015 年初所伐树木的销售净收入不能回收初始投资。

②从经济分析角度,应将农作物增产的年净收益作为效益流量。该项目的经济效益应包括择伐树木的收入和农作物增产效益两部分。

农作物增产年净收益:1.5×360=540(万元)

$$ENPV = -5\ 000 + 6\ 000 \times (1 + 10\%)^{-6} + 540 \times (1 + 10\%)^{-2} + 540 \times (1 + 10\%)^{-3} +$$
$$540 \times (1 + 10\%)^{-4} + 540 \times (1 + 10\%)^{-5} + 540 \times (1 + 10\%)^{-6}$$
$$= 247.78(万元)$$

经济净现值为正,说明该项目具有经济合理性。

【例 7.14】某公路项目是《国家高速公路网规划》中的××高速公路上的特大控制性工程,其主体是隧道工程。该项目的关联项目(指必须与该项目配套建设的项目)为隧道北口和南口分别连接 A 城和 M 县的两侧接线高速公路。项目财务分析主体是拟建项目,经济费用效益分析的主体包括拟建项目和关联项目。

在区域公路网总体背景下,采用"四阶段"法进行了交通量预测,包括趋势交通量(指区域公路系统按趋势增长进行路网分配得到的交通量)和诱增交通量。

项目的财务效益是对各种车辆的收费收入(仅指拟建项目)。项目经济效益要另行估算,它们是路网范围内,采用"有无对比"分析得出的针对趋势交通量的运输成本节约、旅客时间节约和交通事故减少的效益 3 个方面,还包括诱增交通量的效益。

项目费用流量包括建设费用和运营管理费、日常维护费和机电运营费等运营费用。财务分析时只考虑拟建项目的相应费用,而经济分析时还要包括关联项目的费用。按照惯例,经济费用在财务费用基础上调整而得,但首先进行的是经济分析,在经济分析结论符合要求的前提下再进行财务分析。

【解】该项目经济费用和经济效益流量如下(只列出计算期各年的合计数):

①经济费用流量合计为 359 835 万元。

②经济效益流量合计为 3 494 875 万元。

其中:运输费用节约效益为 2 071 348 万元;旅客时间节约效益为 1 185 005 万元;交通事故减少效益为 9 251 万元;诱增交通量效益为 229 271 万元。

③净效益流量为 3 135 036 万元。

根据各年的净效益流量计算出经济净现值为 466 973 万元($i_0 = 8\%$),经济内部收益为 14.34%,采用社会折现率作为折现率计算的经济净现值大于 0;经济内部收益率大于社会折现率,项目具有经济合理性。

7.6　经济分析中的费用效果分析

▶　7.6.1　费用效果分析概述

费用效果分析是通过对项目预期效果和所支付费用的比较,判断项目费用的有效性和项目经济合理性的分析方法。

效果是指项目引起的效应或效能,表示项目目标的实现程度,往往不能或难于货币量化。费用是指社会经济为项目所付出的代价,可以用货币量化计算。

费用效果分析是项目决策分析与评价的基本方法之一。当项目效果不能或难于货币量化时,或货币量化的效果不是项目目标的主体时,在经济分析中可采用费用效果分析方法,其结论作为项目投资决策的依据。例如,医疗卫生保健、政府资助的普及教育、气象、地震预报、交通信号设施、军事设施等项目。

作为一种方法,费用效果分析既可以应用于财务分析,采用财务费用流量计算,又可以应用于经济分析,采用经济费用流量计算。用于前者,主要用于项目各个环节的方案比选、项目总体方案的初步筛选;用于后者,除了可以用于上述方案比选、筛选以外,对于项目主体效益难以货币量化的,则取代经济费用效益分析,并作为经济分析的最终结论。

▶ 7.6.2 费用效果分析的要求与应用条件

(1)费用效果分析的要求

费用效果分析是将效果与费用采取不同的度量方法、度量单位和指标,在以货币度量费用的同时,采用某种非货币指标度量效果。

费用效果分析遵循多方案比选原则,通过对各种方案的费用和效果进行比较,选择最好或较好的方案。对单一方案的项目,由于费用与效果采取不同的度量单位和指标,不易直接评价其合理性。

(2)备选方案应具备的条件

进行费用效果分析,项目的备选方案应具备以下条件:

①备选方案是互斥方案或可转化为互斥方案的,且不少于2个。

②备选方案目标相同,且均能满足最低效果标准的要求,否则不可进行比较。

③备选方案的费用可以货币量化,且资金用量不突破预算限额。

④备选方案的效果应采用同一非货币单位计量。如果有多个效果,可通过加权的方法处理成单一的综合指标。

⑤备选方案应具有可比的寿命周期。

▶ 7.6.3 费用效果分析的基本程序

①确立项目目标,并将其转化为可量化的效果指标。

②拟定各种可以完成任务(达到效果)的方案。

③识别和计算各方案的费用与效果。

④计算指标,综合比较,分析各方案的优缺点。

⑤推荐最佳方案或提出优先采用的次序。

▶ 7.6.4 费用估算要点

①费用应包括整个计算期内发生的全部费用。

②费用可采用现值或年值表示,备选方案计算期不一致时应采用年值。

▶ 7.6.5 效果计量单位的选择

效果可以采用有助于说明项目效能的任何计量单位。选择的计量单位应能切实度量项目目标实现的程度,且便于计算,如供水工程可以选择供水量(t)、教育项目选择受教育人数等。若项目的目标不止一个,或项目的效果难于直接度量,需要建立次级分解目标加以度量时,需要用科学的方法确定权重,借助层次分析法对项目的效果进行加权计算,处理成统一的综合指标。

▶ 7.6.6 费用效果分析基本指标

①费用效果分析基本指标是效果费用比($R_{E/C}$),即单位费用所达到的效果:

$$R_{E/C} = E/C \tag{7.8}$$

式中 $R_{E/C}$——效果费用比;

　　E——项目效果;

　　C——项目费用。

②习惯上也可以采用费用效果比($R_{C/E}$)指标,即单位效果所花费的费用:

$$R_{C/E} = C/E \tag{7.9}$$

▶ 7.6.7 费用效果分析基本方法

(1)最小费用法

当项目目标明确固定时,也即效果相同的条件下,选择能够达到效果的各种可能方案中费用最小的方案。这种满足固定效果寻求费用最小方案的方法称为最小费用法,也称固定效果法。例如,优化一个满足特定标准的教育设施项目(如一所学校),其设施要达到的标准和可以容纳的学生人数事先确定下来,可以采用最小费用法。

(2)最大效果法

将费用固定,追求效果最大化的方法称为最大效果法,也称固定费用法。例如,用于某一贫困地区扶贫的资金通常是事先固定的,扶贫效用最大化是通常要追求的目标,也就是采用最大效果法。

(3)增量分析法

当备选方案效果和费用均不固定,且分别具有较大幅度的差别时,应比较两个备选方案之间的费用差额和效果差额,分析获得增量效果所花费的增量费用是否值得,不可盲目选择效果费用比大的方案或者费用效果比小的方案。

采用增量分析法时,须事先确定基准指标,如$[E/C]_0$或$[C/E]_0$(也称截止指标)。如果增量效果超过增量费用,即$\Delta E/\Delta C \geqslant [C/E]_0$或$\Delta C/\Delta E \leqslant [C/E]_0$时,可以选择费用高的方案,否则选择费用低的方案。

如果项目有两个以上的备选方案进行增量分析,应按下列步骤选优:

①将方案费用由小到大排队。

②从费用最小的两个方案开始比较,通过增量分析选择优胜方案。

③将优胜方案与紧邻的下一个方案进行增量分析,并选出新的优胜方案。

④重复第3步,直至最后一个方案,最终被选定的优势方案为最优方案。

【例7.15】某地方政府拟实行一个5年免疫接种计划项目,减少国民的死亡率。设计了A、B、C 3个备选方案,效果为减少死亡人数,费用为方案实施的全部费用,3个方案实施期和效果预测期相同。拟通过费用效果比的计算,在政府财力许可情况下,决定采用何种方案。根据以往经验,设定基准指标$[C/E]_0$为400,即每减少死亡一人需要花费400元疫苗费用等。

【解】①预测的免疫接种项目三个方案的费用和效果现值及其费用效果比见表7.8。

表7.8 方案费用效果比计算表

项目	A 方案	B 方案	C 方案
费用	8 900 万元	10 000 万元	8 000 万元
效果	26.5 万元	29.4 万元	18.5 万元
费用效果比	336	340	432

②C 方案费用效果比明显高于基准值,不符合备选方案的条件,应予放弃。

③A、B 两个方案费用效果比都低于基准值,符合备选方案的条件。计算 A、B 两个互斥方案的增量费用效果比:

$$\Delta C/\Delta E = (10\ 000 - 8\ 900)/(29.4 - 26.5)$$
$$= 379(元/人)$$

④由计算结果看,A、B 两个方案的费用效果比都低于设定的基准值400。而增量费用效果比也低于基准值400,说明费用高的 B 方案优于 A 方案,在政府财力许可情况下可选择 B 方案。如果有资金限制,也可以选择 A 方案。

7.7 社会评价

▶ 7.7.1 社会评价的含义、特征和作用

1)社会评价的含义

社会评价是指分析投资项目对实现社会目标方面的贡献的一种方法。社会评价旨在系统调查和预测拟建项目的建设、运营产生的社会影响与社会效益,分析项目所在地区的社会环境对项目的适应性和可接受程度,通过分析项目涉及的各种社会因素,评价项目的社会可行性,提出项目与当地社会协调关系,规避社会风险,促进项目顺利实施,保持社会稳定的方案。

投资项目社会评价的应用,是贯彻和落实科学发展观的需要,它强调以人为本,强调发展是一个综合的、内在的、持续的过程,在投资项目的评价中,还必须充分考虑社会的、人文的因素。

2)社会评价的特征

(1)宏观性和长期性

①社会评价具有宏观性。投资项目进行社会评价所依据的是社会发展目标,而社会发展

目标本身是依据国家和地区的宏观经济与社会发展需要来制定的。社会发展目标包括经济增长目标、国家安全目标、人口控制目标、减少失业和贫困目标、环境保护目标等,涉及社会生活的方方面面。在进行投资项目的社会评价时,要认真考察与项目建设相关的各种可能的影响因素,这种分析和考察应该是全面的、广泛的和宏观的。因此,社会评价有宏观性的特点。

②社会评价具有长期性。一般经济评价只考察投资项目大约 20 年的经济效果,而社会评价通常要考虑中期和远期发展规划及要求,在某些领域可能涉及几十年、上百年。

（2）目标的多样性和复杂性

社会评价的目标分析是按国家、地方和当地社区三层次展开的,通常低层次的社会目标依据高层次的社会目标制定。因此,社会评价需要从国家、地方、社区 3 个不同的层次进行分析,做到宏观分析与微观分析相结合。

由于社会目标层次的多样性,综合考察项目的社会可行性,通常需要采用多目标综合评价的方法。

（3）评价标准的差异性

社会评价在不同行业和不同地区间差异明显。环境多样性、影响因素复杂性、社会目标多元化、社会效益本身的多样性等原因使得难以使用统一的量纲、指标和标准来计算和比较社会影响效果。因此,社会评价通用指标少,专用指标多;定性指标多,定量指标少。

3）社会评价的作用

①有利于经济发展目标与社会发展目标协调一致,防止单纯追求项目经济效益。实践证明,项目建设与社会发展能够协调配合,是促进经济发展目标和社会目标实现的基本前提,是建设和谐社会,实现以人为本的科学发展观的基本要求。

②有利于项目所在地区利益协调一致,减少社会矛盾和纠纷,防止可能产生的不利社会影响和后果,促进社会稳定。

分析有利影响和不利影响的大小,判断有利影响和不利影响在项目投资效果中的分布情况,是社会评价中判断一个项目好坏的重要尺度之一。

③有利于避免或减少项目建设和运营的社会风险,提高投资效益。社会评价侧重于分析:

a.项目是否适合当地人群的文化生活需要,包括文化教育、卫生健康、宗教信仰、风俗习惯等;

b.考察当地人群的需求状况,对项目的态度如何,支持还是反对。社会评价分析要广泛、深入、实际,并提出合理的针对性建议以减少项目的社会风险。

► 7.7.2 社会评价主要内容

社会评价研究内容包括社会影响分析、项目与所在地区的互适性分析和社会风险分析。

（1）社会影响分析

项目的社会影响分析旨在分析预测项目可能产生的正面影响（通常称为社会效益）和负面影响。

项目的社会影响分析在内容上可分为 3 个层次,从国家、地区、社区 3 个层面展开,包括正面影响和负面影响:

①项目对所在地居民收入的影响；

②对居民生活水平和生活质量的影响；

③对居民就业的影响；

④对不同利益相关者的影响；

⑤对弱势群体利益的影响；

⑥对文化、教育、卫生的影响；

⑦对基础设施、社会服务容量和城市化进程等的影响；

⑧对少数民族风俗习惯和宗教的影响。

（2）互适性分析

互适性分析主要是分析预测项目能否为当地的社会环境、人文条件所接纳，以及当地政府、居民支持项目的程度，考察项目与当地社会环境的相互适应关系。

①分析预测与项目直接相关的不同利益相关者对项目建设和运营的态度及参与程度，选择可以促使项目成功的各利益相关者的参与方式，对可能阻碍项目存在与发展的因素提出防范措施。

②分析预测项目所在地区的社会组织对项目建设和运营的态度。首先分析当地政府对项目的态度及协作支持的力度，其次分析当地群众对项目的态度以及群众参与的程度。

③分析预测项目所在地区社会环境、文化状况能否适应项目建设和发展需要。

（3）社会风险分析

社会风险分析是对可能影响项目的各种社会因素进行识别和排序，选择影响面大、持续时间长，并容易导致较大矛盾的社会因素进行预测，分析可能出现这种风险的社会环境和条件。

▶ 7.7.3 社会评价范围的界定

（1）社会评价的项目范围

社会评价难度大、要求高，并且需要一定的资金和时间投入，因此并不要求任何项目都进行社会评价。一般而言，主要对象是：

①对当地居民受益较大的社会公益性项目；

②对人们生活影响较大的基础设施项目；

③容易引起社会矛盾的项目；

④扶贫项目，包括引发大规模移民征地的项目以及具有明显社会发展目标的项目。

在项目评价中，首先需要进行初步社会评价，然后根据初步评价的结果，判断是否需要进行详细社会分析。需要进行详细社会分析的项目具有下列特征：

①项目地区的居民无法从以往的发展项目中受益或历来处于不利地位；

②项目地区存在比较严重的社会、经济不公平等现象；

③项目地区存在比较严重社会问题；

④项目地区面临大规模企业结构调整，并可能引发大规模的失业；

⑤可预见到项目会产生重大负面影响，如非自愿移民、文物古迹严重破坏；

⑥项目活动会改变当地人口的行为方式和价值观念；

⑦社区参与对项目效果可持续性和成功实施十分重要；

⑧项目评价人员对项目影响群体和目标群体的需求及项目地区发展的制约因素缺乏足够的了解。

（2）社会评价重点关注的人群范围

社会评价的中心主题是强调以人为本。从以人为本的思想出发，就必然要求在社会评价中将人的因素放在中心位置予以考虑，社会评价重点关注人群范围如下：

①贫困人口；

②女性；

③少数民族；

④非自愿移民。

对于涉及非自愿移民的项目来说，非自愿移民是受项目影响的重要群体，是社会评价必须关注的重点。

► 7.7.4 社会评价的方法

（1）初步社会评价

初步社会评价是在预可行性研究阶段进行社会评价常采用的一种简便方法，主要是分析现有资料和现有状况，着眼于负面社会因素的分析判断，一般以定性描述和分析为主。

初步社会评价主要步骤如图 7.1 所示。

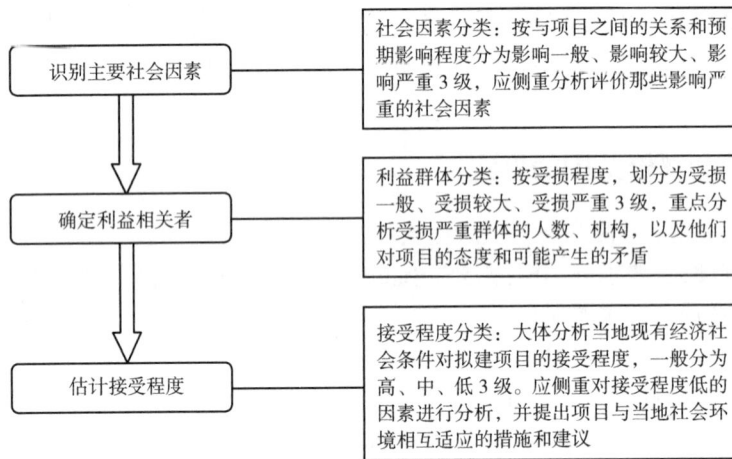

识别主要社会因素	社会因素分类：按与项目之间的关系和预期影响程度分为影响一般、影响较大、影响严重 3 级，应侧重分析评价那些影响严重的社会因素
确定利益相关者	利益群体分类：按受损程度，划分为受损一般、受损较大、受损严重 3 级，重点分析受损严重群体的人数、机构，以及他们对项目的态度和可能产生的矛盾
估计接受程度	接受程度分类：大体分析当地现有经济社会条件对拟建项目的接受程度，一般分为高、中、低 3 级。应侧重对接受程度低的因素进行分析，并提出项目与当地社会环境相互适应的措施和建议

图 7.1　社会初步评价主要步骤

（2）详细社会评价

详细社会评价是在可行性研究阶段广泛应用的一种评价方法。详细社会评价是在初步社会评价的基础上，采用定量与定性分析相结合的方法，结合项目的工程技术方案，进一步研究与项目相关的社会因素和社会影响程度，进行详细论证并预测风险程度，系统地评价社会影响。

详细社会评价主要步骤如下：

①识别社会因素并排序；

②识别利益相关者并排序；

③论证当地社会环境对项目的适应程度；

④比选优化方案。

本章小结

1.国民经济评价是按合理配置资源的原则,采用社会折现率、影子汇率、影子工资和货物影子价格等经济分析参数,从项目对社会经济所作贡献以及社会为项目付出代价的角度,考察项目的经济合理性。

2.国民经济评价采用费用效益分析或费用效果分析方法,即效益(效果)与费用比较的理论方法,寻求以最小的投入(费用)获取最大的产出(效益,效果);国民经济评价采取"有无对比"方法识别项目的效益和费用;国民经济评价采取影子价格估算各项效益和费用;国民经济评价遵循效益和费用的计算范围对应一致的基本原则。

3.经济费用效益分析采用费用效益流量分析方法,采用内部收益率、净现值等经济盈利性指标进行定量的经济效益分析。国民经济评价与财务评价既有联系,又有区别。

4.经济效益和经济费用识别的基本要求:对经济效益与费用进行全面识别;遵循"有无对比"的原则;合理确定经济效益与费用识别的时间跨度;正确处理"转移支付";遵循以本国社会成员作为分析对象的原则。

5.项目直接效益是指由项目产出物产生的,并在项目范围内计算的经济效益,一般表现为项目为社会生产提供的物质产品、科技文化成果和各种各样的服务所产生的效益。

6.项目直接费用是指项目使用投入物所产生,并在项目范围内计算的经济费用,一般表现为投入项目的各种物料、人工、资金、技术以及自然资源带来的社会资源的消耗。

7.在国民经济评价中,应关注项目的外部性,对项目产生的外部效果进行识别,习惯上把外部效果称为间接效益和间接费用。间接效益和间接费用就是由于项目的外部性所导致的项目对外部的影响,而项目本身并未因此实际获得收入或支付费用。

8.国民经济评价参数分为两类:一类是通用参数,包括社会折现率、影子汇率、影子工资等,由专门机构组织测算和发布;另一类是各种货物、服务、土地、自然资源等影子价格,需由项目评价人员根据项目具体情况自行测算。

9.经济效益与费用的估算原则:支付意愿原则、受偿意愿原则、机会成本原则、实际价值计算原则。

10.经济效益与费用的估算采用影子价格。影子价格依据经济分析的定价原则测定,反映项目的投入物和产出物真实经济价值、市场供求关系、资源稀缺程度以及资源合理配置的要求。

11.进行项目的经济分析时,项目的主要投入物和产出物,原则上应采用影子价格。劳动力、土地和自然资源等特殊投入物的影子价格需要采取特定的方法确定。

12.经济净现值(ENPV)是指用社会折现率将项目计算期内各年的经济净效益流量折算到项目建设期初的现值之和,是经济费用效益分析的主要指标。

13.经济内部收益率(*EIRR*)是指能使项目在计算期内各年经济净效益流量的现值累计等于零时的折现率,是经济费用效益分析的辅助指标。经济费用效益分析报表主要包括项目投资经济费用效益流量表和国内投资经济费用效益流量表。

14.费用效果分析是通过对项目预期效果和所支付费用的比较,判断项目费用的有效性和项目经济合理眭的分析方法。费用效果分析基本方法有最小费用法、最大效果法、增量分析法。

15.社会评价是指分析投资项目对实现社会目标方面的贡献的一种方法。社会评价内容包括社会影响分析、项目与所在地区的互适性分析和社会风险分析。

练习题

1.简述国民经济评价的含义和作用。

2.简述国民经济评价与财务评价的区别与联系。

3.简述国民经济评价的基本方法。

4.简述经济效益与经济费用识别的基本要求。

5.国民经济评价的参数有哪些? 社会折现率与基准利率的区别在哪里?

6.何为影子价格?

7.经济费用效益分析指标有哪些?

8.何为费用效果分析? 其基本方法有哪些?

9.简述社会评价的含义和作用。

8

价值工程

[学习目标]

掌握价值工程的基本概念;掌握价值工程的工作程序;掌握价值工程对象的选择与信息资料的收集;理解功能分析与评价;熟悉方案的创造与评价;掌握价值工程在工程经济中的运用。

[基本概念]

价值工程,价值,功能,成本,ABC 分析法,价值指数法,强制确定法,功能分析

8.1 价值工程原理

▶ 8.1.1 价值工程产生的背景

价值工程(Value Engineering,VE)是一种新兴的科学管理技术,是降低成本提高经济效益的一种有效方法。它于 20 世纪 40 年代起源于美国。第二次世界大战结束前不久,美国的军事工业发展很快,造成原材料供应紧缺,一些重要的材料很难买到。当时在美国通用电气公司有位名叫麦尔斯(L.D. Miles)的工程师,他的任务是为该公司寻找和取得军工生产用材料。麦尔斯研究发现,采购某种材料的目的并不在于该材料的本身,而在于材料的功能。在一定条件下,虽然买不到某一种指定的材料,但可以找到具有同样功能的材料来代替,仍然可以满足其使用效果。当时轰动一时的"石棉板事件"就是一个典型的例子。该公司汽车装配厂急需一种耐火材料——石棉板,当时这种材料价格很高而且奇缺。麦尔斯想:只要材料的功能

(作用)一样,能不能用一种价格较低的材料代替呢? 他开始考虑:为什么要用石棉板? 其作用是什么? 经过调查,原来汽车装配中的涂料容易漏洒在地板上。根据美国消防法规定,该类企业作业时地板上必须铺上一层石棉板,以防火灾。麦尔斯弄清这种材料的功能后,找到了一种价格便宜且能满足防火要求的防火纸来代替石棉板。经过试用和检验,美国消防部门通过了这一代用材料。

麦尔斯从研究代用材料开始,逐渐摸索出一套特殊的工作方法,把技术设计和经济分析结合起来考虑问题,用技术与经济价值统一对比的标准衡量问题,又进一步把这种分析思想和方法推广到研究产品开发、设计、制造及经营管理等方面,逐渐总结出一套比较系统和科学的方法。1947 年,麦尔斯以《价值分析程序》为题在《美国机械师》杂志上公开发表,标志着"价值工程"正式产生。

价值工程首先在美国得到广泛重视和推广,由于麦尔斯《价值分析程序》的发表,1955 年价值工程传入日本后,他们把价值工程与全面质量管理结合起来,形成具有日本特色的管理方法,并取得了极大成功。我国运用价值工程是从 20 世纪 70 年代末开始的。1984 年国家经委将价值工程作为 18 种现代化管理方法之一,向全国推广。1987 年国家标准局颁布了第一个价值工程标准《价值工程基本术语和一般工作程序》。

▶ 8.1.2 价值工程的基本概念

价值工程,也称价值分析(Value Analysis,VA),是指以产品或作业的功能分析为核心,以提高产品或作业的价值为目的,力求以最低寿命周期成本实现产品或作业使用所要求的必要功能的一项有组织的创造性活动,有些人也称其为功能成本分析。价值工程涉及价值、功能和寿命周期成本等 3 个基本要素。价值工程是一门工程技术理论,其基本思想是以最少的费用换取所需要的功能。这门学科以提高工业企业的经济效益为主要目标,以促进老产品的改进和新产品的开发为核心内容。

1)价值

价值工程中所说的"价值"有其特定的含义,与哲学、政治经济学、经济学等学科关于价值的概念有所不同。价值工程中的"价值"就是一种"评价事物有益程度的尺度"。价值高,说明该事物的有益程度高、效益大、好处多;价值低,则说明该事物的有益程度低、效益差、好处少。例如,人们在购买商品时,总是希望"物美而价廉",即花费最少的代价换取最多、最好的商品。价值工程把"价值"定义为:"对象所具有的功能与获得该功能的全部费用之比。"即:

$$V = \frac{F}{C}(式中 V 为"价值",F 为功能,C 为成本) \tag{8.1}$$

2)功能

价值工程认为,功能对于不同的对象有着不同的含义:对于物品来说,功能就是它的用途或效用;对于作业或方法来说,功能就是它所起的作用或要达到的目的;对于人来说,功能就是它应该完成的任务;对于企业来说,功能就是它应为社会提供的产品和效用。总之,功能是对象满足某种需求的一种属性。

认真分析一下价值工程所阐述的"功能"内涵,实际上等同于使用价值的内涵,也就是说,功能是使用价值的具体表现形式。任何功能无论是针对机器还是针对工程,最终都是针对人类主体的一定需求目的,最终都是为了人类主体的生存与发展服务,因而最终将体现为相应的使用价值。因此,价值工程所谓的"功能"实际上就是使用价值的产出量。

价值工程的研究对象往往会有几种不同的功能,为了便于功能分析,需要对功能进行分类。但不论怎样分类,功能分析的目的在于,确保必要功能,消除不必要的功能。一般有以下几种不同的分类方法:

(1)必要功能和不必要功能

必要功能是为满足使用者的需求而必须具备的功能;不必要功能是对象所具有的与使用者的需求无关的功能。

(2)不足功能和过剩功能

不足功能是指对象尚未满足使用者的需求的必要功能;过剩功能是指对象所具有的超过使用者需求的功能。不足功能和过剩功能具有相对性,同样一件产品对甲消费者而言,可能功能不足,而对乙消费者而言,功能却已过剩了。

(3)基本功能和辅助功能

基本功能是指与对象的主要目的直接有关的功能,是对象存在的主要理由;辅助功能是指为了更好实现基本功能而附加的功能。一般来说,基本功能是必要的功能,辅助功能有些是必要功能,有些可能是多余的功能。例如,手表的基本功能是显示时间,而防水、防磁、防震则是为了更准确地显示时间而附加的辅助功能。

(4)使用功能和品味功能

使用功能是指对象所具有的与技术经济用途直接有关的功能;品味功能是指与使用者的精神感觉、主观意识有关的功能,如贵重功能、美学功能、外观功能、欣赏功能等。产品的使用功能和品味功能往往兼而有之,但根据用途和消费者的要求不同而有所侧重。例如,地下电缆、地下管道、设备基础等主要是使用功能;工艺美术品、装饰品等主要是品味功能。

价值工程通过对功能进行分门别类分析,可以区分研究对象的必要功能和不必要功能、不足功能和过剩功能、基本功能和辅助功能、使用功能和品味功能,从而保证必要功能和基本功能,消除不必要功能和过剩功能,补充不足功能和辅助功能;并且改进研究对象的使用功能,严格按照用户的需求来设计产品。

3)寿命周期成本

从对象被研究开发、设计制造、用户使用直到报废为止的整个时期,称为对象的寿命周期。对象的寿命周期一般可分为自然寿命和经济寿命。价值工程一般以经济寿命来计算和确定对象的寿命周期。

寿命周期成本是指从对象被研究开发、设计制造、销售使用直到停止使用经济寿命周期期间所发生的各项成本费用之和。产品的寿命周期成本包括生产成本和使用成本两部分。生产成本是产品在研究开发、设计制造、运输施工、安装调试过程中发生的成本;使用成本是用户在使用产品过程中所发生的费用总和,包括产品的维护、保养、管理、能耗等方面的费用。寿命周期与寿命周期成本之间的关系如图8.1所示。

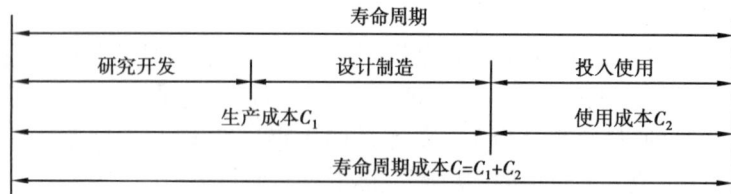

图 8.1 寿命周期与寿命周期成本之间的关系

寿命周期成本＝生产成本＋使用成本

即：

$$C = C_1 + C_2 \tag{8.2}$$

产品的寿命周期成本、生产成本、使用成本与产品的功能有关。一般而言,生产成本与产品的功能成正比关系,使用成本与产品的功能成反比关系。具体关系如图 8.2 所示。

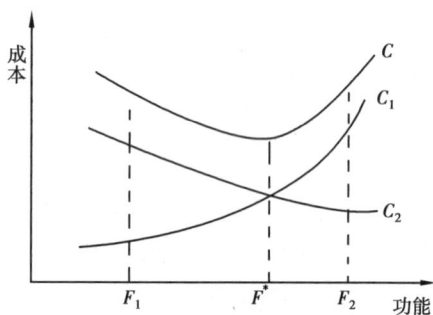

图 8.2 寿命周期成本与功能的关系

从图 8.2 可以看出,随着产品功能的增加,生产成本 C_1 越来越高,使用成本 C_2 越来越低。它们的变化规律决定了寿命周期成本随着产品功能的增加先下降,然后上升。在 F_1 点,产品功能水平较低,此时虽然生产成本较低,但由于不能满足用户的基本需要,使用成本较高,因而寿命周期成本较高;在 F_2 点,虽然使用成本较低,但由于存在过剩功能,因而导致生产成本较高,同样寿命周期成本也较高;只有在 F^* 点,产品功能既能满足用户的需求,又使得寿命周期成本较低,体现了比较理想的功能与成本之间的关系,亦即产品的价值比较大。

▶ 8.1.3 提高价值的途径

以企业生产的产品为例,产品的价值是产品功能与其寿命周期成本的比值。其中,功能指满足要求的能力,即使用价值;寿命周期成本指产品设计、制造、储存、销售、使用、维修、报废处理等全部费用,或称总费用。

因此,提高产品价值的途径有 5 种途径,具体参见表 8.1。

表 8.1 提高价值的主要途径

提高价值途径	表达式	着重点
1.功能不变,成本降低	$F/C\downarrow = V\uparrow$	着重于降低成本
2.成本不变,功能提高	$F\uparrow/C = V\uparrow$	着重于提高功能
3.功能提高,成本降低	$F\uparrow/C\downarrow = V\uparrow\uparrow$	理想途径
4.成本略增,功能大幅度提高	$F\uparrow\uparrow/C\uparrow = V\uparrow$	着重于提高功能
5.功能略减,成本大幅度下降	$F\downarrow/C\downarrow\downarrow = V\uparrow$	着重于降低成本

▶ 8.1.4 价值工程的特征

（1）目标上的特征

价值工程是以寻求最低的寿命周期成本实现产品或作业的功能为目标。价值工程不是单纯地强调功能，也不是片面地要求降低成本，而是致力于功能与成本的合理结合，这就划清与偷工减料的界线。同时，价值工程的前提是确保必要的功能，这样也克服了只顾功能而不计成本的盲目做法。实际上，价值工程就是要使得项目以及整个社会的人力、财力、资源得到合理的利用。

（2）方法上的特征

功能分析是价值工程的核心，即在开展价值工程中，以使用者的功能需求为出发点。产品的价值在于满足用户需求的特有功能，就产品而言，必须具备必要的功能。但由于设计制造等不完善，也可能存在一些不必要的功能，即多余的功能，这必将造成产品不必要的成本。功能分析是分析产品怎样使用更少的人力和物力，以满足用户需要的功能。通过功能分析，可以正确地确定产品的基本功能，合理地结合使用功能和美观功能，去掉或削弱产品的多余功能，改进产品的设计，以求降低成本，最终提高产品的价值。

（3）价值工程是有组织的活动

价值工程是贯穿于产品整个寿命周期的系统方法，从产品研究、设计到原材料的采购、生产制造以及推销和维修，都有价值工程的工作需要做。而且它涉及面广，涉及一个单位的许多部门和各种专业人员，因此，必须依靠有组织的集体努力去完成。开展价值工程活动，要组织设计、工艺、供应、加工、管理、财务、销售以及用户等各方面的人员参加，运用各方面的知识，发挥集体的智慧，博采众家之长，从产品生产的全过程来确保产品的功能，并降低成本。

8.2 价值工程的实施步骤与方法

▶ 8.2.1 价值工程的工作程序

价值工程的一般工作程序如表 8.2 所示。由于价值工程的应用范围广泛，其活动形式也不尽相同，因此在实际应用中，可参照这个工作程序，根据对象的具体情况，应用价值的基本原理和思想方法，考虑具体的实施措施和方法步骤。但是对象选择、功能分析、功能评价和方案创新与评价是工作程序的关键内容，体现了价值工程的基本原理和思想，是不可少的。

表 8.2 价值工程的一般工作程序

工作阶段	设计程序	工作步骤		对应问题
		基本步骤	详细步骤	
准备阶段	制订工作计划	确定目标	1.工作对象选择	1.这是什么？
			2.信息收集	

续表

工作阶段	设计程序	工作步骤		对应问题
		基本步骤	详细步骤	
分析阶段	规定评价(功能要求事项实现程度的标准)	功能分析	3.功能定义	2.这是干什么用的?
			4.功能整理	
		功能评价	5.功能成本分析	3.它的成本是多少?
			6.功能评价	4.它的价值是多少?
			7.确定改进范围	
创新阶段	初步设计(提出各种设计方案)	制订改进方案	8.方案创新	5.有其他方法实现这一功能吗?
			9.概略评价	
	评价各设计方案,对方案进行改进、选优		10.调整完善	6.新方案的成本是多少?
			11.详细评价	
	书面化		12.提出提案	7.新方案能满足功能要求吗?
实施阶段	检查实施情况并评价活动成果	实施评价成果	13.审批	8.偏离目标了吗?
			14.实施与检查	
			15.成果鉴定	

▶ 8.2.2 价值工程对象选择

1)选择的原则

开展价值工程活动,首先要正确选择价值工程的分析对象,价值工程的对象就是生产中存在的问题。对企业来讲,凡是为获取功能而发生费用的事物,都可以作为价值工程研究对象,如产品、系统、设备以及它们的组成部分等。但企业在进行价值工程活动时,不是也不可能把所有的产品都作为分析对象,对一个复杂产品来说,也不一定要对所有零件都进行分析。这就要求合理选择价值工程分析对象,以便提高价值工程活动的效益,用较少的工作量取得较好的经济效果。

正确选择分析对象是价值工程成功的第一步,能起到事半功倍的效果。价值工程分析对象的选择应以能否取得较大的经济效益为基本原则。一般来说,选择市场反馈迫切要求改进的产品、功能改进和成本降低潜力较大的产品为分析对象。

价值工程是就某个具体对象开展的有针对性的分析评价和改进,有了对象才有分析的具体内容和目标。价值工程的对象选择过程就是逐步收缩研究范围、寻找目标、确定主攻方向的过程。一般来说,对象的选择有以下几个原则。

(1)与企业生产经营发展相一致的原则

由于行业、部门不同,环境、条件不同,企业经营目标的侧重点也必然不同。企业可以根

据一定时期的主要经营目标,有针对性地选择价值工程的改进对象。通常,企业经营目标有以下9个方面:

①对国计民生影响较大的产品。

②国家计划任务和社会需求较大的产品。

③对企业经济效益影响较大的产品。

④竞争激烈的产品。

⑤扩大销售量,提高市场占有率的产品。

⑥计划延长产品寿命周期的产品。

⑦用户意见大,质量有待继续提高的产品。

⑧成本高、利润少的产品。

⑨出口创汇的产品。

(2)潜力大、易于提高价值的原则

对象选择要围绕提高经济效益这个中心,选择价值低、潜力大且与企业人力、设备、技术条件相适应,在预定时间能取得成功的产品或零部件作为价值工程活动对象。具体可以从下列4个方面分析和选择:

①从设计方面看,对产品结构复杂、性能和技术指标差距大、体积大、重量大的产品和部件进行价值工程活动,可使产品结构、性能、技术水平得到优化,从而提高产品价值。

②从生产方面看,对数量多、关键部件、工艺复杂、原材料消耗高和废品率高的产品或零部件,特别是对量多、产值比重大的产品,如果把成本降下来,所取得的总的经济效果会比较大。

③从市场销售方面看,选择用户意见多、系统配套差、维修能力低、竞争力差、利润率低的,或者选择市场上畅销但竞争激烈的产品。对于新产品、新工艺和寿命周期较长的产品也可以列为重点。

④从成本方面看,选择成本高于同类产品、成本比重大的,如材料费、管理费、人工费等。推行价值工程就是要降低成本,以最低的寿命周期成本可靠地实现必要功能。

根据以上原则,生产企业有以下情况之一者,应优先选择为价值工程的对象:

①结构复杂或落后的产品。

②制造工序多,或制造方法落后以及手工劳动较多的产品。

③原材料种类繁多和互换材料较多的产品。

④在总成本中所占比重大的产品。

对由各组成部分组成的产品,应优先选择以下部分作为价值工程的对象。

①造价高的组成部分。

②占产品成本比重大的组成部分。

③数量多的组成部分。

④体积或重量大的组成部分。

⑤加工工序多的组成部分。

⑥废品率高和关键性的组成部分。

2)选择的方法

对象选择的方法有很多,不同的方法适宜于不同的价值工程对象。下面着重介绍几种常用的方法,即经验分析法、ABC分析法、百分比法、价值指数法和强制确定法。

(1)经验分析法

所谓经验分析法是根据有丰富实践经验的设计人员、施工人员以及企业的专业技术人员和管理人员对产品中存在的问题的直接感受,经过主观判断确定价值工程对象的一种方法。

经验分析法又称为因素分析法,是对象选择的定性分析法。在对各因素进行综合分析时,既要区别轻重缓急,考虑需要,又要考虑可能性。经验分析法的优点是简单易行,考虑问题综合全面,不需要特殊训练,是目前实践中采用较为普遍的方法。缺点是缺乏定量分析,在分析人员经验不足时会造成准确度的下降,受分析人员的水平和主观因素的影响较大。但在目标单一、产品不多或问题简单的情况下,使用该方法进行对象选择在准确性和节约时间等方面具有较显著的优越性。经验分析法也可与定量分析法结合使用,相互补充、验证,这样会取得更好的效果。

(2)ABC分析法

ABC分析法是一种定量分析法,又称为成本比重分析法或不均匀分布定律法,它是一种运用数理统计的分析技术原理,按照局部成本在总成本中的比重大小来选择价值工程对象的方法。这种方法由意大利经济学家帕雷托(Pareto)提出,它根据局部成本在总成本中所占比重的多少以及按照"关键的少数、次要的多数"的意思来选择价值工程对象。

对某一产品的全部零件的成本比重进行分析时,往往有少数几种零件在产品总成本中的比重很大。例如,有占零件总数10%~20%的零件的累计成本占总成本的70%~80%,这10%~20%的零件称为A类零件。A类零件数量少而成本比重大,是对产品成本举足轻重的关键零件类,应列为价值工程对象;还有一些零件占零件总数的70%~80%,但成本仅占总成本的10%~20%,这类零件称为C类零件。C类零件虽然数量多,但对整体成本影响不大。A、C两种零件之外的其他零件归为B类零件。一般来说,A类为重点研究对象,B类作一般分析,C类可不作分析。其具体步骤如下:

①将所有研究对象(产品或零部件),按其成本由多到少依次排列编号。

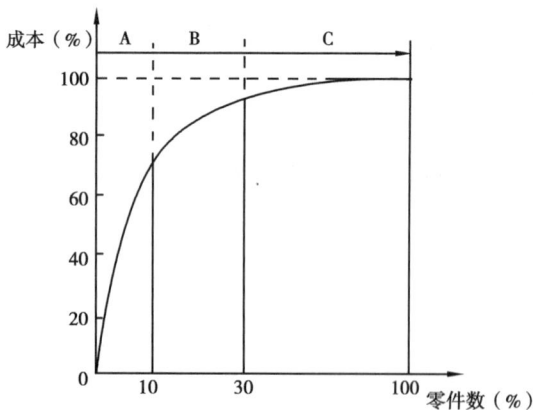

图8.3 ABC分类曲线图

②计算出每个研究对象的累计个数占全部研究对象总数的百分比。

③计算每个研究对象的累计成本占总成本的百分比。

④按照ABC分类原则对产品进行ABC分类。

⑤画出ABC分类曲线图(又称为帕雷托曲线,如图8.3所示)。横轴表示零件数量,纵轴表示成本。根据A、B、C三类的累计成本比重和累计零件数量的数据确定相应的坐标点,从原点开始连线即可。

ABC分析法是人们广泛采用的价值工

程对象选择的方法。其优点是简单易行,能够抓住重点,突出主要矛盾,在对复杂产品的零部件作对象选择时常用它进行主次分类。据此,价值工程小组可结合一定的人力、财力、时间要求和分析条件,略去"次要的多数",抓住"主要的少数",卓有成效地开展工作。其缺点是有时由于成本分配不合理,造成成本比重不大,但用户认为功能重要的对象可能被漏选或排序靠后,而此种情况也应作为价值工程的重点分析对象。

【例8.1】在某设备工程中,业主委托设备监理工程师对其中一个关键工艺设备的报价作评审。设备监理工程师发现该设备的各组成部件的功能与成本分布不合理,导致该设备造价偏高。设备监理工程师提出用价值工程的方法可降低该设备的制造成本。下表是设备部件构成和现有成本的基本情况表。试用 ABC 分析法确定可以作为价值工程分析对象的组成部件。

表8.3　设备部件构成和现有的成本基本情况

序号	部件名称	件数	部件单件成本/万元
1	A	3	6
2	B	1	60
3	C	2	59
4	D	1	20
5	E	1	100
6	F	3	4
7	G	2	4.50
8	H	8	0.75
9	I	2	1
10	J	10	0.20

【解】该设备各组成部件的 ABC 分类如表8.4所示。结果说明:A 类零部件的件数只占总件数的12%,而成本却占总成本的80%,是影响该设备的关键部件,降低成本的潜力较大,故应将 A 类部件作为价值工程的研究对象。

表8.4　部件成本分析表

序号	部件名称	件数	累计		各类部件总成本/万元	累计		分类
			件数	百分比/%		金额/万元	百分比/%	
1	C	2	2	6.06	118	118	34.01	
2	E	1	3	9.09	100	218	62.82	A类
3	B	1	4	12.12	60	278	80.12	
4	D	1	5	15.15	20	298	85.88	B类
5	A	3	8	24.24	18	316	91.07	

续表

序号	部件名称	件数	累计		各类部件总成本/万元	累计		分类
			件数	百分比%		金额/万元	百分比/%	
6	F	3	11	33.33	12	328	94.52	
7	G	2	13	39.39	9	337	97.12	
8	H	8	21	63.64	6	343	98.85	C类
9	I	2	23	69.70	2	345	99.42	
10	J	10	33	100	2	347	100	
合计		33			347			

(3)百分比法

百分比法是通过分析不同产品在各类技术经济指标中所占的百分比不同来进行比较,找出价值工程对象的方法。

【例8.2】某食品加工厂生产加工有4种产品,它们各自的年成本和年利润占工厂年总成本和年利润总额的百分比如表8.5所示。公司目前急需提高利润水平,试确定可能的价值工程对象。

表8.5　成本和利润百分比

产品名称	A	B	C	D	合计
产品年成本/万元	100	200	120	150	570
产品年成本占总成本百分比/%	17.54	35.09	21.05	26.32	100
产品年利润/万元	10	22	10	17	59
产品年利润占年利润总额百分比/%	16.95	37.29	16.95	28.81	100
年利润百分比/年成本百分比	0.97	1.06	0.81	1.09	
排序	3	2	4	1	

【解】由表8.5可以看到,产品C的年成本占总成本的21.05%,而其利润却占总利润的16.95%,显然产品C应作为价值工程的重点分析对象。

该方法的优点是当企业在一定时期要提高某些经济指标,且拟选对象数目不多时,具有较强的针对性和有效性。缺点是不够系统和全面,有时为了更全面、更系统地选择对象,百分比法和经验分析法结合使用会更好。

(4)价值指数法

根据价值的表达式 $V = \dfrac{F}{C}$,在产品成本已知的基础上将产品功能定量化,就可以计算产品价值。在应用该方法选择价值工程的对象时,应当综合考虑价值指数偏离1的程度和改善幅度,优先选择 $V<1$ 且改进幅度大的产品或零部件。

价值指数法一般适用于产品功能单一、可计量,产品性能和生产特点可比的系列产品或零部件的价值工程对象选择。

【例8.3】某机械制造厂生产4种不同型号的机器,各种型号机器的主要技术参数及相应的成本费用如表8.6所示。试运用价值指数法选择价值工程对象。

表8.6 机器主要技术参数及相应的成本费用

产品型号	A	B	C	D
技术参数	1.51	1.55	1.60	1.30
费用成本	1.36	1.12	1.30	1.40
价值指数	1.11	1.38	1.23	0.93

【解】价值指数计算见表8.6。由表8.6可知,$V_D<1$,机器D应作为价值工程对象。

(5)强制确定法

强制确定法(简称FD法),是以功能重要程度作为选择价值工程对象决策指标的一种分析方法。它的出发点是:功能重要程度高的零部件,是产品中的关键,因此,应当是重点分析对象。强制确定法不仅能用于产品,也可用于工程项目、工序、作业、服务项目或管理环节的分析上。强制确定法有01评分法和04评分法两种,评分时由熟悉产品的专家5~15人参加,各自独立打分,不讨论,不干扰。

①01评分法。01评分法是先将构成产品的各零件(或项目因素)排列成矩阵,并站在用户的角度按功能重要程度进行一对一循环对比,两两打分,功能相对重要的零件得1分,不重要的得0分,每作一次比较有一个得1分,另一个得0分,合计各零件的得分值(取平均值)后除以全部零件的得分值总和,就得出各零件的功能评价系数。系数大者,表明此零件重要,应该列为重点。

有时某一零件的得分总值为0,但实际上该零件不能说是没有价值。为了避免这种误差,往往可对评分值加以修正,修正的方法是在全部零件得分基础上都各加1分,用修正后的得分值作为计算功能重要系数的参数。具体做法见表8.7(零件功能重要性A>D>B>C>E)。

表8.7 01评分法功能评价系数表

零部件名称 (或功能名称)	两两对比评价					得分值	修正值	功能重要 度系数
	A	B	C	D	E			
A	×	1	1	1	1	4	5	0.333
B	0	×	1	0	1	2	3	0.200
C	0	0	×	0	1	1	2	0.133
D	0	1	1	×	1	3	4	0.267
E	0	0	0	0	×	0	1	0.067
合计						10	15	1.000

如果有10个评价人员参加评定,将10个人的功能评价系数进行汇总,可得到平均功能

评价系数,见表8.8。

表8.8 功能评价系数汇总表

评价人员\零件名称	1	2	3	4	5	6	7	8	9	10	平均功能评价系数
A	0.27	0.3	0.2	0.2	0.27	0.27	0.1	0.2	0.27	0.2	0.23
B	0.20	0.2	0.2	0.2	0.27	0.20	0.2	0.2	0.2	0.2	0.21
C	0.33	0.3	0.4	0.33	0.27	0.33	0.4	0.27	0.33	0.4	0.34
D	0.07	0.1	0.1	0.07	0.06	0.07	0.1	0.07	0.13	0.1	0.09
E	0.13	0.1	0.1	0.2	0.13	0.13	0.2	0.26	0.07	0.1	0.13
合计	1.0	1.0	1.0	1.0	1.0	1.0	1.0	1.0	1.0	1.0	1.0

②04 评分法。01 评分法虽然能判别零件的功能重要程度,但评分规定过于绝对,准确度不高。04 评分法是对 01 评分法的改进,它更能反映功能之间的真实差别。

04 评分法的评分规则如下:

a.功能非常重要的零件得 4 分,另一个相对很不重要的得 0 分。

b.功能比较重要的零件得 3 分,另一个功能比较不重要的得 1 分。

c.功能相同的两个零件各得 2 分。

d.自身对比不得分。

各零件的得分值除以全部零件的得分值总和,就得到该零件的功能评价系数。

04 评分法得分总和为 $2n(n-1)$,n 为对比的零件数量。如果某产品有 5 个零部件,总分应为 40 分,采用 04 评分法确定功能评价系数的过程见表8.9(零件功能重要性 A>B=C>D>E)。

表8.9 04 评分法功能评价系数表

零部件名称（或功能名称）	两两对比评分 A	B	C	D	E	得分	功能评价系数
A	×	3	3	4	4	14	0.350
B	1	×	2	3	4	10	0.250
C	1	2	×	3	4	10	0.250
D	0	1	1	×	3	5	0.125
E	0	0	0	1	×	1	0.025
合计						40	1.0

强制确定法是国内外应用十分广泛的方法之一,它虽然在逻辑上不十分严密,又含有定性分析的因素,但却有一定的实用性,只要运用得当,在多数情况下所指示的方向与实际大致相同。

3）收集情报

当价值工程活动的对象选定之后，就要进一步开展情报收集工作，这是价值工程不可缺少的重要环节。通过资料、信息的收集、整理和汇总、分析，使人们开阔思路、发现差距、掌握依据、开拓创新，使价值工程活动加快速度、提高效率、减少费用、增大收益。因此，收集信息情报的工作，不仅是选择对象的需要，也是整个价值工程活动的基础。

价值工程情报，就是以价值工程为主体，对其有关客体的内容通过识别、加工、整理、分析、综合、判断、选择等方式获得有用的资料，并为价值工程活动服务的信息。

情报是为了达到某种特定目的而收集的，因此要着眼于寻找改进依据，要在庞大的总体系统中找出需要改进的薄弱环节，必须有充分的情报作为依据。例如，功能分析时需要经济情报，在此基础上才能创造性地运用多种手段，正确地进行对象选择和功能分析。

（1）情报收集的注意事项

①情报收集要广泛，要掌握全面的信息，以便从全局去观察、研究和分析问题，避免得出片面的结论。同时，要注重所收集的信息资料应可靠无误。错误的信息会导致错误的结论，进而导致错误的决策，这关系到企业的兴衰成败，所以信息要真实可靠。

②收集信息资料的目的必须明确，力求避免盲目性。目的性就是要解决"专"的问题，即对每个问题要有深入细致的资料。

③收集情报前，要了解对象和明确范围。只有对对象的功能及寿命周期有足够的了解，才能透过现象弄清本质，与用户的真正要求作比较，有效地进行研究分析。

④要注意时间的重要性，错过时机无可挽回，因而信息要及时，才能适应国民经济迅速发展、市场需求瞬息万变、竞争激烈的需要。

（2）情报收集的内容

多数情况下，围绕价值工程的某一课题所需情报的内容不尽一致，但一般来说要涉及以下几个方面。

①用户方面的情报。用户方面的情报对价值改善具有决定性作用，是产品设计的基本依据。主要包括以下内容：

a.用户的基本要求。用户要求产品必备的基本功能及其水平；对产品寿命与可靠性要求；希望价格降低幅度及交货时间；对技术服务的具体要求；对产品所产生副作用的最高限度等。

b.用户的基本条件。用户所处的销售地区及其市场阶层；用户的经济条件及购买力水平；用户的文化水平及操作能力；用户的使用环境及维修、保养能力等。

②销售方面的情报。销售方面的情报，对价值改善具有指导性作用，是确定产品设计目标的重要基础。主要包括以下内容：

a.产品方面。产品销售的市场范围及其发展趋势；产品销售数量的演变及其原由；国家需求计划与市场需求预测；产品的技术现状及其发展的可能。

b.竞争方面。主要竞争对手的技术经济现状及其未来发展趋势；竞争对手的主要特性与问题；名牌产品的优势与特色；各家的产量、销量以及售后服务等。

③技术方面的情报。技术方面的情报，对价值改善具有方向性作用，是改进设计的主要来源。主要包括以下内容：

a.科技方面。有关的科研成果及其应用情况；新结构、新材料、新工艺的现状及其发展；

标准化的具体要求及其存在的问题;国内外同类产品的开发与研究方向。

b.设计方面。产品设计的主要功能标准与其相关要求;产品的结构原理及零部件配合的先进程度;材料价格、尺寸、精度;产品造型的适时程度及其体积、重量、色泽的发展趋向。

④成本方面的情报。成本方面的情报,对价值改善具有参考性作用,是确定成本目标的参照系统。主要包括以下内容:

a.同类企业成本。同类企业的生产成本、使用成本;主要原材料、能源费用的构成情况及其变化趋势;车间经费、企业管理费等有关资料;产品及其组件等历史资料中的最低成本。

b.供料企业成本。供料企业成本的变动,必将引起供应材料价格的变动。具体包括原材料、燃料生产企业的各种成本的现状;各历史时期的发展变化状况;未来发展的趋势与可能。

⑤本企业的情报。本企业的情报,主要指本企业生产经营方面的情报,对价值改善具有条件性作用,是产品开发的可能性依据。主要包括以下内容:

a.经营概况。企业的经营思想、方针、目标;企业的近期发展与长远发展规划;企业的经营品种与相应的产量、质量情况;企业的技术经济指标在同行业中所处的地位与水平等。

b.综合能力。本企业的开发、设计、研究能力;技术经济的总体水平与试制能力;各有关环节的加工制造能力;通用设备、专业设备、工艺装备情况;质量保证能力、供应运输能力以及应变能力等。

⑥协作企业的情报。协作企业的情报,对改善价值具有制约的作用,它是产品开发设计可能性的外界因素,主要包括以下内容:

a.涉及对象。产品开发、设计所涉及的原材料、辅助材料、半成品,以及外协件的品种、规格、数量、质量,还有订货的难易程度。

b.企业概况。经常性的供应与协作企业地区分布、距离、交通运输、联络的难易程度;企业的经营管理水平、质量、价格、信誉情况;企业的长远发展趋势与可靠性状况。

另外,情报的内容还应包括国家与社会有关部门方面的情报。例如,国家的新经济政策,有关产品的优惠政策,国家有关部门的技术政策、能源政策,有关部门的对外贸易、技术引进以及环保方面的法令规定等。

▶ 8.2.3 功能分析与评价

功能分析与评价是价值工程的核心和基本内容。价值工程区别于其他成本管理方法的一个突出特点就是进行功能分析与评价,依靠功能分析与评价来达到降低成本、提高价值的目的。通过功能分析与评价,可以对价值工程应具备的功能加以确定,明确功能特性的要求,从而弄清楚产品各功能之间的关系,去掉不合理的功能,调整功能间的比重,使产品的功能结构更加合理。

1)功能分析

所谓功能分析,是对价值工程对象的总体及其组成部分的功能进行研究和分析,确认必要功能,补足不足功能,剔除不必要功能,建立并绘制功能系统图的过程。其目的在于准确掌握用户要求的功能及其水平。

功能分析包括功能定义和功能整理两个具体的步骤。通过功能定义和功能整理,从定性的角度可以回答"它的功能是什么?"和"它的地位如何?",从而准确掌握用户的功能要求。

（1）功能定义

功能定义是指用简明准确的语言来描述对象的功能或作用。其目的是限定功能概念的内容,明确功能概念所包含的本质,与其他功能相区别,以便实现功能评价。

价值工程的对象,一般可以划分为许多构成要素,各构成要素相互作用完成一定的功能。为此,在给功能下定义时,首先要明确对象整体的功能定义,然后再自上而下逐级地一一明确各构成要素的功能定义。

功能定义要简明扼要,通常采用两词法进行功能定义,即用两个词组成的词组来定义功能,常采用动词加名词的方法进行。动词要求准确概括,要有利于启发思维,开阔设计思路。例如,手表的功能是"显示时间",变压器的功能是"调节电压"等。

（2）功能整理

一个产品的全部功能明确定义后,还要加以分析整理,这就是功能整理。所谓功能整理是用系统的观点将已经定义了的功能加以系统化,找出各局部功能相互之间的逻辑关系,并用图表形式表达,以明确产品的功能系统,从而为功能评价和方案构思提供依据。因此,功能整理的过程就是建立功能系统图的过程。

（3）功能系统图

功能系统图是按照一定的原则方式,将定义的功能连接起来,从单个到局部,从局部到整体形成的一个完整的功能逻辑关系图。其一般形式如图 8.4 所示。

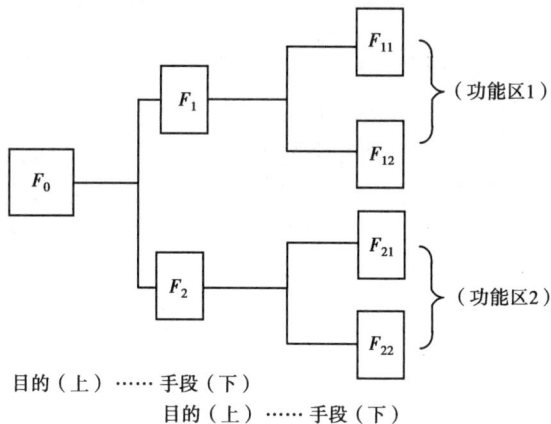

目的（上）……手段（下）
目的（上）……手段（下）

图 8.4　功能系统图的一般形式

产品的实际结构由部件、零件组成,产品的功能也由各部件、零件的功能组成,这些功能之间存在着一定的内在联系和逻辑关系。一般来说,在产品的功能系统图中包括总功能、上位功能、下位功能、同位功能、末位功能,以及由上述功能组成的功能区域。

功能的上下位关系是指一个功能系统中两个直接相连的功能之间存在着目的和手段的关系。如果一个功能是另一个功能的目的,另一个功能是这个功能的手段,则把作为目的的功能称为上位功能,作为手段的功能称为下位功能。例如,暖水瓶的目的是保持水温,实现这一目的的手段是防止散热。保持水温和防止散热两个功能之间的关系就是目的和手段的关系,也就是上位功能与下位功能的关系。在功能整理中,上位功能和下位功能通常具有相对性,一个功能往往在充当某一功能的下位功能的同时又充当另一功能的上位功能。例如,上面提到的暖水瓶,防止散热是保持水温的下位功能,要防止散热就要减少热传导,减少热传导是防止散热的下位功能,防止散热是减少热传导的上位功能。

同位功能是指在一个上位功能之后,有几个手段功能并列存在,它们是实现同一功能的手段,且相互之间不存在从属关系,彼此独立。总功能是指功能系统图中,仅为上位功能的功能。末位功能是指功能系统图中,仅为下位功能的功能。功能区域是功能系统图中,任何一个功能及其各级下位功能的组合。

图 8.4 中,F_0 称为总功能,F_1、F_2 是 F_0 的下位功能,F_1 和 F_2 是同位功能;F_1、F_2 又分别是 F_{11}、F_{12} 和 F_{21}、F_{22} 的上位功能;F_{11}、F_{12}、F_{21}、F_{22} 都为末位功能。F_1 和 F_{11}、F_{12} 组成功能区 1,F_2 和 F_{21}、F_{22} 组成功能区 2。

2)功能评价

通过功能定义和功能整理,明确了用户所要求的功能,还仅仅是定性地解决了"功能是什么"的问题,而要有效地开展价值工程活动,还必须解决"功能的成本是多少"和"功能的价值是多少"的问题,即通过对功能进行定量的分析,确定重点改善的功能,这才是功能评价所要解决的问题。

所谓功能评价,是指对通过功能系统分析所确定的功能领域进行定量化计算,并定量地评价功能价值,从而选出功能价值低、改善期望值大的功能作为价值工程的重点改进对象的活动。依据价值工程的基本关系式 $V=\dfrac{F}{C}$,定量地评价功能价值,必须先将功能和成本数量化。成本可以用货币单位直接进行定量度量,但功能却不同。一方面,大多数功能不易用数量准确计量;另一方面,有些功能虽可能直接计量,但一个产品各项功能的计量单位也会不尽相同,须找出一个共同的标准才能进行比较和评价。就是计量相同,也往往不能进行简单的计算与比较。因此,功能评价的关键是将功能数量化,即对功能价值进行测定与比较。

功能评价实际上就是将测定的功能价值通过与评价基准的比较来进行判断和评定。由于对功能价值的测定方法及相应评价基准选择的不同,形成了不同的评价方法。总的来讲,可将功能评价的方法分为两大类:功能成本法和功能系数法。

功能成本法是直接计算功能的货币量,用金额表达功能的量值,并与实现用户所需要的某项必要功能的最低成本相比较,故又称为绝对值法。这种方法便于更好地从功能成本的角度出发,合理地确定功能与成本的具体数值。

功能系数法是通过计算功能评价系数(简称功能系数)和成本系数,并通过功能系数与成本系数的比较来计算功能价值,由此描述功能的重要程度、复杂程度、用户需求强度与成本之间的协调关系等。功能系数法,又称为相对值法或功能指数法。

在实际的操作过程中,针对具体评价对象的差异,采用的评价方式、计算方法等各不相同,从而形成了若干个不同的具体评价方法。对于众多的评价方法,实际运用时不论选择哪一种方法,只要保证评价符合实际,有益于价值工程活动的有效开展,就是科学的。应该指出的是,在实际运用这些方法时,一定要以价值工程的基本思想为指导,切不可局限于方法的套用,更不能进行数字游戏。

(1)功能成本法

这种方法是通过设想方案的各功能成本与目前成本分别进行比较,寻求改进途径。其基本思路是,实现分析对象某一功能可以有几个方案,对应着几个成本,其中最低的成本称为目标成本,它与相应的目前成本之比为该功能的价值系数,两者之差为该功能的成本降低的期望值。该方法的基本步骤如下:

①确定一个产品(或部件)的全部零件的现实成本。

②将零件成本核算成功能成本。在实际产品中,常常有下列情况:实现一个功能要由几个零件来完成,或者一个零件有几个功能。因此,零件的成本不等于功能的成本,要把零件成本换算成功能成本。换算的方法是:一个零件有一个功能,则零件的成本就是功能的成本;一个零件有两个或两个以上功能,就把零件成本按功能的重要程度分摊给各个功能;上位功能的成本是下位功能的成本之和。功能成本分析见表8.10。

表8.10　功能成本分析表

零部件			功能(或功能区)					
序号	名称	成本	F1	F2	F3	F4	F5	F6
1	A	150	50		50			50
2	B	250		25	75	100		50
3	C	30				20		10
4	D	70	25	20			25	
合计		C0	C1	C2	C3	C4	C5	C6
		500	75	45	125	120	25	110

③确定功能的必要成本(最低成本,也称目标成本)。确定的方法是:从实现每个功能的初步改进方案中找出最低的成本方案(要对改进方案的成本进行估算),以此方案的成本为功能的必要成本;或从厂内外已有的相同或相似零件的成本中找出最低成本,以此来确定功能的必要成本。

④计算各功能的价值。计算公式仍采用 $V = \dfrac{F}{C}$,这里的 V 以价值系数表示,F 以实现这一功能的必要成本来计量,C 表示实现这一功能的现实成本。即:

$$价值系数 = \frac{实现功能的必要成本}{实现功能的现实成本}$$

通过这样计算,就知道了每一功能的现实价值的大小。计算出的功能价值(即价值系数)一般都小于1,即现实成本高于必要成本。现实成本和必要成本之差($C-F$)就是改善的幅度,也称期望值。

⑤将价值系数按从小到大的顺序排列,确定价值工程对象、重点、顺序和目标。

(2)功能系数法

功能评价系数法要求产品各构成部分都发挥最大功能,也就是使产品各构成部分的性能指标,如寿命、磨损度、强度等大致相同,即各部分价值系数大致相同。这就是从等价值的观点来进行功能评价。功能系数是指构成要素(如零部件等)的功能在总体功能中所占的比重。功能系数是通过评定总体功能中各构成要素功能的重要程度(或用户需求强度),并用功能分值来表达功能评价程度的大小,再化成百分数后得到的。

功能系数法便是将评价对象的功能系数与相对应的成本系数(即构成要素的目前成本在总体成本中的比率)相比,算出评价对象的价值系数,并对其进行综合分析,确定价值工程重点改进对象的方法。

▶ 8.2.4 方案创造与评价

1)方案创造

方案创造,就是从改善对象的价值出发,针对应改进的具体目标,依据已建立的功能系统图和功能目标成本,通过创造性的思维活动,提出实现功能的各种改进方案。方案的提出是在收集情报和功能分析的基础上进行创造和开拓的过程,也是把经验和知识进行分析、提炼、组合的过程,需要有效的方法进行引导和激发,才能充分发挥分析能力、综合能力和创造技巧,并提出改进方案。方案创造的主要方法有以下 3 种。

(1)哥顿法

这是美国人哥顿在 1964 年提出的方法。这种方法的指导思想是:把要研究的问题适当抽象,以利于开阔思路。会议主持者并不把要解决的问题全部摊开,只把问题抽象地介绍给大家,要求海阔天空地提出各种设想。例如,要研究一种新型割稻机,则只提出如何把东西割断和分开,大家围绕这一问题提方案。会议主持者要善于引导,步步深入,等到适当时机,再把问题讲明,以作进一步研究。

(2)头脑风暴法

头脑风暴法(Brain Storming)是一种专家会议法,是用来产生有助于查明和概念化问题的思想、目标和策略的方法。它是 1948 年由创造性思维专家奥斯本(Alex F.Osborn)首先提出的一种加强创造性思维的手段,可以用来产生大量关于解决问题的潜在解决办法的建议。它通过召集一定数量的专家(通常为 10~15 人)一起开会研究,共同对某一问题作出集体判断。头脑风暴法的优点如下:

①它能够发挥一组专家的共同智慧,产生专家智能互补效应。

②它使专家交流信息、相互启发,产生"思维共振"作用,爆发出更多创造性思维的火花。

③专家团体所拥有和提供的知识和信息量,比单个专家拥有的知识和信息量要大得多。

④专家会议所考虑的问题的方面以及所提供的备选方案,比单个成员单独思考及提供的备选方案更多、更全面和更合理。

这种方法的主要缺点是:与会专家人数有限,代表性是否充分成问题;与会者易受权威及潮流的影响;出于自尊心等因素,有的专家易于固执己见等。

为了给专家提供一个充分发挥创造性思维的良好环境,获得真知灼见,采用头脑风暴法组织专家会议时,应遵守以下基本原则:

①提出论题或议题的具体要求,限制议题的范围,并规定提出设想时所用的术语,使主题突出,而不至于漫无边际。

②不能对别人的意见或建议评头论足、提出怀疑,不要放弃和终止讨论任何一个设想,要对每一个设想加以认真研究,而不管它是否适当或可行。

③鼓励与会者对已提出的设想或方案加以改进和综合,给予准备修改自己的设想者以优

先发言权。

④支持和鼓励与会者解放思想,创造一种自由讨论的氛围,激发其想象力和创造力。

⑤发言要简练、不要详述,冗长的阐述将有碍创造性气氛,使人感到压抑。

⑥不允许参加者宣读事先准备好的建议一览表。

头脑风暴法有各种类型。

①直接的头脑风暴法——这是一种按一定的规则,鼓励创造性活动的一种专家集体评估的方法;

②质疑的头脑风暴法——这是一种同时召开两个专家会议的集体产生设想或方案的方法(第一个会议按照直接的头脑风暴法的要求进行,第二个会议对第一个会议提出的设想或方法加以质疑);

③有控制的产生设想的方法——这是一种利用定向智力活动作用于产生设想的过程,用于开拓远景设想和独到设想的方法;

④鼓励观察的方法——其目的是在一定限制条件下,就所讨论的问题找出合理的方案;

⑤对策创造方法——就所讨论问题寻找一个统一的方案。

（3）德尔菲法

德尔菲法(Delphi Technique)不采用开会的形式,而是采用由主管人员或部门把已经构思好的方案以信函函询调查的形式,向与预测问题有关领域的专家分别提出问题,征求他们的意见,使专家在彼此不见面的情况下发表意见、交流信息,而后将他们的答复意见加以整理、综合之后再分发下去,希望再次补充修改,如此反复若干次。德尔菲法的主要目的是使专家原来比较分散的意见作集中处理达成共识,作为新的代替方案。

方案创造的方法很多,总的原则是要充分发挥有关人员的聪明智慧,集思广益,多提方案,从而为评价方案创造条件。

2）方案评价

方案评价是指对已创造出来的方案,从技术、经济、社会等方面进行分析、比较、论证和评价等工作的总称。其目的在于从许多设想的方案中,根据要求选出最佳方案。方案评价分为概略评价和详细评价两个阶段。

（1）概略评价

概略评价是对已创造出来的方案从技术、经济和社会三个方面进行初步研究。其目的是从众多的方案中进行粗略的筛选,减少详细评价的工作量,使精力集中于优秀方案的评价。

（2）详细评价

详细评价是对概略评价所得的比较抽象的方案进行调查和收集信息资料,使其在材料、结构、功能等方面进一步具体化,然后对它们作最后的审查和评价。

在对方案进行评价时,无论是概略评价还是详细评价,都应该包括技术评价、经济评价和社会评价三个方面的内容。一般可先作技术评价,再分别作经济评价和社会评价,最后作综合评价。技术评价是对方案功能的必要性及必要程度(如性能、质量、寿命等)和实施的可能性进行分析评价。经济评价是对方案实施的经济效果(如成本、利润、节约额等)的大小进行分析评价。社会评价是对方案给国家和社会带来的影响(如环境污染、生态平衡、国民经济效益等)所进行的分析和评价。综合评价是全面考虑方案在技术、经济和社会各方面的可行性,对方案作整体评价。综合评价一般包括两种方法:定性分析和定量计算。

8.3 价值工程的运用

【案例】某市拟兴建一截污环保工程,工程地质条件复杂,施工场地狭小,实物工程量多。为保证施工质量,按期完成施工任务,有关方面决定对其开展价值工程活动。经过认真的调查研究,对截污环保工程的建设提出 3 个备选方案。

方案 1:竖井施工,直径 5.5 m,深度 60 m,需开挖山体 1 730 m³,预计工期 4 个月。

方案 2:斜井施工,圆拱直墙断面,全长 105 m,预计工期 2.5 个月。

方案 3:平洞施工,圆拱直墙断面,全长 130 m,预计工期 3.5 个月。

在对截污环保工程进行功能分析时,第一步工作是进行功能定义。截污环保工程的基本功能是截排污水,其辅助功能是使用方便。

功能分析的第二步工作是进行功能整理。建设方请有关专家分类整理出 5 项功能:下料出渣通道(F_1)、施工人员通道(F_2)、隧道井棚(F_3)、隧道施工面衬砌(F_4)和通风供水供电(F_5)。通过计算,得出这 5 项功能的重要程度比 $F_1:F_2:F_3:F_4:F_5 = 6:2:4:1:3$。按照环比评分法的评分计算标准,计算出各项功能的权重。具体数据见表 8.11。

表 8.11　功能权重计算表

功能	重要程度比	得分	功能权重
下料出渣通道(F_1)	$F_1:F_2 = 6:2$	2	0.375
施工人员通道(F_2)	$F_2:F_3 = 2:4$	2/3	0.125
隧道井棚(F_3)	$F_3:F_4 = 4:1$	4/3	0.25
隧道施工面衬砌(F_4)	$F_4:F_5 = 1:3$	1/3	0.062 5
通风供水供电(F_5)	—	1	0.187 5
合计	—	16/3	1.00

随后,专家对 3 个方案的功能满足程度进行了打分,具体数据见表 8.12。

表 8.12　各方案功能得分表

功能名称	方案功能得分		
	方案 1	方案 2	方案 3
下料出渣通道(F_1)	6	10	9
施工人员通道(F_2)	7	9	8
隧道井棚(F_3)	6	8	7
隧道施工面衬砌(F_4)	8	9	8
通风供水供电(F_5)	7	8	7

根据功能权重计算表和各方案功能得分表的相关数据,可以计算出各方案的功能指数,具体数据见表8.13。

表8.13　各方案的功能指数计算表

功能	功能权重	各方案功能加权得分		
		方案1	方案2	方案3
下料出渣通道(F_1)	0.375	0.375×6	0.375×10	0.375×9
施工人员通道(F_2)	0.125	0.125×7	0.125×9	0.125×8
隧道井棚(F_3)	0.25	0.25×6	0.25×8	0.25×7
隧道施工面衬砌(F_4)	0.062 5	0.062 5×8	0.062 5×9	0.062 5×8
通风供水供电(F_5)	0.187 5	0.187 5×7	0.187 5×8	0.187 5×7
合计	1.00	6.437 5	8.937 5	7.937 5
功能指数		0.276 1	0.383 4	0.340 5

建设方请有关专家估算出3个方案的工程总造价:方案1为220.07万元,方案2为209.47万元,方案3为266.09万元。经计算得出各方案的成本指数,具体数据见表8.14。

表8.14　各方案成本指数计算表

方案	方案1	方案2	方案3	合计
工程总造价/万元	220.07	209.47	266.09	695.63
成本指数	0.316 4	0.301 1	0.382 5	1.00

依据各方案的功能指数和成本指数的计算结果,可以计算出各方案的价值指数,具体数据见表8.15。

表8.15　各方案价值指数计算表

方案	方案1	方案2	方案3
功能指数	0.276 1	0.383 4	0.340 5
成本指数	0.316 4	0.301 1	0.382 5
价值指数	0.872 6	1.273 3	0.890 2

由计算结果可知,方案2的价值指数最高。当几个方案相比较时,价值指数最高的方案为最优方案,所以应选择斜井施工方案。

与其他方案相比,虽然斜井施工方案为最优,但它本身也存在一些问题,仍需改进。价值工程工作人员应针对存在的问题,运用价值工程进行进一步优化。

本章小结

1.价值工程(Value Engineering,VE),也称价值分析(Value Analysis,VA),是指以产品或作业的功能分析为核心,以提高产品或作业的价值为目的,力求以最低寿命周期成本实现产品或作业使用所要求的必要功能的一项有组织的创造性活动,有些人也称其为功能成本分析。

2.价值工程涉及价值、功能和寿命周期成本等3个基本要素。

3.价值工程是一门工程技术理论,其基本思想是以最少的费用换取所需要的功能。它以提高工业企业的经济效益为主要目标,以促进老产品的改进和新产品的开发为核心内容。

4.开展价值工程活动,首先要正确选择价值工程的分析对象。选择价值工程的分析对象常用的方法有经验分析法、ABC分析法、百分比法、价值指数法和强制确定法。

5.价值工程的核心和基本内容是功能分析与评价。价值工程区别于其他成本管理方法的一个突出特点就是进行功能分析与评价,依靠功能分析与评价来达到降低成本、提高价值的目的。

练习题

1.什么是价值工程? 提高价值的基本途径有哪些?

2.在价值工程中为什么要研究产品的寿命周期成本?

3.价值工程活动围绕哪些基本问题展开?

4.价值工程对象选择的方法有哪些? 各有什么特点?

5.功能定义的概念是什么? 怎样进行功能分类?

6.某房地产公司对某公寓项目的开发征集到若干设计方案,筛选后对其中较为出色的4个设计方案作进一步的技术经济评价。聘请的专家决定从5个方面(分别以F1～F5表示)对不同方案的功能进行评价,并对各功能的重要性达成以下共识:F2和F3同样重要,F4和F5同样重要,F1相对于F4较重要,F1相对于F2较重要。此后,各专家对A、B、C、D等4个方案的功能满足程度分别打分,其结果见表8.16所示。

表8.16　各方案功能得分

方案功能	方案功能得分			
	A	B	C	D
F1	9	8	9	10
F2	10	10	8	9
F3	9	9	10	9

方案功能	方案功能得分			
	A	B	C	D
F4	8	8	8	7
F5	9	9	7	6

根据造价工程师估算,A、B、C、D 等 4 个方案的单方造价分别为 1 320 元/m²、1 130 元/m²、1 050 元/m²、1 260 元/m²。根据上述资料,回答下列问题:

(1)计算各功能的权重。

(2)用价值系数法选择最佳设计方案。

9

工程项目可行性研究

[学习目标]

掌握项目可行性研究的概念;熟悉可行性研究的阶段;掌握可行性研究的作用;掌握可行性研究的目的和基本任务;掌握可行性研究的方法;熟悉可行性研究的依据;熟悉可行性研究报告的基本内容;了解可行性研究报告的编制过程。

[基本概念]

可行性研究,机会研究,初步可行性研究,详细可行性研究,项目评估决策,可行性研究报告

对建设项目进行合理选择,是对国家经济资源进行优化配置的最直接、最重要的手段。可行性研究是在建设项目的投资前期,对拟建项目进行全面、系统的技术经济分析和论证,从而对建设项目进行合理选择的一种重要方法。

9.1 可行性研究概述

▶ 9.1.1 可行性研究的概念

可行性研究(Feasibility Study)(也称技术经济论证),是指在调查的基础上,运用多学科研究成果,在建设项目投资决策前对有关建设方案、技术方案或生产经营方案进行市场分析、技术分析、财务分析和国民经济分析,对各种投资项目的技术可行性与经济合理性进行综合

评价的过程。在工程项目投资决策前,对拟建项目有关的市场、技术、经济、社会、环境、法律等各方面进行深入细致的调查研究,对各种可能的技术和建设方案进行认真的技术经济分析和比较论证,对项目建成后的经济效益进行科学的预测和评价。在此基础上,对拟建项目的技术先进性和适用性、经济合理性和有效性,以及建设必要性和可行性进行全面分析,由此得出该项目"可行"或"不可行"的结论,为项目投资决策提供可靠的科学依据。

早在20世纪30年代,可行性研究就被运用到美国田纳西流域开发项目,并取得了显著的成效。第二次世界大战以后,随着技术与经济的高速发展、市场竞争的加剧以及科学管理的需要,可行性研究也不断发展和完善。60年代后,经过工业发达国家的实践和总结,可行性研究逐渐发展成为在项目投资前期对项目进行系统研究的一门综合性科学。1978年联合国工业发展组织编制了《工业可行性研究编制手册》。1980年,联合国工业发展组织与阿拉伯国家工业发展中心共同编辑《工业项目评价手册》。从80年代开始,我国已明确将可行性研究作为项目最重要的技术经济论证手段纳入基本建设程序。

之后,原国家计委、经委、建委、中国人民银行又先后下达文件,明确了可行性研究在建设项目中的法定地位。2002年,中国国际工程咨询公司编制、国家计委审定出版了《投资项目可行性研究指南》,2008年国家发改委、建设部发布的《建设项目经济评价方法与参数》,使我国的可行性研究及经济评价工作走上了规范化、科学化的道路。

▶ 9.1.2 可行性研究的作用

可行性研究的应用范围包括:新建、改建、扩建和固定资产更新改造项目、大型民用建筑项目、科学技术试验研究项目、地区开发和资源综合利用项目,以及技术措施的推广应用和技术政策的制定等。可行性研究的目的是保证拟建工程项目更好地满足社会需要,合理地利用资源,争取更多的盈利,增加社会积累,全面提高经济效益和社会效益。

可行性研究作为建设项目投资前期工作的核心和重点,一经批准,在整个项目周期中,就会发挥着极其重要的作用,具体体现在以下几个方面:

①作为项目投资决策的依据。可行性研究作为一种投资决策方案,从市场、技术、工程建设、经济及社会等多方面对建设项目进行全面综合的分析和论证,依其结论进行投资决策可大大提高投资决策的科学性。

②作为向银行申请贷款的依据。在可行性研究工作中,详细预测了项目的财务效益、经济效益及贷款偿还能力。世界银行等国际金融组织,均把可行性研究报告作为申请工程项目贷款的先决条件。我国的金融机构在审批建设项目贷款时,也都以可行性研究报告为依据,对建设项目进行全面、细致地分析评估,确认项目的偿还能力及风险水平后,才作出是否贷款的决策。

③作为初步设计、施工准备的依据。可行性研究报告一经审批通过,意味着该项目正式批准立项,可以进行初步设计。在可行性研究工作中,对项目选址、建设规模、主要生产工艺流程、设备选型等方面都进行了比较详细的论证和研究,设计文件的编制应以可行性研究报告为依据。

④作为向有关部门、企业签订合同、确定相互责任与协作关系的依据。在可行性研究工作中,对建设规模、主要生产流程及设备选型等都进行了充分的论证。建设单位在与有关协

作单位签订原材料、燃料、动力、工程建筑、设备采购等方面的协议时,应以批准的可行性研究报告为基础,保证预定建设目标的实现。

⑤作为环保部门、地方政府和规划部门审批项目的依据。建设项目开工前,需地方政府划拨土地,规划部门审查项目建设是否符合城市规划,环保部门审查项目对环境的影响。这些审查都以可行性研究报告中总图布置、环境及生态保护方案等方面的论证为依据。因此,可行性研究报告为建设项目申请建设执照提供了依据。

⑥作为施工组织、工程进度安排及竣工验收的依据。可行性研究报告对以上工作有明确的要求,所以,可行性研究报告又是检验施工进度及工程质量的依据。

⑦作为项目后评估的依据。建设项目后评估是在项目建成运营一段时间后,评价项目实际运营效果是否达到预期目标。建设项目的预期目标是在可行性研究报告中确定的,因此,后评估应以可行性研究报告为依据,评价项目目标的实现程度。

⑧为项目建设提供基础资料数据。

▶ 9.1.3　可行性研究的阶段划分

一个工程项目,从设想、施工到建成投产的全过程一般包括投资前期、投资期和生产期。每个时期又可以分为若干阶段,其中投资决策和竣工验收是这 3 个时期的分界线。可行性研究是投资前期的最重要内容,其主要工作是对建设项目进行可行性研究和筹措资金,它是后两个时期工作的前提和基础。

可行性研究一般可依次分为 4 个阶段:投资机会研究阶段、初步可行性研究阶段、详细可行性研究阶段、评估和决策阶段。各个研究阶段的目的、内容是不同的,研究工作是循序渐进的,各阶段的研究内容由浅入深,对建设项目投资和成本估算的精确程度由粗到细,研究的工作量由小到大,研究工作需要花费的时间和经费也逐渐增加。同时,可行性研究的 4 个阶段要根据建设项目的规模、性质、要求和复杂程度的不同应有所侧重。可进行适当调整和精简。具体情况见表 9.1。

表 9.1　不同项目类型的可行性研究内容及要求

项目类型	可行性研究阶段			
	投资机会研究	初步可行性研究	详细可行性研究	评估和投资决策
大中型	√	√	√	√
小型			√	√
改扩建		√	√	√
投资及成本估算精度误差	≤±30%	≤±20%	≤±10%	≤±10%
研究时间	1~3 个月	3~5 个月	6~8 个月	1~3 个月
研究费用(占总投资百分比)	0.2%~1%	0.25%~1.25%	0.5%~3%	

可行性研究在任何一个阶段,一旦得出"不可行"的研究结论,就不需要再进行下一阶段的研究。

（1）投资机会研究

投资机会研究又称投资机会鉴定，是将一个项目由意向变成概略的投资建议。投资机会研究的目的是根据粗略的调查估算，寻找最有利的投资机会。在投资机会研究阶段，投资估算的精度在±30%范围内。投资机会研究一般包括地区机会研究、部门机会研究、资源机会研究、特定机会研究。

①地区机会研究。选定一个地区为研究范围，如落后地区、特殊条件地区（经济开发区、港湾等）。根据国家规划和建设方针，结合资源情况、市场预测和建设布局等条件，选择建设项目，寻找最有利的投资方向和机会。

②部门机会研究。选定一个部门为研究范围，选定某一工业或农业门类、行业，或市场短缺产品（可能是价格过低），进行投资是否有利的研究。

③资源机会研究。以资源为基础，以合理利用和开发为目标，研究建立某种工业或行业。

④特定机会研究。以某项目为研究对象，若可行，就会使意向变为投资建议，转入下一步研究。

在我国，投资机会研究应根据国民经济发展的长远规划和地区、行业规划、经济建设方针和建设任务、技术经济政策，在一个确定的地区或部门内，结合资源情况、市场预测和建设布局等条件，选择项目，寻找最有利的投资机会。

投资机会研究往往比较粗略。在调查、收集资料的基础上，投资费用估算用类似工程的单位生产能力建设费用或资本周转率等方法，进行粗略的分析和估算。研究结果不能直接用于决策。投资机会研究的工作内容主要是地区情况、工业政策、资源条件、劳动力状况、社会条件、地理环境、国内外市场情况以及项目社会影响等。

（2）初步可行性研究

初步可行性研究又称预可行性研究，是在投资机会研究的基础上进行的。主要作用是进一步判断投资机会研究是否正确，并据此作出投资与否的初步决定，以及是否进行详细研究的决定。也就是说，初步可行性研究是介于投资机会研究和详细可行性研究之间的中间阶段，其研究内容与详细可行性研究相同，只是深度和广度较详细可行性研究差一些，但比投资机会研究又进了一步。在初步可行性研究阶段，投资估算的精度在±20%范围内。

初步可行性研究的主要任务是将机会研究的投资建议具体化为多个比选方案，并进行初步评价，筛选方案，确定项目的初步可行性。其工作内容主要是市场前景、原材料及投入、工业性试验、厂址选择、经济规模及主要设备选型等。

初步可行性研究是通过多方案比较，为决策者的决策提供依据。如果工程项目比较简单或投资机会研究已经包含了相当完备的数据，这一阶段可以略去。

（3）详细可行性研究

详细可行性研究又称最终可行性研究，也可称为技术经济可行性研究，其主要任务是对工程项目进行深入的技术经济分析，重点是对项目进行财务评价和国民经济评价。对初步可行性研究经筛选剩下的一个或若干个比选方案，分析各自利弊及可能采取的改进措施，选择出满意方案，给出研究结论，为正确进行投资决策提供依据。

详细可行性研究是项目的关键性环节，也是项目研究的决定性阶段。它的研究结果——可行性研究报告，可作为进行工程项目建设的依据，为项目的决策提供技术、经济与商业的比较精细的依据,为下一阶段工程设计提供设计基础资料和依据,也是作为向银行申请贷款的依据。在详细可行性研究阶段,投资估算的精度在±10%范围内。

这一阶段的工作量大,研究所需时间约为几个月到两年,一般中小型建设项目所需时间为6~8个月,大型建设项目需1~2年。

详细可行性研究不是可行性研究的最终目的,它只是实现建设项目决策科学化、民主化,减少和避免投资决策失误,提高建设项目经济效益的一种手段。

(4)项目评估和投资决策

这一阶段的工作一般由投资决策部门组织或授权专业银行、工程咨询公司,代表国家对上报的项目可行性研究报告进行全面审核和再评价。其任务是审核、分析、判断可行性研究报告的可靠性和真实性,提出项目评估报告,为决策者提供最后的决策依据。此阶段的工作内容主要是项目的必要性评价、可能性评价、技术评价、经济评价、综合评价,并编写评估报告。该阶段要求从全局利益出发,客观、公正、可靠地评价拟建项目。

▶ 9.1.4 可行性研究的基本工作程序

可行性研究的基本工作程序大致可以概括为:签订委托协议;组建工作小组;制订工作计划;市场调查与预测;方案研制与优化;项目评价;编写可行性研究报告,与委托单位交换意见,并提交可行性研究报告。

(1)签订委托协议

可行性研究编制单位与委托单位,应就项目可行性研究工作的范围、内容、重点、深度要求、完成时间、经费预算与质量要求交换意见,并签订委托协议,据以开展可行性研究各阶段的工作。具备条件和能力的建筑单位,也可以在机构内部委托职能部门开展可行性研究工作。

(2)组建工作小组

根据委托项目可行性研究的范围、内容、技术难度、工作量、时间要求等,组建项目可行性研究工作小组。一般工业项目和交通运输项目可分为市场组、工艺技术组、设备组、工程组、总图运输及公用工程组、环保组、技术经济组等专业组。各专业组的工作一般应由项目负责人统筹协调。

(3)制订工作计划

内容包括各项目研究工作开展的步骤、方式、进度安排、人员配置、工作保证条件、工作质量评定标准和费用预算,并与委托单位交换意见。

(4)市场调查与预测

市场调查的范围包括地区及国内外市场、有关企事业单位和行业主管部门等,主要收集项目建设、生产运行等各方面所必需的信息资料和数据。市场预算主要是利用市场调查所获得的信息资料,对项目产品的未来市场供应和需求信息进行定性与定量分析。

(5)方案研制与优化

在调查研究、搜集资料的基础上,针对项目的建设规模、产品规划、场址、工艺、设备、总图、运输、原材料供应、环境保护、公用工程和辅助工程、组织机构设备、实施进度等,提出备选方案。进行方案论证比选优化后,提出推荐方案。

（6）项目评价

对推荐方案进行财务评价、国民经济评价、环境评价及风险分析等，以判别项目的环境可行性、经济合理性和抗风险能力。当有关评价指标结论不足以支持项目方案成立时，应重新构想方案或对原设计方案进行调整，有时甚至完全否定该项目。

（7）编写并提交项目可行性研究报告

项目可行性研究各专业方案，经过技术经济论证和优化之后，由各专业组分工编写。该项目负责人衔接协调综合汇总，提出可行性研究报告初稿。与委托单位交换意见，修改完善后，向委托方提交正式的可行性研究报告。

9.2　可行性研究基本要求

▶　9.2.1　可行性研究目标与主要任务

项目可行性研究是项目生命周期的重要环节，是投资决策的基础和重要依据，因此，可行性研究应以满足项目科学决策、指导项目实施、规避重大失误与风险为目标。为此，需要调查研究与项目有关的法律政策和相关资料、数据，对项目的技术、经济、工程、环境等进行充分论证和分析，从而提出项目是否值得投资、如何进行投资的结论和意见。

可行性研究的主要任务是围绕项目的必要性和可行性进行研究，主要论证项目在技术上是否先进、适用、可靠，在经济上是否合理，在财务上是否盈利，在环境上是否可持续发展。具体来说，包括以下主要的任务：

①调查分析项目背景与基础数据。

②市场预测与需求分析。

③论证项目的必要性。

④论证、比选项目规模、标准、方案、主要配套条件及工程技术可行性。

⑤估算项目投资规模，分析项目融资方案及财务可行性。

⑥分析、评价项目外部影响及经济、社会、资源、环境可行性。

⑦初步落实项目实施条件和总体筹划。

⑧开展项目识别、评价，初步提出应对措施。

⑨提出项目可行性研究结论与建议。

在计划经济和政府投资主导时期，我国的项目可行性研究报告存在重工程、轻经济的现象，表现在项目可行性主要集中在工程方案的论证方面，即主要关注项目的工程可行性，在市场预测、投融资方案和财务分析方面相对薄弱。随着投融资体制改革的深入，项目投资多元化，投资融资、项目审批和项目实施模式多样化，对可行性研究提出了更加全面的要求，特别是对项目财务可行性以及经济、社会、资源、环境等可行性方面需要进一步加强。

▶　9.2.2　可行性研究遵循的基本原则

项目可行性研究是项目前期研究的关键阶段，既是项目决策、审批、投融资的基础，也是项目实施的重要依据。要实现可行性研究的基本作用,要坚持客观性、系统性、时效性、可持续性等基本原则。

(1)客观性原则

在长期的计划经济和项目审批制时代,我国的项目可行性研究未能发挥其应有的作用,大量项目可行性研究报告的目的只有一个,那就是让项目得到批准,片面追求项目的可批性。因此出现了戏说可行性、方案必选论证和风险分析不全面等情况,丧失了可行性研究应具有的客观性原则,于是出现了开展项目"不可行性研究"的呼声。

2004年国务院颁布投资体制改革的决定后,为我国项目可行性研究发挥其应有作用创造了条件。在新的投资体制下,贯彻"谁投资、谁决策、谁受益、谁承担风险"的原则。企业投资项目出于自身规避投资风险、进行科学决策的需要,开展全面、客观的可行性研究的主动性和迫切性日益加强。

要做到可行性研究的客观性,需要研究工作独立性和研究方法科学性作为保障,而委托专业的咨询机构承担可行性研究任务越来越成为普遍的做法。

①可行性研究的独立性。专业咨询单位作为独立法人和拥有专业人才、资质的机构,对所完成的项目可行性研究等咨询成果承担法律责任,工程咨询单位维护其开展工作的独立性,是赢得社会信任的重要因素。我国开展咨询工程师执业注册制度,强调咨询工作的公正、独立、客观是对从事可行性研究等咨询专业人员的基本职业道德要求。

②可行性研究的科学性。可行性研究的依据、方法和过程具有科学性。要坚持实事求是的原则,重视调查研究和科学预测分析,用数据说话,据实比选,据理论证,不弄虚作假。要采用科学的工作程序、理论方法和技术手段,才能让可行性研究的结论经得住时间的检验。

可行性研究是否遵循客观性原则决定了可行性研究的结论和成果是否可信。

(2)系统性原则

项目可行性研究往往是涉及技术、工程、经济、社会、环境等多个领域、众多专业和多方面的复杂问题,所研究的项目通常又具有较多目标和大量内外约束条件,因此,也是一项系统工程,需要遵循系统性原则,采用系统方法。

可行性研究遵循系统性原则就是要做到既要全面又要综合,是否遵循系统性原则决定可行性研究是否充分可靠。

①可行性研究的全面性。可行性研究的全面性主要体现在研究内容、研究方法、方案比选与研究结论的全面性。在进行项目可行性研究时,除了工程技术的可行性,还要研究经济、社会与生态环境的可行性。在方案比选方面,既要考虑先进性,也要考虑适用性与可实施性;既要进行技术与经济的比较,还要进行项目风险与外部影响分析。只有通过全面深入的可行性研究,才能得出项目是否可行的可靠结论,才能提出在技术、经济、社会与生态环境方面均可行的最优方案。

②可行性研究的综合性。作为一项系统工程,可行性研究不仅要按照全面性要求对全部研究内容进行多方法、多角度的全面研究,而且还要综合所有的研究结果,得出项目是否必要、是否可行的综合评价结论,并在多方案综合比选的基础上建议最优的实施方案。

项目综合评价是在建设项目各方案、各部分、各阶段、各层次评价的基础上,谋求项目方案的整体优化,而不是追求某一项指标或几项指标的最优值,从而为决策者提供各种决策所需的信息。

可行性研究的系统性对咨询机构和项目团队提出了较高的要求。在宏观方面,项目团队知识与能力结构应该具有多学科、多领域的特点。

(3)时效性原则

可行性研究一般需要在项目环境分析的基础上,通过调查研究获得大量基础数据,并建立适当的模型对未来需求进行预测,在此基础上提出项目方案,进行方案比选,分析评价不同方案的优劣,提出项目是否必要和实施方案。由于市场环境、法律法规、实施条件等因素均是随时间变化的,所以,可行性研究还要遵循时效性原则。

(4)可持续性原则

项目可行性研究作为工程咨询的重要业务内容,需要把贯彻可持续发展理念作为指导思想,才能使可行性研究工作符合自然、经济、社会可持续发展的要求。可行性研究贯彻可持续发展理念的基本要求包括5个方面:

①从提高投资效益、规避风险的角度出发,更加注重对市场的深入分析、技术方案的先进适用性评价和产业、产品结构的优化;

②从以人为本的角度出发,全面关注投资建设对所涉及人群的生活、生产、教育、发展等方面所产生的影响;

③从全面发展的角度出发,深入分析投资建设对转变经济增长方式和促进社会全面进步所产生的影响;

④从协调发展的角度出发,综合评价投资建设对城乡、区域、人与自然和谐发展等方面的影响;

⑤从可持续发展的角度出发,统筹考虑投资建设中资源、能源的节约与综合利用以及生态环境承载力等因素,促进循环经济的发展。

▶ 9.2.3　可行性研究的主要工作方法

(1)现场调查与资料分析相结合

在研究过程中,要特别注意现场踏勘、实地调查与资料的分析比较。根据以往经验,一个方案的制定和落实,要对现场进行多次反复踏勘、深入了解,密切结合,才能取得综合各项制约因素和条件后较为完善的推荐方案。

(2)理论分析与专家经验相结合

运用系统工程、价值工程理论对多方案进行技术经济比较,并结合专家经验,进行定量分析以取得最佳结果。

(3)可行性研究与专题研究相结合

为使可行性研究报告更加深入,内容更加丰富、翔实,更具有科学性和合理性,并满足可行性研究报告报批对相关支持性文件的要求,在进行可行性研究报告编制时,要开展一系列专题研究,并与可行性研究工作结合进行。

(4)方案论证与外部协调相结合

项目可行性研究涉及专业众多,外部制约条件复杂。所以,在研究过程中,既要注意论证方案的合理性,又要注意与外部条件的协调性。

（5）定性分析与定量分析相结合

遵循定量分析与定性分析相结合的原则，并以定量分析为主，力求能够反映项目实施中的所费（即费用，如投资、运营成本等）与所得（即效益，如运营收入等）。对不能直接进行定量分析比较的，则实事求是地进行定性分析。

（6）静态分析与动态分析相结合

静态分析与动态分析各有特点。在项目决策分析与评价中应根据需要，采用静态分析与动态分析相结合，以动态分析为主，静态分析为辅的决策分析与评价方法。

（7）多方案比较与优化

多方案的比较论证与优化是项目决策分析与评价的关键，尤其是在多目标决策分析时，方案众多，可采用综合评分法、目标排序法、逐步淘汰法或两两对比法进行比选，并运用价值工程方法进行方案比选。

▶ 9.2.4 可行性研究的依据

项目可行性研究的依据一般包括项目所在国家和地区的法律法规、标准规范、合同与委托协议书、相关规划及前期研究成果、市场调查预测等基础数据。

（1）法律法规

法律法规包括国家有关投资、财税、规划、土地、建设、环保、节能、安全生产、防灾、招投标等方面的法律、法规、政策及行业有关规定，如中华人民共和国城乡规划法、建筑法、物权法、土地管理法、环境保护法、合同法、行政许可法、公司法、招投标法、企业所得税法、企业投资项目核准暂行管理办法、国务院关于固定资产投资项目试行资本金制度的通知、关于实行建设项目法人责任制的暂行规定、国家发改委委托投资咨询评估管理办法等。

（2）规范标准

规范标准是各级行政主管部门颁布的有关项目建设标准、设计施工规范、规程、定额、指标、方法等规范性文件。规范标准分为国家、行业、地方和企业四级。强制性的规范标准及条文具有权威性，必须贯彻执行。

（3）合同要求

除政府项目国家制定了相关规定外，企业投资项目的可行性研究主要是为企业的投资决策服务。相关要求一般由企业自行确定，如委托专业机构，需作为合同要求予以明确，包括为开展项目可行性研究而形成的招投标文件、委托合同、项目任务大纲等。合同要求应明确可行性研究的目的与目标、研究范围、质量与进度要求、交付成果形式及提供的相关服务等。

（4）批准的规划及前期研究成果

可行性研究作为建设项目前期研究的重要环节，须符合已批准的宏观与企业相关规划及项目相关研究成果。在可行性研究中如需调整已批准的规划，应作充分论证，必要时需征得相关规划主管部门的认可。

（5）相关基础资料

相关基础资料包括市场调查与需求预测，项目相关气象、地形、地质、水文等自然资料，经济、社会统计与规划资料，相关工程及市政设施资料等。这些基础数据资料，可通过收集相关文献资料并实地调查等方法取得。

9.3 可行性研究报告

可行性研究过程形成的工作成果一般通过可行性研究报告固定下来,构成下一步研究工作的基础。可行性研究报告没有固定的格式,也不必将所有工作过程都展示出来,只需详细说明最优方案,而简述其他备选方案的情况。

▶ 9.3.1 可行性研究报告的编制依据

(1)国民经济中长期发展规划和产业政策

国家、地方国民经济和社会发展规划是一个时期国民经济发展的纲领性文件,对项目建设具有指导作用。另外,产业发展规划也同样可作为项目建设的依据。例如,国家关于一定时期内优先发展产业的相关政策、国家为缩小地区差别确立的地区开发战略,以及国家为加强民族团结而确定的地区发展规划。

(2)项目建议书

项目建议书是工程项目投资决策前的总体设想,主要论证项目的必要性,同时初步分析项目建设的可能性,它是进行各项投资准备工作的主要依据。基础性项目和公益性项目只有经国家主管部门核准,并列入建设前期工作计划后,方可开展可行性研究的各项工作。可行性研究的项目规模和标准原则上不应突破项目建议书中相应的指标。

(3)委托方的意图

可行性研究的承担单位应充分了解委托方建设项目的背景、意图、设想,认真听取委托方对市场行情、资金来源、协作单位、建设工期以及工作范围等情况的说明。

(4)有关的基础资料

进行厂址选择、工程设计、技术经济分析需要可靠的自然、地理、气象、水文、地质、经济、社会等基础资料和数据。对于基础资料不全的,还应进行地形勘测、地质勘探、工业试验等补充工作。

(5)有关的技术经济规范、标准、定额等指标

例如,钢铁联合企业单位生产能力投资指标、饭店单位客房投资指标等,都是进行技术经济分析的重要依据。

(6)有关经济评价的基本参数和指标

例如,基准收益率、社会折现率、基准投资回收期、汇率等,这些参数和指标都是对工程项目经济评价结果进行衡量的重要依据。

▶ 9.3.2 可行性研究报告的编制要求和使用要求

(1)可行性研究报告的编制要求

①编制单位必须具备承担可行性研究的条件。编制单位必须具有国家有关部门的资质等级证明,一般是由国家发展和改革委员会颁发,每5年进行审核换发资质证书。

②确保可行性研究报告的真实性和科学性。为保证可行性研究报告的质量,应切实做好

编制前的准备工作,应有大量的、准确的、可用的信息资料,进行科学的分析、比选、论证。报告编制单位和人员应坚持独立、客观、公正、科学、诚实可靠的原则,实事求是,对提供的可行性研究报告的质量负完全责任。

③可行性研究的深度要规范化和标准化。"可行性研究报告"选用主要设备的规格、参数应能满足预定货的要求;重大技术、经济方案应有两个以上方案的比选;主要的工程技术数据应能满足项目初步设计的要求。"可行性研究报告"应附有评估、决策(审批)所必需的合同、协议、政府批文等。

④可行性研究报告必须签证。可行性研究报告编制完成后,应由编制单位的行政、技术、经济方面的负责人签字,并对研究报告质量负责。

(2)可行性研究报告的使用要求

①可行性研究报告应能充分反映项目可行性研究工作的成果,内容齐全、结论明确、数据准确、论据充分,满足决策者确定方案和项目决策的要求。

②可行性研究报告选用主要设备的规划、参数应能满足预定的要求。引进技术设备的资料应能满足合同谈判的要求。

③可行性研究报告中的重大技术、经济方案,应有两个以上方案的比选。

④可行性研究报告中确定的主要工程技术数据,应能满足项目初步设计要求。

⑤可行性研究报告中确定的融资方案,应能满足银行等金融部门信贷决策的需要。

⑥可行性研究报告中应反映可行性研究过程中,出现的某些方案的重大分歧及未被采纳的理由,以供委托单位或投资者权衡利弊进行决策。

⑦可行性研究报告应附有评估、决策(审批)所必需的合同、协议、意向书、政府批件等。

▶ 9.3.3 可行性研究报告基本框架

可行性研究报告的基本框架由标题、目录、报告、附件4部分组成。

(1)标题

标题一般由企业性质、企业名称和文种3部分构成。例如,《中外合资 ABC 有限公司可行性研究报告》,"中外合资"是企业性质,"ABC 有限公司"是企业名称,"可行性研究报告"是文种。标题下应署编制单位、负责人姓名和编制日期。以上内容应放在第一页封面上,换页展示其他部分。

(2)目录

封面之后是可行性研究报告的目录,这部分不仅要标注正文各部分所在的位置,而且还要注明附件及名称。

(3)报告正文

报告在目录之后,是可行性研究的主要部分,主要依据目录列举内容,分别进行项目在核心内容方面的计划及分析相应的可行性,最后得出综合结论。

(4)可行性研究报告附件

可行性研究报告附件包括:

①研究工作的依据性文件。这些文件是开展研究、提出主要观点的依据,如项目建议书、初步可行性研究报告、各类批文等。

②项目建设的基础性文件。这些文件是项目成立和实施建设的基础,如选址报告书、地勘报告、贷款意向书、环境影响报告书。

③可行性研究报告附图。这些附图有助于直观地表达报告的内容,是报告的组成部分,主要有区域位置图、现状地形图、总平面布置图、工艺流程图等。

④可行性研究报告基本报表。这些报表是经济评价的工具和手段,能清晰明确地反映其经济效果,主要有现金流量表、投资估算表、损益表、资金来源与运用表等。

⑤可行性研究报告辅助报表。这些报表是基本报表的扩展和说明,同样是报告的有机组成部分,如固定资产投资估算表、流动资金估算表、借款还本付息表等。

▶ **9.3.4　可行性研究报告的内容**

长期的实践已使可行性研究的过程形成了一个带规律性的模式,可行性研究报告的撰写也形成了比较固定的格式。但由于工程项目的不重复性,决定了每个工程项目应根据自身的技术经济特点,确定可行性研究的工作要点,以及选择相应的可行性研究报告的内容。

可行性研究的基本内容和研究深度应符合国家规定。一般工业项目可行性研究报告可按以下内容编写。

(1)总论

总论部分包括项目背景、项目概况以及主要问题与建议。

①项目背景,包括项目名称、承办单位情况、可行性研究报告编制依据、项目提出的理由与过程等。

②项目概况,包括项目拟建地点、拟建规模与目标、主要建设条件、项目投入总资金及效益情况和主要技术经济指标等。

③问题与建议,主要指存在的可能对拟建项目造成影响的问题及相关解决建议。

(2)市场预测

市场预测是对项目的产出品和所需的主要投入品的市场容量、价格、竞争力和市场风险进行分析预测,为确定项目建设规模产品方案提供依据。主要内容包括市场现状调查、产品供需预测、价格预测、竞争力分析、市场风险分析。

(3)资源条件评价

只有资源开发项目的可行性研究报告才包含此项。资源条件评价包括资源可利用量、资源品质情况、资源赋存条件、资源开发价值。

(4)建设规模与产品方案

在市场预测和资源评价的基础上,论证拟建项目的建设规模和产品方案,为项目技术方案、设备方案、工程方案、原材料燃料供应方案,以及投资估算提供依据。主要内容包括建设规模与产品方案构成,建设规模与产品方案比选,推荐的建设规模与产品方案,技术改造项目与原有设施利用情况等。

(5)场址选择

可行性研究阶段的场址选择是在初步可行性研究(或项目建议书)规划的基础上,进行具体的坐落位置选择,包括场址现况、场址方案比选、推荐的场址方案、技术改造项目当前场址的利用情况。

（6）技术方案、设备方案和工程方案

技术方案、设备方案和工程方案构成项目的主体，体现了项目的技术和工艺水平，是项目经济合理性的重要基础。主要内容包括技术方案选择、主要设备方案选择、工程方案选择、技术改造项目改造前后的比较。

①技术方案，包括生产方法、工艺流程、工艺技术来源以及推荐方案的主要工艺。

②主要设备方案，包括主要设备选型、来源和推荐的设备清单。

③工程方案，主要包括建筑物、构筑物的建筑特征、结构以及面积方案，特殊基础工程方案，建筑安装工程量，"三材"用量估算，以及主要建筑、构筑物工程一览表。

（7）主要原材料、燃料供应

原材料、燃料直接影响项目运营成本。为确保项目建成后正常运营，需对原材料、辅助材料和燃料的品种、规格、成分、数量、价格、来源以及供应方式进行研究论证。主要内容包括主要原材料供应方案、燃料供应方案。

（8）总图布置、场内外运输与公用辅助工程

总图运输与公用辅助工程是在选定的场址范围内，研究生产系统、公用工程、辅助工程及运输设施的平面和竖向布置，以及工程方案。主要内容包括总图布置方案、场内外运输方案、公用工程与辅助工程方案、技术改造项目现有公用辅助设施的利用情况。

①总图布置，包括平面布置、竖向布置、总平面布置及指标表。技术改造项目还包括原有建筑物、构筑物的利用情况。

②场内外运输，包括场内外运输量和运输方式、场内外运输设备及设施。

③公用辅助工程，包括给排水、供电、通信、供热、通风、维修、仓储等工程设施。

（9）能源和资源节约措施

在研究技术方案、设备方案和工程方案时，能源和资源消耗大的项目应提出能源节约和资源节约措施，并进行能源消耗指标分析。主要内容包括节能措施、节水措施。

（10）环境影响评价

建设项目一般会对项目所在地的自然环境、社会环境和生态环境产生不同程度的影响。因此，在确定场址和技术方案时，需进行环境影响评价，研究环境条件，识别和分析拟建项目影响环境的因素，提出治理和保护环境的措施，比选和优化环境保护方案。环境影响评价主要包括环境条件调查、影响环境因素分析、环境保护措施、环境影响评价。

（11）劳动安全、卫生与消防

在技术方案和工程方案确定的基础上，分析论证在建设和生产过程中存在的对劳动者和财产可能产生的不安全因素，并提出相应的防范措施。主要内容包括危险因素和危害程度分析、安全防范措施、卫生保健措施、消防设施。

（12）组织机构与人力资源配置

项目组织机构和人力资源配置是项目建设和生产运营顺利进行的重要条件，合理、科学的配置有利于提高劳动生产率。主要内容包括组织机构设置及其适应性分析、人力资源配置、员工培训。

（13）项目实施进度

项目工程建设方案确定后，需确定项目实施进度，包括建设工期、项目实施进度计划安

排、技术改造项目建设与生产的衔接。

(14)投资估算与融资方案

投资估算是在项目建设规模、技术方案、设备方案、工程方案、项目进度计划基本确定的基础上,估算项目投入的总资金,包括投资估算依据、建设投资估算、流动资金估算和投资估算表。

融资方案是在投资估算的基础上,研究拟建项目的资金渠道、融资形式、融资机构、融资成本和融资风险,包括资本金筹措、债务资金筹措、融资方案分析。

(15)财务评价

主要内容包括财务评价基础数据与参数选取、营业收入与成本费用估算、财务评价报表、盈利能力分析、偿债能力分析、风险与不确定性分析、财务评价结论。

(16)国民经济评价

主要内容包括影子评价及评价参数选取、效益费用范围与数值调整、国民经济评价报表、国民经济评价指标、国民经济评价结论。

(17)社会评价

社会评价是分析拟建项目对当地社会的影响,当地社会条件对项目的适应性和可接受程度,评价项目的社会可行性。评价内容包括项目对社会的影响分析、项目与所在地相互适应性分析、社会风险分析。

(18)风险与不确定性分析

项目的风险与不确定性分析,贯穿于项目建设和生产运营全过程。主要内容包括项目盈亏平衡分析、敏感性分析、项目主要风险识别、风险程度分析、防范风险对策。

(19)研究结论与建议

在前面各项的研究基础上,提出研究结论和建议,包括推荐方案总体描述、推荐方案优缺点描述、主要对比方案、结论与建议。

综上所述,可行性研究报告的基本内容可概括为三大部分:市场研究、技术研究、经济评价。这3部分构成了可行性研究的三大支柱。第一是市场研究,包括产品的市场调查与预测研究,这是建设项目成立的重要前提,其主要任务是解决工程项目建设的"必要性"问题。第二是技术研究,即技术方案和建设条件研究,从资源投入、厂址、技术、设备和生产组织等问题入手,对工程项目的技术方案和建设条件进行研究,这是可行性研究的技术基础。它要解决建设项目在技术上的"可行性"问题。第三是效益研究,即经济评价,这是决策项目投资命运的关键,是项目可行性研究的核心部分。它要解决工程项目在经济上的"合理性"问题。

▶ 9.3.5 可行性研究报告的审批

(1)政府对投资项目的管理

根据《国务院关于投资体制改革的决定》,政府对投资项目的管理分为审批、核准和备案3种方式。

①对政府投资项目,继续实行审批制。其中,采用直接投资和资本金注入方式的,审批程序上与传统的投资项目审批制度基本一致,继续审批项目建议书、可行性研究报告等。采用投资补助、转贷和贷款贴息方式的,不再审批项目建议书和可行性研究报告,只审批资金申请报告。

②对于企业不使用政府性资金投资建设的项目,一律不再实行审批制,根据不同情况实行核准制和备案制。其中,政府仅对重大项目和限制类项目从维护社会公共利益的角度进行核准,其他项目无论规模大小,均实行备案制。对企业投资建设实行核准的项目,仅需向政府提交项目申请报告,不再经过批准项目建议书、可行性研究报告和开工报告等程序。《政府核准的投资项目目录》对于实行核准制的范围进行了明确界定。

凡《政府核准的投资项目目录》中规定"由国务院投资主管部门核准"的项目,由国务院主管部门会同行业主管部门核准,其中重要项目报告国务院核准;《政府核准的投资项目目录》中规定"由地方政府投资主管部门核准"的项目,由地方政府投资主管部门会同同级行业主管部门核准。

③对于企业以投资补助、转贷或贷款贴息方式,使用政府投资资金的企业投资项目,应在项目核准或备案后向政府有关部门提交资金申请报告。政府有关部门只对是否给予资金支持进行批复,不再对是否允许项目投资建设提出意见。以资本金注入方式使用政府投资资金的,实际上是政府、企业共同出资建设,项目单位应向政府有关部门报送项目建议书、可行性研究报告等。

对于外商投资项目和境外投资项目,除中央管理企业限额以下投资项目实行备案管理以外,其他均需政府核准。

(2)政府直接投资和资本金注入的项目审批

对于政府投资项目,只有直接投资和资本金注入方式的项目,政府需要对可行性研究报告进行审批,其他项目无须审批可行性研究报告。

①由国家发展和改革委员会审核、报国务院审批的项目,如使用中央预算内投资、中央专项建设基金、中央统还国外贷款5亿元以上的项目。

②国家发展和改革委员会审批,地方政府投资的项目。国家发展和改革委员会对地方政府投资项目只需审批项目建议书,无须审批可行性研究报告。

本章小结

1.可行性研究也称技术经济论证,是运用多学科研究成果,对建设项目投资决策进行综合性技术经济论证的过程。可行性研究既可作为项目投资决策的依据,又可作为向银行申请贷款的依据,也可作为初步设计、施工准备的依据,还可作为向有关部门、企业签订合同、确定相互责任与协作关系的依据,还能作为环保部门、地方政府和规划部门审批项目的依据。

2.可行性研究一般可依次分为4个阶段:投资机会研究阶段、初步可行性研究阶段、详细可行性研究阶段以及评估和决策阶段。

3.可行性研究的基本工作程序大致可以概括为:签订委托协议;组建工作小组;制订工作计划;市场调查与预测;方案研制与优化;项目评价;编写可行性研究报告,与委托单位交换意见,并提交可行性研究报告。

4.可行性研究应满足项目科学决策、指导项目实施、规避重大失误与风险为目标。可行性研究的主要任务是围绕项目的必要性和可行性进行研究,主要是论证项目在技术上是否先进、适用、可靠,在经济上是否合理,在财务上是否盈利,在环境上是否可持续发展。

5.可行性研究要遵循客观性、系统性、时效性、可持续性等基本原则。

6.项目可行性研究的依据一般包括项目所在地国家和地区的法律法规、标准规范、合同与委托、相关规划及前期研究成果、市场调查预测等基础数据。

7.可行性研究的基本内容和研究深度应符合国家规定。

8.可行性研究报告的基本内容可概括为三大部分:市场研究、技术研究、经济评价。市场研究是建设项目成立的重要前提,其主要任务是要解决工程项目建设的"必要性"问题;技术研究,是可行性研究的技术基础,它要解决建设项目在技术上的"可行性"问题;效益研究,即经济评价,这是决策项目投资命运的关键,是项目可行性研究的核心部分,它要解决工程项目在经济上的"合理性"问题。

9.可行性研究报告的编制有依据和基本要求,其基本框架由标题、目录、报告3部分组成。

10.政府对投资项目的管理分为审批、核准和备案3种方式,相应地项目的可行性研究报告也具有审批、核准和备案3种方式。

练习题

1.可行性研究的作用是什么?

2.项目可行性研究分为几个阶段?各个阶段的作用和任务是什么?

3.简述可行性研究的基本工作程序。

4.可行性研究的目标和任务是什么?

5.可行性研究有哪些研究方法?

6.可行性研究报告的编制依据有哪些?

7.编制可行性研究报告应在各方面达到怎样的使用要求?

8.可行性研究报告应包括哪些主要内容?

9.可行性研究报告应当如何审批?

10

设备更新分析

[学习目标]

理解与掌握设备磨损的类型及补偿方式；熟练掌握设备经济寿命的确定；理解与掌握设备更新的方法。

[基本概念]

有形磨损，无形磨损，物理寿命，使用寿命，技术寿命，经济寿命，设备更新

10.1　设备更新原因及特征

在工程项目中，投资固定成本会带来大量的设备，而设备在使用一段时间后，必定会发生磨损陈旧甚至过时报废，即为设备磨损。如果要继续生产，而不能及时将设备升级换代，则效率的降低可能严重影响生产。因此，必须对设备进行补偿与更新。设备更新是保证正常的生产运行的关键。

▶ ### 10.1.1　设备磨损及其补偿方式

设备在生产使用或者闲置中，受到物理化学因素的影响以及科技进步的作用，随时间推移发生磨损，以至于使用价值和价值逐渐减少。设备磨损是导致设备陈旧、生产率降低的主导因素。磨损方式分为有形磨损、无形磨损以及综合磨损3种。

（1）有形磨损(Tangible Abrasion of Equipment)

①设备在生产使用或者闲置中，由于使用以及自然环境的影响，设备实体会受到损耗，即

为有形磨损。设备有形磨损又可根据不同起因,分为第Ⅰ类有形磨损和第Ⅱ类有形磨损。

第Ⅰ类有形磨损是指由于外力的作用,设备在使用过程中产生的变形扭曲、零件损坏等物理变化的磨损。这类磨损一般能直接观察、测量出来。这类磨损随着使用时间和使用强度的增加,磨损程度也增加,进而生产率下降。及时的维修保养、操作者技能、设备性能以及设备负荷等因素,都会直接影响磨损程度。当磨损超过某一程度时,设备的整体功能会下降,直至无法正常工作。

第Ⅱ类有形磨损是指设备受到自然环境的侵蚀,在闲置中产生的金属生锈、塑胶橡胶老化等与生产使用无关的磨损。这类磨损一般与使用程度成反比例关系,是设备闲置过久、缺乏管理维护的结果。随着磨损程度的加深,设备丧失精确度,工作能力和利用率下降,丧失使用的价值。

②有形磨损在磨损程度较低时,可通过维修恢复,抵偿减少的使用价值。设备有形磨损程度的度量就是用经济指标来衡量,以此可确定整体平均磨损程度。计算公式为:

$$a_p = \frac{\sum_{i=1}^{n} a_i K_i}{\sum_{i=1}^{n} K_i} \quad (10.1)$$

式中　a_p——设备平均磨损程度;

　　　K_i——i 零件的价值;

　　　a_i——i 零件的磨损程度;

　　　n——设备零件的总数。

或者,也可以用维修或更换零件费用除以设备的重置费用,其比值作为另一种磨损程度的经济指标。

$$a_p = \frac{R}{K_1} \quad (10.2)$$

式中　R——维修或更换磨损零件所需的全部费用;

　　　K_1——设备的重置费用。

$a_p < 1$ 时,可继续使用设备;若 $a_p \geqslant 1$ 时,则此时已经没有维修设备的必要,可更新设备。

(2)无形磨损(Intangible Abrasion of Equipment)

①设备的无形磨损是指科学技术的进步使原有设备价值不断降低。它不表现在设备实体上。无形磨损可按起因分为第Ⅰ类无形磨损和第Ⅱ类无形磨损。

第Ⅰ类无形磨损,是由于技术进步使得生产工艺改进、成本降低、生产率不断提高,相同设备的再生产价值降低,从而原有设备价值贬值。此类磨损,不改变设备原有的技术及功能特征,不影响其正常的生产使用,原有设备使用价值并无变化。

第Ⅱ类无形磨损,是指由于技术的进步,出现了性能更优异、效率更高、耗能耗材更少的设备,虽原有设备仍能正常生产使用,但其生产效率远远低于社会平均生产效率,生产成本相对增大,从而原有设备价值降低,使用价值部分或全部丧失,因此需及时更新。

②设备再生产费用的变量除以原设备的原始价值,此比值用作度量设备的无形磨损。

$$a_q = \frac{K_0 - K_1}{K_0} = 1 - \frac{K_1}{K_0} \tag{10.3}$$

式中　a_q——设备无形磨损的程度;

　　　K_0——设备的原始价值;

　　　K_1——考虑无形磨损的作用,等效设备的重置费用。

（3）综合磨损（Comprehensive Abrasion of Equipment）

①购置设备后,设备必定会在使用和闲置中存在有形磨损和无形磨损,两种磨损同时发生并互相影响。当技术进步时,可能会加快设备的有形磨损（如高速度、高强度、大负荷技术）;也可能延缓有形磨损的速度,加快无形磨损速度（如耐热、耐磨、耐腐蚀等新技术新材料）。

②衡量设备综合磨损,可假设设备有形磨损后,剩余的价值占原始价值的百分比表示为$1-a_p$;设备无形磨损后,剩余的价值占原始价值的百分比表示为$1-a_q$。则设备受综合磨损后剩余的价值占原始价值的百分比应为$(1-a_p)(1-a_q)$。因此,设备的综合磨损程度可表示为:

$$a = 1 - (1 - a_p)(1 - a_q) \tag{10.4}$$

式中　a——设备综合磨损程度;

　　　a_p——设备平均磨损程度;

　　　a_q——设备无形磨损程度。

那么在一段时期后,设备综合磨损后的剩余价值为:

$$K = (1 - a)K_0 \tag{10.5}$$

将（10.4）代（10.5）中,得:

$$K = (1 - a)K_0 = [1 - 1 + (1 - a_p)(1 - a_q)]K_0$$

$$= \left(1 - \frac{R}{K_1}\right)\left(1 - \frac{K_0 - K_1}{K_0}\right)K_0 = K_1 - R \tag{10.6}$$

当$K_1 > R$时,$K > 0$,设备仍有价值;

当$K_1 = R$时,$K = 0$,设备没有价值;

当$K_1 < R$时,$K < 0$,设备没有维修的意义。

（4）设备磨损的补偿方式

无论是有形磨损还是无形磨损,设备的原始价值都会降低。有形磨损严重时,若没有经过大维修,不能维持正常的生产运作。无形磨损一般不会影响其使用,但过于落后的设备会影响其生产效率,经济效益不高,不宜继续使用。

若维持企业正常生产运作,需对设备磨损进行补偿。补偿分为两种:技术补偿和经济补偿。技术补偿按补偿程度,分为局部补偿和完全补偿两种。有形磨损的局部补偿即为修理,无形磨损的局部补偿即为现代化改装。有形磨损与无形磨损的完全补偿为淘汰旧设备并更新设备,即为更换。而设备的经济补偿是指对设备折旧实现价值回收,目的是用于设备的更新。设备磨损与补偿方式关系如图10.1所示。

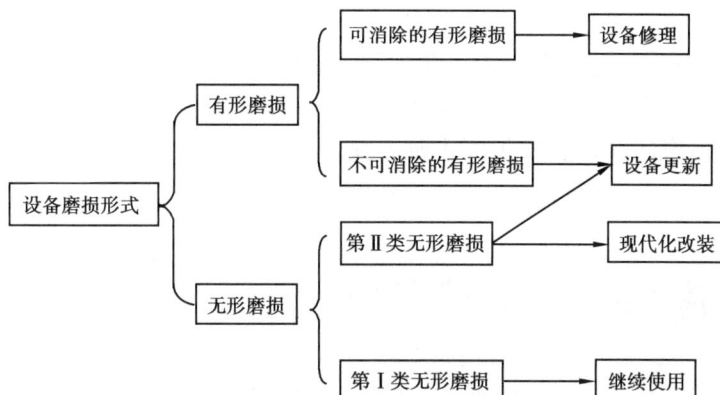

图 10.1　设备磨损与补偿方式关系图

▶ 10.1.2　设备更新特点

（1）设备更新的关键是确定设备的经济寿命

设备有一定的使用期限,即为寿命,通常有以下几种概念。

①物理寿命（Natural Life of Equipment）,也可称为自然寿命,是指某设备从全新状态开始使用,受到有形磨损直至报废所延续的全部时间。

②使用寿命是指某设备在其所有者的使用下所能服务的时间,往往以市场买卖或转让为计时起止点。

③技术寿命（Technical Life of Equipment）是指设备从开始使用,受到无形磨损（尤其是第Ⅱ类无形磨损）的作用下到因技术落后,无法满足使用者需要的功能而被淘汰的时间。

④经济寿命（Economic Life of Equipment）是指设备从开始使用,受到有形磨损和无形磨损的作用下到等额年成本最低（或等额年净收益最高）的时间。例如,一辆挖土机,随着使用期限的增加,每年平均平摊的购置费逐年减少,但维护费和燃料费不断增加。越来越小的购置费成本逐渐被后者抵消,在此过程中将会有一点使某年的总成本最低,即为该挖土机的经济寿命。经济寿命是从成本或收益的角度确定设备更新的最优时点。

⑤折旧寿命是按有关规定以设备的耐用年数进行折旧,直至其净值为零的全部时间。

（2）设备更新应以咨询者角度进行分析

设备更新的要点是以咨询师立场分析,不应以旧资产所有者为主。因为咨询者没有拥有设备,若要保留旧设备,须付出同等条件旧设备的当前市场价值的等效资金,才可获得旧设备的使用权。

（3）设备更新只需考虑未来的现金流量

分析中只需考虑未来所会发生的现金流量。因为以前发生的现金流量及沉没成本都是不可恢复的费用,则无需在更新决策中参与计算。其中,设备经过磨损折旧后剩下的账面价值并不等于其当前的市场价值,这个差额就是更新设备时产生的沉没成本。

$$沉没成本 = 旧设备账面价值 - 当前市场价值（余值）$$
$$= （旧设备原值 - 历年折旧） - 当前市场价值（余值）$$

（4）设备更新只对设备的费用进行比较

在进行设备更新分析时,假设设备产生的收益是相等的,即只比较其费用。

（5）设备更新主要使用费用年值法

设备不同,其方案的服务寿命也不同,通常使用年值法比较。一般来说,新设备的购置费较高、运营成本较低,而更新的旧设备重置费较低、运营成本较高。

10.2 设备经济寿命的确定

设备更新分析中,通常根据设备的经济寿命确定更新设备的最佳时刻。设备经济寿命示意图如图 10.2 所示。

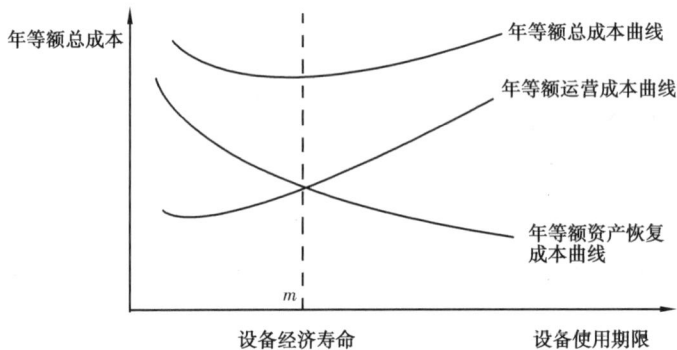

图 10.2 设备经济寿命示意图

▶ 10.2.1 经济寿命的静态计算

静态法即为不考虑资金的时间价值。

设备年等额资产恢复成本可表示为 $\dfrac{P-L_n}{n}$,设备的年等额运营成本表示为 $\dfrac{1}{n}\sum\limits_{j=1}^{n} C_j$,则设备的年等额总成本是两者求和。即:

$$AC_n = \frac{P - L_n}{n} + \frac{1}{n}\sum_{j=1}^{n} C_j \qquad (10.7)$$

式中 AC_n——n 年内设备的年等额总成本;

P——设备原值,即购置成本;

L_n——设备在第 n 年的净残值;

C_j——在 n 年使用期间内的第 j 年度设备的运营成本;

n——设备使用期限;

j——设备使用年度(j 取值范围从 1 到 n)。

在设备的所有使用期限内,设备年等额总成本 AC_n 最低的使用期限即为设备的经济寿命。假使设备的经济寿命为 m 年,则需满足如下条件:

$$AC_{m-1} \geqslant AC_m, AC_{m+1} \geqslant AC_m \qquad (10.8)$$

设备在使用期间产生的费用称为运营成本。运营成本包括能源费、保养费、修理费、停工损失、废次品损失费等。每年的运营成本以某种速度在递增。这种运营成本逐年递增称为劣化。假使每年的运营成本递增的增量呈均等状，即为线性增长，如图 10.3 所示。

假如运营成本均发生在年末，设每年运营成本递增额度为 λ，则第 n 年的运营成本为：

$$C_n = C_1 + (n-1)\lambda \qquad (10.9)$$

式中　C_1——第一年的运营成本，即为初始值。

则 n 年内设备运营成本的平均值为：

$$C_1 + \frac{n-1}{2}\lambda$$

因此，年等额总成本为：

$$AC_n = \frac{P-L_n}{n} + C_1 + \frac{n-1}{2}\lambda \qquad (10.10)$$

计算设备经济寿命时，若 L_n 接近 0 或保持不变，则可先求式(10.10)的极值，令

$$\frac{d(AC_n)}{d_n} = 0$$

则可求得其经济寿命 m 为：

$$m = \sqrt{\frac{2(P-L_n)}{\lambda}} \qquad (10.11)$$

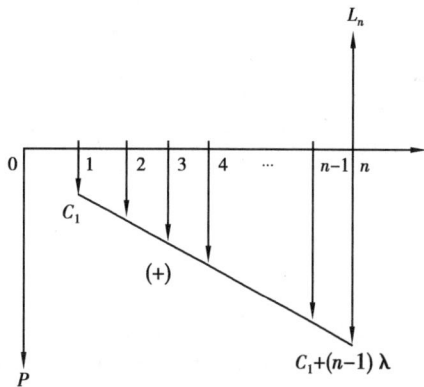

图 10.3　劣化增量均等的现金流量图

【例 10.1】购置某设备花费 5 万元，使用中每年运营成本及年末残值如表 10.1 所示，试用静态计算法求其经济寿命。

表 10.1　某设备使用过程中年度运营成本及年末残值表　　　单位:元

使用年度 j	1	2	3	4	5	6	7
j 年度运营成本	6 000	7 000	8 000	9 000	12 500	15 000	18 000
n 年末残值	25 000	12 500	6 250	3 125	1 500	1 500	1 500

【解】本题用静态计算法求设备的经济寿命，即不考虑资金的时间价值。根据式(10.7)，该设备在不同使用期限的年等额总成本如表 10.2 所示。

表 10.2　设备经济寿命静态计算表　　　单位:元

使用期限 n	资产恢复成本 $P-L_n$	年等额资产恢复成本 $\frac{P-L_n}{n}$	年度运营成本 C_j	使用期限内运营成本累计 $\sum_{j=1}^{n} C_j$	年等额运营成本 $\frac{1}{n}\sum_{j=1}^{n} C_j$	年等额总成本 AC_n
1	25 000	25 000	6 000	6 000	6 000	31 000

续表

使用期限 n	资产恢复成本 $P-L_n$	年等额资产恢复成本 $\dfrac{P-L_n}{n}$	年度运营成本 C_j	使用期限内运营成本累计 $\sum\limits_{j=1}^{n} C_j$	年等额运营成本 $\dfrac{1}{n}\sum\limits_{j=1}^{n} C_j$	年等额总成本 AC_n
2	37 500	18 750	7 000	13 000	6 500	25 250
3	43 750	14 583	8 000	21 000	7 000	21 583
4	46 875	11 719	9 000	30 000	7 500	19 219
5	48 500	9 700	12 500	42 500	8 500	18 200
6	48 500	8 083	15 000	57 500	9 583	17 666
7	48 500	6 929	18 000	75 500	10 786	17 715

由计算可知,该设备使用第 6 年时,其年等额总成本 AC_6 为 17 666 元,为最低。使用期限大于或小于 6 年时,其年等额总成本均大于 17 666 元。因此,该设备的经济寿命为 6 年。

【例 10.2】某设备的购置费为 10 000 元,预计残值为 800 元,运营成本初始值为 900 元,年运营成本每年增长 400 元。求该设备的经济寿命。

【解】由式(10.11)得:

$$m = \sqrt{\frac{2(P-L_n)}{\lambda}} = \sqrt{\frac{2(10\ 000 - 800)}{400}} = 7(\text{年})$$

▶ **10.2.2 经济寿命的动态计算**

当考虑资金的时间价值时,即利率不为零的条件下,则是动态计算设备的经济寿命。等额年运营成本表示为 $C_1 + \lambda(A/G,i,n)$,等额年资产恢复成本可表示为 $P(A/P,i,n) - L_n(A/F,i,n)$。

则设备在 n 年内的等额年总成本 AC_n 可表示为:

$$AC_n = P(A/P,i,n) - L_n(A/F,i,n) + C_1 + \lambda(A/G,i,n)$$
$$= [(P-L_n)(A/P,i,n) + L_n \times i] + [C_1 + \lambda(A/G,i,n)] \tag{10.12}$$

或者,可先把各年的费用贴现到初始值与设备投资求和,再将这个总费用乘以资金回收系数,折算到每年的年值中。即等额年总成本 AC_n 也可表示为:

$$AC_n = TC_n(A/P,i,n)$$
$$= \left[P - L_n(P/F,i,n) + \sum_{j=1}^{n} C_j(P/F,i,j)\right](A/P,i,n) \tag{10.13}$$

式中 TC_n——设备在 n 年内的总成本现值。

【例 10.3】某设备的购置费为 36 000 元,第 1 年的设备初始运营费为 8 000 元,以后年运营费每年增加 6 500 元。第 1 年末设备残值为 18 000 元,第 2 年末设备残值为 9 000 元,第 3 年末设备残值为 4 500 元,第 4 年末设备残值为零。年利率为 10%。求该设备的经济寿命。

【解】利率为 10%,则本题为设备经济寿命的动态计算。

①根据式(10.12),设备在使用年限内的等额年总成本计算如下。

n 为 1 年时:

$$AC_1 = [(P-L_n)(A/P,i,n)+L_n \times i] + [C_1 + \lambda(A/G,i,n)]$$
$$= (36\,000-18\,000)(A/P,10\%,1)+18\,000 \times 10\%+8\,000+6\,500(A/G,10\%,1)$$
$$= 18\,000 \times 1.100\,0+18\,000 \times 10\%+8\,000+6\,500 \times 0$$
$$= 29\,600(元)$$

n 为 2 年时:

$$AC_2 = (3\,6000-9\,000)(A/P,10\%,2)+9\,000 \times 10\%+8\,000+6\,500(A/G,10\%,2)$$
$$= 27\,000 \times 0.5762+9\,000 \times 10\%+8\,000+6\,500 \times 0.476$$
$$= 27\,551.4(元)$$

n 为 3 年时:

$$AC_3 = (36\,000-4\,500)(A/P,10\%,3)+4\,500 \times 10\%+8\,000+6\,500(A/G,10\%,3)$$
$$= 31\,500 \times 0.4\,021+4\,500 \times 10\%+8\,000+6\,500 \times 0.936$$
$$= 27\,200.15(元)$$

n 为 4 年时:

$$AC_4 = (36\,000-0)(A/P,10\%,4)+0 \times 10\%+8\,000+6\,500(A/G,10\%,4)$$
$$= 36\,000 \times 0.315\,5+0+8\,000+6\,500 \times 1.318\,1$$
$$= 28\,334.6(元)$$

由计算可得,当 $n=3$ 时,$AC_3 = 27\,200.15$ 元,AC_3 最小,则此年的设备等额年总成本最小。此设备的动态经济寿命为 3 年。

②计算设备经济寿命动态计算,如表 10.3 所示。

表 10.3　设备经济寿命动态计算表　　　　　　　　　　　　　　单位:元

第 j 年末	设备使用到第 n 年末的残值	年度运营成本	等额年资产恢复成本	等额年运营成本	等额年总成本
1	18 000	8 000	21 600	8 000	29 600
2	9 000	14 500	16 457	11 094	27 551
3	4 500	21 000	13 116	14 084	27 200
4	0	27 500	11 358	16 977	28 335

由表 10.3 计算可得,设备的经济寿命为 3 年。

10.3 设备更新方法及应用

修理可以恢复设备在生产使用过程中丧失的局部工作能力。但是，随着技术进步的加速，修理的经济性质将发生变化，修理并不意味着经济，设备现代化靠修理是不可能实现的。当超过了一定的合理经济界限时，则需采用设备更新来提高设备的工作能力及效率，才能使其在经济上合理。

▶ **10.3.1 设备更新分析方法**

设备更新分析方法决定设备更新分析的结论，在选用设备更新方法时应重点考虑其假定条件和研究期。在对互斥方案进行现金流量计算时，各方案计算周期的长短不一时，需选用共同的计算期为研究期。设备更新分为原型设备更新和新型设备更新两种。

（1）原型设备更新

原型设备更新，又称为简单更新，是指用相同结构、性能、效率的同型号设备来代替原有设备。原型更新主要是为了更换已经损坏的或陈旧的设备。

假使企业的生产经营期较长，某些设备在其整个使用期内没有更先进的设备替换，即不会受到第Ⅱ类无形磨损的影响，但设备在使用中依然存在有形磨损，修理达到一定程度后，用原型设备更新在经济上更为合理。也就是说，设备一旦选定，今后均采用原型设备重复更新。其研究期为各设备自然寿命的最小公倍数。

原型设备更新分析的3个步骤：

①确定各方案共同的研究期；

②采用费用年值法确定各方案设备的经济寿命；

③通过比较每个方案设备的经济寿命，确定最佳更新方案。

【例10.4】甲公司现有3种设备O、A、B可以选择，这3台设备构成了互斥方案组。若该公司未来生产经营期能维持相当长的时间。设备O的自然寿命为5年，A、B设备的自然寿命为6年和7年，设备各年的现金流量如表10.4所示。试采用原型设备更新分析方法，比较3个设备方案的优劣，并确定最优方案的设备更新周期。基准收益率为10%。

【解】设备O、A、B的自然寿命为5年、6年、7年，则研究期为其最小公倍数，即210年。

采用费用年值法确定各台设备的经济寿命，O、A、B设备各有5个、6个、7个更新策略，更新分析的互斥策略数为5+6+7，即18个。各策略现金流量如图10.4、10.5、10.6所示。各设备等额年总成本最低的策略所对应的使用期限，即为该设备的经济寿命。

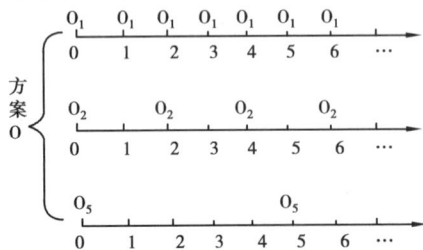

图10.4 原型设备O更新现金流量图

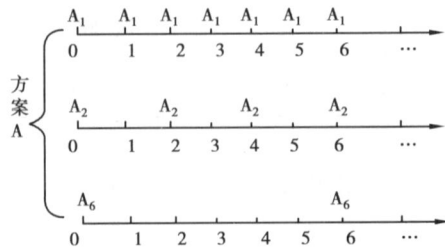

图10.5 原型设备A更新现金流量图

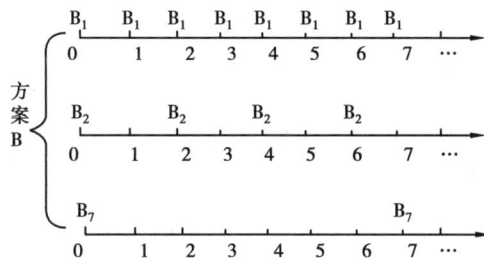

图 10.6　原型设备 B 更新现金流量图

表 10.4　3 种设备经济寿命动态计算表　　　　　　　　　　　单位:元

n 年末	O 设备			A 设备			B 设备		
	第 n 年残值	年度运营成本	等额年总成本	第 n 年残值	年度运营成本	等额年总成本	第 n 年残值	年度运营成本	等额年总成本
0	14 000			20 000			27 500		
1	9 900	3 300	8 800.00	0	1 200	23 200.00	0	1 650	31 900.00
2	8 800	5 500	8 223.80 *	0	3 400	13 771.57	0	1 650	17 495.50
3	6 600	6 050	8 497.17	0	5 800	11 362.63	0	1 650	12 707.75
4	5 500	8 800	8 942.61	0	8 000	10 639.39	0	1 650	10 326.25
5	3 300	9 900	9 549.26	0	1 020	10 566.62 *	0	1 650	8 904.50
6				0	1 260	10 819.40	0	1 650	7 964.00
7							0	1 650	7 298.50 *

注:*表示设备经济寿命对应的设备等额年总成本。

等额年总成本计算示意如下:

$$AC_{O2} = (14\,000 - 8\,800) \times (A/P, 10\%, 2) + 8\,800 \times 10\% +$$
$$[3\,300(P/F, 10\%, 1) + 5\,500 \times (P/F, 10\%, 2)] \times (A/P, 10\%, 2)$$
$$= 8\,223.80(元)$$

$$AC_{A5} = 20\,000 \times (A/P, 10\%, 5) + [1\,200 \times (P/F, 10\%, 1) + 3\,400 \times (P/F, 10\%, 2) +$$
$$5\,800 \times (P/F, 10\%, 3) + 8\,000 \times (P/F, 10\%, 4) + 10\,200 \times (P/F, 10\%, 5) \times (A/P, 10\%, 5)$$
$$= 10\,566.62(元)$$

$$AC_{B7} = 27\,500 \times (A/P, 10\%, 7) + 1\,060$$
$$= 7\,298.50(元)$$

各方案不同更新策略的等额年总成本如表 10.4 所示。其中,旧设备 O 的经济寿命为 2 年,新设备 A 的经济寿命为 5 年,新设备 B 的经济寿命为 7 年。在研究期 210 年内,以各方案设备经济寿命对应的等额年总成本为比较依据,方案 B 为优。

结论:采用设备 B。B 设备未来的更新周期为其经济寿命 7 年。

（2）新型设备更新

新型设备更新，即为假设企业现有设备可被其经济寿命内等额年总成本最低的新设备取代。

【例10.5】甲公司未来将生产经营很长时间，现有旧设备O的剩余寿命为5年。现市场上另有两种能满足O设备功能的新设备A和设备B，其自然寿命分别为6年、7年。设备各年的现金流量如表10.4所示。基准收益率为10%。试用新型设备更新方法进行设备更新决策。

【解】若对现有设备O进行更新，能对其进行更新的设备A、B中，设备B在其经济寿命7年内的等额年总成本为7 298.50元，低于设备A在其经济寿命5年内的等额年总成本10 566.62元。因此，将设备B作为现有设备O的潜在更新设备。

故在图10.5、图10.6中A和B设备的13个互斥策略中选择策略B_7，则此时的现金流量如图10.7所示。更新策略有6个。

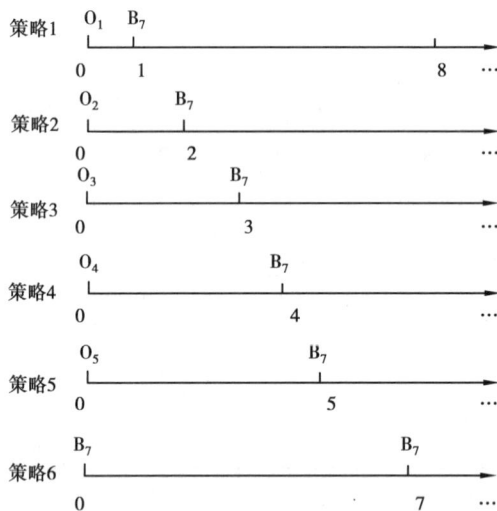

图10.7　新型设备更新现金流量图

7年后，各策略的现金流量相同，故选择新设备B的经济寿命7年为研究期。用总成本现值法比较设备方案。

PC_{O_1} = 14 000−9 900×(P/F,10%,1) +3 300×(P/F,10%,2) +7 298.5×(P/A,10%,6)

　　　= 14 000−9 900×0.909 1+3 300×0.826 4+7 298.5×4.355 3

或　　= 8 800×(P/A,10%,1) +7 298.5×(P/A,10%,6)

　　　= 8 800×0.909 1+7 298.5×4.355 3

　　　= 39 787(元)

PC_{O_2} = 8 223.8×(P/A,10%,2) +7 298.5×(P/A,10%,5)

　　　= 8 223.8×1.735 5+7 298.5×3.790 8

　　　= 41 940(元)

PC_{O_3} = 8 497.17×(P/A,10%,3) +7 298.5×(P/A,10%,4)

　　　= 8 497.17×2.486 9+7 298.5×3.169 9

　　　= 44 4267(元)

$$PC_{O_4} = 8\,942.61\times(P/A,10\%,4) +7\,298.5(P/A,10\%,3)$$
$$= 8\,942.61\times3.169\,9+7\,298.5\times2.486\,9$$
$$=46\,498(元)$$
$$PC_{O_5} = 9\,549.26\times(P/A,10\%,5) +7\,298.5\times(P/A,10\%,2)$$
$$= 9\,549.26\times3.790\,8+7\,298.5\times1.735\,5$$
$$=48\,866(元)$$
$$PC_{B_7} = 7\,298.5\times(P/A,10\%,7)$$
$$= 7\,298.5\times4.868\,4$$
$$=35\,532(元)$$

由计算可知,策略 B_7 的总成本现值最低。因此,采用新设备 B 立即更换原有设备 O。

从表 10.4 知,设备 O 各策略的等额年总成本均高于设备 B 在其经济寿命内的等额年总成本。根据现金流量图 10.7 中也可以直观得出立即用设备 B 更换现有设备 O 的结论。

【例 10.6】若例 10.5 中新设备 B 缺货,只能采用新设备 A 对设备 O 进行更新。试进行更新决策。

【解】此时不考虑设备 B,则策略为 6 个。且考虑设备 A 的经济寿命 5 年,则研究期为 5 年。各策略现金流量如图 10.8 所示。

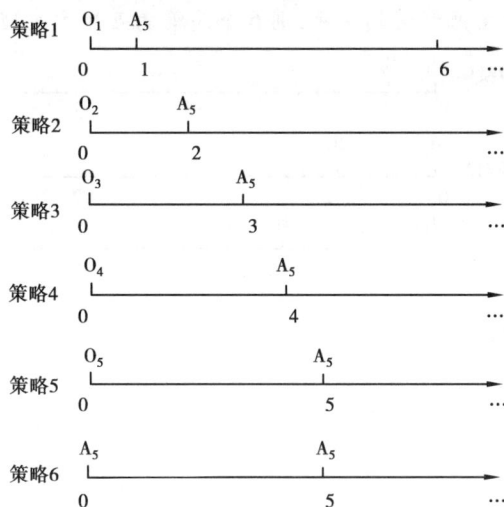

图 10.8 新型设备更新现金流量图

采用总成本现值,并根据表 10.4 中的数据比较设备方案。
$$PC_{O_1} = 8\,800\times(P/A,10\%,1) +10\,566.62\times(P/A,10\%,4)$$
$$= 8\,800\times0.909\,1+10\,566.62\times3.169\,9$$
$$=41\,495(元)$$
$$PC_{O_2} = 8\,223.8\times(P/A,10\%,2) +10\,566.62\times(P/A,10\%,3)$$
$$= 8\,223.8\times1.735\,5+10\,566.62\times2.486\,9$$
$$=40\,551(元)$$
$$PC_{O_3} = 8\,497.17\times(P/A,10\%,3) +10\,566.62\times(P/A,10\%,2)$$

$$= 8\ 497.17 \times 2.486\ 9 + 10\ 566.62 \times 1.735\ 5$$

$$= 39\ 470(元)$$

$$PC_{O_4} = 8\ 942.61 \times (P/A, 10\%, 4) + 10\ 566.62 \times (P/A, 10\%, 1)$$

$$= 8\ 942.61 \times 3.169\ 9 + 10\ 566.62 \times 0.909\ 1$$

$$= 37\ 953(元)$$

$$PC_{O_5} = 9\ 549.26 \times (P/A, 10\%, 5)$$

$$= 9\ 549.26 \times 3.790\ 8$$

$$= 36\ 199(元)$$

$$PC_{A_5} = 10\ 566.62 \times (P/A, 10\%, 5)$$

$$= 10\ 566.62 \times 3.790\ 8$$

$$= 40\ 056(元)$$

均由上述计算可知,设备 O 各策略的总成本现值逐个降低,从第 3 年开始,设备 O 各策略的总成本现值小于设备 A 在其经济寿命期内的总成本现值,因此设备 O 不需要用设备 A 更换。

(3)限定服务年限条件下的设备更新决策

【例 10.7】若例 10.5 中的现有设备 O,可采用经济寿命内等额年总成本最低的新设备进行更新。假使公司的生产经营期只能维持 7 年,试进行更新决策。

【解】研究期应修改为生产经营期 7 年,则 6 个决策的互斥方案现金流量如图 10.9 所示。

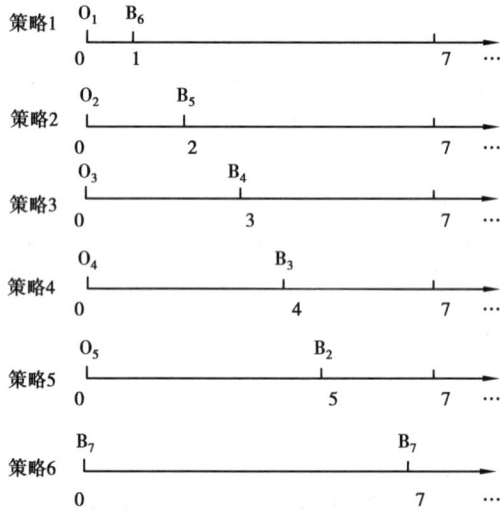

图 10.9　新型设备更新现金流量图

采用现值总成本,并根据表 10.4 的数据比较各策略。

$$PC_{O_1} = 14\ 000 - 9\ 900 \times (P/F, 10\%, 1) + 3\ 300 \times (P/F, 10\%, 2) + 27\ 500 + 1\ 650 \times$$

$$(P/A, 10\%, 6)$$

或　　$$= 8\ 800 \times (P/A, 10\%, 1) + 27\ 500 + 1\ 650 \times (P/A, 10\%, 6)$$

$$= 42\ 686(元)$$

$$PC_{O_2} = 8\ 223.80 \times (P/A, 10\%, 2) + 27\ 500 + 1\ 650 \times (P/A, 10\%, 5)$$

$$= 8\ 223.80 \times 1.735\ 5 + 27\ 500 + 1\ 650 \times 3.790\ 8$$

$$= 48\ 027(元)$$

$$PC_{O_3} = 8\ 497.17 \times (P/A,10\%,3) + 27\ 500 + 1\ 650 \times (P/A,10\%,4)$$

$$= 8\ 497.17 \times 2.486\ 9 + 27\ 500 + 1\ 650 \times 3.169\ 9$$

$$= 53\ 862(元)$$

$$PC_{O_4} = 8\ 942.61 \times (P/A,10\%,4) + 27\ 500 + 1\ 650 \times (P/A,10\%,3)$$

$$= 8\ 942.61 \times 3.169\ 9 + 27\ 500 + 1\ 650 \times 2.486\ 9$$

$$= 59\ 951(元)$$

$$PC_{O_5} = 9\ 549.26 \times (P/A,10\%,5) + 27\ 500 + 1\ 650 \times (P/A,10\%,2)$$

$$= 9\ 549.26 \times 3.790\ 8 + 27\ 500 + 1\ 650 \times 1.735\ 5$$

$$= 66\ 563(元)$$

$$PC_{O_6} = 27\ 500 + 1\ 650 \times (P/A,10\%,7)$$

$$= 27\ 500 + 1\ 650 \times 4.868\ 4$$

$$= 35\ 533(元)$$

由计算知,现有设备 O 应用新设备 B 立即更新。

▶ 10.3.2 现有设备处理

由于企业生产受需求量的影响,现有设备在自然寿命期内需考虑是否停产变卖原设备,即现有设备的处置决策。通常情况下,是否处置现有设备的决策仅考虑旧设备,并假设已知旧设备自然寿命期内每年的残值。

【例 10.8】若表 10.4 中企业使用设备 O 每年的收益为 8 000 元。现考虑是否应立即处置,以及应何时处置才合理。基准收益率为 10%。

【解】以设备所有者的角度分析,研究期为 5 年。现有设备处置的互斥策略方案有 6 个。

策略 1:立即变卖设备 O。

策略 2:继续使用设备 O,1 年后变卖。

策略 3:继续使用设备 O,2 年后变卖。

策略 4:继续使用设备 O,3 年后变卖。

策略 5:继续使用设备 O,4 年后变卖。

策略 6:继续使用设备 O,5 年后变卖。

采用现值法计算各策略在第 1 年初的净现值,以此比较各策略。

$$NPV_1 = 14\ 000(元)$$

$$NPV_2 = (-3\ 300 + 9\ 900 + 8\ 000) \times (P/F,10\%,1)$$

$$= 14\ 600 \times 0.909\ 1$$

$$= 13\ 273(元)$$

$$NPV_3 = -3\ 300 \times (P/F,10\%,1) + (-5\ 500 + 8\ 800) \times (P/F,10\%,2) + 8\ 000 \times (P/A,10\%,2)$$

$$= -3\ 300 \times 0.909\ 1 + 3\ 300 \times 0.826\ 4 + 8\ 000 \times 1.735\ 5$$

$$= 13\ 611(元)$$

$$NPV_4 = -3\ 300 \times (P/F,10\%,1) - 5\ 500 \times (P/F,10\%,2) + (-6\ 050 + 6\ 600) \times (P/F,$$

$$10\%,3)+8\ 000\times(P/A,10\%,3)$$

$$=-3\ 300\times0.909\ 1-5\ 500\times0.826\ 4+550\times0.751\ 3+8\ 000\times2.486\ 9$$

$$=15\ 463(元)$$

$$NPV_5=-3\ 300\times(P/F,10\%,1)-5\ 500\times(P/F,10\%,2)-6\ 050\times(P/F,10\%,3)+$$

$$(-8\ 800+5\ 500)\times(P/F,10\%,4)+8\ 000\times(P/A,10\%,4)$$

$$=-3\ 300\times0.909\ 1-5\ 500\times0.826\ 4-6\ 050\times0.751\ 3-3\ 300\times0.683\ 0+8\ 000\times3.169\ 9$$

$$=11\ 015(元)$$

$$NPV_6=-3\ 300\times(P/F,10\%,1)-5\ 500\times(P/F,10\%,2)-6\ 050\times(P/F,10\%,3)-$$

$$8\ 800\times(P/F,10\%,4)+(-9\ 900+3300)\times(P/F,10\%,5)+8\ 000\times(P/A,10\%,5)$$

$$=-3\ 300\times0.909\ 1-5\ 500\times0.826\ 4-6\ 050\times0.751\ 3-8\ 800\times0.683\ 0-6\ 600\times0.620\ 9+$$

$$8\ 000\times3.790\ 8$$

$$=8\ 127(元)$$

由计算得,应采用策略 4,即继续使用旧设备 O,3 年后变卖。

▶ 10.3.3 设备更新方法应用

（1）技术创新引起的设备更新

由于技术的不断进步,通常在设备使用一段时间后,由于受到第 II 类无形磨损的影响,生产效率和经济效益更高的新型设备已经出现,原有设备变得陈旧过时。此时,需要比较继续使用旧设备和马上购置新设备哪种方案在经济上更合理。

【例 10.9】某公司 8 年前花费 10 万元购置使用设备 O 生产某产品,设备 O 目前市场价为 28 000 元,估计设备 O 可再使用 3 年,到期残值为 3 000 元。目前市场上出现一种新的设备 A,设备 A 的购置费及安装费为 180 000 元,使用寿命为 10 年,残值为原值的 10%。旧设备 O 和新设备 A 生产 100 个该产品所需时间分别为 5.35 h 和 4.52 h。该公司预计今后每年平均销售量为 55 000 件该产品。该公司人工费为 18.7 元/h,旧设备动力费为 4.7 元/h,新设备动力费为 4.9 元/h。基准收益率为 10%,试分析是否应采用设备 A 更新设备 O。

【解】选择旧设备 O 的剩余使用寿命 3 年为研究期,采用年值法计算新旧设备的等额年总成本。

$$AC_O=(28\ 000-3\ 000)(A/P,10\%,3)+3\ 000\times10\%+5.35\div100\times$$

$$55\ 000\times(18.7+4.7)$$

$$=25\ 000\times0.402\ 1+300+68\ 854.5$$

$$=79\ 207(元)$$

$$AC_A=(180\ 000-180\ 000\times10\%)(A/P,10\%,10)+180\ 000\times10\%\times10\%+4.52\div100\times$$

$$55\ 000\times(18.7+4.9)$$

$$=162\ 000\times0.162\ 7+1\ 800+58\ 669.6$$

$$=86\ 827(元)$$

由计算得,使用新设备 A 比使用旧设备 O 每年多开支 7 620 元,因此,不能采用设备 A 更新设备 O。

（2）市场需求变化引起的设备更新

由于市场需求增加，现有设备的生产能力不能满足需求，引起了旧设备的更新。

【例10.10】某厂在市场需求量增加的影响下，现考虑决策。方案1：保留现在的设备O继续生产，3年后再增加设备A，使生产能力增加1倍；方案2：立即变卖设备A，购置设备B开始生产，生产能力增加1倍。

设备O是10年前购置，现剩余寿命估计为10年，到期残值为100万元，目前市场上有厂家愿以700万的价格收购设备O。设备O今后第1年的经营成本为20万元，之后每年等额增加5万元。

3年后购置设备A需6 000万元，寿命期为20年，到期残值为1 000万元，每年经营成本为10万元。

若现在购置设备B需8 000万元，寿命期为30年，到期残值为1 200万元，每年运营成本为8万元。

基准收益率为10%，设研究期为10年。试比较两个方案，并决策。

【解】方案1与方案2的现金流量如图10.10所示。

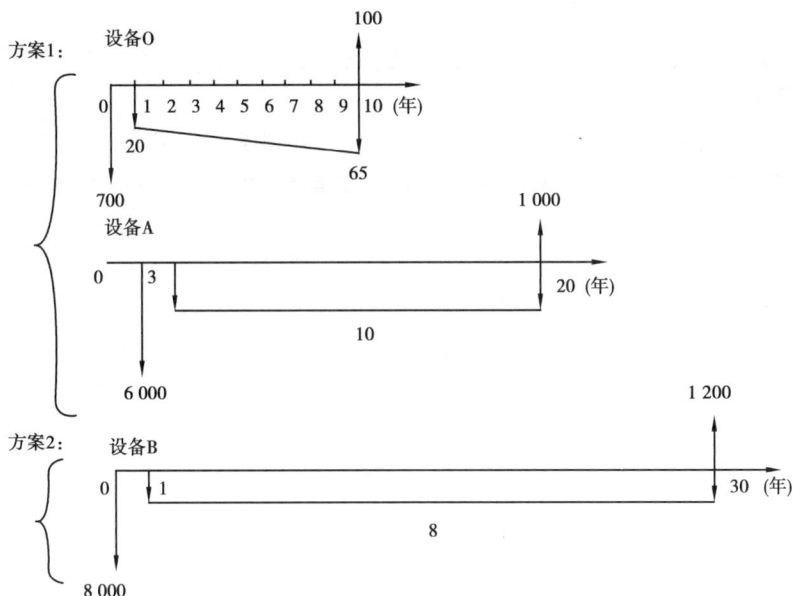

图10.10　现金流量图（单位：万元）

研究期为10年，各方案的等额年总成本计算如下。

方案1：

$$AC_O = 700(A/P,10\%,10) - 100(A/F,10\%,10) + 20 + 5(A/G,10\%,10)$$
$$= 700 \times 0.162\ 7 - 100 \times 0.062\ 7 + 20 + 5 \times 3.725$$
$$= 146.25(万元)$$

$$AC_A = [6\ 000(A/P,10\%,20) - 1\ 000(A/F,10\%,20) + 10] \times (F/A,10\%,7) \times (A/F,10\%,10)$$
$$= [6\ 000 \times 0.1175 - 1\ 000 \times 0.017\ 5 + 10] \times 9.487\ 2 \times 0.062\ 7$$
$$= 414.91(元)$$

$AC_1 = 146.25 + 414.91$

$\quad = 561.16(元)$

方案2:

$AC_2 = AC_B = 8\,000(A/P, 10\%, 30) - 1\,200(A/F, 10\%, 30) + 8$

$\quad = 8\,000 \times 0.106\,1 - 1\,200 \times 0.006\,1 + 8$

$\quad = 849.48(万元)$

由计算得,应采用方案1。

本章小结

1.设备是企业生产中所需的物质技术手段。在设备的生产使用中,必然会产生不同类型的磨损。

2.设备磨损分为3种:有形磨损、无形磨损及综合磨损。对待不同磨损,由相应的设备磨损的补偿方式补偿。

3.设备更新就是指用经济性更好、性能更完善、技术更先进、使用效率更高的设备去更换陈旧过时的旧设备。

4.设备更新是对设备磨损的完全补偿,不仅可以补偿设备综合磨损所形成的损失,而且可以促进企业的技术进步。设备更新是以经济寿命为基础,评价各种设备更新方式的经济合理性,以确保企业的最大效益。

练习题

1.联系实际,解释设备磨损的分类、特点及补偿方式。

2.简述设备的自然寿命、技术寿命及经济寿命的区别与联系。

3.设备更新分析的特点是什么?

4.若某设备原始价值为13 000元,此时大修理需要费用3 000元,等效设备的重置费用为10 000元。问该设备遭受各种磨损的磨损度为多少?

5.某企业购置一设备需7 000元,第1年的运营成本为1 000元,以后每年以300元定额递增。1年后的残值为3 600元,以后每年以300元定额递减。该设备的最大使用年限为8年。试分别用静态和动态的方法计算该设备的经济寿命。基准收益率为10%。

6.某厂5年前购置设备A,原购置费为2 200元。目前设备A的剩余寿命为6年,到期时的残值为300元,设备A每年的运营费为700元。现若在市场上购置与设备A具有相同功效的设备B,需花费2 500元,寿命为10年,残值为400元,设备B每年的运营费为500元。目前旧设备A的市场价为600元。设基准收益率为10%,研究期为6年。试判断该厂应保留设备A,还是用设备B更新设备A。

11

工程项目后评价

[学习目标]

掌握项目后评价的含义、特点、作用;熟悉项目后评价方法并能进行项目后评价;理解项目运营后评价的目的、意义;掌握后评价的内容和方法。

[基本概念]

项目后评价,对比分析法,逻辑框架法,成功度法,综合评价法

11.1 后评价概述

工程项目后评价是项目投资建设程序中一项非常重要的工作阶段,是对项目投资建设成果及一定时期的生产运营情况进行的总结性评价。工程项目后评价工作,不仅反映项目投资实施的实际效果及完成情况,而且为今后相关项目的投资决策及管理实践活动提供经验教训和借鉴。

▶ 11.1.1 工程项目后评价的含义和特点

1)项目后评价的含义

项目后评价(Post Project Evaluation)是指对已完成项目的目的、过程、效益、作用和影响所进行的系统的、客观的分析。通过对项目活动实践的检查总结,确定项目的预期目标是否达到,项目的规划是否合理,项目的主要效益指标是否实现;通过项目后评价分析,找出项目失败的原因,总结经验教训,并通过及时有效的信息反馈,为未来新项目的决策和提高投资决

策管理水平提出建议,同时也对被评项目实施运营中出现的问题提出改进意见,从而达到提高投资效益的目的。

2)工程项目管理后评价的特点

与可行性研究和前评价相比,项目后评价具有如下特点。

①现实性。项目后评价分析研究的是项目实际情况,所依据的数据资料是现实发生的真实数据或根据实际情况重新预测的数据。而项目可行性研究和项目前评价,研究的是项目未来的状况,所用的数据都是预测数据。

②全面性。在进行项目后评价时,既要分析投资过程,又要分析经营过程;不仅要分析项目投资经济效益,而且要分析其经营管理的状况,发掘项目的潜力。

③探索性。项目后评价要分析企业现状,发现问题并探索未来的发展方向,因而要求项目后评价人员具有较高的素质和创造性,把握影响项目效益的主要因素,并提出切实可行的改进措施。

④反馈性。项目可行性研究和前评价的目的在于为计划部门投资决策提供依据,而项目后评价的目的在于为有关部门反馈信息,为今后项目管理、投资计划的制订和投资决策积累经验,并用来检测项目投资决策正确与否。

⑤合作性。项目可行性研究和项目前评价一般只通过评价单位与投资主体间的合作,由专职的评价人员就可以提出评价报告。而后评价需要更多方面的合作,如专职技术经济人员、项目经理、企业管理人员、投资项目主管部门等,各方融洽合作,项目后评价工作才能顺利进行。

由于评价的时间和目的不同,项目后评价与项目可行性研究和项目前评价有较大的差别,主要表现在以下几方面。

①评价的组织结构不同。项目前评价是由项目的投资主体、项目审批机构或贷款机构组织实施的;项目后评价是由项目运营的管理机构或专门的后评价机构来完成的,以保证后评价工作的独立性和客观性。

②在项目建设中所处的阶段不同。项目可行性研究和前评价属于前期工作,它决定项目是否可以建设。项目后评价是项目竣工投产并达到设计生产能力后对项目进行的再评价,是项目管理的延伸。

③评价的依据不同。项目可行性研究和项目前评价依据国家、部门颁布的定额标准、国家参数来衡量建设项目的必要性、合理性和可行性。后评价虽然也参照有关定额标准和国家参数,但它主要是直接与项目前评价的预测情况或国内外其他同类项目的有关情况进行对比,检查项目的实际情况与预测情况的差距,并分析其产生的原因,提出改善措施。

④评价的内容不同。项目可行性研究和前评价分析研究的主要的内容是项目建设条件、工程设计方案、项目的设计计划以及项目的经济社会效果。后评价的主要内容是针对除前评价上述内容进行再评价,还包括项目对策、项目实施效率等进行评价,以及对项目实际运营状况进行深入的分析。

⑤在投资决策中的作用不同。项目可行性研究和前评价直接作用于项目决策,前评价的结论是项目取舍的依据。后评价则是间接作用于项目投资决策,是投资决策的信息反馈。通过后评价反映出项目建设过程和投资阶段(乃至正常生产时期)出现的一系列问题。将各类

信息反馈到投资决策部门,从而提高了项目决策科学化的水平。

总之,项目后评价不是对项目前评价的简单重复,而是依据国家政策和相关规定,对投资项目的决策水平、管理水平和实施效果进行严格的检验和评价,并总结经验教训,以促使项目更快更好地发挥效益和健康地发展。

▶　**11.1.2　项目后评价的作用**

项目后评价主要服务于投资决策,是出资人对投资活动进行监管的重要手段。从项目后评价的含义和目的来看,后评价通过对已建成项目的全面总结,可以不断提高建设项目决策的科学化水平,并在改进项目管理和提高投资效益等方面发挥极其重要的作用。具体说,项目后评价的作用可归纳为以下5点。

(1)为提高建设项目决策的科学化水平服务

项目前评价为项目投资决策提供依据。前评价中所做的预测是否正确,需要项目建设的实践来检验,需要项目后评价来分析和判断。通过建立完善的建设项目后评价制度和科学的评价方法体系,一方面可以促使前评估人员增强责任感,努力做好前评价工作,提高项目预测的准确性;另一方面可以通过项目后评价反馈的信息,及时纠正建设项目决策中存在的问题,从而提高未来建设项目决策的科学化水平。

(2)为政府制定和调整有关经济政策提供参考

项目后评价总结的经验教训,往往涉及政府宏观经济管理中的某些问题。政府有关部门可根据反馈的信息,合理确定和调整投资规模与投资流向,协调各产业部门之间及其内部的各种比例关系,及时进行修正某些不适合经济发展的宏观经济政策、技术经济政策和已经过时的指标参数。此外,政府有关部门还可以通过建立必要的法规、法令、相关的制度和机构,促进投资管理的良性循环。

(3)为银行调整信贷政策提供依据

为建设项目提供贷款的银行通过开展建设项目后评价,发现项目建设资金使用过程中存在的问题,分析研究贷款项目成功或失败的原因,为调整信贷政策提供依据。

(4)为提高建设项目监管水平提出建议

建设项目管理是一项十分复杂的活动,它涉及政府有关部门、建设项目业主、贷款银行、设备制造和材料供应商以及工程勘察设计、工程施工、工程监理等许多部门,只有各方面密切合作,建设项目才能顺利完成。如何进行有效管理、协调有关各方的关系、采取什么样的具体协作形式等,都应在项目建设过程中不断摸索、不断完善。建设项目后评价通过对已建成项目实际情况的分析研究,总结项目在组织管理方面的先进经验和失败的教训,为出资人对未来项目的管理活动提供借鉴,以便提高项目监管水平。

(5)促使建设项目运营状态正常化

项目后评价时,对于评价时点以前的项目投产初期和达产时期的实际情况要进行分析和研究,比较实际状态与预测目标的偏离程度,分析产生偏差的原因,提出切实可行的改进措施,促使建设项目运营状态正常化,提高建设项目的经济效益和社会效益。

▶　**11.1.3　项目后评价的程序**

尽管因项目规模、复杂程度的不同,导致每个项目后评价的具体工作程序也有所区别,但从总的情况来看,一般项目的后评价都应遵循一个客观和循序渐进的过程。具体可以概括为以下几个步骤。

(1)组织项目后评价机构

项目后评价组织机构是指负责这项工作的主体。根据项目后评价的概念、特点和职能,我国项目后评价的组织机构应符合以下两方面的基本要求。

①满足客观性、公正性要求。这是由于项目后评价本身的特点和要求决定的。只有项目后评价组织机构具有客观性、公正性,才能保证项目后评价的客观、公正性。这就要求后评价机构要排除人为干扰,独立地对项目实施及其结果做出评价。

②具有反馈检查功能。项目后评价的作用主要是通过项目全过程再评价并反馈信息,为投资决策科学化服务。因此,要求后评价机构具有反馈检查功能,也就是要求后评价组织机构与计划决策部门具有畅通的反馈回路,使得后评价有关信息迅速地反馈到决策部门。

从以上两点要求看,我国项目后评价组织机构不应该是项目原可行性研究单位和前评价单位以及项目实施过程中的项目管理机构。

大部分西方发达国家项目后评价机构隶属于立法机构或设立于政府部门中。例如,美国的评价机构为美国会计总署(The General Accounting Office,GAO),直接受美国国会领导;马来西亚则是在各级政府部门中建立项目监督和评价机构;韩国在政府中设立的经济企划院评价局,则属于国家级的后评价机构。在许多国际金融组织中,一般设立独立的后评价机构,直接由董事会领导。例如,世界银行的后评价机构为业务评价局(The World Bank Operations Evaluation Department,OED)。在发展中国家当中,印度是开展后评价工作比较好的一个国家。印度在第一个五年计划(1951—1955)期间就成立了规划评议组织,专门负责组织项目后评价工作。印度各邦也设有邦评议组织,负责各州的具体后评价事务。印度的规划评议组织设在国家计划委员会内,它直接向计划委员会副主席报告工作,并只对计划委员会而不对任何其他行政部门负责,以保证其独立性。

国外项目后评价机构的基本特点是:组织机构相对独立,并且每个组织机构只负责自己投资的项目的后评价组织工作。这对我国项目后评价机构的设置有借鉴作用。

(2)选择后评价的对象

原则上,对所有竣工投产的投资项目都要进行后评价,项目后评价应该纳入项目管理程序之中,但是,由于我国现阶段客观条件不成熟,不可能对所有投资都及时进行后评价。主要原因是:一方面,我国没有完善的项目后评价方法体系;另一方面,我国投资项目众多而从事具体项目后评价的人员相对稀缺。项目后评价方法体系的完善和评价人员的培养,尚需要一段相当长的时间。这样,我国项目后评价应该分两阶段实施:第一阶段,可选择一部分对国民经济有重大影响的国家投资的大中型项目进行后评价,以把握项目投资效益的总体状况;第二阶段,待条件成熟后,全面开展对所有投资项目的后评价工作。

现阶段,我国在进行项目后评价对象的选择时,应优先考虑以下类型项目。

①项目投资后本身经济效益明显不好的项目。例如,投产后一直亏损或主要技术经济指标明显低于同行业平均水平,或生产一直开工不足,生产能力得不到正常发挥的项目等。选择这些项目进行后评价的目的,是具体分析其投资效益不好的原因,帮助企业摆脱困境,充分发挥项目投资效益,同时为国家决策部门反馈信息。

②国家急需发展的短线产业部门的投资项目,其中主要是国家重点投资项目,如能源、通信、交通运输、农业等项目。选择对这些项目进行后评价的主要目的,是把握这些产业部门发展状况,为制定投资政策服务。

③国家限制发展的长线产业部门的投资项目,如某些家电投资项目等。选择对这类项目进行后评价的主要目的,是重新审查其投资的必要性,评价其决策水平,分析重复建设的原因,吸取经验教训,以提高决策科学化水平,减少浪费。

④投资额巨大,对国计民生有重大影响项目,如宝钢总厂、葛洲坝工程等项目。选择对这些项目进行后评价,其目的在于认真、全面地总结大型项目的经验教训,充分发挥其效益。

⑤一些特殊项目,如国家重点投资的新技术开发项目、技术引进项目等。其后评价的目的在于认真分析项目给国民经济带来的影响,提高国家技术水平和经济效益,并为国家进一步完善新技术开发、利用外资引进等方面提供政策服务。

(3)收集资料和选取数据

项目后评价是以大量的资料和数据为依据的。这些资料和数据收集的来源要可靠,一般应由后评价者亲自调查整理。需要收集的资料和数据如下。

①档案资料,主要有建设项目的规划方案、项目建议书(预可行性研究)和批文、可行性研究报告、评估报告、设计任务书、初步设计材料和批文、施工图设计和批文、竣工验收报告、工程大事记、各种协议书和合同,以及有关厂址选择、工艺方案选择、设备方案选择的论证材料。

②项目生产经营资料,主要是生产、销售、供应、技术、财务、劳动工资等部门的统计年度报告。

③分析预测用基础资料,主要是建设项目开工以来的有关利率、汇率、价格、税种、税率、物价指数变化等有关资料。

④与项目有关的其他资料,如国家及地方的产业结构调整政策、发展战略和长远规划,以及国家和地方颁布的规定和法律文件等。

(4)整理分析资料数据,提出改进措施和建议

对所有收集的资料和数据进行汇总、加工、分析和整理,对需要调整的数据和资料要调整,采用定性分析和定量计算相结合的方法进行比较分析和论证,编制各种评价报表及计算评价指标,并与前评价进行对比分析,合理评价项目建设所产生的实际效果,找出差异及其原因,总结经验,提出改进措施和建议。

(5)编制及上报项目后评价报告

将分析研究的结果进行汇总,编写出后评价报告,把编制的详细后评价报告和其重点摘要上报给组织后评价的部门。

11.2 后评价的内容与方法

▶ 11.2.1 项目后评价的内容

我国项目后评价体系是在参照世界银行(World Bank)后评价体系的基础上,结合我国的

实际情况确定的。我国进行后评价的投资项目主要包括3类:一是生产类项目,如工业和农业;二是基础设施项目,如能源、交通、通信等行业;三是社会基础设施和人力资源开发项目,如公共教育、公共卫生、公共社会服务和福利事业、环境保护、人员培训和技能开发等项目。由于项目的类型、规模、复杂程度以及后评价的目的不同,对每个项目进行后评价的内容也并不完全一致。一般说来,项目后评价的基本内容包括以下6个方面。

1)项目目标评价

项目目标评价是通过对项目立项审批决策时所确定的目标,与项目实际运作所产生的某些经济、技术指标进行比较,检查项目是否达到了预期目标或达到目标的程度,并分析实际发生变化的原因。如果原定目标不明确,或与实际不相符、目标超前或滞后等,在项目后评价中作详细的分析和评价。

2)项目实施过程评价

项目实施过程评价是根据项目的结果和作用,对项目周期内的各个环节进行回顾和检查,对项目的实施效率作出评价。

(1)建设必要性评价(立项决策评价)

在这一阶段,首先要对确定的项目方案进行分析,分析在同样的资金投入前提下,有无其他替代方案也可以达到同样的项目效果,甚至更好的效果。其次,检查立项决策是否正确,要根据当前国内外社会经济环境,来验证项目前评估时所作的预测是否正确。例如,分析产品生产销售量、占领市场的范围、项目实施的时机、产品价格和市场竞争能力等方面的变化情况,并作出新的趋势预测,如果项目实施结果信息预测离目标较远,要提出对策建议。

(2)项目勘察设计后评价

项目勘察设计后评估的内容主要包括:承担项目勘察设计任务的单位的资格审查情况;签订设计合同情况;设计质量和效率;设计依据、标准、规范、定额、取费标准(费率)是否符合国家的有关规定;引进的工艺和设备是否采用了现行国家标准或发达国家目前的工业标准,是否满足建设单位和施工的实际需要;设计方案在技术上的可行性和经济上的合理性程度如何;可行性研究与设计工作的关系是否协调等。

(3)项目前期工作后评价

项目前期工作后评价主要是对项目筹建工作、决策工作、征地拆迁工作、安置补偿工作、勘察设计工作、招投标工作、"三通一平"工作(有的称"六通一平"或"七通一平")、资金落实和位置落实工作等各方面的管理进行的后评价。

(4)项目施工阶段后评价

项目实施阶段主要是指从项目开工到竣工验收的一段时期。按照项目施工的工作程序,后评价应包括:项目施工准备工作后评价;项目施工管理后评价;项目施工方式和项目施工管理的后评估;项目工程监理的后评估;项目竣工验收和试生产后评估;项目生产准备后评估等。评价内容应包括项目变更情况、施工管理、建设资金的供应和使用、施工技术方案、总平面布置、项目实施进度、建设工期、建设成本、项目工程质量和安全情况、项目竣工验收、配套项目和辅助设施项目的建设等各方面,与项目前评估的各类预定方案进行对比分析和再评价。重点应放在对项目目标实施过程中发生的,诸如超工期、超概算、工程质量差、效率低等原因的查找和说明上。

评价施工单位组织、机构和人员素质,总承包、总分包的施工组织方式,施工技术准备,施工组织设计的编制,施工技术组织措施的落实情况,施工技术人员的培训,施工质量和施工技术管理,施工过程监理活动等,也包括设备采购方式与效果的评估。

(5)项目运营阶段后评价

项目运营阶段是项目投资建设阶段的延续,是实现项目投资经济效益和项目投资回收的关键时期。项目运营阶段后评价主要是对生产、销售、原材料和燃料供应和消耗情况,资源综合利用情况及生产能力的利用情况等的后评价,包括项目生产经营管理的后评价、项目生产条件后评价、项目达产情况后评价、项目资源投入和产出情况的后评价。另外,对于利用外资的项目,还应适当增加对引进技术、设备的使用、消化和吸收情况的后评价。

(6)项目管理后评价

项目管理后评价是以项目竣工验收和项目效益后评价为基础,结合其他相关资料对项目整个生命周期中各阶段管理工作进行评价。其目的是通过对项目各阶段管理工作的实际情况进行分析研究,形成项目管理情况的总体概念。通过分析、比较和评价,了解目前项目管理的水平。通过汲取经验和教训,以保证更好地完成以后的项目管理工作,促使项目预期目标更好地完成。项目管理后评价包括项目的过程后评价、项目综合管理后评价及项目管理者评价,主要包含投资者的表现、借款人的表现、项目执行机构的表现和对外部因素的分析。

(7)对项目可行性研究水平进行综合后评价

项目可行性研究水平评价的内容主要是对项目可行性研究的内容和深度进行评价。其评价的内容包括:对项目实施过程的实际情况与预测情况的偏差的考核;对项目预测因素的实际变化与预测情况的偏离程度的考核;对可行性研究各种假设条件与实际情况偏差的考核;对实际投资效益指标与预测投资效益指标的偏离程度的考核;对项目实际敏感性因素和敏感性水平的考核;并从预测依据、预测方法和预测人员素质等方面对可行性研究深度进行总体评价和分析。

3)项目经济效益评价

项目的经济效益评价是项目后评价的重要组成部分,包括财务评价和国民经济评价。经济效益评价是对后评价时点以前各年度中项目实际发生的效益与费用加以核实,并对后评价时点以后的效益与费用进行重新预测。在此基础上,计算评价指标,对项目的实施效果加以评价,并从中找出项目中存在的问题及产生问题的根源。

4)项目的影响评价

项目影响评价是评价项目的建设对其周围地区在经济、环境和社会3个方面所产生的作用和影响。影响评价站在国家的宏观立场,重点分析项目与整个社会发展的关系,包括经济影响评价、环境影响评价和社会影响评价。

(1)经济影响评价

项目的经济影响评价主要分析和评价项目对所在地区(区域)及国家的经济发展的作用和影响,包括项目对分配效果、技术进步、产业结构的影响等。分配效果主要指项目效益在各个利益主体(中央、地方、公众和外商)之间的分配比例是否合理及项目对不同地区的收入分配的影响。技术进步影响评价主要是衡量项目所选用技术的先进和适用程度,项目对技术开发、技术创新、技术改造、技术引用的作用,项目对高新技术产业化、商品化和国际化的作用及项目对国家部门和地方技术进步的推动作用。对产业结构的影响评价是分析项目对国家、地方的生产力布局、结构调整和产业结构合理化的影响。

（2）环境影响评价

项目的环境影响评价是指对照项目前评价时批准的《环境影响报告书》,重新审查项目环境影响的实际结果,审查项目环境的决策、规定、规范、参数的可靠性和实际效果。环境影响评价包括项目的污染控制、对地区环境质量的影响、自然资源的保护与利用、对区域的生态平衡的影响和环境管理能力等。

（3）社会影响评价

从社会发展观点来看,项目的社会影响评价是分析项目对国家或地方发展目标的贡献和影响,包括项目本身和周围地区社会的影响,主要内容有就业效果、居民的生活条件和生活质量、受益者范围及其反应、地方社区的发展等。

5）项目可持续性评价

项目的可持续性评价是在项目建成投入运行之后,对项目的既定目标是否能按期实现,项目是否可以持续保持长期较好的效益,接受投资的项目业主是否愿意并可以依靠自己的能力继续实现既定目标,项目是否具有可重复性等方面做出评价。项目可持续评价应考虑政治政策、管理组织、经济财务、技术、社会文化和环境生态因素对项目未来发展趋势的影响,对项目进行科学的预测和分析。

6）项目综合评价

项目综合评价包括项目的成败分析和项目管理各个环节的责任分析。综合评价一般采用成功度评价方法。该评价方法是依靠评价专家或专家组的经验,综合后评价项目各指标的评价结果,对项目的成功程度做出定性的结论,也就是通常所说的打分的方法。成功度评价是以用逻辑框架法分析的项目目标实现程度和经济效益分析的评价结论为基础,以项目的目标和效益为核心所进行的全面、系统的评价。

▶ **11.2.2 项目后评价的方法**

项目后评价工作包含的内容十分广泛,分析方法从总体上说是定量和定性相结合。其中,主要的分析方法有对比分析法、逻辑框架法、成功度法和综合评价法。

（1）对比分析法

项目后评价方法的一条基本原则是对比法原则,包括前后对比、有无对比等比较法。"前后对比"是将项目可行性研究和评估时所预测的效益和项目竣工投产运行后的实际结果相比较,找出差异和原因。这种对比用于揭示项目的计划、决策和实施的质量,是项目过程评价应遵循的原则。

"有无对比"是将项目投产后实际发生的情况与没有运行投资项目可能发生的情况进行对比,以度量项目的真实效益、影响和作用。对比的重点主要是分清项目自身的作用和项目以外的作用。这种对比用于项目的效益评价和影响评价,是项目后评价的一个重要方法论原则。这里所说的"有"与"无"指的是评价的对象,即计划、规划或项目。有无对比的关键是要求投入的代价与产出的效果口径一致,即所度量的效果要真正归因于有此项目。有无对比法需要大量可靠的数据,最好有系统的项目监测资料,也可引用当地有效的统计资料。在进行对比时,先要确定评价内容和主要指标,选择可比的对象,用科学的方法收集资料,通过建立对比表来进行分析。

(2)逻辑框架法

逻辑框架法(Logical Framework Approach,LFA)是美国国际开发署在1970年开发并使用的一种设计、计划和评价的工具。目前,大部分的国际组织把该方法作为援助项目的计划、管理和后评价的主要方法。LFA不是一种机械的方法或程序,而是一种综合、系统地研究问题的思维框架模式,这种方法有助于对关键因素和问题作出合乎逻辑的分析。

LFA是一种概念化论述项目的方法,即用一张简单的框图来清晰地分析一个复杂项目的内涵和关系,使之更易理解。LFA是将几个内容相关、必须同步考虑的动态因素组合起来,通过分析其间的逻辑关系,从设计、策划到目的、目标等方面来评价一项活动或项目。

LFA为项目计划者和评价者提供一种分析框架,用以确定工作的范围和任务,并通过对项目目标和达到目标所需的手段进行逻辑关系的分析。

LFA的核心概念是事物的因果逻辑关系,即"如果"提供了某种条件,"那么"就会产生某种结果,这些条件包括事物内在的因素和事物所需要的外部因素。

LFA的基本模式可用一张4×4的矩阵图来表示,见表11.1。

表11.1 逻辑框架法的模式

层次描述	客观验证指标	验证方法	重要外部条件
目标/影响	目标指标	监测和监督手段及方法	实现目标的主要条件
目的/作用	目的指标	监测和监督手段及方法	实现目的的主要条件
产出/结果	产出物定量指标	监测和监督手段及方法	实现产出的主要条件
投入/措施	投入物定量指标	监测和监督手段及方法	实现投入的主要条件

2005年5月,国务院国资委对中央企业固定资产投资项目后评价工作制定了工作指南,其中对逻辑框架法通过投入、产出、直接目的、宏观影响4个层面对项目进行分析和总结来加以描述,其评价模式见表11.2。

表11.2 国资委项目后评价逻辑框架表

项目描述	可客观验证的指标			原因分析		项目可持续能力
	原定指标	实现指标	差别或变化	内部原因	外部条件	
项目宏观目标						
项目直接目的						
产出/建设内容						
投入/活动						

（3）成功度法

成功度评价法,也就是所谓的打分方法,是以逻辑框架法分析的项目目标实现程度和经济效益分析的评价结论为基础,以项目的目标和效益为核心所进行的全面系统评价。首先要确定成功度的等级及标准,再选择与项目相关的评价指标并确定其对应的重要性权重,通过指标重要性分析和单项成功度结论的综合,即可得到整个项目的成功度指标。成功度法是依靠评价专家或专家组的经验,根据项目各方面的执行情况并通过系统准则或目标判断表来评价项目总体的成功程度。成功度评价是以逻辑框架法分析的项目目标的实现程度和经济效益分析的评价结论为基础,以项目的目标和效益为核心所进行的全面系统的评价。进行成功度分析时,首先确立项目绩效衡量指标,然后根据以下的评价体系对每个绩效衡量指标进行专家打分。

①成功（AA）:完全实现或超出目标。相对成本而言,总体效益非常大。

②基本成功（A）:目标大部分实现。相对成本而言,总体效益较大。

③部分成功（B）:部分目标实现。相对成本而言,取得了一定效益。

④不成功（C）:实现的目标很少。相对成本而言,取得的效益很少或不重要。

⑤失败（D）:未实现目标。相对成本而言,没有取得效益或亏损,项目放弃。

项目成功度表可设置评价项目的主要指标。在评定具体项目的成功度时,并不一定要测定所有的指标。评价人员首先根据具体项目的类型和特点,确定表中指标与项目相关的程度,按重要性分为重要、次重要和不重要3类（表11.3）。相关重要性不重要的指标就不用测定,对每项指标的成功率进行评价后,综合单项指标的成功度结论和指标重要性,可得到整个项目的成功度评价结论。

表 11.3　项目成功度评价表

评定项目指标	项目相关重要性	评定等级
宏观目标和产业政策		
决策及其程序		
布局与规模		
项目目标及市场		
设计与技术装备水平		
资源和建设条件		
资金来源和融资		
项目进度及其控制		
项目质量及其控制		
项目投资及其控制		
项目经营		
机构和管理		
项目财务效益		

续表

评定项目指标	项目相关重要性	评定等级
项目经济效益和影响		
社会和环境影响		
项目可持续性		
项目总评		

（4）综合评价法

建设项目的综合后评价，就是在建设项目的各分项分部工程、项目施工的各阶段以及从项目组织各层次评价的基础上，寻求项目的整体优化。由于建设项目的复杂性，技术、经济、环境和社会的影响因素众多，各种评判指标也只能反映投资项目的某些侧面或局部功能。因此，采用综合评价法对项目进行综合后评价，更能从整体上把握投资项目的建设质量和投资者的决策水平。

综合评价法的一般步骤如下：

①确定目标。

②确定评价范围。

③确定评价指标和标准。

④确定指标的权重。

⑤确定综合评价的判据。

综合评价法一般采用定性分析或定性分析与定量分析相结合的方法，常用的方法有德尔菲法、层次分析法（AHP）、模糊综合评判法等。

11.3　工程项目运营后评价

▶　11.3.1　项目运营后评价的目的与意义

项目运营后评价的目的是通过项目投产后有关实际数据资料或重新预测的数据，衡量项目的实际经营情况和实际投资效益，分析和衡量项目实际经营情况和投资效益与预测情况或其他同类项目的经营状况和投资效益的偏离程度及其原因，系统地总结项目投资的经验教训，并为进一步提高投资效益提出切实可行的建议。项目运营后评价的意义和作用主要表现在以下几个方面。

（1）全面衡量项目实际投资效益

实践是检验项目决策正确与否和项目实施实际成绩的标准。项目可行性研究、项目前评价中所计算的投资效益都是预测效益，项目投资的实际效益只有在投产后才能充分体现出来。因此，只有通过对投产后项目实际运营状况进行考核，凭借真实数据资料，才能实事求是地反映项目的实际投资效益，进而为分析项目实际投资效益与预测效益的偏离程度及其产生的原因打下基础。

（2）系统地总结项目投资的经验教训，指导未来项目的投资活动

项目建设周期较长，项目准备、决策及实施的过程中要受到主客观因素的影响，受历史与现实条件的制约，因此，项目投资后的实际投资效益难免会与预计投资效益产生偏差。产生这种偏差的具体原因可能很多，如决策失误、设计考虑不全、工程质量较差、建设工期延长、市场环境巨变、经营管理不善、自然灾难、政治运动等。只有通过项目投产后实际投资效果的考核，才能系统分析和总结项目投资的经验教训，为有关部门制订未来投资计划、投资政策或有关项目投资管理规定服务。

（3）通过采取一些补救措施，提高项目运营的实际经济效益

项目运营阶段实际经济效益不佳，可能是由建设项目遗留下来的问题造成的，也可能是由于企业经营管理不善所致。只有通过项目运营后评价，通过对项目实际运营状况的分析和研究，找出项目投资效益未能充分发挥的原因，对症下药，采取一些补救措施，如改进企业生产管理、增加产品种类、调整产品结构、改变销售策略、选择适当时机停产转产等，充分挖掘企业的潜力，提高企业的实际经济效益。

11.3.2 项目运营后评价的内容与方法

项目运营阶段包括从项目投产到项目生命期末的全过程。由于项目后评价的时机一般选择在项目达到设计生产能力 $1 \sim 2$ 年内，离项目生命期末尚有一段较长的距离，项目的实际投资效益也不能充分体现出来。所以，项目运营后评价除了对项目实际运营状况进行分析和评价外，还需要根据投产后的实际数据资料来推测未来的发展状况，需要对项目未来发展趋势进行科学的预测。

项目运营后评价的内容很多，既包括对企业经营管理状况的评价，也包括对实际已取得的投资效益的评价和未来投资效益的预测。

（1）企业经营管理状况的评价

①企业投产以来经营管理机构的设置与调整情况。诸如设置机构是否健全，是否科学合理，机构调整的依据是什么，调整前后运行效率的比较。现实经营管理机构的设置是否符合企业经营管理体制改革的要求，是否适应企业生存发展的需要等。

②企业管理领导班子情况。项目投产后企业领导班子的调整情况，调整前后领导班子工作效率的比较，现行领导班子的组成情况、干部素质，领导班子中的合作性及其工作实际成绩。企业的基层干部和职工对领导班子的反映如何。

③企业管理人员配备情况。诸如管理人员在职工中所占的比重，管理人员的选拔，管理人员的知识结构和人员素质。管理人员是否适应企业现在和未来发展的需要。

④企业经营的主要策略是什么，实施的效果如何，包括市场开拓策略、质量策略、创新策略等。

⑤现行管理规章制度情况。各规章制度是否完善，规章制度是否符合国家有关政策和企业发展的需要，哪些规章制度尚急需完善，对企业经济效益将会产生何种程度的影响等。

⑥企业承包责任制情况。企业从上级领导到基层管理人员、职工等各层次之间是否建立起完善的责、权、利相结合的承包责任制，责任制推行的实际效果如何，职工的生产积极性是

否充分调动起来,原因是什么。

⑦从企业经营管理中可以吸取哪些经验教训,并提出改善企业经营管理、进一步发挥项目投资效益的切实可行的建议。

(2)项目产品方案的评价

①项目投产后到项目后评价时为止的产品和品种的变化情况。产品方案调整次数,每次调整的依据是什么。

②产品方案调整对发挥项目投资效益有何影响,产品方案调整的成本有多大。

③现行的产品方案能否适应消费对象的消费需求,现行产品方案与前评价或可行性研究时设计的产品方案相比,有多大程度的变化,产品方案的变化在多大程度上影响到项目投资效益。

④产品销售方式的选择。产品广告的形式,广告的成本与效果情况,为用户服务的内容有何变化,对产品销售有何影响。

(3)项目达产年限的评价

项目达产年限是指投产的建设项目从投产之日起到其生产产量达到设计生产能力时所经历的全部时间,一般以年来表示。项目达产年限短,就可以为社会增加更多的有使用价值的产品,为企业和国家创造更多的财富。相反,如果项目达产年限长,企业势必减少盈利额,拖长投资回收期,降低项目的投资效益。项目达产年限有设计(计划)达产年限和实际达产年限之分。设计达产年限是指在设计文件或可行性研究报告中所规定的项目达产年限;实际达产年限是指从项目投产到实际产量达到设计生产能力时所经历的时间。由于受各种因素的影响难免出现不一致的情况,实际达产年限有可能比设计达产年限短,也可能比设计达产年限长。从我国项目投资的实际情况看,项目的实际达产年限一般都比设计达产年限长,而且不少项目投产后长时期达不到设计生产能力。所以在项目后评价时,有必要对项目达产年限进行单独评价。

(4)项目产品生产成本的评价

产品生产成本是反映产品生产过程中物资资料和劳动力消耗的一个主要指标,是企业在一定时期内,为研制、生产和销售一定数量的产品所支出的全部费用。这些费用主要包括原材料消耗费用、机械设备磨损费用、职工工资、经营管理费用,以及燃料、动力等消耗费用等。项目产品生产成本的高低对项目投资效益的发挥会产生显著作用。生产成本高,则项目销售利润减少,项目投资效益降低;生产成本低,则项目销售利润增多,项目投资效益提高。项目后评价时,进行项目产品生产成本评价的目的在于考核项目的实际生产成本,衡量项目实际生产成本与预测生产成本的偏离程度,分析产生这种偏离的原因,为以后项目投资进行成本预测提供经验,同时为提高项目实际投资效益提出切实可行的建议。

(5)项目产品销售利润的评价

销售利润是综合反映项目投资效益的指标。项目产品销售利润评价的目的在于考核项目的实际生产销售利润和投产后各年产品销售利润额的变化情况,比较和分析实际产品销售利润与项目前评价或可行性研究中的预测销售利润的偏离程度及其原因分析,提出进一步提高项目产品销售利润,从而提高项目投资效益的有效措施。

（6）项目经济后评价

项目经济后评价是项目后评价的核心内容之一。项目经济后评价的目的是衡量项目投资的实际经济效果,比较和分析项目实际投资效益与预测投资效益偏离程度及其原因。另一方面,通过信息反馈,为今后提高项目决策科学化水平服务。项目经济后评价分为项目财务后评价和国民经济后评价。项目前评价与后评价指标对比分析的表格形式见表11.4。

表11.4　项目前评价与后评价指标对比分析表

项　目	前评价指标	后评价指标	前后差额	原因分析
项目总投资				
建设期				
投资利润率				
资本金利润率				
内部收益率				
净现值				
投资回收期				
贷款偿还期				
资产负债率				
流动比率				
速动比率				

（7）对项目可行性研究水平进行综合评价

尽管在项目前期工作后评价和实施后评价中,都已从某种角度对项目可行性研究水平作出过评价,但只有在项目运营后评价时,才有可能对项目可行性研究水平进行综合性评价。因为项目运营阶段是项目实际投资效益发挥的时期,通过项目运营后评价,尤其是通过项目经济评价,才能具体计算出项目的实际投资效益指标,这样才便于与可行性研究中有关预测指标进行比较。项目可行性研究水平评价的内容主要是对项目可行性研究的内容和深度进行评价。

可行性研究水平主要体现在可行性研究的预测水平、评价水平和敏感分析3个方面。评价可行性研究水平的原则是预测水平、评价水平和敏感分析三者都合格,则可行性研究水平合格。只要有一方面不合格,则可行性研究水平不合格。

本章小结

1.项目后评价是指对已完成的项目的目的、过程、效益、作用和影响所进行的系统的、客观的分析。

2.通过对项目活动实践的检查总结,确定项目预期的目标是否达到,项目或规划是否合理,项目的主要效益指标是否实现;通过项目后评价分析找出项目失败的原因,总结经验教训并通过及时有效的信息反馈,为未来新项目的决策和提高投资决策管理水平提出建议,同时也对被评项目实施运营中出现的问题提出改进意见,从而达到提高投资效益的目的。

3.项目后评价的主要内容包括经济效益评价、影响评价、持续性评价和过程评价。主要方法包括对比分析法、逻辑框架法、成功度法和综合评价法等。

练习题

1.项目后评价的特点是什么? 与前评价的区别有哪些?

2.项目后评价的作用是什么?

3.项目后评价的基本程序包括哪几个步骤?

4.项目后评价的基本内容有哪些?

5.项目后评价有哪些方法?

6.营运后评价的目的和意义是什么?

7.营运后评价的主要内容和方法是什么?

附　录

1%的复利系数

年份	一次支付		等额多次支付			
	终值系数	现值系数	年金终值系数	偿债基金系数	年金现值系数	资本回收系数
n	$(F/P,i,n)$	$(P/F,i,n)$	$(F/A,i,n)$	$(A/F,i,n)$	$(P/A,i,n)$	$(A/P,i,n)$
1	1.010 0	0.990 1	1.000 0	1.000 0	0.990 1	1.010 0
2	1.020 1	0.980 3	2.010 0	0.497 5	1.970 4	0.507 5
3	1.030 3	0.970 6	3.030 1	0.330 0	2.941 0	0.340 0
4	1.040 6	0.961 0	4.060 4	0.246 3	3.902 0	0.256 3
5	1.051 0	0.951 5	5.101 0	0.196 0	4.853 4	0.206 0
6	1.061 5	0.942 0	6.152 0	0.162 5	5.795 5	0.172 5
7	1.072 1	0.932 7	7.213 5	0.138 6	6.728 2	0.148 6
8	1.082 9	0.923 5	8.285 7	0.120 7	7.651 7	0.130 7
9	1.093 7	0.914 3	9.368 5	0.106 7	8.566 0	0.116 7
10	1.104 6	0.905 3	10.462 2	0.095 6	9.471 3	0.105 6
11	1.115 7	0.896 3	11.566 8	0.086 5	10.367 6	0.096 5
12	1.126 8	0.887 4	12.682 5	0.078 8	11.255 1	0.088 8
13	1.138 1	0.878 7	13.809 3	0.072 4	12.133 7	0.082 4
14	1.149 5	0.870 0	14.947 4	0.066 9	13.003 7	0.076 9
15	1.161 0	0.861 3	16.096 9	0.062 1	13.865 1	0.072 1
16	1.172 6	0.852 8	17.257 9	0.057 9	14.717 9	0.067 9
17	1.184 3	0.844 4	18.430 4	0.054 3	15.562 3	0.064 3
18	1.196 1	0.836 0	19.614 7	0.041 0	16.398 3	0.061 0
19	1.208 1	0.827 7	20.810 9	0.048 1	17.226 0	0.058 1
20	1.220 2	0.819 5	22.019 0	0.045 4	18.045 6	0.055 4
21	1.232 4	0.811 4	23.239 2	0.043 0	18.857 0	0.053 0
22	1.244 7	0.803 4	24.471 6	0.040 9	19.660 4	0.050 9
23	1.257 2	0.795 4	25.716 3	0.038 9	20.455 8	0.048 9
24	1.269 7	0.787 6	26.973 5	0.037 1	21.243 4	0.047 1
25	1.282 4	0.779 8	28.243 2	0.035 4	22.023 2	0.045 4
26	1.295 3	0.772 0	29.525 6	0.033 9	22.795 2	0.043 9
27	1.308 2	0.764 4	30.820 9	0.032 4	23.559 6	0.042 4
28	1.321 3	0.756 8	32.129 1	0.031 1	24.316 4	0.041 1
29	1.334 5	0.749 3	33.450 4	0.029 9	25.065 8	0.039 9
30	1.347 8	0.741 9	34.784 9	0.028 7	25.807 7	0.038 7
31	1.361 3	0.734 6	36.132 7	0.027 7	26.542 3	0.037 7
32	1.374 9	0.727 3	37.494 1	0.026 7	27.269 6	0.036 7
33	1.388 7	0.720 1	38.869 0	0.025 7	27.989 7	0.035 7
34	1.402 6	0.713 0	40.257 7	0.024 8	28.702 7	0.034 8
35	1.416 6	0.705 9	41.660 3	0.024 0	29.408 6	1.034 0
40	1.488 9	0.671 7	48.886 4	0.020 5	32.834 7	0.030 5
50	1.644 6	0.608 0	64.463 2	0.015 5	39.196 1	0.025 5

2%的复利系数

年份	一次支付		等额多次支付			
	终值系数	现值系数	年金终值系数	偿债基金系数	年金现值系数	资本回收系数
n	$(F/P,i,n)$	$(P/F,i,n)$	$(F/A,i,n)$	$(A/F,i,n)$	$(P/A,i,n)$	$(A/P,i,n)$
1	1.020 0	0.980 4	1.000 0	1.000 0	0.980 4	1.020 0
2	1.040 4	0.961 2	2.020 0	0.495 0	1.941 6	0.515 0
3	1.061 2	0.942 3	3.060 4	0.326 8	2.883 9	0.346 8
4	1.082 4	0.923 8	4.121 6	0.242 6	3.807 7	0.262 6
5	1.104 1	0.905 7	5.204 0	0.192 2	4.713 5	0.212 2
6	1.126 2	0.888 0	6.308 1	0.158 5	5.601 4	0.178 5
7	1.148 7	0.870 6	7.434 3	0.134 5	6.472 0	0.154 5
8	1.171 7	0.853 5	8.583 0	0.116 5	7.325 5	0.136 5
9	1.195 1	0.936 8	9.754 6	0.102 5	8.162 2	0.122 5
10	1.219 0	0.820 3	10.949 7	0.091 3	8.982 6	0.111 3
11	1.243 4	0.804 3	12.168 7	0.082 2	9.786 8	0.102 2
12	1.268 2	0.788 5	13.412 1	0.074 6	10.575 3	0.094 6
13	1.293 6	0.773 0	14.680 3	0.068 1	11.348 4	0.088 1
14	1.319 5	0.757 9	15.973 9	0.062 6	12.106 2	0.082 6
15	1.345 9	0.743 0	17.293 4	0.057 8	12.849 3	0.077 8
16	1.372 8	0.728 4	18.639 3	0.053 7	13.577 7	0.073 7
17	1.400 2	0.714 2	20.012 1	0.050 0	14.291 9	0.070 0
18	1.428 2	0.700 2	21.412 3	0.046 7	14.992 0	0.066 7
19	1.456 8	0.686 4	22.840 6	0.043 8	15.678 5	0.063 8
20	1.485 9	0.673 0	24.297 4	0.041 2	16.351 4	0.061 2
21	1.515 7	0.659 8	25.783 3	0.038 8	17.011 2	0.058 8
22	1.546 0	0.646 8	27.299 0	0.036 6	17.658 0	0.056 6
23	1.576 9	0.634 2	28.845 0	0.034 7	18.292 2	0.054 7
24	1.608 4	0.621 7	30.421 9	0.032 9	18.913 9	0.052 9
25	1.640 6	0.609 5	32.030 3	0.031 2	19.523 5	0.051 2
26	1.673 4	0.597 6	33.670 9	0.029 7	20.121 0	0.049 7
27	1.706 9	0.585 9	35.344 3	0.028 3	20.706 9	0.048 3
28	1.741 0	0.574 4	37.051 2	0.027 0	21.281 3	0.047 0
29	1.775 8	0.563 1	38.792 2	0.025 8	21.844 4	0.045 8
30	1.811 4	0.552 1	40.568 1	0.024 6	22.396 5	0.044 6
31	1.847 6	0.541 2	42.379 4	0.023 6	22.937 7	0.043 6
32	1.884 5	0.530 6	44.227 0	0.022 6	23.468 3	0.042 6
33	1.922 2	0.520 2	46.111 6	0.021 7	23.988 6	0.041 7
34	1.960 7	0.510 0	48.033 8	0.020 8	24.498 6	0.040 8
35	1.999 9	0.500 0	49.994 5	0.020 0	24.998 6	0.040 0
40	2.208 0	0.452 9	60.402 0	0.016 6	27.355 5	0.036 6
50	2.691 6	0.371 5	84.579 4	0.011 8	31.423 6	0.031 8

3%的复利系数

年份	一次支付		等额多次支付			
	终值系数	现值系数	年金终值系数	偿债基金系数	年金现值系数	资本回收系数
n	$(F/P,i,n)$	$(P/F,i,n)$	$(F/A,i,n)$	$(A/F,i,n)$	$(P/A,i,n)$	$(A/P,i,n)$
1	1.030 0	0.970 9	1.000 0	1.000 0	0.970 9	1.030 0
2	1.060 9	0.942 6	2.030 0	0.492 6	1.913 5	0.522 6
3	1.092 7	0.915 1	3.090 9	0.323 5	2.828 6	0.353 5
4	1.125 5	0.888 5	4.183 6	0.239 0	3.717 1	0.269 0
5	1.159 3	0.862 6	5.309 1	0.188 4	4.579 7	0.218 4
6	1.194 1	0.837 5	6.468 4	0.154 6	5.417 2	0.184 6
7	1.229 9	0.813 1	7.662 5	0.130 5	6.230 3	0.160 5
8	1.266 8	0.789 4	8.892 3	0.112 5	7.019 7	0.142 5
9	1.304 8	0.766 4	10.159 1	0.098 4	7.786 1	0.128 4
10	1.343 9	0.744 1	11.463 9	0.087 2	8.530 2	0.117 2
11	1.384 2	0.722 4	12.807 8	0.078 1	9.252 6	0.108 1
12	1.425 8	0.701 4	14.192 0	0.070 5	9.954 0	0.100 5
13	1.468 5	0.681 0	15.617 8	0.064 0	10.635 0	0.094 0
14	1.512 6	0.661 1	17.086 3	0.058 5	11.296 1	0.088 5
15	1.558 0	0.641 9	18.598 9	0.053 8	11.937 9	0.083 8
16	1.604 7	0.623 2	20.156 9	0.049 6	12.561 1	0.079 6
17	1.652 8	0.605 0	21.761 6	0.046 0	13.166 1	0.076 0
18	1.702 4	0.587 4	23.414 4	0.042 7	13.753 5	0.072 7
19	1.753 5	0.570 3	25.116 9	0.039 8	14.323 8	0.069 8
20	1.806 1	0.553 7	26.870 4	0.037 2	14.877 5	0.067 2
21	1.860 3	0.537 5	28.676 5	0.034 9	15.415 0	0.064 9
22	1.916 1	0.521 9	30.536 8	0.032 7	15.936 9	0.062 7
23	1.973 6	0.506 7	32.452 9	0.030 8	16.443 6	0.060 8
24	2.032 8	0.491 9	34.426 5	0.029 0	16.935 5	0.059 0
25	2.093 8	0.477 6	36.459 3	0.027 4	17.413 1	0.057 4
26	2.156 6	0.463 7	38.553 0	0.025 9	17.876 8	0.055 9
27	2.221 3	0.450 23	40.709 6	0.024 6	18.327 0	0.054 6
28	2.287 9	0.437 1	42.930 9	0.023 3	18.764 1	0.053 3
29	2.356 6	0.424 3	45.218 9	0.022 1	19.188 5	0.052 1
30	2.427 3	0.412 0	47.575 4	0.021 0	19.600 4	0.051 0
31	2.500 1	0.400 0	50.002 7	0.020 0	20.000 4	0.050 0
32	2.575 1	0.388 3	52.502 8	0.019 0	20.388 8	0.049 0
33	2.652 3	0.377 0	55.077 8	0.018 2	20.765 8	0.048 2
34	2.731 9	0.366 0	57.730 2	0.017 3	21.131 8	0.047 3
35	2.813 9	0.355 4	60.462 1	0.016 5	21.487 2	0.046 5
40	3.262 0	0.306 6	75.401 3	0.013 3	23.114 8	0.043 3
50	4.383 9	0.228 1	112.796 9	0.008 9	25.729 8	0.038 9

4%的复利系数

年份	一次支付		等额多次支付			
	终值系数	现值系数	年金终值系数	偿债基金系数	年金现值系数	资本回收系数
n	$(F/P,i,n)$	$(P/F,i,n)$	$(F/A,i,n)$	$(A/F,i,n)$	$(P/A,i,n)$	$(A/P,i,n)$
1	1.040 0	0.961 5	1.000 0	1.000 0	0.961 5	1.040 0
2	1.081 6	0.924 6	2.040 0	0.490 2	1.886 1	0.530 2
3	1.124 9	0.889 0	3.121 6	0.320 2	2.775 1	0.360 3
4	1.169 9	0.854 8	4.246 5	0.235 5	3.629 9	0.275 5
5	1.216 7	0.821 9	5.416 3	0.184 6	4.451 8	0.224 6
6	1.265 3	0.790 3	6.633 0	0.150 8	5.242 1	0.190 8
7	1.315 9	0.759 9	7.898 3	0.126 6	6.002 1	0.166 6
8	1.368 6	0.730 7	9.214 2	0.108 5	6.732 7	0.148 5
9	1.423 3	0.702 6	10.582 8	0.094 5	7.435 3	0.134 5
10	1.480 2	0.675 6	12.006 1	0.083 3	8.110 9	0.123 3
11	1.539 5	0.649 6	13.486 3	0.074 1	8.760 5	0.114 1
12	1.601 0	0.624 6	15.025 8	0.066 6	9.385 1	0.106 6
13	1.665 1	0.600 6	16.626 8	0.060 1	9.985 6	0.100 1
14	1.731 7	0.577 5	18.291 9	0.054 7	10.563 1	0.094 7
15	1.800 9	0.555 3	20.023 6	0.049 9	11.118 4	0.089 9
16	1.873 0	0.533 9	21.824 5	0.045 8	11.652 3	0.085 8
17	1.947 9	0.513 4	23.697 5	0.042 2	12.165 7	0.082 2
18	2.025 8	0.493 6	25.645 4	0.039 0	12.659 3	0.079 0
19	2.106 8	0.474 6	27.671 2	0.036 1	13.133 9	0.076 1
20	2.191 1	0.456 4	29.778 1	0.033 6	13.590 3	0.073 6
21	2.278 8	0.438 8	31.969 2	0.031 3	14.029 2	0.071 3
22	2.369 9	0.422 0	34.248 0	0.029 2	14.451 1	0.069 2
23	2.464 7	0.405 7	36.617 9	0.027 3	14.856 8	0.067 3
24	2.563 3	0.390 1	39.082 6	0.025 6	15.247 0	0.065 6
25	2.665 8	0.375 1	41.645 9	0.024 0	15.622 1	0.064 0
26	2.772 5	0.360 7	44.311 7	0.022 6	15.982 8	0.062 6
27	2.883 4	0.346 8	47.084 2	0.021 2	16.329 6	0.061 2
28	2.998 7	0.333 5	49.967 6	0.020 0	16.663 1	0.060 0
29	3.118 7	0.320 7	52.966 3	0.018 9	16.983 7	0.058 9
30	3.243 4	0.308 3	56.084 9	0.017 8	17.292 0	0.057 8
31	3.373 1	0.296 5	59.328 3	0.016 9	17.588 5	0.056 9
32	3.508 1	0.285 1	62.701 5	0.015 9	17.873 6	0.055 9
33	3.648 4	0.274 1	66.209 5	0.015 1	18.147 6	0.055 1
34	3.794 3	0.263 6	69.857 9	0.014 3	18.411 2	0.054 3
35	3.946 1	0.253 4	73.652 2	0.013 6	18.664 6	0.053 6
40	4.801 0	0.208 3	95.025 5	0.010 5	19.792 8	0.050 5
50	7.106 7	0.140 7	152.667 1	0.006 6	21.482 2	0.046 6

5%的复利系数

年份	一次支付		等额多次支付			
	终值系数	现值系数	年金终值系数	偿债基金系数	年金现值系数	资本回收系数
n	$(F/P,i,n)$	$(P/F,i,n)$	$(F/A,i,n)$	$(A/F,i,n)$	$(P/A,i,n)$	$(A/P,i,n)$
1	1.050 0	0.952 4	1.000 0	1.000 0	0.952 4	1.050 0
2	1.102 5	0.907 0	2.050 0	0.487 8	1.859 4	0.537 8
3	1.157 6	0.863 6	3.152 5	0.317 2	2.723 2	0.367 2
4	1.215 5	0.822 7	4.310 3	0.232 0	3.546 0	0.282 0
5	1.276 3	0.783 5	5.525 6	0.181 0	4.329 5	0.231 0
6	1.340 1	0.746 2	6.801 9	0.147 0	5.075 7	0.197 0
7	1.407 1	0.710 7	8.142 0	0.122 8	5.786 4	0.172 8
8	1.477 5	0.676 8	9.549 1	0.104 7	6.463 2	0.154 7
9	1.551 3	0.644 6	11.026 6	0.090 7	7.107 8	0.140 7
10	1.628 9	0.613 9	12.577 9	0.079 5	7.721 7	0.129 5
11	1.710 3	0.584 7	14.206 8	0.070 4	8.306 4	0.120 4
12	1.795 9	0.556 8	15.917 1	0.062 8	8.863 3	0.112 8
13	1.885 6	0.530 3	17.713 0	0.056 5	9.393 6	0.106 5
14	1.979 9	0.505 1	19.598 6	0.051 0	9.898 6	0.101 0
15	2.078 9	0.481 0	21.578 6	0.046 3	10.379 7	0.096 3
16	2.182 9	0.458 1	23.657 5	0.042 3	10.837 8	0.092 3
17	2.292 0	0.436 3	25.840 4	0.038 7	11.274 1	0.088 7
18	2.406 6	0.415 5	28.132 4	0.035 5	11.689 6	0.085 5
19	2.526 9	0.395 7	30.539 0	0.032 7	12.085 3	0.082 7
20	2.653 3	0.376 9	33.065 9	0.030 2	12.462 2	0.080 2
21	2.786 0	0.358 9	35.719 2	0.028 0	12.821 2	0.078 0
22	2.925 3	0.341 8	38.505 2	0.026 0	13.163 0	0.076 0
23	3.071 5	0.325 6	41.430 5	0.024 1	13.488 6	0.074 1
24	3.225 1	0.310 1	44.502 0	0.022 5	13.798 6	0.072 5
25	3.386 4	0.295 3	47.727 1	0.021 0	14.093 9	0.071 0
26	3.555 7	0.281 2	51.113 4	0.019 6	14.375 2	0.069 6
27	3.733 5	0.267 8	54.669 1	0.018 3	14.643 0	0.068 3
28	3.920 1	0.255 1	58.402 6	0.017 1	14.898 1	0.067 1
29	4.116 1	0.242 9	62.322 7	0.016 0	15.141 1	0.066 0
30	4.321 9	0.231 4	66.438 8	0.015 1	15.372 5	0.065 1
31	4.538 0	0.220 4	70.760 8	0.014 1	15.592 8	0.064 1
32	4.764 9	0.209 9	75.298 8	0.013 3	15.802 7	0.063 3
33	5.003 2	0.199 9	80.063 8	0.012 5	16.002 5	0.062 5
34	5.253 3	0.190 4	85.067 0	0.011 8	16.192 9	0.061 8
35	5.516 0	0.181 3	90.320 3	0.011 1	16.374 2	0.061 1
40	7.040 0	0.142 0	120.799 8	0.008 3	17.159 1	0.058 3
50	11.467 4	0.087 2	209.348 0	0.004 8	18.255 9	0.054 8

6%的复利系数

年份	一次支付		等额多次支付			
	终值系数	现值系数	年金终值系数	偿债基金系数	年金现值系数	资本回收系数
n	$(F/P,i,n)$	$(P/F,i,n)$	$(F/A,i,n)$	$(A/F,i,n)$	$(P/A,i,n)$	$(A/P,i,n)$
1	1.060 0	0.943 4	1.000 0	1.000 0	0.943 4	1.060 0
2	1.123 6	0.890 0	2.060 0	0.485 4	1.833 4	0.545 4
3	1.191 0	0.839 6	3.183 6	0.314 1	2.673 0	0.374 1
4	1.262 5	0.792 1	4.374 6	0.228 6	3.465 1	0.288 6
5	1.338 2	0.747 3	5.637 1	0.177 4	4.212 4	0.237 4
6	1.418 5	0.705 0	6.975 3	0.143 4	4.917 3	0.203 4
7	1.503 6	0.665 1	8.393 8	0.119 1	5.582 4	0.179 1
8	1.593 8	0.627 4	9.897 5	0.101 0	6.209 8	0.161 0
9	1.689 5	0.591 9	11.491 3	0.087 0	6.801 7	0.147 0
10	1.790 8	0.558 4	13.180 8	0.075 9	7.360 1	0.135 9
11	1.898 3	0.526 8	14.971 6	0.066 8	7.886 9	0.126 8
12	2.012 2	0.487 0	16.869 9	0.059 3	8.383 8	0.119 3
13	2.132 9	0.468 8	18.882 1	0.053 0	8.852 7	0.113 0
14	2.260 9	0.442 3	21.015 1	0.047 6	9.295 0	0.107 6
15	2.396 6	0.417 3	23.276 0	0.043 0	9.712 2	0.103 0
16	2.540 4	0.393 6	25.672 5	0.039 0	10.105 9	0.099 0
17	2.692 8	0.371 4	28.212 9	0.035 4	10.477 3	0.095 4
18	2.854 3	0.350 3	30.905 6	0.032 4	10.827 6	0.092 4
19	3.025 6	0.330 5	33.760 0	0.029 6	11.158 1	0.089 6
20	3.207 1	0.311 8	36.785 6	0.027 2	11.469 9	0.087 2
21	3.399 6	0.294 2	39.992 7	0.025 0	11.764 1	0.085 0
22	3.603 5	0.277 5	43.392 3	0.023 0	12.041 6	0.083 0
23	3.819 7	0.261 8	46.995 8	0.021 3	12.303 4	0.081 3
24	4.048 9	0.247 0	50.815 5	0.019 7	12.550 4	0.079 7
25	4.291 9	0.233 0	54.864 5	0.018 2	12.783 4	0.078 2
26	4.549 4	0.219 8	59.156 3	0.016 9	13.003 2	0.076 9
27	4.822 3	0.207 4	63.705 7	0.015 7	13.210 5	0.075 7
28	5.111 7	0.195 6	68.528 1	0.014 6	13.406 2	0.074 6
29	5.418 4	0.184 6	73.639 7	0.013 6	13.590 7	0.073 6
30	5.743 5	0.174 1	79.058 1	0.012 6	13.764 8	0.072 6
31	6.088 1	0.164 3	84.801 7	0.011 8	13.929 1	0.071 8
32	60.453 4	0.155 0	90.889 6	0.011 0	14.084 0	0.071 0
33	6.840 6	0.146 2	97.343 2	0.010 3	14.230 2	0.070 3
34	7.251 0	0.137 9	104.183 8	0.009 6	14.368 1	0.069 6
35	7.686 1	0.130 1	111.434 8	0.009 0	14.498 2	0.069 0
40	10.285 7	0.097 2	154.762 0	0.006 5	15.046 3	0.066 5
50	18.420 2	0.054 3	290.335 9	0.003 4	15.761 9	0.063 4

8%的复利系数

年份	一次支付		等额多次支付			
	终值系数	现值系数	年金终值系数	偿债基金系数	年金现值系数	资本回收系数
n	$(F/P, i, n)$	$(P/F, i, n)$	$(F/A, i, n)$	$(A/F, i, n)$	$(P/A, i, n)$	$(A/P, i, n)$
1	1.080 0	0.925 9	1.000 0	1.000 0	0.925 9	1.080 0
2	1.166 4	0.857 3	2.080 0	0.480 8	1.783 3	0.560 8
3	1.259 7	0.793 8	3.246 4	0.308 0	2.577 1	0.388 0
4	1.360 5	0.735 0	4.506 1	0.221 9	3.312 1	0.301 9
5	1.469 3	0.680 6	5.866 6	0.170 5	3.992 7	0.250 5
6	1.586 9	0.630 2	7.335 9	0.136 3	4.622 9	0.216 3
7	1.713 8	0.583 5	8.922 8	0.112 1	5.206 4	0.192 1
8	1.850 9	0.540 3	10.636 6	0.094 0	5.746 6	0.174 0
9	1.999 0	0.500 2	12.487 6	0.080 1	6.246 9	0.160 1
10	2.158 9	0.463 2	14.486 6	0.069 0	6.710 1	0.149 0
11	2.331 6	0.428 9	16.645 5	0.060 1	7.013 90	0.140 1
12	2.518 2	0.397 1	18.977 1	0.052 7	7.536 1	0.132 7
13	2.719 6	0.367 7	21.495 3	0.046 5	7.903 8	0.126 5
14	2.937 2	0.340 5	24.214 9	0.041 3	8.244 2	0.121 3
15	3.172 2	0.315 2	27.152 1	0.036 8	8.559 5	0.116 8
16	3.426 9	0.291 9	30.324 3	0.033 0	8.854 1	0.113 0
17	3.700 0	0.270 3	33.750 2	0.029 6	9.121 6	0.109 6
18	3.996 0	0.250 2	37.450 2	0.026 7	9.371 9	0.106 7
19	4.315 7	0.211 7	41.446 3	0.024 1	9.603 6	0.104 1
20	4.661 0	0.214 5	45.762 0	0.021 9	9.818 1	0.101 9
21	5.033 8	0.198 7	50.422 9	0.019 8	10.016 8	0.099 8
22	5.436 5	0.183 9	55.456 7	0.018 0	10.200 7	0.098 0
23	5.871 5	0.170 3	60.893 3	0.016 4	10.371 1	0.096 4
24	6.341 2	0.157 7	66.764 7	0.015 0	10.528 8	0.095 0
25	6.848 5	0.146 0	73.105 9	0.013 7	10.674 8	0.093 7
26	7.396 4	0.135 2	79.954 4	0.012 5	10.810 0	0.092 5
27	7.988 1	0.125 2	87.350 7	0.011 4	10.935 2	0.091 4
28	8.627 1	0.115 9	95.338 8	0.010 5	11.051 1	0.090 5
29	9.317 3	0.107 3	103.965 9	0.009 6	11.158 4	0.089 6
30	10.627	0.099 4	113.283 2	0.008 8	11.257 8	0.088 8
31	10.867 7	0.092 0	123.345 9	0.008 1	11.349 8	0.088 1
32	11.737 1	0.085 2	134.213 5	0.007 5	11.435 0	0.087 5
33	12.676 0	0.078 9	145.950 6	0.006 9	11.513 9	0.086 9
34	13.690 1	0.073 0	158.626 7	0.006 3	11.586 9	0.086 3
35	14.785 3	0.067 6	172.316 8	0.005 8	11.654 6	0.085 8
40	21.724 5	0.046 0	259.056 5	0.003 9	11.924 6	0.083 9
50	46.901 6	0.021 3	573.770 2	0.001 7	12.233 5	0.081 7

10% 的复利系数

年份	一次支付		等额多次支付			
	终值系数	现值系数	年金终值系数	偿债基金系数	年金现值系数	资本回收系数
n	$(F/P,i,n)$	$(P/F,i,n)$	$(F/A,i,n)$	$(A/F,i,n)$	$(P/A,i,n)$	$(A/P,i,n)$
1	1.100 0	0.909 1	1.000	1.000 0	0.909 1	1.100 0
2	1.210 0	0.826 4	2.100 0	0.476 2	1.735 5	0.576 2
3	1.331 0	0.751 3	3.310 0	0.302 1	2.486 9	0.402 1
4	1.464 1	0.683 0	4.641 0	0.215 5	3.169 9	0.315 5
5	1.610 5	0.620 9	6.105 1	0.163 8	3.790 8	0.263 8
6	1.771 6	0.564 5	7.715 6	0.129 6	4.355 3	0.229 6
7	1.948 7	0.513 2	9.487 2	0.105 4	4.868 4	0.205 4
8	2.143 6	0.466 5	11.435 9	0.087 4	5.334 9	0.187 4
9	2.357 9	0.424 1	13.579 5	0.073 6	5.759 0	0.173 6
10	2.593 7	0.385 5	15.937 4	0.062 7	6.144 6	0.162 7
11	2.853 1	0.350 5	18.531 2	0.054 0	6.495 1	0.154 0
12	3.138 4	0.318 6	21.384 3	0.046 8	6.813 7	0.146 8
13	3.452 3	0.289 7	24.522 7	0.040 8	7.103 4	0.140 8
14	3.797 5	0.263 3	27.975 0	0.035 7	7.366 7	0.135 7
15	4.177 2	0.239 4	31.772 5	0.031 5	7.606 1	0.131 5
16	4.595 0	0.217 6	35.949 7	0.027 8	7.823 7	0.127 8
17	5.054 5	0.197 8	40.544 7	0.024 7	8.021 6	0.124 7
18	5.559 9	0.179 9	45.599 2	0.021 9	8.201 4	0.121 9
19	6.115 9	0.163 5	51.159 1	0.019 5	8.364 9	0.119 5
20	6.727 5	0.148 6	57.275 0	0.017 5	8.513 6	0.117 5
21	7.400 2	0.135 1	64.002 5	0.015 6	8.648 7	0.115 6
22	8.140 3	0.122 8	71.402 7	0.014 0	8.771 5	0.114 0
23	8.954 3	0.111 7	79.543 0	0.012 6	8.883 2	0.112 6
24	9.849 7	0.101 5	88.497 3	0.011 3	8.984 7	0.111 3
25	10.834 7	0.092 3	98.347 1	0.010 2	9.077 0	0.110 2
26	11.918 2	0.083 9	109.181 8	0.009 2	9.160 9	0.109 2
27	13.110 0	0.076 3	121.099 9	0.008 3	9.237 2	0.108 3
28	14.421 0	0.069 3	134.209 9	0.007 5	9.306 6	0.107 5
29	15.863 1	0.063 0	148.630 9	0.006 7	9.369 6	0.106 7
30	17.449 4	0.057 3	164.494 0	0.006 1	9.426 9	0.106 1
31	19.194 3	0.052 1	181.943 4	0.005 5	9.479 0	0.105 5
32	21.113 8	0.047 4	201.137 8	0.005 0	9.526 4	0.105 0
33	23.225 2	0.043 1	222.251 5	0.004 5	9.569 4	0.104 5
34	25.547 7	0.039 1	245.476 7	0.004 1	9.608 6	0.104 1
35	28.102 4	0.035 6	271.024 4	0.003 7	9.644 2	0.103 7
40	45.259 3	0.022 1	442.592 6	0.002 3	9.779 1	0.102 3
50	117.390 9	0.008 5	1 163.908 5	0.000 9	9.914 8	0.100 9

12%的复利系数

年份	一次支付		等额多次支付			
	终值系数	现值系数	年金终值系数	偿债基金系数	年金现值系数	资本回收系数
n	$(F/P,i,n)$	$(P/F,i,n)$	$(F/A,i,n)$	$(A/F,i,n)$	$(P/A,i,n)$	$(A/P,i,n)$
1	1.120 0	0.892 9	1.000 0	1.000 0	0.892 9	1.120 0
2	1.254 4	0.797 2	2.120 0	0.471 7	1.690 1	0.591 7
3	1.404 9	0.711 8	3.374 4	0.296 3	2.401 8	0.416 3
4	1.573 5	0.635 5	4.779 3	0.209 2	3.037 3	0.329 2
5	1.762 3	0.567 4	6.352 8	0.157 4	3.604 8	0.277 4
6	1.973 8	0.506 6	8.115 2	0.123 2	4.111 4	0.243 2
7	2.210 7	0.452 3	10.08 90	0.099 1	4.563 8	0.219 1
8	2.476 0	0.403 9	12.299 7	0.081 3	4.967 6	0.201 3
9	2.773 1	0.360 6	14.775 7	0.067 7	5.328 2	0.187 7
10	3.105 8	0.322 0	17.548 7	0.057 0	5.650 2	0.177 0
11	3.478 5	0.287 5	20.654 6	0.048 4	5.937 7	0.168 4
12	3.896 0	0.256 7	24.133 1	0.041 4	6.194 4	0.161 4
13	4.363 5	0.229 2	28.029 1	0.035 7	6.423 5	0.155 7
14	4.887 1	0.204 6	32.392 6	0.030 9	6.628 2	0.150 9
15	5.473 6	0.182 7	37.279 7	0.026 8	6.810 9	0.146 8
16	6.130 4	0.163 1	42.753 3	0.023 4	6.974 0	0.143 4
17	6.866 0	0.145 6	48.883 7	0.020 5	7.119 6	0.140 5
18	7.690 0	0.130 0	55.749 7	0.017 9	7.249 7	0.137 9
19	8.612 8	0.116 1	63.439 7	0.015 8	7.365 8	0.135 8
20	9.646 3	0.103 7	72.052 4	0.013 9	7.469 4	0.133 9
21	10.803 8	0.092 6	81.698 7	0.012 2	7.562 0	0.132 2
22	12.100 3	0.082 6	92.502 6	0.010 8	7.644 6	0.130 8
23	13.552 3	0.073 8	104.602 9	0.009 6	7.718 4	0.129 6
24	15.178 6	0.065 9	118.155 2	0.008 5	7.784 3	0.128 5
25	17.000 1	0.058 8	133.333 9	0.007 5	7.843 1	0.127 5
26	19.040 1	0.052 5	150.333 9	0.006 7	7.895 7	0.126 7
27	21.324 9	0.046 9	169.374 0	0.005 9	7.942 6	0.125 9
28	23.883 9	0.041 9	190.698 9	0.005 2	7.984 4	0.125 2
29	26.749 9	0.037 4	214.582 8	0.004 7	8.021 8	0.124 7
30	29.959 9	0.033 4	241.332 7	0.004 1	8.055 2	0.124 1
31	33.555 1	0.029 8	271.292 6	0.003 7	8.085 0	0.123 7
32	37.581 7	0.026 6	304.847 7	0.003 3	8.111 6	0.123 3
33	42.091 5	0.023 8	342.429 4	0.002 9	8.135 4	0.122 9
34	47.142 5	0.021 2	384.521 0	0.002 6	8.156 6	0.122 6
35	52.799 6	0.018 9	431.663 5	0.002 3	8.175 5	0.122 3
40	93.051 0	0.010 7	767.091 4	0.001 3	8.243 8	0.121 3
50	289.002 2	0.003 5	2 400.018 2	0.000 4	8.304 5	0.120 4

15%的复利系数

年份	一次支付		等额多次支付			
	终值系数	现值系数	年金终值系数	偿债基金系数	年金现值系数	资本回收系数
n	$(F/P,i,n)$	$(P/F,i,n)$	$(F/A,i,n)$	$(A/F,i,n)$	$(P/A,i,n)$	$(A/P,i,n)$
1	1.150 0	0.869 6	1.00 0	1.000 0	0.869 6	1.150 0
2	1.322 5	0.756 1	2.150 0	0.465 1	1.625 7	0.615 1
3	1.520 9	0.657 5	3.472 5	0.288 0	2.283 2	0.438 0
4	1.749 0	0.571 8	4.993 4	0.200 3	2.855 0	0.350 3
5	2.011 4	0.497 2	6.742 4	0.148 3	3.352 2	0.298 3
6	2.313 1	0.432 3	8.753 7	0.114 2	3.784 5	0.264 2
7	2.660 0	0.375 9	11.066 8	0.090 4	4.160 4	0.240 4
8	3.059 0	0.326 9	13.726 8	0.072 9	4.487 3	0.222 9
9	3.517 9	0.284 3	16.785 8	0.059 6	4.771 6	0.209 6
10	4.045 6	0.247 2	20.303 7	0.049 3	5.018 8	0.199 3
11	4.652 4	0.214 9	24.349 3	0.041 1	5.233 7	0.191 1
12	5.350 3	0.186 9	29.001 7	0.034 5	5.420 6	0.184 5
13	6.152 8	0.162 5	34.351 9	0.029 1	5.583 1	0.179 1
14	7.075 7	0.141 3	40.504 7	0.024 7	5.724 5	0.174 7
15	8.137 1	0.122 9	47.580 4	0.021 0	5.847 4	0.171 0
16	9.357 6	0.106 9	55.717 5	0.017 9	5.954 2	0.167 9
17	10.761 3	0.092 9	65.075 1	0.015 4	6.047 2	0.165 4
18	12.375 5	0.080 8	75.836 4	0.013 2	6.128 0	0.163 2
19	14.231 8	0.070 3	88.211 8	0.011 3	6.198 2	0.161 3
20	16.366 5	0.061 1	102.443 6	0.009 8	6.259 3	0.159 8
21	18.821 5	0.053 1	118.810 1	0.008 4	6.312 5	0.158 4
22	21.644 7	0.046 2	137.631 6	0.007 3	6.358 7	0.157 3
23	24.891 5	0.040 2	159.276 4	0.006 3	6.398 8	0.156 3
24	28.625 2	0.034 9	184.167 8	0.005 4	6.433 8	0.155 4
25	32.919 0	0.030 4	212.793 0	0.004 7	6.464 1	0.154 7
26	37.856 8	0.026 4	245.712 0	0.004 1	6.490 6	0.154 1
27	43.535 3	0.023 0	283.568 8	0.003 5	6.513 5	0.153 5
28	50.065 6	0.020 0	327.104 1	0.003 1	6.533 5	0.153 1
29	57.575 5	0.017 4	377.169 7	0.002 7	6.550 9	0.152 7
30	66.211 8	0.015 1	434.745 1	0.002 3	6.566 0	0.152 3
31	76.143 5	0.013 1	500.956 9	0.002 0	6.579 1	0.152 0
32	87.565 1	0.011 4	577.100 5	0.001 7	6.590 5	0.151 7
33	100.699 8	0.009 9	664.665 5	0.001 5	6.600 5	0.151 5
34	115.804 8	0.008 6	765.365 4	0.001 3	6.609 1	0.151 3
35	133.175 5	0.007 5	881.170 2	0.001 1	6.616 6	0.151 1
40	267.863 5	0.003 7	1 779.090 3	0.000 6	6.641 8	0.150 6
50	1 083.657	0.000 9	7 217.716 3	0.000 1	6.660 5	0.150 1

20% 的复利系数

年份	一次支付		等额多次支付			
	终值系数	现值系数	年金终值系数	偿债基金系数	年金现值系数	资本回收系数
n	$(F/P,i,n)$	$(P/F,i,n)$	$(F/A,i,n)$	$(A/F,i,n)$	$(P/A,i,n)$	$(A/P,i,n)$
1	1.200 0	0.833 3	1.000 0	1.000 0	0.833 3	1.200 0
2	1.440 0	0.694 4	2.200 0	0.454 5	1.527 8	0.654 5
3	1.728 0	0.578 7	3.640 0	0.274 7	2.106 5	0.474 7
4	2.073 6	0.482 3	5.368 0	0.186 3	2.588 7	0.386 3
5	2.488 3	0.401 9	7.441 6	0.134 4	2.990 6	0.334 4
6	2.986 0	0.334 9	9.929 9	0.100 7	3.325 5	0.300 7
7	3.583 2	0.279 1	12.915 9	0.077 4	3.604 6	0.277 4
8	4.299 8	0.232 6	16.499 1	0.060 6	3.837 2	0.260 6
9	5.159 8	0.193 8	20.798 9	0.048 1	4.031 0	0.248 1
10	6.191 7	0.161 5	25.958 7	0.038 5	4.192 5	0.238 5
11	7.430 1	0.134 6	32.150 4	0.031 1	4.327 1	0.231 1
12	8.916 1	0.112 2	39.580 5	0.025 3	4.439 2	0.225 3
13	10.699 3	0.093 5	48.496 6	0.020 6	4.532 7	0.220 6
14	12.839 2	0.077 9	59.195 9	0.016 9	4.610 6	0.216 9
15	15.407 0	0.064 9	72.035 1	0.013 9	4.675 5	0.213 9
16	18.488 4	0.054 1	87.442 1	0.011 4	4.729 6	0.211 4
17	22.186 1	0.045 1	105.930 5	0.009 4	4.774 6	0.209 4
18	26.623 3	0.037 6	128.116 7	0.007 8	4.821 2	0.207 8
19	31.948 0	0.031 3	154.740 0	0.006 5	4.843 5	0.206 5
20	38.337 6	0.026 1	186.688 0	0.005 4	4.869 6	0.205 4
21	46.005 1	0.021 7	225.025 6	0.004 4	4.891 3	0.204 4
22	55.206 1	0.018 1	271.030 7	0.003 7	4.909 4	0.203 7
23	66.247 4	0.015 1	326.236 9	0.003 1	4.924 5	0.203 1
24	79.496 8	0.012 6	392.484 2	0.002 5	4.937 1	0.202 5
25	95.396 2	0.010 5	471.981 1	0.002 1	4.947 6	0.202 1
26	114.475 5	0.008 7	567.377 3	0.001 8	4.956 3	0.201 8
27	137.370 6	0.007 3	681.852 8	0.001 5	4.963 6	0.201 5
28	164.844 7	0.006 1	819.223 3	0.001 2	4.969 7	0.201 2
29	197.813 6	0.005 1	984.068 0	0.001 0	4.974 7	0.201 0
30	237.376 3	0.004 2	1 181.881 6	0.000 8	4.978 9	0.200 8
31	284.851 6	0.003 5	1 419.257 9	0.000 7	4.982 4	0.200 7
32	341.821 9	0.002 9	1 704.109 5	0.000 6	4.985 4	0.200 6
33	410.186 3	0.002 4	2 045.931 4	0.000 5	4.987 8	0.200 5
34	492.223 5	0.002 0	2 456.117 6	0.000 4	4.989 8	0.200 4
35	590.668 2	0.001 7	2 948.341 1	0.000 3	4.991 5	0.200 3
40	1 469.771	0.000 7	7 343.857 8	0.000 1	4.996 6	0.200 1
50	9 100.438	0.000 1	45 497.190 8	0.000 0	4.999 5	0.200 0

25%的复利系数

年份	一次支付		等额多次支付			
	终值系数	现值系数	年金终值系数	偿债基金系数	年金现值系数	资本回收系数
n	$(F/P,i,n)$	$(P/F,i,n)$	$(F/A,i,n)$	$(A/F,i,n)$	$(P/A,i,n)$	$(A/P,i,n)$
1	1.250 0	0.800 0	1.000 0	1.000 0	0.800 0	1.250 0
2	1.562 5	0.640 0	2.250 0	0.444 4	1.440 0	0.694 4
3	1.953 1	0.512 0	3.812 5	0.262 3	1.952 0	0.512 3
4	2.441 4	0.409 6	5.765 6	0.173 4	2.361 6	0.423 4
5	3.051 8	0.327 7	8.207 0	0.121 8	2.689 3	0.371 8
6	3.814 7	0.262 1	11.258 8	0.088 8	2.951 4	0.338 8
7	4.768 4	0.209 7	15.073 5	0.066 3	3.161 1	0.316 3
8	5.960 5	0.167 8	19.841 9	0.050 4	3.328 9	0.300 4
9	7.450 6	0.134 2	25.802 3	0.038 8	3.463 1	0.288 8
10	9.313 2	0.107 4	33.252 9	0.030 1	3.570 5	0.280 1
11	11.641 5	0.085 9	42.566 1	0.023 5	3.656 4	0.273 5
12	14.551 9	0.068 7	54.207 7	0.018 4	3.725 1	0.268 4
13	18.189 9	0.055 0	68.759 6	0.014 5	3.780 1	0.264 5
14	22.737 4	0.044 0	86.949 5	0.011 5	3.824 1	0.261 5
15	28.421 7	0.035 2	109.686 8	0.009 1	3.859 3	0.259 1
16	35.527 1	0.028 1	138.108 5	0.007 2	3.887 4	0.257 2
17	44.408 9	0.022 5	173.635 7	0.005 8	3.909 9	0.255 8
18	55.511 2	0.018 0	218.044 6	0.004 6	3.927 9	0.254 6
19	69.388 9	0.014 4	273.555 8	0.003 7	3.942 4	0.253 7
20	86.736 2	0.011 5	342.944 7	0.002 9	3.953 9	0.252 9
21	108.420 2	0.009 2	429.680 9	0.002 3	3.963 1	0.252 3
22	135.525 3	0.007 4	538.101 1	0.001 9	3.970 5	0.251 9
23	169.406 6	0.005 9	673.626 4	0.001 5	3.976 4	0.251 5
24	211.758 2	0.004 7	843.032 9	0.001 2	3.981 1	0.251 2
25	264.697 8	0.003 8	1 054.791 2	0.000 9	3.984 9	0.250 9
26	330.872 2	0.003 0	1 319.489 0	0.000 8	3.987 9	0.250 8
27	413.590 3	0.002 4	1 650.361 2	0.000 6	3.990 3	0.250 6
28	516.987 9	0.001 9	2 063.951 5	0.000 5	3.992 3	0.250 5
29	646.234 9	0.001 5	2 580.939 4	0.000 4	3.993 8	0.250 4
30	807.793 6	0.001 2	3 227.174 3	0.000 3	3.995 0	0.250 3
31	1 009.742	0.001 0	4 034.967 8	0.000 2	3.996 0	0.250 2
32	1 262.177	0.000 8	5 044.709 8	0.000 2	3.996 8	0.250 2
33	1 577.721	0.000 6	6 306.887 2	0.000 2	3.997 5	0.250 2
34	1 972.152	0.000 5	7 884.609 1	0.000 1	3.998 0	0.250 1
35	2 465.190	0.000 4	9 856.761 3	0.000 1	3.998 4	0.250 1
40	7 523.163	0.000 1	30 088.655 4	0.000 0	3.999 5	0.250 0
50	70 064.92	0.000 0	280 255.692 9	0.000 0	3.999 9	0.250 0

30%的复利系数

年份	一次支付		等额多次支付			
	终值系数	现值系数	年金终值系数	偿债基金系数	年金现值系数	资本回收系数
n	$(F/P,i,n)$	$(P/F,i,n)$	$(F/A,i,n)$	$(A/F,i,n)$	$(P/A,i,n)$	$(A/P,i,n)$
1	1.300 0	0.769 2	1.000 0	1.000 0	0.769 2	1.300 0
2	1.690 0	0.591 7	2.300 0	0.434 8	1.360 9	0.734 8
3	2.167 0	0.455 2	3.990 0	0.250 6	1.816 1	0.550 6
4	2.856 1	0.350 1	6.187 0	0.161 6	2.166 2	0.461 6
5	3.712 9	0.269 3	9.043 1	0.110 6	2.435 6	0.410 6
6	4.826 8	0.207 2	12.756 0	0.078 4	2.642 7	0.378 4
7	6.274 9	0.159 4	17.582 8	0.056 9	2.802 1	0.356 9
8	8.157 3	0.122 6	23.857 7	0.041 9	2.924 7	0.341 9
9	10.604 5	0.094 3	32.015 0	0.031 2	3.019 0	0.331 2
10	13.785 8	0.072 5	42.619 5	0.023 5	3.091 5	0.323 5
11	17.921 6	0.055 8	56.405 3	0.017 7	3.147 3	0.317 7
12	23.298 1	0.042 9	74.327 0	0.013 5	3.190 3	0.313 5
13	30.287 5	0.033 0	97.625 0	0.010 2	3.223 3	0.310 2
14	39.373 8	0.025 4	127.912 5	0.007 8	3.248 7	0.307 8
15	51.185 9	0.019 5	167.286 3	0.006 0	3.268 2	0.306 0
16	66.541 7	0.015 0	218.472 2	0.004 6	3.283 2	0.304 6
17	86.504 2	0.011 6	285.013 9	0.003 5	3.294 8	0.303 5
18	112.455 4	0.008 9	371.518 0	0.002 7	3.303 7	0.302 7
19	146.192 0	0.006 8	483.973 4	0.002 1	3.310 5	0.302 1
20	190.049 6	0.005 3	630.165 5	0.001 6	3.315 8	0.301 6
21	247.064 5	0.004 0	820.215 1	0.001 2	3.319 8	0.301 2
22	321.183 9	0.003 1	1 067.279 6	0.000 9	3.323 0	0.300 9
23	417.539 1	0.002 4	1 388.463 5	0.000 7	3.325 4	0.300 7
24	542.800 8	0.001 8	1 806.002 6	0.000 6	3.327 2	0.300 6
25	705.641 0	0.001 4	2 348.803 3	0.000 4	3.328 6	0.300 4
26	917.333 3	0.001 1	3 054.444 3	0.000 3	3.329 7	0.300 3
27	1 192.533	0.000 8	3 971.777 6	0.000 3	3.330 5	0.300 3
28	1 550.293	0.000 6	5 164.310 9	0.000 2	3.331 2	0.300 2
29	2 015.381	0.000 5	6 714.604 2	0.000 1	3.331 7	0.300 1
30	2 619.995	0.000 4	8 729.985 5	0.000 1	3.332 1	0.300 1
31	3 405.994	0.000 3	11 349.981 1	0.000 01	3.332 4	0.300 1
32	4 427.792	0.000 2	14 755.975 5	0.000 01	3.332 6	0.300 1
33	5 756.130	0.000 2	19 183.768 1	0.000 01	3.332 8	0.300 1
34	7 482.969	0.000 1	24 939.898 5	0.000 00	3.332 9	0.300 0
35	9 727.860	0.000 1	32 422.868 1	0.000 00	3.333 0	0.300 0
40	36 118.86	0.000 0	120 392.882	0.000 00	3.333 2	0.300 0

40%的复利系数

年份	一次支付		等额多次支付			
	终值系数	现值系数	年金终值系数	偿债基金系数	年金现值系数	资本回收系数
n	$(F/P,i,n)$	$(P/F,i,n)$	$(F/A,i,n)$	$(A/F,i,n)$	$(P/A,i,n)$	$(A/P,i,n)$
1	1.400 0	0.713 4	1.000	1.000	0.714	1.400 0
2	1.960 0	0.510 2	2.400	0.416 7	1.224	0.816 7
3	2.744 0	0.364 4	4.360	0.229 4	1.589	0.629 4
4	3.841 6	0.260 3	7.104	0.140 8	1.849	0.540 8
5	5.378 2	0.185 9	10.946	0.091 4	2.035	0.491 4
6	7.529 5	0.132 8	16.324	0.061 3	2.168	0.461 3
7	10.541	0.094 9	23.853	0.041 9	2.263	0.441 9
8	14.758	0.067 8	34.395	0.029 1	2.331	0.429 1
9	20.661	0.048 4	49.153	0.020 3	2.379	0.420 3
10	28.925	0.034 6	69.814	0.014 3	2.414	0.414 3
11	40.496	0.024 7	98.739	0.010 1	2.438	0.410 1
12	56.694	0.017 6	139.23	0.007 2	2.456	0.407 2
13	79.371	0.012 6	195.93	0.005 1	2.469	0.405 1
14	111.12	0.009 0	275.30	0.003 6	2.478	0.403 6
15	155.57	0.006 4	386.42	0.002 6	2.484	0.402 6
16	217.80	0.004 6	541.99	0.001 8	2.489	0.401 9
17	304.91	0.003 3	759.78	0.001 3	2.492	0.401 3
18	426.88	0.002 3	1 064.7	0.000 9	2.494	0.400 9
19	597.63	0.001 7	1 491.6	0.000 7	2.496	0.400 7
20	836.68	0.001 2	2 089.2	0.000 5	2.497	0.400 5
21	1 171.4	0.000 9	2 925.9	0.000 3	2.498	0.400 3
22	1 639.9	0.000 6	4 097.2	0.000 2	2.498	0.400 2
23	2 295.9	0.000 4	5 737.1	0.000 2	2.499	0.400 2
24	3 214.2	0.000 3	8 033.0	0.000 1	2.499	0.400 1
25	4 499.9	0.000 2	11 247.0	a	2.499	0.400 1
26	6 299.8	0.000 2	15 747.0	a	2.500	0.400 1
27	8 819.8	0.000 1	22 047.0	a	2.500	0.400 0
28	12 348.0	0.000 1	30 867.0	a	2.500	0.400 0
29	17 287.0	0.000 1	43 214.0	a	2.500	0.400 0
30	24 201.0	a	60 501.0	a	2.500	0.400 0
∞				a	2.500	0.400 0

参考文献

[1] 刘晓君. 工程经济学[M]. 4版. 北京:中国建筑工业出版社,2021.

[2] 全国咨询工程师(投资)职业资格考试用书编写组. 项目决策分析与评价[M]. 哈尔滨:哈尔滨工程大学出版社,2019.

[3] 傅鸿源,张仕廉. 投资决策与项目策划:方法·实务·探索[M]. 北京:科学出版社,2001.

[4] 于立君,郝利光. 工程经济学[M]. 3版. 北京:机械工业出版社,2016.

[5] 周银河,严薇. 建筑经济与企业管理[M]. 武汉:武汉大学出版社,2006.

[6] 简德三. 项目评估与可行性研究[M]. 上海:上海财经大学出版社,2009.

[7] 时思,邢彦茹. 工程经济学[M]. 2版. 北京:科学出版社,2011.

[8] 胡章喜. 项目立项与可行性研究[M]. 上海:上海交通大学出版社,2010.

[9] 李南. 工程经济学[M]. 5版. 北京:科学出版社,2018.

[10] 曲赜胜. 房地产经济专业知识与实务(中级)[M]. 北京:电子工业出版社,2011.

[11] 全国经济专业技术资格考试专家指导组. 建筑经济专业知识与实务(中级)[M].北京:电子工业出版社,2011.

[12] 张铁山,吴永林,等. 技术经济学——原理·方法·应用[M]. 北京:北京交通大学出版社,2009.

[13] 赵国杰. 技术经济学[M]. 天津:天津大学出版社,2006.

[14] 武献华,宋维佳,屈哲. 工程经济学[M]. 4版. 大连:东北财经大学出版社,2015.

[15] 武献华,石振武. 工程经济学[M]. 北京:科学出版社,2006.

[16] 全国造价工程师职业资格考试培训教材编审组. 工程造价管理基础理论与相关法规[M]. 北京:中国计划出版社,2009.

[17] 杨双全. 工程经济学[M]. 2版. 武汉:武汉理工大学出版社,2012.

[18] 张正华,杨先明. 工程经济学理论与实务[M]. 北京:冶金工业出版社,2010.

[19] 王恩茂. 工程经济学[M]. 北京:科学出版社,2010.

[20] 孙丽萍. 技术经济分析[M]. 2版. 北京:科学出版社,2013.

[21] 何亚伯,张海涛,杨海红. 工程经济学[M]. 北京:机械工业出版社,2008.

[22] 付晓灵. 工程经济学[M]. 北京:中国计划出版社,2007.

[23] 王柏轩. 技术经济学[M]. 上海:复旦大学出版社,2007.

[24] 孙陶生. 技术经济学[M]. 郑州:河南人民出版社,2006.

[25] 赵建华,高凤彦. 技术经济学[M]. 2版. 北京:科学出版社,2005.